权威·前沿·原创

皮书系列为
"十二五""十三五"国家重点图书出版规划项目

法治蓝皮书
BLUE BOOK OF
RULE OF LAW

中国法院信息化发展报告 *No.1*
（2017）

THE ANNUAL REPORT ON THE INFORMATIZATION OF
CHINESE COURTS No.1 (2017)

主　编 / 李　林　田　禾
执行主编 / 吕艳滨

社会科学文献出版社
SOCIAL SCIENCES ACADEMIC PRESS（CHINA）

图书在版编目（CIP）数据

中国法院信息化发展报告. No. 1，2017 / 李林，田
禾主编. -- 北京：社会科学文献出版社，2017. 2
　（法治蓝皮书）
　ISBN 978 - 7 - 5201 - 0297 - 1

　Ⅰ.①中…　Ⅱ.①李…②田…　Ⅲ.①法院 - 信息管
理 - 研究报告 - 中国 - 2017　Ⅳ.①D926. 2
　中国版本图书馆 CIP 数据核字（2016）第 323870 号

法治蓝皮书
中国法院信息化发展报告 No. 1（2017）

主　　编／李　林　田　禾
执行主编／吕艳滨

出 版 人／谢寿光
项目统筹／王　绯
责任编辑／曹长香

出　　版／社会科学文献出版社·社会政法分社（010）59367156
　　　　　　地址：北京市北三环中路甲 29 号院华龙大厦　邮编：100029
　　　　　　网址：www. ssap. com. cn
发　　行／市场营销中心（010）59367081　59367018
印　　装／北京季蜂印刷有限公司

规　　格／开本：787mm×1092mm　1/16
　　　　　　印张：25　字数：377 千字
版　　次／2017 年 2 月第 1 版　2017 年 2 月第 1 次印刷
书　　号／ISBN 978 - 7 - 5201 - 0297 - 1
定　　价／108.00 元

皮书序列号／PSN B - 2017 - 591 - 2/2

法治蓝皮书编委会

主　　　编　李　林　田　禾

执 行 主 编　吕艳滨

策　　　划　法治蓝皮书工作室

工作室主任　吕艳滨

工作室成员　（按照姓氏汉字笔画排序）

王小梅　王祎茗　刘雁鹏　胡昌明　栗燕杰
徐　斌

学 术 助 理　（按照姓氏汉字笔画排序）

马小芳　马效领　王君秀　王　英　王述珊
王昱翰　王　洋　田纯才　刘　迪　孙斯琪
纪　玄　范君丽　赵千羚

撰 稿 人　（按照姓氏汉字笔画排序）

马小芳　马亚龙　王小梅　王　芳　王英明
王祎茗　王昱翰　王　洋　王　勇　叶　欣
田　禾　田纯才　冯炳南　冯　媛　吕艳滨
乔　健　任国华　刘　华　刘克勤　刘　迪
刘建华　刘　琼　刘雁鹏　刘　璇　闫汾新
孙丹丹　孙斯琪　纪　玄　李建立　李　斌

官方微博　@法治蓝皮书（新浪）

官方微信

法治蓝皮书（lawbluebook）　　　法治指数（lawindex）

技术支持　北京蓝太平洋科技股份有限公司

主要编撰者简介

主编：李　林

中国社会科学院学部委员，法学研究所所长，研究员。

主要研究领域：法理学、宪法学、立法学、法治与人权理论。

主编：田　禾

中国社会科学院国家法治指数研究中心主任，法学研究所研究员。

主要研究领域：刑法学、司法制度、实证法学。

执行主编：吕艳滨

中国社会科学院法学研究所法治国情调研室主任、国家法治指数研究中心副主任，研究员。

主要研究领域：行政法、信息法、实证法学。

摘　要

法治蓝皮书《中国法院信息化发展报告 No. 1（2017）》围绕《人民法院信息化建设五年发展规划（2016～2020）》确定的顶层设计、系统建设、保障体系、应用成效等四个方面 55 项重点建设任务，从法院信息化实现服务便捷化、审判智能化、执行高效率、管理科学化、公开常态化、决策精准化等方面，对中国法院 2016 年建设人民法院信息化 3.0 版、打造"智慧法院"的成效进行了总结分析。

《中国法院信息化发展报告 No. 1（2017）》围绕审判管理信息化、信息化推进司法公开、信息化助力基本解决执行难、司法大数据应用等方面总结了全国法院信息化的进展。蓝皮书还选取部分地方法院的实践，分析了地方法院信息化及信息化助力提升司法质效、助力诉讼服务、助力司法大数据应用等方面的进展情况。

目 录

Ⅲ 地方法院信息化

Ⅳ 信息化助力提升司法质效

皮书数据库阅读**使用指南**

总 报 告

General Report

B.1
2016年中国法院信息化发展
与2017年展望

中国社会科学院法学研究所法治指数创新工程项目组*

摘　要：　法院信息化是推进司法为民、公正司法、司法公开、司法民主的重要途径，也是审判体系现代化的重要内容，更是实现人民群众在司法案件中真切感受到公平正义目标的重要保障。2016年"智慧法院"建设纳入国家信息化发展战略和规划，并在各级法院积极响应、开拓创新的实践中取得显著成效，法院专网全覆盖为全业务网上办理奠定了坚实基础，司法公开和诉讼服务平台建设加速推进全流程审判执行要素依法公

---

* 项目组负责人：田禾，中国社会科学院国家法治指数研究中心主任、法学研究所研究员；吕艳滨，中国社会科学院法学研究所法治国情调研室主任、研究员。项目组成员：王小梅、栗燕杰、徐斌、刘雁鹏、胡昌明、王祎茗等。执笔人：田禾；王小梅，中国社会科学院法学研究所副研究员；王祎茗，中国社会科学院法学研究所助理研究员；吕艳滨。

开，面向法官、诉讼参与人、社会公众和政务部门提供智能化服务初见成效，信息化使人民法院工作呈现出服务便捷化、审判智能化、执行高效率、公开常态化、管理科学化、决策精准化等趋势和特征，为2017年总体建成智慧法院奠定了坚实基础。各地法院信息化建设虽然取得了阶段性成就，但建设和应用水平还参差不齐，整体水平与人民群众日益增长的司法需求仍存在一定差距，亟须进一步改进和完善。

关键词：　法院信息化　司法大数据　智慧法院　互联网＋

进入信息时代，大数据、云计算、物联网等新兴网络技术正重塑生产生活的方方面面，智慧城市、智慧社会建设如火如荼。国家大数据战略为法院信息化建设提供了波澜壮阔的时代背景。党的十八大将"信息化"列为中国特色新型"四化"道路之一，把"信息化水平大幅提升"作为全面建成小康社会的重要标志。党的十八届三中、四中、五中全会相继提出，"建立全社会房产、信用等基础数据统一平台，推进部门信息共享"；"构建开放、动态、透明、便民的阳光司法机制"；实施"网络强国战略、'互联网＋'行动计划和国家大数据战略"。习近平总书记多次在讲话中强调信息化工作的重要性，指出"没有信息化就没有现代化"，"面对信息化潮流，只有积极抢占制高点，才能赢得发展先机"。最高人民法院多次强调，全面深化司法改革、全面推进信息化建设，是人民法院两场深刻的自我革命，是实现审判体系和审判能力现代化的必由之路，是人民司法事业发展的"车之两轮、鸟之双翼"。人民法院信息化建设是推进司法为民、公正司法、司法公开、司法民主的重要途径，是审判体系现代化和审判能力现代化的重要内容，是实现"让人民群众在每一个司法案件中都感受到公平正义"目标的重要保障。

2016年，各级人民法院在全面建成以互联互通为主要特征的人民法院信息化2.0版基础上，大力推进信息化建设转型升级，按照《人民法院信息化建设五年发展规划（2016~2020）》确定的加强顶层设计、加快系统建设、强化保障体系、提升应用成效等四个方面55项重点建设任务要求，加快建设以数据为中心的人民法院信息化3.0版，并在各级法院积极响应、开拓创新的实践中取得显著成效。

网络全覆盖为全业务网上办理奠定了坚实基础。全国3520个法院、9277个人民法庭和海事派出法庭全部接入法院专网，使全国法院干警"一张网"办案、办公、学习、交流成为可能；部分法院率先实现案件卷宗随案电子化并上传办案系统，从管理方式和技术保障两方面为法官全流程网上办案、审判管理人员网上精准监管创造了必要条件；执行案件流程信息管理系统等一批覆盖全国法院的统一业务应用系统部署上线，为发挥最高人民法院主导作用、集中全国优势力量、促进各级法院干警网上作业提供了经验和范例；以最高人民法院"总对总"执行查控系统为代表的一批跨网系审判业务和行政事务系统实现了业务应用跨界融合和信息系统无缝集成，更充分地满足了法院干警网上作业的迫切需求；部分地区法院积极推进道路交通纠纷网上数据一体化系统、公检法多方远程庭审系统、刑事诉讼涉案财物集中管理系统等，实现与相关部门的信息共享和业务协同，成为人民法院全业务网上办理的拓展延伸；最高人民法院可视化质效型运维管理系统——法眼平台上线运行，为网上监控和评估全国法院信息系统、不断提升信息化建设成效提供了全新手段。

司法公开和诉讼服务平台建设加速推进全流程审判执行要素依法公开。中国裁判文书网成为国际国内广泛关注、展示中国法治文明的重要窗口；继审判流程、裁判文书、执行信息三大司法公开平台之后，中国庭审公开网上线开通，成为新的全国性司法公开平台，使人民群众更加直观、生动地感受到各级法院的阳光化进程；全国企业破产重整案件信息网上线运行并全方位公开破产企业信息，不仅进一步体现了阳光司法理念，更为服务供给侧结构性改革提供了新的平台；电子法院、网络法庭等新型电子诉讼方式逐步由点向面推广，让司法服务"零距离"沟通、即时性互动、无障碍共享，使人

民群众更加感受到阳光司法的显著成效；覆盖率达 98.9% 的各级法院信息化诉讼服务大厅成为人民法院阳光司法的重要窗口，更好地体现了司法为民的根本宗旨；各地法院充分运用"互联网＋"思维构建功能多元、资源融合、平台开放的在线纠纷解决机制，使人民群众切实感受到法院干警促进社会矛盾纠纷化解的满腔热忱；最高人民法院总结各地法院成功经验，组织开发全国统一的人民陪审员系统，为助力人民陪审员制度改革、促进阳光司法再添新举措。

面向法官、诉讼参与人和政务部门提供智能化服务初见成效。以"智审"系统为代表的一批智能化辅助办案系统成功上线并推广应用，全面辅助法官利用电子卷宗、辅助生成裁判文书、精准推送同类案例，破解了长期以来信息化服务审判办案能力相对较弱的难题，为电子卷宗深度应用、支持提高审判质效开辟了新途径；庭审语音识别转录系统在全国多地成功推广，缩短了庭审时间，保证了庭审笔录完整度，为运用智能化技术提高庭审质效提供了重要手段；覆盖部分地区法院的庭审自动巡检系统支持审判管理人员对辖区法院庭审纪律进行高效检查监督，为维护司法形象和司法公信力增添了有力工具；部分地区法院运用裁判文书大数据智能分析系统支持法官及时发现判决书中的逻辑错误、遗漏诉讼请求、法律条文引用错误等文书瑕疵，成为提高裁判文书质量、维护司法公信力的又一利器。最高人民法院数据集中管理平台成功向大数据管理和服务平台转型升级，实现实时汇聚、一数一案、协同共享、动态交换、无缝交联和深度应用；已汇集全国法院 9600 余万案件数据，支持全国各级法院审判态势实时分析；自动生成 136 张司法统计报表，使各级法院彻底告别人工统计时代；形成了常态化大数据专题研究分析机制，为审判执行、司法管理和国家治理专题研究提供了数据化和智能化的服务手段。

一年来，以网络化、阳光化、智能化为标志的智慧法院已具雏形并在全国法院生根发芽，促进了人民法院工作向服务便捷化、审判智能化、执行高效率、管理科学化、公开常态化、决策精准化发展，为全国法院 2017 年总体建成智慧法院奠定了坚实基础。

一 服务便捷化

人民法院信息化的建设目标之一是实现诉讼服务流程再造，推动网上办理各项诉讼事务，实现网上咨询、网上预约、网上立案、网上缴费、网上材料转递，甚至网上阅卷、网上调解、网上开庭、网上判决、网上申请执行一体化，使公众参与诉讼更便利。此外，移动互联技术的充分运用，积极拓展了面向公众的移动应用，可以随时随地向当事人、律师和社会公众公开信息和提供诉讼服务。

（一）服务当事人诉讼

信息化时代诉讼服务的目的是要"让数据多跑路，让群众少跑腿，方便群众诉讼，降低诉讼成本"，努力做到人民群众的司法需求延伸到哪里，人民法院的司法服务就跟进到哪里，切实减轻当事人诉累。信息化技术提高了整个诉讼程序的效率，节省了司法资源，为当事人节约了大量的时间成本和经济成本。

《最高人民法院关于全面推进人民法院诉讼服务中心建设的指导意见》要求扎实推进诉讼服务中心建设，贯彻系统化、信息化、标准化、社会化原则，为当事人提供贯穿"立审执"全过程、多方式、一站式、综合性涉诉服务，方便当事人集中办理除庭审之外的其他诉讼事务。

最高人民法院开通"诉讼服务网"以来，这一行之有效的便民措施逐级推广。诉讼服务网具有网上立案、案件查询、电子送达、网上阅卷、监督建议等功能，当事人可以在线提交民事诉讼材料，诉讼参与人可以登录查询案件进展信息。诉讼服务网还通过短信、微博、微信等方式实时向诉讼参与人推送案件的流程节点信息。北京法院诉讼服务自助平台为当事人提供涵盖各流程节点的一站式服务，通过网络互联资源共享、自助查询设备等提供跨行政区划服务，当事人可以跨区域查询相关案件信息和打印裁判文书，并能通过视频或留言与法官进行沟通。山东省威海市经济开发区人民

法院建立的网上诉讼服务中心实现了对当事人的网上立案、网上缴纳诉讼费用、网上证据交换、网上调解、网上宣判和电子送达。考虑到现代社会生活工作节奏快,群众在法院工作时间办理诉讼业务时间不灵活,威海市经济开发区人民法院网上诉讼服务中心还提供 7×24 小时全天候服务,并设置预约功能方便群众使用。福建省泉州市中级人民法院在全国首创推出"跨域·连锁·直通"式诉讼服务平台,在泉州范围内,人民群众打官司从诉前咨询到立案、审判、执行、信访等各个环节的数十项诉讼事务,都可以就近选择任何一家法院诉讼服务中心或人民法庭向管辖法院提出申请,依托信息技术和司法协作,由负责接待的人民法院与管辖法院共同配合完成,其效力与直接到管辖法院诉讼服务窗口办理一样,免除了人民群众异地来回奔波的诉累。

电子法院和科技法庭在服务法官工作的同时也为当事人提供了便利。电子法院是指"打官司"可以不到法院,立案、缴费、阅卷、证据交换、执行、司法拍卖甚至庭审等诉讼程序,全部在互联网上进行,让当事人和律师享受到全程无纸化、全天 24 小时、全流程覆盖的网上诉讼服务。当事人在任何有互联网的地方即可登录电子法院,通过身份认证后,按照提示进行材料收转、诉讼费缴纳、电子送达等操作,无须到法院立案,避免多次往返补充材料,同时当事人也可以清楚了解案件的进展阶段。电子法院为原告、被告、法官提供三方可视的网上诉讼平台,积极引导当事人进行网上提交诉讼材料、网上质证及证据交换、网上签收、网上阅卷等诉讼活动,有效打破了诉讼活动的地域限制、时间限制和质证次数限制。电子法院令当事人和诉讼代理人可以在开庭前随时通过电子法院交换证据与质证,双方当事人和诉讼代理人也可以通过网上审诉辩平台、云会议平台充分发表意见,在开庭前就将案件的主要焦点梳理清楚,开庭只需要围绕焦点进行辩论。充分的诉讼参与使得当事人对审判全过程有清醒直观的认识,对审判结果的预判更加客观理性,也使得判决结果更加具有说服力。吉林省延边全州法院使用电子法院处理了多起双方当事人分处异地的棘手案件,两级法院 2016 年运用电子法院实现网上立案 18928 件,采用远程视频庭审办案 159 件。浙江法院系统针对浙江省电子商务发达、与之相关的法律纠纷较多的特点，开发了电子商务网上法庭，实现"网上纠纷网上解，网上纠纷不下地"。

（二）服务律师办案

在依法治国、建设社会主义法治国家进程中，律师在保护当事人利益、制约公权力滥用、维护司法公正方面发挥着越来越重要的作用，律师的地位也随之逐年上升。但长期以来，律师执业权利保障一直存在各种问题。律师执业原本有"旧三难"，即会见难、阅卷难、调查取证难，近年来又出现了"新三难"，即发问难、质证难、辩论难，这些困难都成为律师正常履职过程中实难跨越的障碍。十八大以来，政法部门特别提到要尊重律师人格尊严，为律师提供便利，构建新型诉辩以及辩审职业关系。党的十八届三中全会通过了《中共中央关于全面深化改革若干重大问题的决定》，其中确定的一项重要改革措施就是要"完善律师执业权利保障机制"，党的十八届四中全会提出"法治工作队伍"概念，也明确律师是法律职业共同体的重要组成部分，其权利应得到切实的保障。法院信息化和"互联网＋"计划足以从技术层面支持律师依法行使各项权利，进而克服"新旧三难"问题。法院工作通过网络平台将各流程节点及时通知律师并为其提供多样化的查询服务；卷宗电子化并实现网上查阅，让律师阅卷更加方便；网上举证质证和辩论，让律师执业权利得到更好保障。

一些地区的法院在借信息化服务律师工作方面成效显著，呈现体系化特征。例如，最高人民法院第一巡回法庭在审判区设律师多媒体阅卷室，以先进的硬件设施为律师工作提供便利。上海市建成律师服务平台，具有网上立案、网上阅卷、网上查询等五大类24项功能，特别是网上立案、网上缴费、庭审排期自动避让、关联案件自动推送、网上申请诉讼保全、网上申请证据交换等功能深受广大律师欢迎。截至2016年12月底，上海1581家律师事务所已全部使用该平台，外省市已有309家律师事务所在实际使用，律师平台访问量204万次，日均2345次，其中，案件查询21.3249万次，网上立案（通过互联网）5.0065万件。

（三）服务社会公众

信息技术的运用，使各项工作能更好地适应人民群众的多元司法需求，方便当事人更加便利地参与诉讼，让司法更加贴近人民群众，让人民群众切实感受到公平正义。在最高人民法院网站主页上，《办事服务》一栏位于醒目位置，通过该链接群众可以获得"诉讼须知"和"诉讼服务指南"等相关信息，并直达司法公开相关网站。实体诉讼服务中心与"网上法院"、移动智能手机服务平台"掌上法院"三位一体的诉讼服务平台，满足差别化的个性需求，针对不同年龄阶段、不同文化层次、不同习惯偏好、不同生活环境的公众，线上与线下相结合，采用手机 App、短信、语音电话等不同方式提供司法服务。各级法院创新司法便民利民举措，为诉讼当事人提供形式多样、方便快捷、更加人性化个性化的线上线下诉讼服务。例如，峨眉山市设立车载巡回法庭，在车内设审判员席、书记员席、原告席、被告席以及旁听席，配备车载监控、无线远程图像传输、录音录像等六大系统，利用电子签章，可现场制作、发放裁判文书，外嵌液晶显示屏可供群众旁听庭审过程，是集立案、开庭、调解、送达、普法宣传等多功能于一体的智能化、小型化、移动式的"科技法庭"，让当事人以最低的诉讼成本、最便捷的诉讼方式获得优质司法服务。

二　审判智能化

互联网技术的发展已进入大数据时代，数据成为重要的生产要素。大数据开发了人类的"第三只眼"，通过对海量数据的分析、处理、挖掘，可以让我们深入洞察充满未知的世界。司法数据是重要的数据资源，人民法院信息化3.0版的核心就是深度挖掘司法大数据。司法大数据的建立有赖于法院司法管理系统对案件节点的采集。在网络法院运行模式下，案件从立案到审判再到执行全部在系统中运行且全程留痕，为建立司法大数据打下了基础。在经济"新常态"下，诉讼案件数量的爆发性增长与相对稳定的法官人数之间一直存在矛盾，只有通过技术手段帮助法官提高工作效率，才能缓解"案多人少"的矛盾。

（一）司法资源智能推送

最高人民法院开发建设并上线"法信"平台，利用信息化手段汇聚法律知识资源和智力成果，满足办案人员在办案过程中对法律、案例、专业知识的精准化需求，办案人员向系统上传新的案件基本信息，系统通过解构和标签化处理，自动推送相关案件和法律法规。江苏在全省法院培训、推广使用"法信"平台，实现典型案例、裁判文书、法律观点等审判信息的智能检索、推送，为法官办案提供参考。2012年上海法院在全国法院率先推出C2J法官办案智能辅助系统，为办案法官快速提供与个案相关、相近的法条与案例，提供关联案件、参考案例、相似案件、法律法规、实用计算工具等方面信息的主动推送服务，并整合智能搜索工具，全方位收集办案相关信息，降低了法官的办案强度，提升了办案质效。从数据技术来说，系统可以通过对裁判文书的解构，实现更精准的关键词匹配，甚至可以判断裁判文书之间的相似程度，自动向用户推送与其关注的裁判文书类似的其他裁判文书。

在审判实践中，北京法院的大数据研究平台不仅能够通过法官主动检索、系统智能推送等方式为法官提供相似案例，还能够在立案、合议、庭审、诉讼服务等各个环节为法官提供审判辅助和决策支持，以大数据贯穿系统应用，推进法律适用和裁判尺度统一。司法大数据可以使原来单点的案件信息快速在时间和空间维度实现立体化，为法官提供更为丰富、全面的审判信息支持。比如，河北"智审1.0系统"能够自动关联识别同一当事人的相关案件，通过识别当事人有效身份信息，呈现案件当事人已经打过多少官司、正在打的官司是什么等信息，最大限度地避免重复诉讼、恶意诉讼和虚假诉讼的产生。

（二）审判偏离风险预警

每一个法官所能了解的案件数量是有限的，再加上机构、地域等方面的

客观因素制约，在全国范围内做到"类案同判"十分困难。对偏离者作出裁判预警，有助于"类案同判"目标最大限度地实现。类案同判预警主要依靠人工智能技术，从千万量级的文书中自动、实时、批量和精确地检索出相同的案件，进而对非常规案件作出精确研判、预警与管理。浙江法院通过广泛采集、挖掘算法、综合处理、科学分析，对法院内外的海量数据进行分析和建模，探寻新形势下审判执行工作的特点和规律，提高司法决策的科学性，提升司法预测预判能力和应急响应能力，让数据为司法业务服务。

法院的审判工作离不开对各类司法数据的统计分析结果，原有的审判业务统计分析软件只能对某个时间段的数据进行统计分析，而大数据分析系统能对一个或多个时间段的数据进行统计分析，并将统计分析结果以趋势图、同比图、饼状图等方式展示，从而得出司法数据的规律与趋势。

大数据工具并不只是单独的互联网工具，往往会被嵌入审判管理流程中。当法官作出的判决与过往判决情况不符，或者其他诉讼参与人提交的证据清单与该类案件的过往证据提交情况不符时，系统都可以自动发出预警，提醒法官进一步确认。大数据还可以辅助判断证据材料的可采纳程度：只要将证据材料与待证事实之间的关联关系作为标签，对这种关联关系是否成立进行大数据分析，评估证据与案件事实间的关联关系，就可以辅助法律人预判证据被法庭采纳的可能性大小。

（三）法律文书智能生成

法律文书是法官处理审判事务的重要载体和表现形式，也是对法官办案过程的真实体现。法律文书的自动生成全程覆盖、全程留痕，不但减轻了法官的工作量，提高了工作效率，还让法官办案过程清晰明了、阳光透明，对法官进行了静默式监督，让法官随时自我警醒、自我约束。在推进司法审判更加"智能化"方面，江苏法院已经探索运用庭审智能语音系统，实现庭审语音转文字，减轻书记员压力，提升庭审笔录的准确性。自2016年7月起，上海市第一中级人民法院在全市法院率先将人工智能技术应用到法院庭审实践，在法庭部署使用"庭审语音智能转写系统"并初见成效。截至

2016 年 10 月底，上海市第一中级人民法院已有 3 个合议庭试用该系统，开庭 16 次，形成庭审笔录 16 份。经统计，在正确使用的情况下，该系统语音转化准确率保持在 90% 以上，庭审笔录可在闭庭后即时形成，完整度达 100%。该系统主要应用在案件开庭审理阶段，功能涵盖语音采集、实时转写和庭审笔录修改编辑等，可将庭审语音同步转化为文字并生成庭审笔录。

三 执行高效率

人民法院借助大数据、云计算、人工智能等技术推动执行模式从分散、线下向集约化、网络化转变，实现网上流程管控、网络查物找人、网上联合惩戒以及网上远程指挥等功能。信息化与执行工作深度融合主要体现为网络执行查控系统、执行案件流程节点系统的开发和应用以及联合惩戒机制的建立。

（一）网络查控为执行提速增效

对于执行工作而言，查物找人是关键。按照传统的方式，法院要查找被执行人的财产，除了登门临柜之外，还要到金融、产权登记、车辆管理等相关单位进行人工查找，费时费力、效率低下，可以说被执行人难找、财产难查是制约执行工作的主要因素。破解执行难，首先必须突破查物找人的瓶颈，借助信息化手段建立强大的执行查控体系。执行信息化肇始于被执行人财产的网络查控，地方法院与本地相关单位合作建立"点对点"网络执行查控系统。2014 年 12 月 24 日，最高人民法院正式开通了"总对总"网络执行查控系统，使财产查控突破地域的局限，扩展到了全国范围。"总对总"网络执行查控系统在应用上实现了全国四级法院全覆盖，截至 2016 年 12 月底，累计查询数量达 1.95 亿条。

（二）节点管理为执行设定标准

实践中，人民法院消极执行、选择性执行、乱执行也是导致执行难的重

要因素，因此，要基本解决执行难，规范执行权运行至关重要。执行权的行使除了借助制度加以规范之外，还有必要借助信息化手段，将执行案件纳入流程管理系统，压缩执行人员的自由裁量空间，同时通过互联网平台，在最大范围内公开执行信息，实现阳光执行，并推广司法网拍，将执行中的关键环节曝晒在阳光之下，减少暗箱操作和权力寻租。目前，无论是最高人民法院开发的执行案件流程节点管理系统，还是各地法院应用的办案平台，以及执行信息公开平台、网上司法拍卖平台，其重要目的均是希望借技术手段规范执行权，斩断利益链条、去除寻租空间。

全国法院执行案件流程节点管理系统设置了立案、分案、执行通知书、网络查控、启动传统查控、完成传统查控、终本约谈、执行线索等 37 个节点。流程节点管理系统实行精细化的执行期限管理，将节点控制由领导督办变为系统跟踪，从而有效地规范了消极执行、选择性执行和乱执行行为。截至 2016 年 12 月底，全国法院执行案件流程节点管理系统已在全国 31 个省份、新疆生产建设兵团人民法院正式上线使用，有 30 个省份法院覆盖率达95% 以上，案件承办法院覆盖率超过 98%。

（三）联合惩戒为执行增强威慑

成熟完善的社会信用体系是破解执行难的有效机制。十八届三中全会决定明确提出，推进部门信息共享、建立健全社会征信体系，褒扬诚信，惩戒失信。十八届四中全会强调，"加快建立失信被执行人信用监督、威慑和惩戒法律制度"。为震慑被执行人，促使被执行人主动履行义务，最高人民法院建立了公布失信被执行人名单制度。2016 年 1 月 20 日，由国家发展和改革委员会和最高人民法院牵头，中国人民银行、中央组织部、中央宣传部等44 家单位联合签署了《关于对失信被执行人实施联合惩戒的合作备忘录》。截至 2016 年 10 月 31 日，最高人民法院与中小企业协会、人民网、百度、春秋航空、人民法院报社、全国工商联、中国铁路总公司、中航信、公安部、中国工商银行、国家工商行政总局、中国人民银行征信中心、渤海银行、中国银联、中国农业发展银行、阿里巴巴、广发银行、腾讯等 18 家单位实现了数据对接。2016 年 9 月，中共中央办公厅、国务院办公厅印发了《关于加快推进失信被执行人信用监督、警示和惩戒机制建设的意见》，围绕建立健全联合惩戒机制这一核心，以系统化、信息化、技术化手段，确定了 11 类 37 项具体惩戒措施，形成标本兼治、综合治理解决执行难的工作格局。截至 2016 年 12 月底，全国法院通过中国执行信息公开网累计发布失信被执行人信息 642 万例。

四 管理科学化

审判管理是指人民法院通过组织、领导、指导、评价、监督、制约等方法，对审判工作进行合理安排，对司法过程进行严格规范，对审判质效进行科学考评，对司法资源进行有效整合，确保司法公正、廉洁、高效。审判管理是审判工作的重要组成部分，包括流程管理、质量监督、绩效考核三个要素。过去，人民法院进行审判管理主要依靠手工记录台账和司法统计报表等方式进行，数据记录受人为因素影响大，缺乏客观性，无法及时准确地反映审判动态，难以全面反映审判过程中存在的质量和效率问题。运用大数据的理念和方法改造法院审判执行管理方式的机制很好地克服了传统审判执行管理方式的弊端，顺应了大数据时代对审判管理工作提出的新要求。

（一）优化再造审判执行流程

信息技术对审判执行流程进行再造，实现了案件信息的同步采集。对纸质材料采取扫描方式采集，生成的电子文档同步上传到系统；庭审、鉴定、评估、拍卖、保全等司法活动也被纳入采集范围。诉讼材料第一时间采集进系统，系统能够自动记录采集时间。最高人民法院机关办公办案平台具备了审判流程信息自动同步公开、文书生效后一键点击网上公布、流程审批、审限管控、绩效展示等强大功能，初步实现了法官办案中形成的各种文书材料在办案平台上完成或即时同步上传办案系统的目标，在以现代化科技手段提

升执法办案工作效率的同时，案件网上流转、网上审批、全程同步监管、全程留痕的新工作机制初步形成。

同时，最高人民法院加快推进全流程网上办案，各省（自治区、直辖市）建设统一的网上办案平台。辽宁省、市、区县三级法院对审判系统进行了全面升级改造，并持续对审判系统进行业务拓展延伸。为支持法院内外业务的协同与数据共享，切实为法官办案提供更加直观、便捷、智能、准确的信息和应用支持，建成了涵盖鉴定、评估、审计等全部业务类型，与审判系统无缝对接的司法辅助系统。该系统参照法院司法辅助案件不同的办理方式，设置了多种分案体系，建立了完整的业务流程，各业务部门申请的司法辅助程序可直接进入该系统中进行办理，办理完成后将结果进行反馈，还可针对全部第三方委托机构统一管理，使业务部门可对第三方委托机构进行灵活选取。同时，依托全省法院三级专网，实现了三级法院间的业务流转，下级法院可将司法辅助申请直接提交到上级法院进行处理，上级法院也可对下级法院的司法辅助案件进行办理和指导，强化了司法辅助案件的工作流程，完善了工作规范，提高了工作效率。

（二）及时监督审判执行质效

审判执行质效关乎司法公正能否真正实现，实时生成的案件数据信息便利了对审判执行全流程的监督督促，信息化技术通过服务审判管理提升审判执行质效。

以法院审判结案这一重要指标为例，各级法院普遍存在年度办案"前松后紧"、年底收案"急刹车"等问题。为解决这些问题，最高人民法院专门下发《关于进一步加强执法办案工作的紧急通知》，要求各级人民法院要科学研判当前审判执行工作态势，认真分析存在的突出问题，抓紧制定清理积案工作计划，强化服务保障，加强监督指导，促使、服务一线法官集中精力执法办案，进一步确保完成全年办案任务。司法大数据为监督指导各级法院完成办案任务提供了技术支持。最高人民法院自2015年起每季度制作《审判运行态势分析报告》，依托司法数据支撑，协助领导和法官及时发现问题、解决问题。不少地方法院也效仿这一做法，解决审判结案中面临的问题。2016年安徽省高级人民法院发布上一年度《全省法院审判执行工作情况报告》，以翔实的数据全面总结了全省法院审判执行工作总体情况、全省法院新收案件情况、全省法院结案情况、全省法院未结案件情况，并以市为单位对以上数据进行了多个层面的深入研究与分析，指出了全省审判结案过程中存在的问题，如年底控制收案现象仍然存在、年底突击结案现象仍然严重、各市案件数量和办案力度不平衡、各市法院司法统计基础数据质量有待进一步提升等，并有针对性地提出了四点改进措施。

又如，北京法院成立了专门的审判管理办公室，承担信息收集、问题研判、决策建议参考、流程监控等10项工作职责，通过定期收集、分析和发布反映案件审判质效的评估数据，定期编发审判管理通报，为各级领导决策提供参考。同时通过建立四级35项指标组成的覆盖各法院、各审判业务庭、各法官和全部案件的审判质量考核体系，让全市各院、各庭、各法官都主动围绕指标找问题，并积极采取对策。

（三）精确统计法院干警绩效

不少地方法院运用大数据和信息化技术建成了工作质效评估系统。最高人民法院将推出新版地方法院人事信息管理系统，实现全国所有地方法院人事信息的网络传输和数据实时更新，为提高队伍管理和改革决策科学化水平提供了更加有力的技术支持。

广东省法院审判业务系统包含绩效评价子系统。该系统提供对全省业务的数据查询、统计分析功能，包括全省指标方案、本辖区指标方案、本院指标方案、方案评估、重定义方案、指标管理、评估方案配置、统计日管理等功能模块，客观公正地用数据说话，对司法工作人员的绩效进行考评。四川省通过审判质效评估系统自动对全省三级法院、部门和法官进行审判质效管理和分析，对全省每个法院、部门、法官的工作绩效评估指标，均由系统根据评估考核需要自动运算生成指标数据，极大地提高了审判质效评估工作效率，排除了人为因素干扰，实现了评估的自动化、智能化。

五 公开常态化

阳光是最好的防腐剂，信息公开是防腐反腐的重要武器。习近平总书记指出，要坚持以公开促公正、以透明保廉洁，增强主动公开、主动接受监督的意识，让暗箱操作没有空间，让司法腐败无法藏身。"正义不仅要实现，还要以看得见的方式实现。"正所谓"公生明，廉生威"，司法公开对于提高司法机关公信力，树立法律权威性至关重要。最高人民法院2016年11月5日在第十二届全国人民代表大会常务委员会第二十四次会议上所作的《关于深化司法公开、促进司法公正情况的报告》显示，司法公开已从三大平台内容扩展至审判流程公开、庭审活动公开、裁判文书公开、执行信息公开四大平台，司法公开的成效显著，信息化在司法公开中扮演了极为重要的角色，已成为司法公开的主要推动力量。

（一）流程公开让官司打个明白

对于当事人而言，案件审理进行到什么阶段、承办法官采取了哪些措施是他们最关心的。借助中国审判流程信息公开网提供的案件查询功能，当事人及其诉讼代理人自案件受理之日起，可以凭有效证件号码和密码，随时登录查询、下载有关案件流程信息，了解案件在立案、分案、开庭、延长审理期限、上诉等各个阶段的具体信息。除了接受当事人查询之外，法院还会通过短信、微信等多种渠道推送案件流程信息。截至2016年12月底，各级法院共公开审判流程信息26.2亿项，推送短信3476.9万条，方便了当事人参与诉讼。

地方法院也十分重视流程公开工作。根据最高人民法院司法公开的要求，各省法院系统相继建成诉讼服务中心，整合了电子公告屏、触摸查询屏、诉讼服务窗口管理系统等各类信息化应用，为诉讼参与人提供全流程、一站式的信息化服务，基本实现了办案系统短信节点自动发送和审判流程触摸查询等便民服务。当事人自案件受理之日起即可查询审判流程信息，案件当事人、诉讼代理人可以随时查询案件详情，及时了解案件进展。内蒙古自治区高级人民法院建设司法公开网，为全区法院提供"预约立案""案件查询""电子送达""网上阅卷""申诉信访""联系法官"等互联网便民应用，为全区法院提供"开庭公告"窗口，并已经与各院审判系统挂接，能够查看全区法院已发布的开庭公告信息。山东省荣成市人民法院创新公开载体，依托审判流程、裁判文书和执行信息三大公开平台，将"二维码"技术引入司法服务领域，当事人扫描"二维码"，即可查询到案件的案号、承办部门、承办法官、联系电话、开庭时间、审理期限等流程节点信息，方便当事人随时了解案件进度，促进司法流程更加公开。实现对审判流程的全方位监督，让暗箱操作没有余地，让司法腐败无处藏身；应用信息技术，努力创新司法便民利民措施，有效提高办案质量和效率，为群众提供更有针对性、更加人性化的司法服务，使人民群众能更加便捷地行使诉权。

（二）庭审视频直播眼见为实

庭审是法院最重要的司法活动。2016年4月，最高人民法院公布了修改后的《中华人民共和国人民法院法庭规则》，明确规定公开的庭审活动公民可以旁听。但是，单纯的亲自赴法庭旁听庭审活动受到诸多条件的限制，使公开的效果大打折扣，运用互联网进行网上直播则克服了上述限制，扩大了庭审公开的受众面。

根据最高人民法院的规定，自2016年7月1日起，最高人民法院所有公开开庭的庭审活动原则上全部通过互联网直播。对于公众关注度较高、社会影响较大、法治宣传教育意义较强等依法公开进行的庭审活动，各地法院可以通过电视、互联网等以视频、音频、图文等方式公开庭审过程，大力推进庭审网络直播。

为了顺应新形势的发展，2016年9月，最高人民法院推出"中国庭审公开网"。中国庭审公开网全面覆盖四级法院，将海量的庭审直播过程全方位、深层次地展示在新媒体平台上，使公众可以迅速、便捷地了解庭

审全过程，降低了旁听的门槛。这也可以提高庭审公开效率，减轻法院的管理保障成本。作为全国法院统一、权威的庭审公开平台，升级改造后的中国庭审公开网是继中国审判流程公开网、中国裁判文书公开网、中国执行信息公开网之后建立的司法公开第四大平台，标志着司法公开进入新的历史阶段。

为确保庭审直播工作规范、有序，江苏省高级人民法院建成全省统一的庭审互联网直播平台，支持法院官网、微博、微信、手机 App 等多平台直播。此外，江苏法院还根据案件情况创新直播形式，如对涉及当事人隐私的案件，采用邮箱等方式定向直播；对社会关注度高、案情复杂、直播风险高的案件，采用短视频形式对关键环节进行直播；还针对社会转型期诉讼案件激增导致司法资源紧张等问题，联合相关公司将庭审直播案例导入互联网调解平台，为当事人提供同类参考案例。

（三）裁判文书公开量全球之最

裁判文书作为审判结果的主要载体，其公开不仅对法治宣传、法学研究、案例指导、统一裁判标准都具有重要意义，同时还能够倒逼各级法院切实提高审判水平，深化裁判文书说理改革。因此，与审判流程信息侧重于向当事人公开不同，裁判文书作为案件审理结果除了向当事人送达之外，还要按照"以上网为原则、以不上网为例外"向社会公开。2013 年11 月，最高人民法院开通中国裁判文书网，成为全国法院裁判文书公开的统一平台。除涉及国家秘密、未成年人犯罪、以调解方式结案、离婚诉讼或涉及未成年子女抚养等情形外，各级法院作出的裁判文书均在中国裁判文书网上公开。2015 年 12 月，中国裁判文书网改版后增加了公开蒙语、藏语、维吾尔语、朝鲜语和哈萨克语等 5 种民族语言裁判文书的功能，提供全网智能化检索服务，更好地满足各民族各界群众对裁判文书的多样化需求。

中国裁判文书网首页在醒目位置实时显示当日新增裁判文书、访问总量等相关数据，公众通过互联网即可即时查看各级法院的生效裁判文书。中国裁判文书网覆盖200多个国家和地区，成为全球最大的裁判文书网。截至2016年12月31日，中国裁判文书网已公布裁判文书超过2550万份，累计访问量超过47.2亿人次。

此外，网站还提供了快速检索联想、一键分享、手机扫码阅读等功能，尽量使用户体验达到最佳。2016年8月30日，最高人民法院发布新修订的《关于人民法院在互联网公布裁判文书的规定》（法释〔2016〕19号），进一步扩大裁判文书上网的范围。裁判文书公开工作模式也已由传统的专门机构集中公布模式，转变为办案法官在办案平台一键点击自动公布模式。

（四）执行信息公开负重前行

执行是确保司法裁判得以落实、当事人权益得以保障的最后一道关口，是提升司法公信力的关键。执行信息公开是司法公开的重要内容。2016年，执行信息公开平台作为四大平台之一，除了继续肩负阳光执行的使命之外，还承载了助力破解执行难的重任。为破解执行难，最高人民法院加强了执行公开工作，将2013年10月开通的"全国法院失信被执行人名单信息公布与查询"平台更名为"中国执行信息公开网"，并在首页建立了"被执行人""执行法律文书""执行案件流程"等链接。"中国执行信息公开网"公布了全国法院执行案件流程信息、失信被执行人名单、被执行人信息、执行裁判文书等执行相关信息，便利执行当事人查询，接受社会公众监督。截至2016年12月底，执行信息公开网已累计公布执行信息7624万条。为了加强执行案款管理，切实维护当事人合法权益，最高人民法院又于2016年11月21日创建"执行案款领取公告查询"网页，并与中国执行信息公开网建立链接，由各执行法院将联系不上当事人的案款信息予以公告。

各级人民法院也将执行工作与社会征信体系建设相结合，利用本地信息平台公开被执行人信息、限制出境、限制招投标、限制高消费等信息，推动信用惩戒机制建设。浙江省依托大数据生态圈，汇集了公安、交通、房产、

银行、出入境等 15 个部门的婚姻、信用、电商、社交、金融、交通、房产等 45 个维度近千个数据指标项，全方位评价当事人的身份特质、行为偏好、资产状况、信用历史，实现了多维度、全方面地展现被执行人的信息状况，创造性地开发了"当事人信用画像"系统，为审判执行法官办案提供重要的参考依据。

为严格规范终结本次执行程序，最高人民法院于 2016 年 10 月 29 日印发《最高人民法院关于严格规范终结本次执行程序的规定（试行）》。该文件规定，终结本次执行程序裁定书应当依法在互联网上公开。为了强化对终本案件的监督管理，北京法院审判信息网公开了所辖法院的终本案件数量和个案，包括案号、被执行人、立案日期、结案日期、终本裁定书、举报线索等信息。

为了规范司法拍卖，2016 年最高人民法院出台《最高人民法院关于人民法院网络司法拍卖若干问题的规定》（法释〔2016〕18 号），明确人民法院进行财产拍卖时以网络司法拍卖为原则。截至 2016 年 10 月 31 日，全国 14 个省市 1600 多家法院开展了司法网拍。

为了推动与执行息息相关的破产案件的公开透明，2016 年 6 月 23 日，最高人民法院上线运行"全国企业破产重整案件信息网"。该平台由全国企业破产重整案件信息互联网、企业破产案件法官工作平台、破产管理人工作平台三部分组成，其中全国企业破产重整案件信息互联网是按照案件流程全公开原则，对破产案件各类信息分级进行发布的互联网资讯平台。为保障平台顺畅运行，最高人民法院制定并下发了《最高人民法院关于企业破产案件信息公开的规定（试行）》（法〔2016〕19 号）和《最高人民法院关于依法开展破产案件审理　积极稳妥推进破产企业救治和清算工作的通知》（法〔2016〕169 号）等文件。

司法公开让当事人更加深入地参与到案件审理流程与判决结论形成过程中，消除当事人对法院、对法官的不信任，提高了司法公信力，令当事人从内心深处做到服判息诉、自觉履行生效法律文书确定的义务。充分的参与和公开使法官的一举一动、一言一行都在监督之下，促使法官必须提高个人审判水平、调整原有工作模式，在全透明的环境下工作必须谨言慎行，依法行使审判权。

六 决策精准化

建立人民法院数据集中管理平台，深度整合、挖掘、利用审判执行信息大数据，是人民法院信息化发展的必然要求。

（一）建立司法大数据

为了将分散在全国各地各级人民法院各种类型的案件及其相关数据进行聚合汇总，最高人民法院从2013年开始即组织策划建设人民法院数据集中管理平台，2014年7月1日，人民法院数据集中管理平台正式上线。人民法院数据集中管理平台的建立和完善要经历全国法院全覆盖、案件数据全覆盖、统计信息全覆盖三个发展阶段。2015年6月，人民法院数据集中管理平台首次成功汇聚了全国四级法院的案件数据，每一法院均在平台拥有对应的案件数据集合，基本形成一张覆盖全国四级法院、近1万个派出法庭的数据汇聚大网。根据最高人民法院发布的《人民法院数据集中管理工作规范》，最高人民法院与各高级人民法院之间建立了每5分钟和每日案件数据动态更新机制，有效支持案件、文书数据的及时、自动汇聚。2015年10月，人民法院数据集中管理平台实现了全国法院"案件数据全覆盖"，形成了任一数据都必然对应相关案件实体的"一数一案"关联体系，为保证案件数据的全面性、准确性和可维护性奠定了基础。2016年初，最高人民法院提出了数据集中管理平台与司法统计全面并轨的要求。截至2016年12月底，大数据管理和服务平台面向全国3520个法院，共计自动生成478584张报表、超过1000万统计数字、1亿个案件信息项，并自动建立了法院、报表、案件的三级关联印证机制。由此，中国法院在全国政务系统率先彻底告别了延续近70年的人工统计方式。

同期，全国3520个法院全部实现了实时上报数据，人民法院数据集中

管理平台汇聚全国法院近年来 9533 万件案件数据，并以日均 5 万 ~ 6 万件的案件数量递增。数据集中管理平台已经升级为大数据管理和服务平台，除审判执行信息外，还汇集了司法人事、司法政务、司法研究、信息化管理、外部数据六大数据体系全面丰富的数据资源，并成为涵盖数据管理、共享交换、数据服务三大功能，提供信息纵览、审判动态、司法统计、审判质效、专项分析、司法人事和综合搜索等七大类司法服务的审判信息资源库。司法大数据管理和服务平台具有数据汇聚实时自动、数据质量高度可信、数据服务全面可用等特征，是全世界最大的审判信息资源库，为进一步提高人民法院大数据开发和应用水平奠定了坚实基础。

（二）深度挖掘服务决策

数据的价值在于应用，在于通过数据挖掘分析支持决策、服务管理。2016年 3 月 2 日，"法信——中国法律应用数字网络服务平台"上线，该平台坚持需求导向，以用户为中心，在分析市场需求的基础上，不断丰富、拓展数据库资源，有针对性地提高技术应用水平，为用户提供更加全面、快捷、智能化的检索、智能推送等服务。2016 年 11 月 10 日，为贯彻落实网络强国和国家大数据战略，推进"智慧法院"建设，最高人民法院成立了天平司法大数据有限公司。该公司将根据最高人民法院的战略要求整合法院优势资源、创新司法管理运行机制，加强司法大数据研究，以最大限度地利用法律资源服务人民群众、审判执行、司法管理。为加强司法大数据运用，最高人民法院成立司法案例研究院，加强对案例等司法数据的管理、分析和应用，并积极筹备设立国家司法大数据研究院，为审判工作提供智能化的司法大数据服务。

通过对实时汇集的司法信息进行多维度的整合、分析、挖掘，可以提高人民法院司法审判的智能化、审判管理的科学化和国家决策的精准化。例如，最高人民法院信息中心、司法案例研究院发布的涉拐犯罪专题报告数据显示，在全国法院审结一审拐卖妇女儿童罪的案件中，94% 的案件涉及拐卖妇女儿童罪，占涉拐案件的绝大多数，而收买被拐妇女儿童罪的案件只占6% 。这两项数据一方面说明，《刑法修正案（九）》将收买行为一律入刑已初见成效；但另一方面可以看出，对于收买行为的打击、处罚力度仍需加强。在全部案件中，中原某省案件量占全国案件量的15.3%，该数据指明了打拐工作的重点区域。此外，对被告人情况、性别、年龄分布、文化程度、身份等数据的统计分析，可以在一定程度上划定打拐工作的打击对象并对相关案件进行预判、预警和及时处置。再以同时发布的毒品犯罪专题报告为例，审判数据显示容留他人吸毒案件数量呈现增长态势，提示政法部门应对这一类型犯罪加强打击力度；涉外毒品案件的国别分布表明，与某些国家相关的毒品犯罪需引起有关部门注意，并应予重点防范和治理；国内毒品犯罪案件的区域分布，为打击毒品犯罪指明了区域重点；对于被告人特征数据的精准分析也可以对高危人群进行重点预防。

在地方，司法大数据同样对指导政法工作意义重大。吉林省建成了全省法院数据集中管理平台，实现了全省三级法院案件数据的自动生成和实时更新，并组建了"吉林省司法数据应用研究中心"，对司法大数据进行分析，及时发现社会治理中存在的普遍性、规律性、倾向性问题，向党委政府提出相应的司法建议，发挥司法数据在服务党委政府决策中的参谋作用。例如，吉林省高级人民法院就涉及吉林省农村信用社的贷款纠纷案件进行了专项分析，向省政府提出了分析报告，得到了省领导的高度重视并作出重要批示。长春市中级人民法院依靠大数据，针对毒品犯罪案件的数量变化趋势、被告人特征、地域分布情况等进行了专项分析，助力毒品犯罪的整治工作。"互联网＋"之下的大数据时代，数据资源共享共用、设施互联、数据开放、资源共享，能够推动法院工作同其他部门联动，不断增强司法工作系统性、整体性、协同性；能够以丰富的数据资源和严谨精确的计算能力辅助党政部门科学决策，提升国家治理能力；更加能够通过大数据应用，为群众提供多样性、个性化的公共服务，在周到、精细的服务中提升社会治理水平。

七 2017年展望

得益于信息技术的发展，人民法院信息化建设取得了阶段性成效，但是

各地法院信息化建设仍然存在一些问题，信息化的整体水平与人民群众日益增长的司法需求相比还存在较大差距。追赶发展迅猛、日新月异的互联网技术，使法院工作同步受益于科技进步并不是一件轻而易举的事情，法院信息化建设是一项长期系统的工程。为达到实现最高人民法院大力推进"互联网＋诉讼服务"的要求，建设人民法院信息化3.0版，更好地造福广大人民群众，各级人民法院还需要从以下几个方面进行努力。

（一）统一工作部署，防范矛盾冲突

当前，法院信息化工作还存在一些全局性问题，需要予以关注。例如：一些地区上下级法院之间、法院和其他单位之间、不同信息系统之间的数据共享交换体系尚未全面互联互通；不同法院网站或司法服务平台执行不同的技术标准，应用程序烦琐复杂；平台分散重复建设，给公众准确快捷查询信息带来不便，部分法院同时开设两个网站，功能区分标准不清，政出多头带来混乱；电子送达等实际应用缺乏法律支撑，等等。这都指向同一个问题，就是顶层设计的欠缺导致各项工作难以统一。

根据《人民法院信息化建设五年发展规划（2016～2020）》关于加强顶层设计的任务要求，各地应依据五年发展规划，对辖区法院信息化建设进行总体技术架构设计和方案论证，以"天平工程"为抓手，明确系统建设、保障体系和效能提升方案，支撑系统研发、数据管理和资源服务等建设工作，保障系统和系统之间、法院和法院之间、法院和外部单位之间的互联互通、信息共享和业务协同。最高人民法院的规划体现了注重顶层设计的总体精神，各级法院都应将这一精神落实到部署信息化工作之中，逐级做到本辖区法院信息化建设工作架构与方案的统一，系统整体将呈现科学、有序的面貌，避免重复建设、资源浪费和各种冲突的出现。

这种提前统一部署的工作思路已经在一些地区取得实效。例如，考虑到多个系统平台功能交叉重叠的现状，针对法官需要在多个平台多次重复录入信息、上传文书的问题，山东省淄博市中级人民法院加大全市两级法院信息整合力度，建设了多个接口平台，使不同类型、不同标准的审判信息系统、

科技法庭系统、审委会系统和电子卷宗系统横向、纵向有机整合，实现了信息的一次录入，全面共享，减轻了法官负担，整合了信息资源。

（二）填补法律空白，实现有法可依

互联网技术与人民法院工作的融合已经是客观现实，并且呈现向更深层次发展的趋势，但相关法律制度却迟迟没有建立起来，法院在切实推进信息化工作过程中难免会遇到要对有关技术手段的正当性予以证明或者法律法规不健全导致无法可依的尴尬局面。例如，电子诉讼材料与纸质材料是否可以相互替代、法律效力有何异同，是互联网诉讼发展过程中必须面对的问题，这就需要国家层面出台制度性规定对这些问题进行专项说明，以促进互联网诉讼服务的标准化和规范化。目前，中国现行法律法规中涉及电子卷宗和电子档案的只有零星分散的条文，说理不够充分，对其性质界定不够明确，电子档案的加密保护管理技术、泄密责任认定等还未能被正式纳入相关法律系统中。这导致了当前法院电子卷宗和电子档案在发挥法律凭证作用时仅能充当简单的辅助工具，其法律效力远不及传统纸质档案，信息化工作进程受阻。因此，2017 年及此后相当长一段时间仍应加强相关立法工作。

（三）培养互联网思维，提升思想认识

受到学历、背景、年龄等因素的制约，有一部分法官对互联网技术并不熟悉。一些法官知识结构老化，在其早期学习经历中缺乏计算机网络等内容，对于互联网、信息化一知半解，头脑中尚未形成互联网思维，因而难以在短时间内掌握信息化工作所要求的技术，连最基础的操作系统都必须从零学起，举步维艰，甚至有的法官因此产生抵触心理，拒绝接纳新鲜事物。一些法官的工作能力仅仅停留在打字、打印材料等简单操作方面，个别法官甚至连在系统中查询法律法规、制作电子表格、收发电子邮件等功能都不会使用，既浪费了网络资源，工作效率也很低。也有部分法官未能充分认识到法院信息化的必然性和重要性，对信息化工作的理解比较肤浅，停留在表面，认为各种高新技术之于法院可有可无，多少年来没有网络照样办案，故对互

联网发展之快、运用之广、渗透之强，以及对人民法院工作的影响之大缺乏应有的认识，由于缺乏对"互联网＋"的内心认同而拒绝在工作中落实该项行动。再加上，在信息化工作初期，大量数据亟待录入，网上办公系统实用性、友好性还欠佳，不仅不能为法官减负，反而额外增加其工作量，也是造成法官对网上办公办案产生抵触情绪的客观原因。

消除法官对于互联网的心理障碍，提升其对"互联网＋人民法院工作"的思想认识是进一步推进信息化工作的关键。广大法院干警需要认识到互联网技术并非高深莫测难以掌握，也不是电脑专家的独有技术，而是一种渗透在每个人的生活、工作中且应用性非常强的技术。在当今时代，掌握网络技术不仅仅是做好工作的必备手段，也是享受美好生活的基本技能。在这一方面，山东法院的做法为全国法院系统提供了有益的借鉴。山东省高级人民法院强化组织领导，并充分发挥了领导干部学习信息技术的带动作用，在统一全省法院干警思想认识方面下足功夫。他们创新方式方法，从生活中的网络技术入手，坚持学用结合、学以致用，把"学网"作为必修课，把"用网"作为基本功，从微信微博、打车软件、网言网语等基本知识学起。通过教会干警利用手机 App 打车、订票、订餐、购物、就医、聊天等，让他们切身感受到信息网络技术在生活中的广泛应用和给人们带来的各种便利。实际操作的过程也是学习、理解、运用互联网技术和形成互联网思维的过程。这种从小处着眼、从实际生活出发的做法，在转变干警观念、消除信息化心理障碍方面走出了一条新路，值得推广和复制。

部分群众对互联网技术不熟悉也是法院信息化工作难以推广的重要原因。中国互联网络信息中心（CNNIC）2016 年 7 月发布的第 38 次《中国互联网络发展状况统计报告》指出：城镇地区互联网普及率超过农村地区 35.6 个百分点，城乡差距仍然较大。对互联网知识的缺乏以及认知不足，导致的对互联网使用需求较弱，仍是造成农村居民不上网的主要原因。调查显示，农村居民不上网的原因主要是"不懂电脑/网络"，比例为 68.0%，其次为"年龄太大/太小"，占比为 14.8%，"不需要/不感兴趣"占比为 10.9%。这种需求不足的状况导致面向农村群众的基层法院信息化进程受阻，在实际工作中先进的设备和办公系统无用武之地，各种设备逐渐被闲置，技术日渐趋于落后，信息化工作流于形式，传统的资源密集但效能低下的工作方式依然占主导地位。要改变这种状况，在农村地区普及互联网知识与技术需要人民法院与其他部门协同合作，这是一项长期系统的工程。对于人民法院而言，要以农村群众的司法需求为导向，加大宣传力度，必要时送网、送法下乡，让农村群众在真实的案件中切身体会互联网时代司法服务的优越性，并以地区为维度，推行更符合地域特征、更贴近农民生活的相关措施及司法服务，解决引导农村非网民转变观念，使用互联网更好地行使诉权。

（四）借推广云技术，实现均衡发展

近年来各地法院专网带宽均成功地进行了扩容，各级法院自行接入互联网，省法院统一建设法院专网与互联网的数据交换平台，基本能够实现各省省内法院专网数据统一出口。但是，互联网技术在不同区域的发展状况呈现不均衡状态，不同区域的法院之间互联网硬件设施经费投入、技术普及程度等呈现较大差异，经济发达省份（东部沿海地区）和经济欠发达省份（中西部地区）之间、城乡之间法院网络办公条件差距较大，数字资源闲置浪费和资源匮乏现象同时存在，难以全面满足各地人民群众的多元化司法需求。

云技术能够很好地平衡不同区域不同物理设备的数据资源配置。在经济发达地区，有能力提供充足的硬件设备，具备强大的数据计算能力，云技术之下所有数据集中于云，形成数据资源池，其他地区则可通过云端共享资源池中的资源，而不需要重复配置耗费巨大的硬件设备，从而既减少了前期投入，又提高了数据利用效率。今后，有必要进一步推广云技术，实现地区间信息化水平均衡发展。

（五）业务技术融合，形成内外合力

各地法院在互联网＋诉讼服务建设过程中普遍存在两个方面的突出问题。其一，重技术轻业务。以法院网站建设为例，部分法院网站仅依靠专门技术人员制作和维护，甚至基本的法律常识性错误都不能被及时发现；由于

网站制作维护人员不懂业务流程,当事人或普通百姓在网络上寻求司法服务时又不能从门户网站顺畅地与法官取得联系,从而导致所谓的信息化无法满足人民群众的司法需求。其二,重业务轻效果。一些网站的服务窗口在主页边缘、角落位置,不易被发现,网站不可用、首页栏目更新不及时、网站搜索引擎功能落后、首页链接不可用、附件不能下载、网页出现错别字等。上述两方面的问题同样存在于法官网上办公系统建设方面,仅依靠法院现有工作人员没有能力完成这一建设工作,但设计、建设、维护等服务外包又导致办公系统与审判业务契合度不足、实用性欠佳,不仅不能为审判工作提供技术支持,反而徒增一线法官工作负担。

业务与技术是人民法院信息化工作的左右手,只有融为一体,相互配合,才能切实发挥助力审判工作的功能。实现审判工作业务与信息技术的融合,队伍是基础,人才是关键。培养一支对司法业务和大数据都精通的队伍,使业务和大数据、技术最大限度地实现融合,网站、诉讼服务中心、网上办公等系统运转良好畅通。要注重从具备一定法律知识、了解审判执行业务又熟悉大数据分析的人员中选择优秀人才,充实到信息化管理和技术人才队伍中。

同时也要合理适度地借助外力,节约成本,特别是借助"外脑",外聘专家提供技术咨询,使法院工作少走、不走弯路。

(六)加大公开力度,维护司法公正

在最高人民法院的推动下,中国法院司法公开平台建设处于快速发展阶段,最高人民法院于2013年推进审判流程公开、裁判文书公开、执行信息公开"三大平台"建设,开通官方微博和微信,各地法院也纷纷开通门户网站、司法公开平台、网上诉讼服务中心、12368诉讼服务热线等。但整体而言,中国法院的司法公开还存在平台重复建设、信息准确性差、信息公开碎片化、法院公报有偿公开、数据公开尚处于初级阶段、司法改革透明度有待提高等问题。以信息公开碎片化为例,不少法院对信息公开的理解仅限于简单地将司法信息直接上传到网上了事,不少重要的司法信息未能分门别类,建立相应栏目,而是散放在《新闻动态》栏目中。信息公开碎片化给

公众获取信息造成困难，公众难以按图索骥，难以从相应的栏目查找到信息，并且许多司法信息会被淹没在海量的新闻报道中，影响公开效果。

上述问题暴露出现阶段中国司法公开仍缺乏公众本位观，公开什么、如何公开往往从有利于法院工作的角度出发，由司法机关掌握主动权，公众处于被动接受的地位。这种权力主导机制将会制约司法公开的广度和深度。就本质而言，司法公开不单单是司法权力的运行方式，更是保障公民合法权益的重要路径。未来，要推动司法公开的纵深发展，应明确司法公开的"权利"属性，以公众为导向进行制度重构和顶层设计，实现从权力主导型向权利主导型的转变。

首先，要以用户的需求为导向，服务于公众便捷、准确获取信息的需要，构建集约化的司法公开平台，降低司法公开的成本。为此，应统一网站的功能，将法院的新闻宣传、司法公开、诉讼服务等功能统一整合到政务网站，将政务网站建成立体式、全方位、一站式、互动性的网站，集公开、宣传、服务、互动等功能于一身；在地方构建三级法院共享的政务网站，方便公众查询本地法院的所有信息；在地方政务网站上建立与全国专项司法公开平台的链接，方便公众登录本地法院网站即可了解全国范围内的专项司法信息。

其次，摒弃公共信息牟利思维。司法公开的权利主导型，意味着司法信息本质上属于人民，不是法院私有的，其公开是基于满足公民知情权和监督权的需要，因此除了工本费之外不得另行收费。对于法院公报、白皮书、专项工作报告这些属于法院主动公开范围的信息，更应该免费在网上公开，法院不得将其作为私产予以销售牟利。

最后，应建立民享的司法大数据。在国家大数据战略中，司法大数据无论从数量还是从质量上看，都是国家治理能力赖以提升的富矿。要最大限度地发挥司法大数据效用，必须继续深化司法公开，借助信息化提升司法公开的效率和质量，做到数据的准确真实、互联互通、社会共享。

（七）注重网络安全，确保自主可控

信息安全是信息化发展的一道红线。随着新一轮信息革命加速全面影响

和重塑国家竞争、经济运行、社会发展、人民生活等各个领域，网络信息安全已由一个专业领域的小众性技术问题，成为事关国家安全、企业竞争和社会公众切身利益的普适性战略问题。近年来，信息技术在造福大众的同时，信息安全保障不到位造成的问题也日益突出，侵犯公民个人、企事业单位信息安全的犯罪数量逐年攀升。习近平总书记指出："要严密防范网络犯罪特别是新型网络犯罪，维护人民群众利益和社会和谐稳定。"《国务院关于大力推进信息化发展和切实保障信息安全的若干意见》（国发〔2012〕23号）指出：我国信息化建设和信息安全保障仍存在一些亟待解决的问题，宽带信息基础设施发展水平与发达国家的差距有所拉大，政务信息共享和业务协同水平不高，核心技术受制于人；信息安全工作的战略统筹和综合协调不够，重要信息系统和基础信息网络防护能力不强，移动互联网等技术应用给信息安全带来严峻挑战。网络安全和信息化是相辅相成的。安全是发展的前提，发展是安全的保障，安全和发展要同步推进。各级法院必须牢固树立安全保护意识，不断加强法院信息化建设和应用过程中的全面安全管理，保证经费投入，不断引入中国自主研发的具有自主知识产权的先进技术和产品，建立司法数据容灾系统以防患于未然，确保司法大数据自主可控，安全发展。

（八）全覆盖精细化，实现服务落地

"互联网＋诉讼服务"的成效有目共睹，但是法院信息化还需要在细节上予以完善。例如，服务法官办案的各个环节衔接不畅或系统设计粗糙，需要进一步精细化打磨。可以通过对当事人诉求的逐一登记、分类以及系统自动派单流转等一系列的标签化管理，为管辖法院及其部门的审查办理提供精准的法律法规、文书模板、线上审批、期限预警、电子卷宗、电子盖章、案例推送等智能化支持与服务。

一些法院信息录入不准确，以案件节点信息为例，人工录入的方式难免出现错误而导致节点信息不准确，不能保证当事人及时准确获知案件处理进度，致使其知情权受损，甚至可能由此损害当事人的实体权利。为

此，应进一步推广网上办案和电子卷宗同步随案生成，避免事后录入数据造成工作重复和人工失误；还应优化办案系统，提升节点信息逻辑性自检纠错功能。

互联网技术还可以方便人民群众就近诉讼。有条件的地区可以通过人民法院相互协作、诉讼服务流程再造，依托网络平台统一诉讼服务信息系统，打破传统上诉讼服务需限定地域、限定对象的思维定式，不分本院案件、他院案件，构建起本地服务与跨域服务"同等对待、同一标准"的诉讼服务新模式。

八　结语

2016年，"智慧法院"建设纳入《国家信息化发展战略纲要》，写进《"十三五"国家信息化规划》。2016年，中国法院实现网络覆盖最广、业务支撑最全、公开力度最强、数据资源最多、协调范围最大，引起全球同行的广泛关注。2016年，最高人民法院成功举办第三届世界互联网大会"智慧法院暨网络法治"论坛，与会各国达成的《乌镇共识》强调，信息技术是促进法院提升工作质效的有效途径，各国将在司法审判、司法管理和司法决策中积极运用包括大数据和人工智能在内的新技术。2017年，人民法院将总体建成人民法院信息化3.0版，初步形成智慧法院，进一步推进信息技术与司法工作的深度融合，提高办案质量、效率和司法公信力，探索促进公平正义的"中国路径"，同时也为世界法治文明发展进步提供中国方案、贡献中国智慧。

为了客观、科学地对法院信息化建设成效进行评估，中国社会科学院国家法治指数研究中心及法学研究所法治指数创新工程项目组设计了"法院信息化第三方评估指标体系"（见附表），并将适时推出评估报告。

附表

法院信息化第三方评估指标体系

1. 服务法官（30%）

二级指标	三级指标	简要说明
1.1 卷宗电子化(15%)		是否实现卷宗随案生成
1.2 网上办案(15%)		是否实现网上办案
1.3 文书辅助生成(20%)		网上办案系统是否能够根据法官承办案件的相关信息辅助生成裁判文书模板
1.4 案件线索关联(15%)		网上办案系统是否可以实现被执行人在本辖区涉诉涉执案件自动推动功能
1.5 法规与类案推送(20%)	1.5.1 法规推送(50%)	网上办案系统能否自动推送案件相关的法规条文
	1.5.2 类案推送(50%)	网上办案系统能否自动推送类案信息
1.6 执行查控(15%)		接入及应用总对总查控系统的情况

2. 服务当事人和律师（40%）

二级指标	三级指标	简要说明
2.1 网上立案(20%)		是否支持在线立案
2.2 在线缴费(10%)		是否支持在线缴费、退费
2.3 联系法官(15%)		是否支持在线联系法官
2.4 电子送达(15%)		是否支持电子送达相关文书
2.5 电子卷宗查阅(20%)	2.7.1 支持当事人远程查卷(30%)	是否支持当事人通过互联网调阅其参与案件的电子案卷
	2.7.2 支持律师网上阅卷(40%)	是否提供律师在线阅卷功能
	2.7.3 支持当事人现场查询电子案卷(30%)	是否支持当事人在诉讼服务大厅查询其参与案件的电子案卷
2.6 远程接访(10%)		是否支持远程视频接访
2.7 律师排期避让(10%)		网上办案系统可否自动根据律师排期,避免其代理案件排期冲突

3. 服务社会公众（30%）

二级指标	三级指标	简要说明
3.1 平台建设（15%）	3.1.1 网站唯一性和有效性（20%）	法院网站是否唯一并可访问
	3.1.2 网站友好性（20%）	法院网站检索功能是否有效
	3.1.3 信息更新性（20%）	法院网站首页信息是否及时更新
	3.1.4 信息准确性（20%）	法院网站内容是否有严重错误
	3.1.5 链接有效性（20%）	法院网站内外链接的有效性
3.2 审务公开（15%）	3.2.1 人员信息（60%）	法院网站是否公开法院领导、审判人员、书记员信息
	3.2.2 规范性文件（40%）	法院网站公开本院规范性文件的情况
3.3 审判公开（25%）	3.3.1 诉讼指南（10%）	法院网站公开诉讼指南情况
	3.3.2 开庭公告（20%）	法院网站公开开庭公告情况
	3.3.3 旁听（20%）	法院网站提供旁听预约功能的情况
	3.3.4 庭审直播（20%）	庭审文字与视频直播情况
	3.3.5 减刑假释（10%）	法院网站公开减刑假释信息的情况
	3.3.6 裁判文书（20%）	法院网站公开不上网文书信息的情况
3.4 数据公开（25%）	3.4.1 财务信息（40%）	法院网站公开年度预算、决算的情况
	3.4.2 工作报告（30%）	法院网站公开年度工作报告的情况
	3.4.3 统计数据（30%）	法院网站公开年报、专项报告及统计数据的情况
3.5 执行公开（20%）	3.5.1 执行指南（20%）	法院网站公开执行常识与执行流程的情况
	3.5.2 终本案件（10%）	法院网站公开终本案件信息的情况
	3.5.3 执行曝光（35%）	法院网站公开限制高消费、限制出境与执行悬赏的情况
	3.5.4 执行惩戒（20%）	法院网站公开涉执案件的罚款、拘留及追究刑事责任的情况
	3.5.5 执行举报（15%）	法院网站公开执行案件线索举报渠道的情况

专题报告

Special Reports

B.2

审判管理信息化的发展与走向

中国社会科学院法学研究所法治指数创新工程项目组*

摘　要：　审判管理信息化是法院信息化的重要组成部分，是新时期人民法院维护社会公平正义、满足人民群众司法需求的关键。近年来，中国法院在审判管理信息化方面做了大量工作，着力推进审判管理数据公开化，促进审判服务功能便利性，强化审判流程节点控制，并通过审判信息监督司法权，助力廉政建设。"十二五"期间，以互联互通为主要特征的人民法院信息化2.0版基本建成。法院信息化在提高审判质效、提升审判管理的智能化水平、服务法官办案、推进法院科学精

＊　项目组负责人：田禾，中国社会科学院国家法治指数研究中心主任、法学研究所研究员；吕艳滨，中国社会科学院法学研究所法治国情调研室主任、研究员。项目组成员：王小梅、栗燕杰、徐斌、刘雁鹏、胡昌明、王祎茗等。执笔人：胡昌明，中国社会科学院法学研究所助理研究员。

确管理等方面取得了重大成绩，促进了司法为民、公正司法。然而，随着信息化的不断深入，对照人民法院信息化 3.0 版的建设目标，审判管理信息化工作还应在服务性、全面性、应用性、共享性和均衡性方面作进一步努力和改进。

关键词：　法院信息化　审判管理　流程管理　审判辅助

审判管理，是指法院对审判活动进行计划、组织、指挥、协调、控制的方式①，是实现审判工作良性运行的重要保障。近年来，人民法院收案数量呈现爆炸式增长，审判执行任务日益繁重，人民群众司法需求不断增长、社会公众对审判效果的评价日趋多元，传统审判管理方式难以保证数据的客观准确，无法及时反映审判动态，弊端日趋突出。信息化技术在推进审判方式变革的同时，也推动着审判管理理念和方式的变革，推动审判管理信息化势在必行。

一　审判管理信息化的意义

信息化对审判管理的作用和意义重大。一是有助于审判管理更加精细。传统的审判管理属于粗放型管理，对影响审判质量的具体环节缺乏深入研究和有效防范，对审判效率的管理大多放任自流，而信息化有助于及时反馈案件办理流程、重大事项、裁判文书制作等的信息，大大提升了审判管理的精细化程度。二是有助于审判管理更加准确。在传统的审判管理方式中，院、庭长无法亲自了解每个案件的案情，只能靠听取承办法官汇报来获取信息，审判管理无法精确到位，审判管理信息化可以实现每个案件在各个审判程

---

① 毕寒光：《审判管理方式改革之我见》，载《辽宁公安司法管理干部学院学报》2000 年第 2 期，第 13 页。

序、审判节点的公开、透明，关联案件和类案的搜索、查询，使得审判管理更加精准。三是有助于审判管理更加科学。对审判工作进行评估，离不开科学合理的审判管理指标的设置和运用。传统的审判管理在司法绩效考核方面缺乏一套科学的评价标准和评价体系，评价指标设置不科学、不全面，导致审判管理走向异化。信息化有助于采用更加丰富多样的评价标准来评价审判绩效，克服其中的不合理因素，使得审判管理更加科学合理。四是有助于审判管理进一步系统化。在传统的审判管理模式下，审判管理结构是"金字塔式"的，审理管理职能分散在多个部门，带有很强的行政化特征，导致管理成本大、效率低，包括审判事务管理办公室、立案庭、审监庭、研究室、办公室等多个部门在内的管理机构，都不同程度、不同范围地承担着审判管理的职能。这种管理机构和管理职能的不统一，使得完整的审判管理工作被人为分解，造成了多头管理、政出多门的局面，不能形成整体合力，难以最大限度发挥管理的作用，某些情况下甚至给审判人员造成一些不必要的负担。发挥信息化的优势，可以促使审判管理各方面信息的汇聚与综合，提高审判管理的系统化水平。

二 审判管理信息化的实践

近年来，各级法院在审判管理信息化方面做了大量创新工作，形成了不少有益的实践和做法。

（一）实现审判管理数据公开化

将审判过程中产生的信息数据化是法院信息化建设的重要任务，其中一个重要的结果就是实现了审判管理数据的公开化。"十二五"期间，特别是党的十八大以来，在最高人民法院的强力推动下，人民法院网络建设成就突出。截至2016年12月底，全国法院基本实现了四级法院专网全覆盖，即全国3520家法院和9277家人民法庭已经通过法院专网实现了互联互通，为人民法院各项全国性业务应用奠定了坚实的网络基础。

第一，最高人民法院建成各类审判、管理信息网。最高人民法院搭建了一系列审判、管理领域的专网，包括全国统一的中国审判流程信息公开网、中国裁判文书网、中国执行信息网、中国法院庭审直播网等，是法院审判管理信息化成果的直接体现。

审判流程信息公开网投入运行。审判流程公开不仅是法院司法公开的关键，是方便人民群众参与诉讼、保障当事人诉讼权利、满足人民群众知情权的重要途径，也是审判管理的重要手段之一。借助审判流程公开，每一件案件的任何进展都能够立即在网上予以体现，能够在最大程度上促进法官勤勉工作、高效办案。

中国裁判文书网上线并改版。裁判文书是法院审判工作的最终产品，是法院认定事实、适用法律、作出裁断的重要文件，是推动全部诉讼活动、实现定分止争、体现裁判水平的重要载体。裁判文书上网公开一方面方便了人民群众查阅和开展研究，另一方面形成了倒逼机制，迫使法官提高文书质量和司法水平。

人民法院办公网和办公平台建成并不断升级。依托信息化建设，法院办公网站功能实现了升级，全国四级法院专网初步实现了权威发布、业务交流和应用整合。办公办案平台升级融合与应用的拓展，实现了工作桌面统一，并与信访、科技法庭等系统全面贯通，进一步优化了流程审批、审限管控、绩效展示等功能模块。

第二，地方人民法院建成或接入信息管理平台。地方各级人民法院的信息化建设也如火如荼，方兴未艾。全国各级法院都建成了案件信息管理系统，实现了网上办案，网络设备、计算设备、存储设备、系统软件等网络基础环境建设基本完善；各高级人民法院建成非涉密数据隔离交换设备或系统，实现法院专网与外部专网、互联网之间的跨网数据交换；视频会议系统实现全面覆盖，科技法庭、远程提讯、远程接访等系统基本覆盖全国法院，部分法院建成标准化机房和数字化会议系统；31个高级人民法院和新疆生产建设兵团人民法院建成执行指挥中心，25个高级人民法院建成信息管理中心。

截至 2015 年底，全国各地均建成统一的审判流程信息公开平台，并实现与中国审判流程信息公开网的联通。全国所有地方法院均建成或接入上级法院政务网站、司法公开平台，少数地区互联网应用已经迁移到公有云平台，互联网及其移动应用蓬勃发展，为各级人民法院服务于人民群众提供了强有力的技术支撑。

在东部地区，审判管理的信息化程度已经提升到比较高的水平。广东法院实现了全省法院办公办案平台的统一，结束了以往全省各地法院审判业务系统版本不同、信息无法交互的局面，消除了"信息孤岛"。目前，广东法院综合业务系统包括审判业务、执行业务、司法政务、诉讼服务等 4 类分系统，包含 30 多个子系统、近百个功能模块，基本实现了法院业务全覆盖。

在中西部地区，法院办案管理也逐步实现网络化。云南迪庆州法院运用"法院信息管理系统"软件，所有审判、执行案件从立案到归档全部实行网络化管理，实现网上立案、办案、归档、查询，增强了审判活动的公开性、有序性和规范性。在审理过程中，各类案件通过计算机进行审判流程管理，立案、分案、文书制作、统计分析等工作都在网上完成。

（二）促进审判服务功能便利性

人民法院审判工作的主体是法官，为法官提供更加智能、便捷的服务有助于满足人民群众对审判活动的需求，使法院裁判最大限度地接近正义，是法院信息化的重要目标之一。

近年来，法院信息化在审判管理领域的应用越来越广泛，已经逐步从审判信息的收集、监管逐步发展到审判服务和审判支持方面，为法官提供法规查询、案例指导、量刑参考、文书辅助生成、电子送达、智能纠错等服务，使法官办案更加方便、高效，很大程度上提升了审判工作质效。电子签章、远程庭审等系统，极大方便了法官和人民群众，降低了当事人的诉讼成本和法院的司法成本。可以说，信息化为提升法院的审判能力、提高司法质效作出了重要贡献。

1. 司法文书辅助生成系统

法律文书是法官处理审判事务的重要载体和表现形式，也是对法官办案过程的真实体现。法律文书的自动生成全程覆盖、全程留痕，大幅减少了法官的工作量，提高了工作效率。

四川法院的文书自动生成系统，按照法律规定和最高人民法院的法律过程文书和裁判文书标准，为立案、审判、执行法官分类预置了上万份的文书模板，法官只需点击鼠标就能形成文书雏形，再填写必要的信息要素就能快速制作一份规范的法律文书。

2. 电子送达系统

在司法实践中，"送达难"问题始终困扰人民法院的工作。传统的司法送达方式效率低、难度大、成本高，无法适应快节奏的办案要求。为此，有的地方法院总结传统送达方式的弊端，并结合当事人、法官及法院管理者的需求，自主开发了电子司法送达系统，以提高送达的效率及准确率。目前电子化送达模式在浙江、广东、山东等地已经开始推行，不仅方便了当事人，节约了司法资源，更提高了送达效率。

山东省东营市开发区人民法院开发出司法文书网络送达系统，在立案审查和起诉状送达阶段，以确认书的形式明确当事人接受司法文书的电子邮箱和手机号码，部分司法文书已实现以 PDF 文件的格式同步向当事人电子邮箱发送，并以手机短信的方式予以提醒确认，既减轻了当事人的往返奔波之苦，也提高了法律文书的送达成功率，进而缩短了审判执行的期限。

2015 年 12 月 21 日正式上线的江西省南昌市高新区人民法院开发的送达业务流程管理系统，与传统的送达方式相比优点如下：①优化选择送达方式，该平台将电子送达、邮寄送达、直接送达、公告送达等各类送达方式纳入进行流程化管理；②对送达过程全程留痕，保存送达证据，送达时和当事人电话联系的通话记录，直接送达中前往当事人住处及留置送达的照片，邮寄送达的回执等各类送达过程的记录均可录入送达系统；③实现送达工作的流程化、智能化管理，系统中附有关于送达的法律规定，确保了送达工作的有效性和规范性。同时，系统还对送达情况进行分类统计，提升了送达效

率。

3. 庭审语音识别系统

不管是传统法庭还是科技法庭，书记员通常情况下都难以完整地记录庭审的全过程。这样一方面影响庭审的流畅性，另一方面难以保证庭审笔录的客观全面。如何既准确又快速地记录庭审的整个过程成为提高庭审效率的关键。

在这种背景下，苏州市中级人民法院在科技法庭的基础上，引入语音识别技术。该技术基于语音识别技术，结合庭审应用场景而定制。该院从2016年4月下旬开始在庭审实战中测试使用语音识别技术，该技术已实现与科技法庭的无缝衔接，只需对接适配即可使用，改造简单，实施容易。经过庭审应用，庭审笔录的完整度达到100%，确保了记录的客观性和规范性。庭审时间平均缩短20%~30%，复杂庭审时间缩短超过50%，庭审效率明显提高。

4. 办案辅助系统

各地法院通过信息化开发了大量实用的辅助法官办案系统。北京法院通过大数据技术模拟法官办案思维，以检索框为入口，采用体系化检索方式，便于法官快速精确地找到目标案例。同时，系统还能对检索结果进行定制化分级推送，法官可以根据本人关注点的不同对分类结果进行个性化设置，系统根据法官设置的优先级别调整推送结果，确保展现出的案例最贴合法官本人的办案需要。

同时，北京法院的大数据研究平台还能够实现刑事案件量刑裁判辅助分析，智能识别当前法官承办案件案情，并依照刑事量刑规范、细则给出量刑建议，同时为法官智能推送同类案件的刑期分布、判罚方式等信息，促进刑事案件量刑规范化。

（三）强化审判流程节点控制

审判管理的重点在于审判流程节点的体现、记录、反馈和监督。审判流程节点管理，是根据案件审理程序，对案件的立案审查、移交、排期、审判、签发、评查、归档等环节进行科学、规范、有序的系统化管理。传统的审判方式中，除非案情重大或者法官主动汇报，院、庭长无从实时知晓案件的进展情况，更无法掌握法官的工作动态，审判管理完全处于粗放管理状态，不利于院、庭长审判管理职能的发挥。信息化有助于大幅提升审判管理的精细化程度，使审判质效评估更加科学和准确。为此，各地法院出台了一系列通过信息化加强审判流程节点控制的措施和方法。

四川法院在办案系统中设置时限明确的流程节点，对案件在审判、执行各个环节的运行情况进行动态跟踪、监控和管理。利用信息化对审判流程的主要节点进行实时自动管理，各节点自动提示、预警显示、催办督办和逾期冻结，一旦计算机系统自动检测到案件承办人在某个节点没有按照法定时限对案件进行审理，预警、报警系统将对案件承办人、部门领导自动警示；对未录入开庭信息、超审限、结案后未按期归档等实行冻结，未经领导审批不得解冻，从而强化法官程序意识，杜绝超审限案件，实现案件过程控制。研发运行审判业务条线管理系统，上级法院业务部门可经授权查看下级法院对口部门案件办理情况，随时跟踪督促指导，实现流程管理在线静默监管。

湖北法院着力推进案件信息统一网上录入，将办案流程划分为 93 个节点进行动态监控和实时管理，加强对立案、开庭、送达、结案、归档等环节的预警、催办和督办，及时监测和清理长期未结案件，提高审判效率。

三　审判管理信息化的成效

法院信息化在提高审判质效、服务法官办案、方便人民群众诉讼、推进法院科学精确管理等方面发挥着越来越重要的作用，促进了司法为民、公正司法，提升了中国司法的国际影响力，树立了中国法院的良好形象。其成效主要体现在以下四个方面。

（一）提高了法院审判的质量和效率

审判质效是公正司法的基础，法院的信息化技术在一定程度上能够实现

向科技要生产力，帮助法官提升审判质效，帮助法院提升管理水平，并提高每一个个案的裁判质量，在审判管理、提升质效方面大有作为。

各级人民法院的信息网络系统、诉讼服务平台是网上办公、网上立案、网上办案、网上查询、网上申诉的重要载体，是法院审判工作的技术支撑。以法院审判结案的情况为例，全国不少法院都存在年度办案"前松后紧"、年底收案"急刹车"的现象。2015年，受经济下行、立案登记制改革、民事诉讼法司法解释出台和行政诉讼法修改等因素影响，全国法院新收案件迅速增长。最高人民法院依托数据系统，加强对审判运行态势的研判，适时通报工作情况，强化跟踪督促，并根据各审判业务部门工作量分流案件，均衡办案任务。2015年起，最高人民法院每季度制作《审判运行态势分析报告》，为各部门和法官掌握整体情况、明确问题与差距、积极推进工作提供数据支撑。

不少法院也建成了工作质效评估系统。浙江法院依靠信息化技术建立了全省法院审判质量效率评估体系，经数据中心自动采集运算全程同步即时录入的案件信息，在全国各省区率先自动实时生成26项办案评估指标，让各级法院看清本院办案工作的强项和弱项，看清自身各项工作在全省法院所处的位置和差距，极大地提升了信息化办案管理水平。评估系统还具备灵活的信息数据跟踪监测、预警、检索、统计等功能，能自动提示并防止案件信息的漏录、错录等问题，追溯具体案件直至每一个办案节点的流程信息，实现对各个法院、每名法官直至每个案件的科学量化管理，增强评估工作的针对性、客观性和权威性。

吉林的电子法院大大缩短了案件审理的平均时效，法官的收案、办案效率明显提升。首先，确保在法定期间内立案。诉讼各方通过线上进行材料收转、网上诉讼费缴纳、电子送达等，结合12368短信实时提醒功能，避免当事人来院立案以及往返多次补充材料，确保案件能够在法定期间内完成立案。其次，缩短了案件开庭时间。诉讼各方使用网上证据交换与质证、云会议平台、审诉辩平台、网上开庭等功能，单个案件的有效审理时间更长，双方当事人庭前准备和意见发表的时间更多，能更快地确定案件争议焦点，并围绕焦点进行审理和调解，使案件能够在法定正常期限内结案。最后，审判质效得到显著提升。由于案件审理全流程公开透明，案件争议焦点明确，通过云会议进行远程调解，案件调解率、撤诉率、一审服判息诉率得到了提升，调解后申请执行的案件量降低，审判质效得到显著提升。

（二）提升了审判管理的智能化水平

信息化为法官查询、参考同类案件提供了技术支撑，确保法官查明事实，正确适用法律，减少司法裁判和司法决策过程中的不确定性和主观性，促进统一裁判标准。信息化为辅助分案、案由调整、专业合议庭等动态管理提供了支撑，使法官办案更加方便、高效，当事人诉讼更加便利，司法更加接近人民群众，审判管理的智能化水平进一步提高。

上海法院开发了"法官办案智能辅助""裁判文书智能分析""移动智能终端办案 App""法律文书自动生成""办公办案一键通"等 35 个系统，实现了法官办案智能化。法官办案智能辅助系统利用大数据分析技术实现关联案件、参考案例、法律法规等信息的主动推送服务，为法官办案提供个性化、精细化、智能化服务。裁判文书智能分析系统对文书中 61 项质量要素进行大数据分析判别，发现人工评查不易查出的逻辑缺陷、遗漏诉讼请求等实体性问题，提醒法官甄别修正。该系统已累计分析近 130 万篇裁判文书，其中在 2015 年分析的 4.8 万篇中发现并纠正了近 12% 的瑕疵。移动智能终端办案 App 方便法官利用手机等智能终端处理办案事务、提醒办案事项、查询案件信息、查阅审判文件等，使办案更加便捷高效。

天津市第一中级人民法院研发了新一代法院工作平台，将法院业务流、信息流和管理汇于一体，向全体干警提供智能化、个性化的公共信息服务、岗位功能服务和交流互动服务，实现了管理内嵌、服务创新、智慧共享。一是自动提供智能化个性化信息服务，推送个案参考信息，自动识别法官身份和具体案件，主动将相关的法律条文、指导案例、涉案舆情等信息经过抓取、筛选、整合后，推送给法官作办案参考。二是督促规范司法行为。平台整合了案件管理系统、科技法庭系统、文书纠错系统、电子档案系统、办案

助手系统,将审判执行工作流程各节点的工作规范与标准内嵌,寓审判管理于服务之中,对法官的审判工作进行规范和指引。三是共建共享法官群智慧。开辟"明正典刑""民无小事""疑难杂症"等涉及各审判领域的法官论坛,法官自由参与,分享实践经验,开展学术讨论,互相启发,共同提高。

(三)促进了审判管理进一步科学化

信息化改变了传统形式,促进了审判管理的科学化。信息技术对审判执行流程进行再造,实现了案件信息的同步采集。审判、执行人员在完成每一项工作的同时,将产生的诉讼材料第一时间采集进系统,所有信息在工作完成当天采集完毕,系统自动记录采集时间。对于起诉状、送达回证、证据等纸质材料,采用扫描方式采集;对庭审笔录、法律文书等文档,在制作的同时会上传到系统。庭审、鉴定、评估、拍卖、保全等司法活动也被纳入采集范围,所有庭审实现了实时监控、全程录像。

2015 年,最高人民法院以规范审判管理为导向,协同、配合信息中心优化、完善机关办案平台,丰富办案平台辅助、便利法官办案的相关功能。该平台能做到审判流程信息自动同步公开、文书生效后一键点击上网公布、流程审批、审限管控、绩效展示等强大功能,基本实现了法官办案中形成的各种文书材料,包括阅卷笔录、审理报告、庭审笔录、合议笔录、裁判文书等在办案平台上完成或即时同步上传到办案系统的目标,在以现代化科技手段提升执法办案工作效率的同时,案件网上流转、网上审批、全程同步监管、全程留痕等新的工作机制初步成形。

北京法院建立了完善的案件流程制度化体系,制定了在信息化条件下流程管理、审限管理、开庭管理、归档管理等十几项审判管理规范性文件,并通过优化案件流程、细化管理节点,保证对立案、审判、执行、信访等各个环节均实现有效监控。

(四)提高了审判管理信息的精确性

司法统计数据是审判管理的基础,数据的准确性不仅影响到司法审判的运行管理，而且影响到相关司法决策的制定及其科学性，决定着案件管理的有效性，是法院信息化的生命。为提升司法统计数据的准确性，完成传统人工填报司法统计报表向系统自动生成转移，最高人民法院选取北京、上海等10家高级人民法院作为2015年司法统计信息化试点单位，探索提高司法数据的准确性。截至2015年10月15日，有13家高级人民法院实现司法统计自动生成。此后，经过一年的努力，实现了全国法院司法统计数据均从最高人民法院建设的人民法院大数据管理和服务平台生成。

从最高人民法院层面来看，司法数据专题分析和服务初见成效。截至2016年12月底，最高人民法院数据集中管理平台已经实现从全国31家高级人民法院和新疆生产建设兵团人民法院自动提取案件数据，频率为5分钟，并可动态展现收案情况。通过这一数据集中管理平台可以对收结存、审判质效、热点案件、特定类型案件等进行挖掘、关联、分析，掌握审判动态、发展趋势和内在规律，更好地服务司法决策和审判管理。

从各地法院来看，审判管理自动化水平也不断提高。山东法院建成"山东法院数据服务云中心"，对各类数据进行集中存储、开发应用，提升审判执行管理的自动化水平，在人员基本稳定的前提下，案件管理的覆盖率、反应及时性、数据的准确性都有大幅提高。山东省高级人民法院统一开发的司法统计系统可以实现案件信息可追溯。山东法院所有的司法统计报表均可下载，点击数字可以查看案件列表信息。新版的司法统计不仅提供数字信息，还提供案件信息，其服务功能也实现了全面化。以山东法院司法统计系统为例，系统具备10类138张报表服务功能，实现管辖案件、刑事案件、民事案件、行政案件、司法赔偿案件、执行案件等领域的全覆盖。司法统计数据实现了自动上报。司法统计软件自2016年8月份运行以来，已经完成了和最高人民法院的数据比对，目前正在和单机版的司法统计数据进行比对。比对结束后，就可以实现司法统计的并轨。全省法院均可以使用司法统计软件进行司法统计。

重庆市第四中级人民法院依托"网上办案系统"，自主设计研发了"审判管理综合系统软件"。该软件不仅能够通过信息化手段量化法官的审判工

作业绩，管理者通过数据对审判资源进行结构性调整，优化配置审判资源，还能够为院、庭长行使审判管理权和审判监督权提供平台，改变了法院内部传统的管理方式。可视化的全程监督管理排除了不良因素对审判活动的干扰，使院、庭长的监督管理全程留痕，便于落实司法责任制及错案追究制度。此外，审判数据采集自动化提升了法院审判管理集约化、精细化水平。

四 审判管理信息化的努力方向

《2006～2020年国家信息化发展战略》（中办发〔2006〕11号）明确指出，信息化是当今世界发展的大趋势，是推动经济社会变革的重要力量，大力推进信息化，是服务中国现代化建设全局的战略举措，是贯彻落实科学发展观、全面建设小康社会、构建社会主义和谐社会和建设创新型国家的迫切需要和必然选择。2015年，最高人民法院提出人民法院信息化3.0版的建设目标，即促进审判体系和审判能力现代化，形成支持全业务互联网诉讼、全流程审判执行要素依法公开、面向用户按需提供全方位集成式司法审判信息资源服务和辅助决策支持的智慧法院。

对照人民法院信息化3.0版的建设目标，审判管理信息化工作还应在服务性、全面性、应用性、共享性和均衡性方面作进一步努力和改进。

（一）促进审判管理进一步向审判服务延伸

法院信息化过程中，审判流程的管理不断加强，审判数据的应用范围不断扩大，信息化的作用进一步提升。然而，审判管理的目的不是限制法官手中的审判权，而应服务法官行使审判权，最大程度地发挥法官的能动性，使审判权在法定范围内发挥最大的功效。为此，审判管理信息化的重点应逐步从监管向服务转变，减少给法官带来的不便和困扰，增加对审判的帮助和支持。

目前，人民法院的审判管理仍然以管理而非服务审判为导向，在使用审判管理系统时，法官普遍反映没有给案件审理提供很大便利。首先，一些审判系统平台在操作过程中或多或少存在响应速度慢、功能不完善、使用不方便、界面不友好等问题。例如，审判人员在使用审判系统进行录入、查询、下载等各项操作时，系统反应慢、操作不流畅、不稳定等问题没有根除。其次，一些审判管理系统功能单一、不够健全。审判人员通过信息系统往往只能进行简单的案件办理流程录入、案件查询等操作，而法官审理、办案常用的案卷调取、相互关联案件查询、法律法规和司法解释查询功能等在系统内往往难以实现。再次，一些系统权限、功能向法官开放程度低。部分人民法院审判管理系统查询、统计的功能比较丰富，但是这些权限多面向院、庭长，向一线法官开放的程度有限，往往无法满足法官查询信息、了解相关案情的需求。最后，一些系统的便利性有待进一步提升。辅助法官提高审判效率是建设审判信息系统的重要目的之一，目前只有部分法院实现了审判信息的自动回填功能。系统自动化水平不高，要求法官将案件的每一个办案流程节点都在规定时间内手工录入系统，就容易打断甚至打乱法官的办案节奏，影响办案效率。

因此，为了实现人民法院信息化3.0版的目标，下一步还应将提升信息系统服务功能作为重点工作。一是提升办公硬件水平及审判系统本身的性能，使得各项功能的实现更为迅速、流畅；二是从服务法官办案、为审判工作提供支持的角度去设计和改进系统，开发更多的服务功能，集合更多更全面的信息，提高审判系统的自动化水平，弱化对审判的控制和管理，强化对法官的服务，让法官享受到审判系统带来的便利和帮助。例如，案件鉴定流程应由法官从审判系统发起申请，鉴定部门受理触发审限自动中止，并去实施，将鉴定过程节点随时录入系统，法官通过系统实时掌握案件鉴定流转情况，这样法官无须每个案件都要等待鉴定部门的纸质材料。

在审判系统方面，人民法院现有部署的多个平台软件大多是以审判业务管理为主线，审判数据为重点，而用于辅助审判的软件较少，功能不够强大、贴心。提升审判系统效果，提高审判人员对系统的认同度和使用频率的关键在于让法官感受到信息技术在办公办案中的切实好处。一是研发法官办案智能辅助系统，利用数据分析技术实现关联案件、参考案例、法律法规等信息的主动推送服务，为法官办案提供个性化、精细化、智能化服务。二是

提高审判系统自动化水平，使审判流程信息能够自动回填，裁判文书能够自动纠错，对于文书中常见的格式错误、错别字、逻辑缺陷等，自动加以甄别，待办事项能够及时提醒，方便法官办案，减轻法官负担。目前，只有部分法院的信息系统实现了其中一些功能，今后有必要进一步在提高其精确度和友好性的同时，将该项功能在全国法院铺开。三是推进电子卷宗随案同步生成，供法官办案、合议庭合议、审委会评议、调卷阅卷、裁判文书制作等工作使用。有的法院在此方面作了积极探索，成效明显，今后应尽快推广其经验做法。四是转变流程设计理念。以人为本，以审判权运行机制为中心，从服务法官的角度入手，强化法官对案件的掌控。例如，案件鉴定流程应由法官从审判系统发起申请就是比较典型的例子。五是注重技术与业务的融合。从服务审判执行工作、深入了解法官真实需求出发，由技术部门和精通审判业务的一线法官组成审判系统开发小组，在充分调研的基础上，对于现有的审判执行系统进行反复研讨和修改。论证审判系统各项功能的可行性、必要性，尽可能使得系统设置贴近一线审判工作，服务于一线法官、书记员。

（二）搭建和完善全面覆盖的审判管理平台

"全面覆盖"是人民法院信息化3.0版的首要特征。全面覆盖要求各级人民法院以"天平工程"为引领，加强整体规划和顶层设计，充分运用网络和云计算等技术，实现全国四级法院网络联通全覆盖，司法审判、司法人事、司法政务业务与流程全覆盖，实现四级法院和人民法庭固定和移动网络的"全覆盖"，各类司法信息资源全覆盖，诉讼当事人、社会公众和相关政务部门多元化司法需求全覆盖，形成互联互通、畅通无阻、资源共享的法院信息化工作网络。

在这方面，审判管理信息化面临巨大的挑战。虽然目前各级、各地法院开发了诸多信息化系统，甚至在同一个法院内部开发了案件审判信息系统、审判流程系统、审判支持系统、执行信息系统、查控系统、案件评查管理系统、法官业绩评估系统、人事管理系统等多套信息系统，但是，首先，众多应用系统功能多样但兼容性不佳，审判、人事、政务信息之间统一管理力度不够，信息没有交互应用，没有实现法院内部各种信息系统之间互联互通；其次，各个系统缺乏统一入口和服务整合，每一套系统由一个部门主管，如审判管理系统由审管办负责，业绩评估、人事管理系统由干部处（科）负责，廉政监察系统又由监察室负责等，每一套系统有自己的登陆名和密码，只有部分法院实现了不同系统的统一登陆，给审判管理和法官运用带来诸多不便；最后，部分案件信息管理系统不符合司法改革对审判执行工作的要求，一些法院内部多头管理、各自为战、相互掣肘，信息化分工协作的运行模式不顺畅，开发的各种司法管理系统之间整体性不强，综合效能展现不足。

因此，必须要打破这种画地为牢的现状。一是扩展现有审判管理系统的外延，不能仅遵循传统的管理模式，只监管案件粗放式流转，侧重抓立案、分案、审理、结案等主要节点，忽略了送达、保全、公告、鉴定等主要分支流程的设计。应着力打破案件审理信息与执行信息系统、司法人事管理系统、行政办公系统之间的藩篱，改变信息孤岛现象，使承办法官第一时间掌握其审理案件的状态和动向，大幅提高审判的效率。二是既要增加审判信息系统与其他法院内部审判支持系统的连接，也应当增加互联网中对案件审理、送达等有帮助的相关信息的结合程度。例如，民事送达工作已经成为民事审判中的顽疾之一，送达难、送达周期长，因送达不合法导致案件发回重审等现象也屡见不鲜。而在执行信息系统中，有大量被执行人的身份和地址的准确信息。鉴于一部分被执行人与被告人的身份重合，利用执行系统中被执行人的身份就能提高送达的成功率；同样，当下互联网购物已经成为人们生活中不可或缺的一部分，利用互联网购物中留下的收货地址来辅助送达，也能做到事半功倍①。

---

① 这一建议并非空中楼阁，浙江法院已经开启了相关的司法实践。2015 年 11 月 24 日，浙江省高级人民法院与阿里巴巴集团签订战略合作框架协议，其中有一项就是通过淘宝平台的数据锁定当事人常用电话和地址，把法律文书寄往淘宝收货地址，提高送达率。此外，浙江省高级人民法院与阿里的合作还体现在"芝麻信用"、司法网络拍卖、云服务等专业领域，提升法院送达、审判、执行环节的效率。《浙高院：法律文书无法送达将直接寄到淘宝收货地址》，凤凰网，http://news.ifeng.com/a/20151124/46372996_0.shtml，2016 年 9 月 23 日访问。

（三）拓展审判管理信息的应用范围和深度

"深度应用"是人民法院信息化3.0版的"六个特征"之一，要求充分运用大数据、云计算、未来网络、人工智能等技术和人民法院丰富的司法信息资源，分析把握新形势下审判执行工作的运行态势、特点和规律，为法院自身建设、国家和社会治理提供不断深化的信息决策服务。

近年来，人民法院在审判管理信息化方面做了大量卓有成效的工作，但是大多数法院的应用范围局限在流程管理、网上办公、公文传输等几个方面，司法信息资源的价值没有充分体现，还没有广泛用于数据分析等方面，更没有发挥信息资源的规模效益和社会效益。一是审判管理的数据多用来提供给领导决策或者撰写相关的调研报告，而将审判管理数据运用到审判管理中，提高审判管理水平和科学性则严重不足。二是审判管理系统中采集的数据处于低级运用状态，缺乏深入分析。例如，廉政信息系统、信访系统中只是完成了信息采集工作，较少有法院对采集到的数据加以分析，得出腐败或者信访现象高发的规律，提出警示，更少与审判执行系统数据进行比对，得出更进一步的分析结论。三是广大一线法官，特别是一些老同志和领导干部对审判管理的信息化还有畏难和抵触情绪。例如，一些法院设计了比较完善的网上办公系统，通过网上办公系统减少原来需要纸质材料的一些案件审批流程，既直观又便捷。但在实践中，一些领导干部往往没有养成良好的电子化阅读和审判习惯，仍然需要法官提醒或者将审批流程单打印成纸质文件，使得审判管理的信息化毫无用武之地。

因此，要不断拓展审判管理信息的利用深度和广度，推进开发建设的司法管理系统得到更加深入的运用。例如，建设司法数据的集中管理平台，以自动提取的案件数据为基础进行司法统计，开展案件运行情况分析，并为人员调配、法官员额设置、司法辅助人员的招录，甚至法官绩效考核、奖励等提供依据或者参考。又如，通过建立电子卷宗档案化，不仅保证卷宗推进随案同步生成，还将电子卷宗提供给法官办案、合议庭合议、审委会评议、裁判文书制作、案件评查、上级法院调阅等工作使用，但是这项工作仍然在部分法院试点，没有在全国法院全面铺开。同时，提高审判信息的利用率，还应增加管理系统的便利性和可塑性，在系统应用过程中发现问题和不便之处，可以随时与技术部门沟通提出修改意见，能够及时优化和调整。

（四）加强法院间审判管理信息的共享兼容

法院信息化建设已开展多年，各类信息系统基本搭建完成。但是，上下级法院之间、法院和其他单位之间、不同网络之间的数据共享交换体系尚未全面建立，"数据孤岛"现象较为突出。同时，多个平台软件系统涉及的知识层面不一样，性能、设计理念都很复杂。参与平台建设的各个公司都各有所长，而没有一家能包含所有的工作层面。这些平台都已经具备了纵向的数据点，而横向的数据联系关联度还不够，与最高人民法院建立信息化标准体系，统一规划、科学整合、资源共享、有效应用的要求还有一定的差距。

未来，加强人民法院信息的共享和兼容还需要做好以下几步。第一，加强信息化建设的整体规划和顶层设计。受各方面因素影响，各地法院的信息化建设差异较大，各自为政、多头开发、重复建设问题十分突出。究其原因，很重要的一条就是缺乏科学的整体规划，不但没有全国性的指导意见或实施方案，甚至一省之内的信息化建设也大相径庭，导致各地开发的系统不能兼容、无法对接，严重影响人民法院信息化建设的整体推进和协调发展。因此，建议充分发挥规划的引领作用，从人民法院信息化建设业务需求出发，加强各项顶层设计工作，根据法院信息化建设"十三五"发展规划的要求，制定各省市的五年发展规划，并逐年评估修正，统筹辖区法院信息化建设。在全国法院信息化互联互通的基础上，逐步实现大数据的运用和整合。

第二，加强对现有应用系统的整合。建议在现有多头管理的基础上，花大力气整合信息管理系统，实现司法信息资源的充分整合和兼容，充分利用审判信息、纪检监察信息服务于干警业绩考核，通过案件流程管理、档案信息反馈给审判人员，网上办公平台、政务信息服务于全体工作人员

等，发挥信息资源的规模效益和社会效益，使案件信息实现从一线干警到院、庭长点到点即时传递，实现扁平化管理，促进司法管理的科学化，提高司法管理效能。为了克服各个法院之间案件管理系统、办公平台不兼容、不统一的问题，建议由最高人民法院主导完成办公办案平台一体化整合和移动应用，并利用法院专网建设一批全国性应用系统。大力整合各类应用系统，实现不同应用之间的信息共享和审判、人事、政务信息的统一管理，并依托法院专网实现地方法院之间的横向信息交互。特别是对于最高人民法院建设的贯穿四级法院的应用系统，要坚持全国法院一盘棋，按照统一的接口规范和标准进行数据交互，确保实现全国法院数据上下联动、互联互通。

（五）推动审判管理信息化水平的均衡发展

法院审判管理信息化建设起步早、发展快、地方创新多，对法院的各项工作起到了促进作用。然而，中国是一个发展中的大国，各地法院的信息化起步早晚不一，基础差别较大，信息化改革的人员、资金支持与配备也各不相同。

一些先进法院在创新探索方面走在了全国前列。有的法院已经实行案件从收案登记、立案审批、分案排期、案件送达、案件审理、结案审查到案件归档的流程化管理，通过信息网络系统的上下连接，将案件上诉、再审等环节纳入管理，实现了全方位、立体式、无缝隙的网络监督。有的法院在科技法庭管理平台建设、电子卷宗系统等方面走在了前列。有的法院开通了电子法院，实现了民事一审和二审案件、行政案件、执行和非诉类案件的全流程网上办理。也有的法院开设了电子商务网上法庭，充分运用电子商务的在线证据，发挥网上调解、裁判的便捷优势，不受时间、空间、地域限制。

与之形成鲜明对比的是，一些法院信息化基础设施相对薄弱，法院的信息化尚处于起步阶段。经济欠发达地区法院信息化建设投入不足、软硬件设施配置较低的问题仍然突出，甚至有个别法院、派出法庭还没有自己的专门审判办公场所，遑论信息化的推进了。也有法院虽然信息化起步早，但后期设备更新换代慢，同样制约了信息化的发展。比如，有的法院数字审委会、视频会议室已投入使用逾 10 年，信息机房的一些设备超期服役多年，许多设备市场上无法找到维修配件，既有设备落后老化问题，也存在严重的安全隐患。可以说，地区之间、法院之间的信息化发展不均衡，将是今后法院信息化推进应当考虑的重要方面。

法院信息化不是个别地区、个别法院的事，因此，急需解决各地法院信息化管理水平参差不齐的问题，做好顶层规划设计，制定信息化建设的统一技术标准，加大经济欠发达地区法院信息化建设投入力度，并配合信息化的推进，不断推动法院内部管理、审判执行的流程再造。

B.3
信息化拓展司法公开的广度和深度

中国社会科学院法学研究所法治指数创新工程项目组*

摘　要：　借助法院信息化的应用和发展，中国法院的司法透明度得到
　　　　　全方位提升，实现了审务信息的网上公开、裁判文书的社会
　　　　　共享、流程信息的主动推送、法庭审理的远程可视以及执行
　　　　　信息的阳光透明。司法公开在取得上述成就的同时也面临着
　　　　　发展瓶颈，随着信息化应用的不断优化，未来的司法公开还
　　　　　应在公开平台集约化建设和构建民享的司法大数据等方面实
　　　　　现突破。

关键词：　法院信息化　司法公开　大数据

司法公开是指司法信息按照特定的渠道或途径向社会和当事人公开的活动。根据公开主体不同，司法公开有狭义和广义之别，广义的司法公开包括检务公开、狱务公开和司法侦查信息的公开，狭义的司法公开特指法院的各项活动及相关信息的公开。

2013 年 11 月，习近平同志在关于《中共中央关于全面深化改革若干重大问题的决定》的说明中专门提到"司法透明度"。2014 年 10 月，党的十八届四中全会提出"构建开放、动态、透明、便民的阳光司法机制"，推进

---

* 项目组负责人：田禾，中国社会科学院国家法治指数研究中心主任、法学研究所研究员；吕艳滨，中国社会科学院法学研究所法治国情调研室主任、研究员。项目组成员：王小梅、栗燕杰、徐斌、刘雁鹏、胡昌明、王祎茗等。执笔人：王小梅，中国社会科学院法学研究所副研究员；田禾。

以审判公开为龙头的政法信息公开（检务公开、警务公开、狱务公开）。

过去，法院的司法公开以庭审公开为核心，辅以公告牌、宣传栏、法院公报、新闻发布会、新闻报道等形式。随着互联网技术的广泛应用和电子政府（e-Gov）的推进，法院的司法公开有了新的载体和渠道，信息化对司法公开进行了全方位塑造，拓展了司法公开的广度与深度，放大了公开效应。

一　审务信息：从上墙公示到上网公开

审务公开的内容主要涉及与审判有关的人、财、物以及诉讼指南等司法行政事务，包括法院概况（法院地址、交通图示、联系方式、管辖范围、下辖法院、内设部门、机构职能、投诉渠道等）、人员信息（法院领导姓名、学习工作简历、职务及分管事项，审判人员的姓名、学历及法官等级，书记员姓名，人民陪审员姓名、工作单位或职业）、财务信息（预决算及"三公"经费信息）以及诉讼指南信息（立案条件、申请再审、申诉条件及要求、诉讼流程、诉讼文书样式、诉讼费用标准、缓减免交诉讼费用的程序和条件、诉讼风险提示）等。相对于审判、文书、执行等信息的公开，审务公开尽管不是司法公开的主流，但也是提高法院司法透明度的关键环节，对于保障公众知情权及监督审判、执行权的运行意义重大。早期的审务公开主要是院内公开或内部公开，法院会将组成部门及其职能、人员信息、财务报表以及诉讼须知等信息制成宣传栏放在法院办公楼或立案大厅（诉讼服务中心）进行上墙公示，公开范围极为有限。随着越来越多的法院建立官方网站，上网公开的审务信息越来越丰富，任何人登录网站便可以全面了解法院，包括法院的组成、职能、司法工作人员信息、预决算信息以及如何到法院进行诉讼。

（一）法院概况公开全面立体

法院作为公共机构，与每个公民都有着现实的或潜在的联系，应该让公众了解其职能权限、机构设置等信息。法院概况包括地理方位、机构设置、

审判人员简介、法院预决算、联系方式和投诉渠道等。公开这些信息有助于公众和当事人方便快捷地找到法院，对法院工作有整体的认识和了解，并能通过网站提供的渠道进行诉讼、咨询、投诉和建议等。

地址信息是法院概况中最基本的信息，是法院为民、便民服务意识的重要体现。近70%的高级人民法院在网站首页下方或者在《联系我们》栏目中提供法院的通信地址，也有一些法院为了更方便公众找到法院所在，会提供法院详细的方位地图和到达方式。法院一般会在"法院概况"版块设置《机构设置》栏目，向公众介绍法院设置哪些部门、分别具备什么样的职能。绝大多数法院都能公开其机构设置及其职能，少数法院除了公开机构职能之外，还公开了部门负责人和部门电话。

（二）人员信息公开不再敏感

法院的审判活动是通过司法工作人员来完成的，因此，从有利于回避权的行使来看，参与司法审判的工作人员的信息应该向社会公开。这部分工作人员主要包括法院领导、审判人员、书记员和人民陪审员四类。法院领导通常是审判委员会的组成人员，对案件审判有重要影响，而审判人员、书记员和人民陪审员则直接参与案件审判，公开这些人员的资料有助于公众对其进行监督。

法官信息上网公开经历了一个脱敏的过程。早期，法院人员信息上网公示存在一定的争议，有观点认为法院人员信息公开得太具体可能侵犯其隐私权，且有可能为当事人公关法官提供线索，进而影响到司法公正。司法工作人员系参与行使司法权的公职人员，与普通人相比，出于监督司法权的需要，其个人信息权应该受到一定程度的克减。境外司法公开不仅公开法官本人的信息，还会公开级别较高法官的配偶、子女的信息。当然，出于保护隐私和安全的考虑，司法工作人员的信息公开应有一定的限度，仅限于与工作相关的个人信息。经过近几年的推动，法院普遍在网站上公开法院领导及审判人员的信息，且实现了常态化。根据2015年中国社会科学院国家法治指数研究中心对最高人民法院、31家高级人民法院和49家中级人民法院的调研，有 60 家法院公开了法院正副院长的信息，占评估对象的 74.07%，其中，21 家法院公开了法院领导的分工信息，占评估对象的 25.93%；15 家法院公开了正副院长的工作经历，占评估对象的 18.52%。有 50 家法院公开了审判人员信息，占评估对象的 61.73%，其中，32 家法院公开了审判人员的法官级别，占评估对象的 39.51%；6 家法院公开了审判人员的学习或工作经历，占评估对象的 7.41%。纵向比较，公开审判人员信息的法院数量从 2013 年的 10 家和 2014 年的 36 家上升到 2015 年的 50 家，提升明显。

（三）财务信息公开渐成常态

法院作为公共财政供养单位，其经费来源于税收，法院每年的预算收入有多少，法院在审判工作和司法行政工作中实际如何支出，应该公开透明，既应向法院内部公开，也应该向社会公开。从 2013 年开始，中国社会科学院国家法治指数研究中心连续对全国 81 家法院通过网站公开本年度预算信息、上年度决算信息和"三公"经费信息的情况进行了考察，发现法院财务信息公开的广度、深度和集中度均有所提升。2013 年，只有极少数法院在其网站上公开了财政相关信息，法院财政信息不透明是司法公开的短板。2014 年，约 50% 的法院公开了本年度预算信息及编制说明、上年度决算及支出说明和"三公"经费支出，2015 年，这一比例上升为 74.07%。2015 年，66 家法院公开本年度预算信息，占评估对象的比例由 2013 年的 38.27%、2014 年的 69.13% 上升到 81.48%；72 家法院公开了"三公"经费信息，占评估对象的比例由 2013 年的 30.81%、2014 年的 79.02% 上升到 88.89%；64 家法院公开了上年度决算信息，占评估对象的比例为 79.01%，比 2014 年的 61.72% 提升了 17.29 个百分点。很显然，法院财务信息公开进步明显。

（四）诉讼指南公开生动直观

诉讼指南是法院对诉讼常识、诉讼风险提示、法律文书范本、立案信息、诉讼费用标准、诉讼流程、司法鉴定以及审判指导意见等的解释说明。

公开诉讼指南一方面方便当事人参与诉讼程序，另一方面也是普及法律知识、提升公众法治意识的重要方式，对于那些有诉讼需求的公众来说，通过了解诉讼程序和常识，也可以对将要进行的诉讼有一个预期判断。最高人民法院《关于确定司法公开示范法院的决定》明确要求，法院"通过宣传栏、公告牌、电子触摸屏或者法院网站等，公开各类案件的立案条件、立案流程、法律文书样式、诉讼费用标准、缓减免交诉讼费程序和条件、当事人权利义务等内容"，并要求在法院网站或者其他信息公开平台公布人民法院的审判指导意见。

诉讼风险是指当事人在诉讼活动中可能遇到的一些争议事实以外的因素，这些因素往往影响案件审理和执行，致使其合法权益无法实现。为方便人民群众诉讼，帮助当事人避免常见的诉讼风险，在诉讼中正确行使诉讼权利，积极、全面、及时地履行举证等责任，谨慎地选择诉讼手段解决纠纷，维护自身合法权益，法院有义务将诉讼中可能产生的法律风险提前告知公众。

实践中，法院除了在网站上公开较为详细的诉讼须知和风险提示之外，出于简洁易懂方面的考虑，还将复杂的诉讼过程制作成诉讼流程图加以公开。相对于长篇累牍的文字说明，简单清晰的流程图给公众以直观明确的指导，因此指导意义更大。上海市高级人民法院在其门户网站上提供在线服务平台，设有三维诉讼引导系统，提供进入法院之后的角色模拟，方便公众身临其境地了解诉讼、立案、旁听、查阅、拍卖等程序信息。深圳市中级人民法院还采取动画解说的形式，帮助公众了解相关诉讼信息。

二 裁判文书：从送达当事人到社会共享

庭审的结果最终反映在裁判文书上。早期裁判文书仅限于送达当事人，公众很难获取。裁判文书作为重要的有价值的"司法产品"，除了那些基于保密的原因不公开的文书之外，都应该向社会公开。裁判文书记载了当事人信息、案件事实和理由、审判人员意见等案件审理的全部要素，因此裁判文书的公开对于审判公开具有重要意义。首先，裁判文书是真实鲜活的普法素材，公开对于法治宣传、提升公众的司法素养具有重要意义。其次，裁判文书是案例研究的第一手资料，公开有助于推动案例教学和法学研究，也有助于案例指导和统一裁判标准。最后，公开裁判文书可以形成倒逼机制，督促法官秉公判案、认真撰写裁判文书，进而提升司法裁判水平。

通过互联网进行司法公开最早是从裁判文书上网开始的。从地方法院尝试到集中在中国裁判文书网公开，裁判文书公开经历了从分散到集约、从地方到全国的发展路径。2015 年 12 月，中国裁判文书网改版后，平台的功能进一步强化，裁判文书无论从公开的数量还是质量均有所提升。

信息化在裁判文书上网方面不仅提供外部的公开平台，还为法院裁判文书上网提供强大的内部支持。最高人民法院要求各级法院依托信息技术将裁判文书公开纳入审判流程管理，办案法官在办案平台一键点击即自动公布，从而减轻裁判文书公开的工作量，实现裁判文书及时、全面、便捷公布。

（一）裁判文书触网起步早

裁判文书由仅向当事人公开到向社会公开是从地方开始突破的。1999 年 7 月 20 日，北京市第一中级人民法院向社会公开宣布，从即日起，凡年满 18 周岁的中国公民持合法有效证件，可以查阅第一中级人民法院已经审结案件的裁判文书。这是人民法院向社会公开裁判文书的首次尝试。借助网络向社会公开裁判文书是从专门法院开始的。2000 年 10 月，广州海事法院决定将该院所有裁判文书上网，向公众开放，公众可以通过案号、案由、原告、被告、审判长和结案日期六个项目进行搜索。"吴瑞贤诉海南渔业资源开发公司渔船承包合同欠款纠纷案"判决书在广州海事法院政务网站（http//www. gzhsfy. org. php）上公开亮相，成为首份上网的裁判文书。2001 年 10 月 30 日，北京市高级人民法院出台《关于公布裁判文书的指导意见》，明确北京市各级人民法院审结案件的裁判文书应依照法律规定向社会公布，书写了三级法院公开裁判文书的新篇章。2003 年 12 月，上海法院第一批生效裁判文书在互联网公布，迈出地方人民法院通过互联网统一向社会公开辖区内三级人民法院裁判文书的第一步。

随后，越来越多的法院选择在网上公开裁判文书，并且出现了较有特色的做法。2009年2月5日，河南省高级人民法院网（http//www.hncourt.org）开通《网评法院》栏目，诚邀社会各界通过网络对全省法院上网裁判文书进行评议，指出存在的问题，发表自己的意见。网民所提意见由网站汇总后在网上发布，需要追究责任的，处理结果在网上进行反馈。此举创建了人民法院在互联网公布裁判文书与网民意见互动机制。另外，河南省高级人民法院还在裁判文书展示栏目中公布了优秀文书和较差文书，起到奖优惩劣的作用。上海市高级人民法院文书公开系统逐步完善，配有文书助手，可以查阅所有的文书。

（二）裁判文书上网制度化

为规范裁判文书上网公开，最高人民法院不断制定和完善相关制度文件。2007年6月4日，最高人民法院发布《关于加强人民法院审判公开工作的若干意见》（法发〔2007〕20号），明确规定各高级人民法院根据本辖区内的情况制定通过出版物、局域网、互联网等方式公布生效裁判文书的具体办法。2009年3月25日，最高人民法院印发《人民法院第三个五年改革纲要（2009~2013）》，要求研究建立裁判文书网上发布制度和执行案件信息的网上查询制度。2009年12月8日，最高人民法院印发《关于司法公开的六项规定》，明确规定除涉及国家秘密、未成年人犯罪、个人隐私以及其他不适宜公开的案件和调解结案的案件外，人民法院的裁判文书可以在互联网上公开发布，首次明确了各级人民法院在互联网公布裁判文书的范围。

2010年11月21日，最高人民法院专门针对裁判文书上网发布文件，即《关于人民法院在互联网公布裁判文书的规定》（法发〔2010〕48号），具体规定了通过互联网公布裁判文书的原则、范围、程序等。2013年11月，最高人民法院重新制定了《最高人民法院关于人民法院在互联网公布裁判文书的规定》。与2010年的规定相比，2013年的文件改进很大，如将裁判文书从生效到公开的期限由30日缩短为7日，体现了司法公开及时性原则；将裁判文书由"可以"上网改为"应当"上网，并规定了"不上网审批制"。2016 年 8 月 30 日，最高人民法院发布新修订的《关于人民法院在互联网公布裁判文书的规定》（法释〔2016〕19 号），进一步扩大裁判文书上网的范围，如调解书"为保护国家利益、社会公共利益、他人合法权益确有必要公开的"可以公开，并规定了裁判文书的反向公开，即不在互联网公布的裁判文书，应当公布案号、审理法院、裁判日期及不公开理由，但公布上述信息可能泄露国家秘密的除外。

（三）裁判文书公开集约化

与裁判文书上网始于专门法院相同，裁判文书集约化公开也是从专业类案件开始的。2002 年 1 月 1 日，中国涉外商事海事审判网（http//www. ccmt. org. cn）开通，对外发布涉外商事海事案件裁判文书，是集中公开裁判文书的开始。2006 年 3 月 10 日，中国知识产权裁判文书网（http：//ipr. chinacourt. org/）开通，知识产权类裁判文书实现了全国统一平台集中公开。

为整合优势资源、发挥裁判文书上网公布的数据库功能和整体效益，最高人民法院于 2011 年 12 月 30 日召开司法公开工作领导小组第一次会议，提出制定建立全国统一裁判文书网的工作规划，中国裁判文书网建设从此纳入最高人民法院司法公开工作日程。2013 年 5 月 22 日，最高人民法院审议通过了《关于建立中国裁判文书网的报告》，明确在互联网建立"中国裁判文书网"网络平台，统一公布全国各级法院生效裁判文书。2013 年 6 月 28 日，最高人民法院通过中国裁判文书网首批公布本院生效裁判文书 50 份，标志着最高人民法院设立的中国裁判文书网正式开通。2013 年 11 月 27 日，中国裁判文书网与全国 31 个省（市、区）高级人民法院及新疆生产建设兵团人民法院的裁判文书网站平台实现对接，各高级人民法院向中国裁判文书网上传第一批裁判文书。2013 年 12 月 31 日，全国四级人民法院开始同时向中国裁判文书网上传生效裁判文书，中国裁判文书网开始全面发挥统一公布全国法院生效裁判文书的平台功能。

（四）裁判文书应用便捷化

2013 年开通的中国裁判文书网在检索、下载方面存在诸多不便，为了提高裁判文书的利用率，2015 年 12 月，最高人民法院以公众使用为导向对中国裁判文书网进行了改版。

改版后的中国裁判文书网的功能更加强大、便捷，公众通过互联网可方便、及时地查看全国各级法院的生效裁判文书。首先，中国裁判文书网提供了快速检索联想、分裂引导树、一键分享、手机扫码阅读等功能，为公众提供全网智能化检索服务，使用户体验达到最佳。其次，中国裁判文书网增加了蒙古语、藏语、维吾尔语、朝鲜语和哈萨克语等 5 种民族语言裁判文书的公开功能，更好地满足各民族各界群众对裁判文书的多样化需求。例如，吉林省高级人民法院利用吉林延边朝鲜族自治州作为中国最大的朝鲜族聚集地的地域特色，积极组织延边州两级法院开展朝鲜语裁判文书上网工作。截至 2016 年上半年，已有 502 份生效的朝鲜语裁判文书在中国裁判文书网民族语言文书版块上传，占所有少数民族语言文书上网总数的 21.19%，开朝鲜民族语言裁判文书上网之"先河"。另外，中国裁判文书网还在首页醒目位置实时显示当日新增裁判文书、访问总量等相关数据。

目前，中国裁判文书网覆盖 200 多个国家和地区，成为全球最大的裁判文书网。截至 2015 年 6 月底，裁判文书公开工作实现了全国法院全覆盖、案件类型全覆盖和办案法官全覆盖。截至 2016 年 12 月 31 日，中国裁判文书网已公布裁判文书超过 2550 万份，累计访问量超过 47.2 亿人次。为了进一步方便裁判文书的应用，2016 年 8 月 30 日中国裁判文书网手机客户端（App）正式上线，成为人民法院司法公开、司法便民的又一项重要举措。

三　流程信息：从无处查询到主动推送

对于当事人而言，案件进行到何种程度是其最为关心的。过去，当事人要想了解案件进展程度，必须想方设法联系主办法官，但是在案多人少的情况下，当事人与法官之间的沟通渠道并不畅通，当事人会因此对法官产生误解和不信任。为有效避免案件当事人因无法及时获悉案件审理进度而对案件审判公正性提出质疑，增进当事人对法院的理解，让人民群众在每一个司法案件中感受到公平正义，人民法院借助信息化开通审判流程信息公开平台，并通过网站、短信、微信等多种渠道将案件流程信息推送给当事人。当然，流程信息的公开透明除了取决于法院司法公开的主动性和决心，还受制于法院办案过程信息化本身的客观情况。信息流程公开透明的前提是案件要在系统中全程流转且处处留痕，否则无法做到流程信息公开的全面性、准确性。

（一）案件进展接受网络查询

为了增强流程信息的公开透明，最高人民法院于 2013 年提出推动包括庭审流程公开在内的三大公开平台建设。2014 年 8 月 1 日，最高人民法院开通了中国审判流程信息公开网，正式面向案件当事人、诉讼代理人和社会公众上线试运行，对 2014 年 8 月 1 日以后最高人民法院立案的民事、行政、执行、赔偿以及部分刑事案件，向案件当事人及诉讼代理人全面公开审判流程信息。2014 年 11 月 13 日，经过三个多月的试运行，中国审判流程信息公开网正式开通。除最高人民法院外，绝大多数省（区、市）及新疆生产建设兵团也都建立了统一的审判流程信息公开平台，并在中国审判流程信息公开网建立链接。

中国审判流程信息公开网提供案件查询功能，当事人及其诉讼代理人自案件受理之日起，可以随时了解案件在立案、分案、开庭、延长审理期限、上诉等各个阶段的具体信息。审判流程信息公开平台把形成裁判的全过程展现在案件当事人面前，使司法过程更加透明。

（二）节点信息实时主动推送

除了接受当事人查询之外，法院还通过短信、微信等多种渠道实时向诉讼参与人推送案件的流程节点信息，变当事人千方百计打听案件进展为法院

主动向当事人告知，确保了当事人打一场公正、明白、快捷、受尊重的官司。江苏省高级人民法院将立案、开庭、审限变更等与当事人诉讼权利密切相关的 12 个流程节点，与 12368 短信平台技术捆绑，实行流程节点自动告知，极大方便了当事人诉讼知情权的实现。流程信息公开实现了对审判流程的全方位监督，让暗箱操作没有余地，让司法腐败无处藏身。

四　法庭审理：从现场公开到远程可视

审判是法院的核心工作，司法公开最初主要指审判公开，即允许案件相关人士以及社会公众进行旁听，即使因为法定原因不适合公开审理的案件，也要公开宣判。2016 年 4 月，最高人民法院公布了修改后的《中华人民共和国人民法院法庭规则》，明确公民对公开的庭审活动可以旁听。然而，受法庭容纳人数的限制以及实地交通等方面诸多不便因素影响，实际进入法庭旁听的人数有限，从而影响庭审公开的效果。为了消除这些限制和不便因素，借助于数字法庭的普及，网上庭审直播可以扩大庭审公开的受众面，公众可以摆脱时空限制不到庭审现场也能随时随地观看庭审，实现了从剧场式公开到远程可视。

（一）庭审直播常态化

早期庭审直播仅限于个别法院的创新之举，近年来，庭审直播呈现常态化趋势。根据最高人民法院的规定，自 2016 年 7 月 1 日起，最高人民法院所有公开开庭的案件原则上全部网上直播，各地法院也以视频、音频、图文等方式公开庭审过程，大力推进庭审网络直播。截至 2016 年 12 月底，全国各级法院通过互联网直播庭审 9.6 万件，点击量 11.07 亿人次。广州市中级人民法院早在 2014 年即发布了《广州市中级人民法院庭审网络直播实施细则（试行）》，推出"全日制"庭审网络直播项目，基本实现"天天有直播，件件有直播"的常态化庭审公开。为了顺应新形势的发展，2016 年 9 月，最高人民法院推出"中国庭审公开网"，全面覆盖四级法院，将海量的庭审直播过程全方位、深层次地展示在新媒体平台下，使公众可以迅速、便捷地了解庭审全过程，降低了旁听的门槛，从而提高庭审效率，减轻法院的管理保障成本。

（二）直播形式多样化

庭审直播不仅限于庭审的视频直播，还包括图文直播，公开渠道也不仅限于专门的司法公开平台，还包括有影响力的互联网媒体。2016 年 5 月上海市高级人民法院建立庭审公开云平台，与网络、电视、微信、微博、App 等媒介及最高人民法院庭审公开平台、手机电视平台无缝对接。上海市高级人民法院、广州市中级人民法院的庭审网络直播形式包括视频直播、图文直播。视频直播和图文直播各有利弊，视频直播的优点在于直观、真实，给观众强烈的现场感，但是要观看一场完整的视频直播需要耗费时间，图文直播则可以节约时间。为了扩大庭审直播的影响力，一些法院还借助于地方有影响的网站和媒体进行庭审直播，如徐州市中级人民法院在中国徐州网开设法院频道，无锡市中级人民法院在太湖明珠网开设法制频道，珠海市中级人民法院的庭审直播直接链接到珠海新闻网的庭审直播栏目。

五　执行信息：从局部曝光到全程透明

执行是实现诉讼目的的重要程序。近年来，借助前述流程节点信息公开渠道，当事人可以了解执行案件的有关节点信息，实时掌握案件执行进度，满足案件当事人了解案件进展、保障其程序性权利的需求。

同时，借助信息化推动执行信息公开还服务于解决"执行难"。"执行难"的一个主要原因是被执行人拒不履行或逃避履行义务。为了督促被执行人履行义务，最高人民法院在《关于确定司法公开示范法院的决定》中指出，"人民法院通过报纸、网络等媒体公布不履行法律文书确定义务的被执行人的基本信息、财产状况、执行标的等信息"。2013 年，最高人民法院发布了《最高人民法院关于公布失信被执行人名单信息的若干规定》（法

释〔2013〕17号），在全国法院建立了"失信者名单"的公布和通报制度。公布和通报失信被执行人名单，会对当事人形成一定的舆论压力，也有利于营造诚信的社会氛围。

为震慑被执行人，形成强大的信用惩戒威慑，最高人民法院依靠信息化手段开通了"全国法院失信被执行人名单信息公布与查询"平台，并借助微博、微信平台开设"失信被执行人曝光台"，与人民网联合推出"失信被执行人排行榜"。截至2016年12月底，全国法院通过中国执行信息公开网累计发布失信被执行人信息642万条。

法院除了在全国统一平台上公布失信被执行人名单，还通过报纸、广播、电视、网络、法院公告栏等多种渠道向社会公开，并采取新闻发布会或者其他方式定期发布失信被执行人信息公开的实施情况。失信被执行人名单信息与征信系统互联互通，一旦被纳入失信被执行人名单库，被执行人在政府采购、招标投标、行政审批、政府扶持、融资信贷、市场准入、资质认定等方面将面临信用惩戒。

六　问题与展望：司法公开困境与突围

信息化为司法公开提供了平台，拓展了司法公开的广度与深度，但是现阶段的司法公开也遭遇了发展瓶颈。制约司法公开纵深发展的因素很多，有观念意识的问题，也有制度不完善的原因，仅就信息化而言，司法公开受制于以下几个方面。首先，案件办理的信息化程度不高。受制于"案多人少"的客观现实，有些地方的法官在办理案件时无法进行精细化操作，法官未能将案件信息全面及时录入系统，有些案件还停留在线下办理的状态。以执行案件为例，90%左右的执行实施类案件在基层，而执行案件也比较烦琐，除了网络查控财产线索之外，还要外出执行，有些基层法院的法官很难有时间和精力将所有的执行信息都准确无误地录入节点管理系统，而案件节点信息录入的不完整、不准确，将会直接影响对外公开的质量。其次，多系统办案造成数据割据。尽管最高人民法院在全国四级法院推广统一执行案件管理系统，但是多系统办案的现实客观存在，有的法院有自己的办案系统或省级办案平台，审判管理系统与执行办案平台不衔接，即使案件全部在系统内流转，但是由于办案平台的不统一，造成数据割据，为后续的司法公开设置了障碍。再次，办案系统与司法公开平台的对接不畅。尽管有些地方法院实现了公开信息由办案系统向公开平台的自动摆渡，但是对于大多数法院而言，还主要靠人工将信息上传到司法公开平台，造成司法公开工作的烦琐，加重了审判人员的工作负担，还导致因司法信息上传的不准确、不规范而影响公开效果。最后，司法公开多平台。2013年最高人民法院提出司法公开三大平台建设，只是为了强调审判流程信息、执行信息和裁判文书公开的重要性，并不是要分别建设三个独立的公开平台。然而实践中，不少法院在政务网站之外，建设司法公开平台，并且割裂平台的公开与服务功能，单独建设诉讼服务网。多平台建设造成司法公开资源浪费、成本高企，也会让公众无所适从，无法为社会提供一站式信息服务。

要推动司法公开的纵深发展，前提是要提升法院办案系统和管理平台的友好性，实现信息系统的案件全覆盖、法官全覆盖。以此为基础，进一步增强信息化与司法公开的黏合度，通过优化信息化应用实现司法公开平台的集约化、公告零成本和司法大数据的全社会共享。

（一）公开平台集约化

司法公开平台集约化建设应以用户的需求为导向，服务于公众便捷、准确查询信息的需要，降低司法公开成本。第一，司法公开与诉讼服务相融合。法院应改变将网站的公开功能与服务功能割裂的做法，将新闻宣传、司法公开、诉讼服务等功能统一整合到政务网，把法院政务网建成立体式、全方位、一站式、互动性的网站，集公开、宣传、服务、互动等功能于一身。第二，地方三级法院统一平台。与政府信息相比，司法信息同质性强，可以考虑将同一个地方的三级法院的网站整合，在地方构建三级法院共享的政务网站，方便公众查询到本地法院的所有信息。第三，建立政务网站与专项信息平台的链接。为避免信息的重复公开，应在地方法院政务网站上建立与全

国专项司法公开平台的链接，方便公众登录本地法院网站即可了解全国范围内的其他专项信息。

（二）法院公告零成本

在司法审判和执行过程中，法院会主动或依当事人的申请发布大量的司法公告。最高人民法院规定，法院公告必须在《人民法院报》统一刊登，多数情况下当事人要根据版面字数缴纳一定的公告费用。但是在互联网时代，网上发布公告基本上不产生多少成本，并且其影响范围要远远超过传统纸媒。最高人民法院业已开通公告网，为了减轻当事人的负担，提升广而告之的效果，《人民法院报》不宜再继续作为法院公告的唯一官方载体，而应该允许当事人选择单独在公告网上刊登公告。

（三）司法数据共分享

随着开放数据（open-data）时代的来临，共享公共数据已然成为公民的一项基本权利，政府有义务准确、及时地向社会开放公共数据。司法数据是法院司法工作的数字化成果，也是司法信息的重要组成部分。司法数据是国家数据中的富矿，其公开一方面有助于公众评判法院工作业绩、推动社会监督，另一方面也有利于开展深入的社会研究和作出精准的公共决策。

在信息化广泛应用之前，法院的司法统计工作主要靠人工录入和统计，数据的全面性和准确性不高，随着信息系统的开发和应用，法院的司法统计工作实现了系统自动统计，为拓展司法公开的广度和深度奠定了坚实的基础。2015年，党的十八届五中全会提出实施国家大数据战略，所谓"得数据者得未来"。要构建司法大数据，必须继续深化司法公开，借助信息化提升司法公开的效率和质量，做到数据的准确真实、互联互通、社会共享。2015年，最高人民法院出台《人民法院数据集中管理技术规范》，提出对审判数据、司法人事和政务数据进行集中管理，确保全国法院数据上下联动、互联互通。最高人民法院的该项技术规范还应该与司法公开相结合，让社会共享司法数据服务，从而建立符合国家大数据战略需求的司法大数据。

B.4

信息化助力法院"基本解决执行难"

中国社会科学院法学研究所法治指数创新工程项目组*

摘　要：　近年来，全国法院高度重视信息化与执行工作的深度融合，建立四级联通的执行指挥系统，以信息化助力法院"基本解决执行难"。法院依托信息化建立了覆盖全面、功能强大的网络执行查控系统，有力提升了法院查控被执行人及其财产的能力；开发并在全国适用统一的执行流程节点管理系统，规范了执行权的运行；依靠与相关部门的数据对接，不断完善执行联动机制，从而加强了执行力度，助力最终实现"基本解决执行难"目标。

关键词：　法院　执行　信息化　基本解决执行难

一　背景："基本解决执行难"目标的提出

根据诉讼法的规定，当义务人不履行生效法律文书确定的义务时，权利人可以申请法院强制执行。法院强制执行是保障司法裁判得以落实、当事人权益得以实现的最后环节，然而实践中，"执行难"却成为日益凸显的问题，实际执结率和执行到位率普遍较低，涉执行信访在整个涉诉信访中占有

---

* 项目组负责人：田禾，中国社会科学院国家法治指数研究中心主任、法学研究所研究员；吕艳滨，中国社会科学院法学研究所法治国情调研室主任、研究员。项目组成员：王小梅、栗燕杰、徐斌、刘雁鹏、胡昌明、王祎茗等。执笔人：王小梅，中国社会科学院法学研究所副研究员；田禾。

很大比例。司法审判确认的权利得不到落实，不仅直接破坏司法公信力、降低司法权威，同时也对法律信仰和社会诚信构成极大的伤害。

当前紧锣密鼓推进的司法改革，致力于提升和彰显司法公正与权威，因此有效化解执行难成为法院无从回避、势在必行的一项重要工作。2016 年，最高人民法院在十二届全国人大四次会议上庄严宣布，"要用两到三年时间基本解决执行难问题"。决策者之所以在 2016 年提出"基本解决执行难"的目标，除了因为解决执行难问题迫在眉睫之外，主要还是因为在国家大数据战略背景下法院信息化的发展为解决执行难提供了契机和手段。

执行信息化是法院信息化的重要组成部分。最高人民法院强调要"牢牢把握信息化发展带来的难得历史机遇，大力推进大数据、云计算、人工智能等技术在执行领域的广泛应用，完善网络化、自动化执行查控体系，推进完善失信被执行人信用惩戒制度，实现执行模式的历史性变革"。为了聚合执行力量，提升执行效率和执行强度，最高人民法院在地方试点的基础上推广执行指挥中心建设。2014 年 4 月，最高人民法院下发了《最高人民法院关于执行指挥系统建设的指导意见》。2014 年 12 月，最高人民法院建成覆盖全国法院的执行指挥系统，实现了全国四级法院间的执行网络纵向互联，同时还与各中央国家机关、商业银行总行网络横向对接。执行指挥系统的建设与完善，有助于构建上级法院"统一管理、统一协调、统一指挥"的执行新体制，营造执行实施工作全国一盘棋的格局。

二　成就：与法院执行工作深度融合

执行指挥系统以执行网络查控为核心，兼具信息公开、信用惩戒、监督管理等功能。执行指挥系统好比执行工作的中枢，遇到错综复杂的执行案件，可制定最佳执行方案，建立快速反应机制，横向监督到人，指挥本院执行人员的具体执行实施工作；纵向指挥到底，实现四级法院执行工作统一部署、互联互通。信息化与执行工作深度融合主要体现为网络执行查控系统、执行案件流程节点系统的开发和应用以及联合惩戒机制的建立。网络执行查控系统通过与相关部门建立强大的查控网络，以最大范围内、最快速度地"查物找人"，甚至实现网上冻结、扣划，提高了执行效率。执行案件流程管理系统将执行案件纳入节点管理，确立执行行为标准，实现执行权力运行的规范化，把执行权关进信息技术打造的"笼子"；将包括终本案件在内的所有案件纳入系统管理，防止体外循环逃避监督；借助电子商务的发展，推广司法网拍，压缩权力寻租空间，实现阳光执行、廉洁执行。建立在数据对接基础上的联合惩戒机制，是法院挥向失信被执行人的组合拳，通过地毯式失信曝光和高压式联合惩戒，营造失信者寸步难行的社会环境，建立和完善社会诚信体系。信息化在执行领域的运用和发展，契合最高人民法院提出的强化执行工作"一性两化"的工作思路，通过提升执行工作的强制性、信息化和规范化，不仅将执行权关进了"笼子"，而且最终有助于破解执行难题。

（一）铺就执行"高速路"

为了解决查人找物的难题，最高人民法院在地方试点的基础上，下决心建立全国网络执行查控系统，并对网络执行查控系统提出查控全面化、一体化、集约化、自动化的要求。最高人民法院于 2014 年 12 月正式开通网络执行查控体系，与中国人民银行、公安部、交通部、农业部、国家工商行政管理总局、中国银监会、中国证监会、腾讯、支付宝、京东等部门单位完成了网络查控对接，实现了对被执行人在全国范围内的银行存款（包括网络银行）、车辆、船舶、证券、身份证件、组织机构代码/统一社会信用代码、工商登记、人民币结算账户和银行卡消费记录等信息的查询和部分控制。地方法院也先后建立了覆盖辖区范围的网络执行查控体系，成为最高人民法院"总对总"查控系统的有效补充。有的地方法院查控体系覆盖的查控范围甚至更广，包括房屋、土地、地方商业银行存款等尚未完成全国统一登记的财产类型。有的地方还借助科技创新实现了查控自动智能化。

执行查询系统让执行工作驶入"高速路",最高人民法院"总对总"网络执行查控系统铺就的"国道"和高(中)级人民法院"点对点"网络执行查控系统铺就的"省(市)道"相互配合、互为补充,实现了财产形式全覆盖、查控功能一体化以及网络找人有迹可循,大大推动了法院的执行工作。"总对总"网络执行查控系统在应用上实现了全国四级法院全覆盖,截至2016年12月底,累计查询数量1.95亿条。

1. 财产形式全覆盖

对于大多数执行案件而言,查找财产是关键。为了提高执行效率,法院积极与相关单位洽谈、协作,尽可能使网络执行查控系统覆盖到所有的财产形式,实现对被执行人财产"一网打尽"。

(1)财产类型不断拓展。

《民事诉讼法》第242条列举了查询被执行人的财产范围,如存款、债券、股票、基金份额等。最高人民法院2014年正式开通"总对总"全国法院网络执行查控系统后,财产查控突破了地域局限,扩展到全国范围。最高人民法院"总对总"网络执行查控系统除了实现对存款(账户及资金流)、证券(股票、证券账户资金)、股权、车辆等进行查询之外,还进一步将财产查询范围覆盖到商业保险、银联卡消费记录、渔船、船舶等。截至2016年12月底,最高人民法院已与中国人民银行、公安部等13家单位、3000多家银行实现了互联互通,能查询存款、车辆、股票等11类14项信息,基本上实现了对主要财产的覆盖,构成了支撑财产查控的大数据平台。

深圳法院的"鹰眼查控网"在"点对点"网络执行查控系统中较为突出,其财产查控范围涵盖了被执行人的住房公积金、社保登记、托管股权、港航货运信息等财产信息。上海法院执行查控系统的财产类协作方包括36家银行、公安车辆、工商、税务、房地、证券、期货、社保、银联等机构。江西省高级人民法院进一步拓宽网络查控系统的"朋友圈",2016年8月在全国率先开通与18家保险公司的查控专线,实现了对被执行人保险理财信息的在线实时查询。另外,随着互联网的发展,财产突破传统形式,不断更新和变化，法院财产查询的范围也扩大到互联网金融和第三方支付平台。目前，支付宝、微信钱包、京东账户、腾讯财富通账户等新型财产信息业已纳入"总对总"网络执行查控系统，实现了联网查询。

（2）银行信息精准查询。

金融机构作为最主要的协助财产查询义务单位，银行的配合协助在解决执行难方面至关重要。随着财产查控系统功能的不断完善，银行覆盖面越来越广，查询事项也愈发明确具体，不仅可以查询静态信息，还可以查到动态信息。首先，实现联网查询的银行越来越多，纳入"总对总"网络执行查控系统的金融机构从中国人民银行、有存储业务的政策性银行、四大国有银行、股份制商业银行逐步扩展到城市商业银行、农村信用社乃至外资银行。地方的"点对点"查询系统作为补充，则主要侧重于将更多的地方性银行和农村信用社纳入联网查询范围。其次，查询事项愈发精确，对于纳入查控系统的金融机构，法院不仅可以联网查询到账户及存款余额，还能够查询被执行人的金融理财产品和资金往来交易明细，据此判断被执行人的经济状况和履行能力。

（3）房产联网地方先行。

目前，由于制度和环境的限制，房地产信息迟迟未能在全国范围内实现联网，这给法院在执行中查询房地产信息带来一定的不便。在房地产未能实现全国联网的情况下，地方法院创新机制积极寻求与地方房地产管理部门合作，将一定层面的房地产联网信息纳入"点对点"查询系统。深圳法院的"鹰眼查控网"成为全国各执行查控信息化平台中首批以"地对地"方式实现房地产查控的网络平台，查控范围扩大到全深圳地区，查询内容扩大到房产的查封和抵押情况等详细信息，实现了"全覆盖"式查询和控制。甘肃省高级人民法院与甘肃省国土资源厅、不动产登记局积极协调，兰州、白银房地产信息网络查询已经首批开通。2016 年 7 月，长沙市中级人民法院执行指挥系统与长沙市国土资源局、住房和城乡建设委员会的查控"专线"建设完成，与不动产登记系统对接，实现网络查询被执行人的房地产、采矿权等信息。厦门市两级人民法院将查控系统直接对接土

地房产局的不动产资源查询信息库，实现了对被执行人的土地及房产信息网络自动查询功能。

2. 查控功能一体化

查询财产的目的是要对财产进行控制，进而采取划拨、拍卖等财产处置手段，实现债权。查控一体化是指对网上查到的财产可以直接进行网上控制，如对于银行存款进行网上冻结，甚至扣划；对于查到的被执行人车辆，可以查封车辆档案以限制过户，甚至实行路面控制。查控一体化意味着一旦查到财产，可同步采取控制措施，不给被执行人转移财产的时间和机会，提升执行的强度和效率。

（1）网上扣划存款。

《最高人民法院关于网络查询、冻结被执行人存款的规定》（法释〔2013〕20号）第9条要求人民法院应具备相应网络扣划技术条件，并与金融机构协商一致，通过网络执行查控系统采取扣划被执行人存款措施。鉴于网上冻结和扣划功能的实现依赖于银行的内部工作流程及配合度，现阶段，"总对总"网络执行查控系统实现了对2011家银行的网上冻结功能，但是仅和中国工商银行等少数银行协作实现了网上扣划功能。在查控一体化方面，有些地方的"点对点"网络执行查控系统进展良好。例如，深圳"鹰眼查控网"在20家商业银行实现了对存款余额进行"查冻扣"的功能，使法官在查询到被执行人银行存款后可以第一时间启动划款，将对被执行人银行账户的查询到控制（处置）的时间间隔降至最短。甘肃省高级人民法院升级拓展了"点对点"司法查控网络平台，全面实现网上查询、冻结、划拨银行存款。

（2）路面控制车辆。

无论是"总对总"网络执行查控系统还是大多数"点对点"网络执行查控系统，对于被执行人名下的车辆，一般仅能进行档案查询和控制，无法进行路面控制，这就造成虽然查到了被执行人名下有车辆，但是难以控制实物而无法实现债权。尽管对车辆进行路面控制比较困难，但是有些地方还是积极尝试推动该项措施。深圳市中级人民法院在与车辆管理部门开展车辆档案查控业务基本顺畅的基础上，积极与车辆管理部门协商，利用车辆检验、环保检验、限制车辆强制险等手段，推进车辆的实物扣押工作。厦门市中级人民法院与厦门市公安局车辆管理所建立车辆查控专线，在执行指挥中心架设公安车辆管理系统客户端，实现对被执行人的车辆在线查询、查封、解封等，提升车辆的查控效率，并通过与厦门市公安局开通点对点专线，动态掌控车辆出行轨迹。

3.网络找人有迹可循

随着网络查控系统的推进，法院在财产查找方面的能力有很大的提升，相比之下，查找被执行人的难度仍不小。"人难找"是执行难的重要原因之一，被执行人为逃避履行义务往往"玩失踪"，找不到被执行人就很难查找到财产线索，也无法启动执行威慑机制。随着实名制的推广，公民从事日常生产生活都会在相应的政府部门、企业组织留有实名信息，这为法院查找被执行人行踪提供了线索。查询被执行人信息首先要确定被执行人基本的身份信息，对于被执行人是组织的，可通过"全国组织机构代码共享平台""全国企业信用信息公示系统"或者地方的企业联合征信系统查询被执行人的名称、组织机构代码、统一社会信用代码、法定代表人姓名及身份证号；对于被执行人是自然人的，可通过"全国法院专用身份认证系统"核查被执行人的姓名和身份证号。最高人民法院积极寻求与公安机关合作，通过"总对总"网络执行查控系统可以查找被执行人的户籍、暂住地、酒店住宿、出入境等信息。另外，法院还可以通过民政部门查询被执行人的婚姻配偶信息。

为了提升查找被执行人的能力，有的法院还积极开发其他系统，通过消费记录、社保缴纳记录等信息查找被执行人。上海执行查控系统提供对执行案件被执行人身份、行踪的相关查控，及时提供被执行人的社会关系、消费情况、出境出差、户籍与居住地址、联系方式等信息，提高执行效率、树立执行权威。深圳市两级法院可以根据申请执行人的申请或者依职权通过"鹰眼查控网"请求协助执行人查询被执行人的各种信息，如居住证件信息、常住人口信息、租房信息、边境证件信息、出入境记录、狱政信息、通

信记录、酒店住宿信息、乘机记录、法定代表人身份信息等。2016 年 10
月，南京市中级人民法院与南京市公安局联合下发《关于建立快速查询信
息共享及网络执行查控协作工作机制的实施细则》，大力推进执行信息化建
设，通过法院执行信息系统与公安相关部门信息系统的联网途径，充分发挥
公安机关"以大数据找人"的优势，运用电子信息手段，从科技层面查找
被执行人。

4. 自动化助力查询

目前，查控系统虽然让办案人员免去奔波之累，但由于只能逐案人工
点击查询，法官耗费大量的时间和精力在电脑前的点击操作上，还因案件
查询量大、上班时间段查询需求巨大造成网络拥堵等原则，查询效率低、
耗时长等新问题逐渐凸显。福建省漳州市华安区人民法院设计了一个可以
替代人工点击的自动查询软件。该软件试运行一周，仅用一台电脑就完成
了 2018 件案件的自动查询，覆盖完整一轮的旧存积案和新收案件的查询。
福建省高级人民法院已着手推广司法查控系统自动化查询软件，2016 年 6
月上旬，福建省各中级人民法院完成软件安装、调试应用工作。该软件采
用虚拟机运行模式，有效解决各种系统的兼容性问题，使得软件运行既不
影响日常办公应用，又可对病毒采取虚拟化隔离措施，兼顾效率和安全。
该软件操作简便，让执行人员有更多的时间和精力投入到案情研究等执行
工作中，摆脱了一上班就坐在电脑前充当"鼠标点击手"的角色，真正实
现了查询自动化。法官还可以利用工作以外的时间让该软件自动运行，对
无法在工作时间内完成的查询任务进行自动挂机查询，实现所有案件全覆
盖查询、24 小时不间断查询，大大提高工作效率。漳州市中级人民法院仅
用一台电脑，利用下班时间就完成了对 235 件旧案 401 名被执行人累计
11702 次的查询。

（二）规范执行权运行

1. 执行流程标准化

近年来，最高人民法院非常重视法院工作标准化，明确指出推进法院标

准化建设是一项打基础、利长远的工作，对于完善审判权运行机制、破解审判工作中的难题、统一司法裁判标准、提升司法能力和司法公信力，都具有积极的促进作用。

最高人民法院开发的全国法院执行案件流程节点管理系统，将标准化的触角遍及执行工作各个方面、各个环节，合理规范执行法官行使自由裁量权的边界和尺度。全国法院执行案件流程节点管理系统设置了立案、分案、执行通知书、网络查控以及启动传统查控、完成传统查控、终本约谈、执行线索等37个节点。流程节点管理系统为执行权运行确立了严苛的标准，每一个执行案件，从立案、执行通知、统查被执行人的财产，到财产的评估、拍卖、变现、案款分配和发还等程序都要在系统内进行，每一个步骤必须严格按照流程进行，完成标准化动作之后才能进入下一个环节，没有通融转圜的余地。

为了促使执行严格按照流程化、标准化、规范化的程序进行，提高执行工作质效，上海执行流程管理系统在执行案件从立案到结案的全流程中设置了37个节点，所有执行案件实行网上办理、网上审批，可自动生成128种法律文书。上海执行流程管理系统还对执行全过程的节点期限设置了预警提醒，并对执行信访、舆情、人大交办件、检察监督件等实行提醒与跟踪管理，实现了对执行工作的全程监督。

北京市高级人民法院用信息技术把执行工作在程序、期限等方面的规范要求植入办案平台，对提示提醒、审批管理、监督督促、程序控制四大类130余个节点进行有效监管。北京还建设了全市三级法院统一的执行案款管理系统，使执行案款的收发从各院分散管理变为高级人民法院集中统一管理，施行"一案一账号"的精细化管理，解决了执行工作中执行款项不明和发还不及时的问题，降低了执行法官的廉政风险。

2. 现场执行可视化

尽管许多案件凭借网络中心查控平台足不出户便可办结执行案件，但是还有相当一部分案件的执行法官必须外出进行现场查询、扣押、查封、扣划、拘留被执行人等。在执行指挥中心建立之前，执行人员现场执行是否规

范到位，法院很难进行有效监督。而执行指挥中心建成之后，执行法官前往执行现场以及采取执行措施的全过程均可以通过执行指挥车、单兵执法记录仪同步传输到法院的执行指挥中心，上级法院也可以通过远程指挥监控系统观看执行现场，做到执行现场全程可视化。依托信息化建成的执行指挥中心既能规范执行干警的执行行为，又能快速处置执行突发事件，震慑被执行人。

3. 终本管理系统化

终结本次执行（简称"终本"）是指人民法院在案件执行过程中，对于确实无财产可供执行的案件暂时终结本次执行程序，等待被执行人有财产可供执行时，再行恢复执行的程序性规定。实践中，终结本次执行程序往往被滥用，法官为了提高结案率，在未穷尽执行措施的情况下即按终本结案，终本案件往往未进入流程管理系统而在体外循环不受监督。为了规范终本案件的管理，2016年最高人民法院出台了《最高人民法院关于严格规范终结本次执行程序的规定（试行）》，明确"最高人民法院将建立终结本次执行程序案件信息库"，对终本案件进行单独管理。

在最高人民法院着手规范终本案件管理之前，地方法院进行了不同程度的探索，依靠信息化对终本案件进行规范管理。例如，江苏法院开发了终本案件管理系统，对终本案件实行集中管理、分类管理、动态管理。江西法院建立了终本案件自动查询功能，每隔6个月自动发起网络查询。北京法院的办案平台将案件区分为有财产案件和无财产案件，对于有财产案件，进行流程化运行和节点化控制；对于无财产案件，由单独的数据库进行动态管理。

4. 执行过程透明化

为促进司法权运行公开透明，2013年最高人民法院提出推动司法公开三大平台建设，执行信息公开平台作为三大平台之一，肩负着阳光执行的使命。最高人民法院建成"中国执行信息公开网"，向当事人和公众公开与执行案件有关的各类信息，主动接受社会和当事人的监督。中国执行信息公开网首页设置了《被执行人》《失信被执行人》《执行法律文书》《执行案件流程》《执行案款公告》五个栏目,其中《失信被执行人》可通过该网站查询,其他四个分别链接到相应的网站。执行公开平台可以让当事人、社会公众及时、全面掌握案件执行情况,把执行过程"晒"在阳光下。执行当事人可以凭证件号码和密码从中国执行信息公开网上获取执行立案、执行人员、执行程序变更、执行措施、执行财产处置、执行裁决、执行结案、执行款项分配、暂缓执行、中止执行、终结执行等信息。为了加强执行案款管理,切实维护当事人合法权益,最高人民法院于2016年11月21日起开通"执行案款领取公告查询"网页,并在中国法院网和执行信息公开网开设《执行案款公告》查询栏目,由各执行法院将联系不上当事人的案款信息予以公告。

除了全国范围内的执行专网之外,不少地方法院还建有自己专门的执行网站,集中公开本院的执行信息,如宁波市中级人民法院执行网和石家庄市中级人民法院执行网,其中石家庄市中级人民法院执行网除了按照常规做法公开了双限制名单之外,还公开了被罚款人名单、涉嫌拒不履行判决裁定罪名单。

5. 司法拍卖网络化

司法拍卖是对被执行人的财产进行处置变现的首选方式,是执行过程中最容易发生权力寻租、滋生腐败的环节。阳光是最好的防腐剂,电子商务的发展为司法拍卖提供了更为开放的模式,越来越多的地方法院将司法拍卖搬到电子商务平台,挤压权力寻租空间,推行阳光拍卖。2014年《人民法院第四个五年改革纲要(2014~2018)》提出,要"加大司法拍卖方式改革力度,重点推行网络司法拍卖模式"。2016年最高人民法院出台《最高人民法院关于人民法院网络司法拍卖若干问题的规定》,明确人民法院进行财产拍卖时以网络司法拍卖为原则。

浙江作为最早推动司法网拍的省份,2012年在全国首创网络司法拍卖,发展到现在,90%的拍卖是在网上进行。江苏法院从2014年1月1日起全面推行司法网拍,截至2016年12月底,江苏法院已进行司法网拍55426次,成交金额346.04亿元,同比增长85.03%,为当事人节约

佣金约 10.38 亿元（占成交金额的 3%），单笔成交金额最高达 8.31 亿元。

（三）强化联合失信惩戒

基本解决执行难，除了要提升法院查物找人能力、规范法院执行行为之外，还要对失信被执行人进行信用惩戒，对失信者形成高压态势，逼迫其履行义务。党的十八届四中全会明确要求，"加快建立失信被执行人信用监督、威慑和惩戒法律制度"。传统上，要对失信被执行人进行信用惩戒，往往是在失信被执行人居住地或者法院张贴"老赖"名单，影响范围有限，限制其高消费也只能依赖举报线索进行事后惩戒。敦促被执行人履行债权，必须依托信息化，最大范围内曝光失信被执行人名单，并通过法院与相关部门进行数据对接，限制失信被执行人进行消费和从事其他商业活动，让被执行人"一处失信，处处受限"。为此，中共中央办公厅、国务院办公厅专门下发了《关于加快推进失信被执行人信用监督、警示和惩戒机制建设的意见》，提出建立联合惩戒机制。最高人民法院近年来则通过建立失信被执行人名单制度，加强信用惩戒，截至 2016 年 12 月底，累计发布失信被执行人信息 642 万例，限制 575 万人次购买机票、206 万人次购买火车票。

1. 地毯式失信曝光

为震慑被执行人，促使被执行人主动履行义务，最高人民法院建立了公布失信被执行人名单制度，开通了"全国法院失信被执行人名单信息公布与查询"平台，并借助微博、微信平台开设"失信被执行人曝光台"，与人民网联合推出"失信被执行人排行榜"。

北京的失信被执行人（企业）信息与北京市企业信用信息网共享，北京市企业信用信息网在《警示信息》栏目中设置了"不良司法信息"项目，截至 2016 年 12 月 31 日公开了 5797 条相关信息，公示的内容包括执行依据文号、案号、生效法律文书确定的义务、失信被执行人行为具体情形、作出执行依据单位、被执行人的履行情况、执行法院以及发布时间等。

为联合媒体、银行业金融机构共同营造打击"老赖"的合力和良好舆论氛围，江西法院建成"法媒银失信被执行人曝光台"，失信名单由银行推送、媒体发布，接受法院监管。"法媒银失信被执行人曝光台"除了具备公开曝光功能之外，还具备"在线举报监督"功能：对外接受群众对"老赖"高消费行为和财产线索的举报，对内接受群众对法院消极执行、选择执行、息于执行案件的监督。

2. 天网式信用惩戒

成熟完善的社会信用体系是破解执行难的有效机制。党的十八届三中全会明确提出，推进部门信息共享、建立健全社会征信体系，褒扬诚信，惩戒失信。最高人民法院自 2013 年 7 月出台《最高人民法院关于公布失信被执行人名单信息的若干规定》（法释〔2013〕17 号）以来，不断推进执行联动机制建设，加强与公安、铁路、民航、银行、工商、腾讯、芝麻信用、支付宝等部门单位合作，不断拓展对失信被执行人联合信用惩戒的范围和深度，在出行、投资、置业、消费、网络等各领域对失信被执行人进行信用惩戒，最大限度挤压失信被执行人生存和活动空间。联合惩戒体系的完善还包括对被执行人的受益行为实行失信一票否决制。建立在数据对接基础上的网络化执行联动机制是指通过对被执行人涉案信息的共享，国家有关职能部门和社会公众共同对被执行人进行惩罚和制约，促进形成被执行人自觉履行义务、全社会遵法守信的社会运行机制。建立执行威慑机制是构建诚信社会的必然要求，也是破解执行难的有效途径之一。通过向执行联动成员单位开放、共享法院执行案件信息，共建失信惩戒合作机制，变个案联动机制为对所有失信被执行人进行批量联动。2016 年 1 月 20 日，由国家发展和改革委员会和最高人民法院牵头，人民银行、中央组织部、中央宣传部等 44 家单位联合签署了《关于对失信被执行人实施联合惩戒的合作备忘录》。截至 2016 年 10 月 31 日，最高人民法院与 18 家单位实现了数据对接。

上海法院的执行威慑系统提供对执行案件被执行人限高令、曝光台、失信名单、限制出境、网上追查、拘传、罚款、拘留、拒执罪等措施的记录、跟踪与提醒管理。

深圳市中级人民法院将所有执行案件被执行人相关信息定期上传至中国人民银行征信系统、深圳市信用网和全国法院执行信息管理系统。录入企业或者个人信用征信系统的被执行人及其法定代表人或者负责人，在履行义务前，政府及有关部门不得受理其在经营方面的评优评先申请，不得授予其相关荣誉称号，不得让其享受深圳市有关优惠政策，已经享有的优惠政策，应当予以终止。深圳法院将被执行人的信息在深圳市公安局、深圳市市场监督管理局、深圳市规划和国土资源委员会、人民银行深圳中心支行锁定，限制被执行人在深圳办理出入境手续、经办企业、购买房产、贷款等，使其不能有市场经营行为，事实上退出市场主体地位，陷入准破产状态。

2016 年 9 月，浙江省高级人民法院联合芝麻信用管理有限公司，对浙江法院所涉全部被执行人进行督促执行和信用惩戒。芝麻信用经授权后，对浙江法院诉讼当事人进行全面的信用评价。"老赖"被列入芝麻信用失信人员名单，无法享受诸如蚂蚁金服之类的金融服务，想要恢复芝麻信用，就必须尽快履行义务。

三　问题：信息集约化建设亟待强化

信息化建设在提升执行效率、规范执行权运行、提高执行强度方面发挥了重要作用，但是由于系统平台的集约化程度不高，在一定程度上制约了信息化的效果。系统平台建设集约化程度不高表现为平台分散、功能不集中、系统数据不对接等。

（一）平台不统一

由于法院信息化建设初期缺乏顶层设计，或者系统平台由不同部门负责建设，平台林立现象较为严重。平台分散一方面造成信息重复上传，增加信息录入者的工作量，另一方面也不利于公众或当事人获得统一权威的信息。

1. 公开平台分散

中国执行信息公开平台是由"全国法院失信被执行人名单信息公布与

查询"平台、"全国法院被执行人信息查询"平台以及各法院网站的执行网页或栏目组成。尽管最高人民法院将"全国法院失信被执行人名单信息公布与查询"平台称为"中国执行信息公开网",并设置了《被执行人》《失信被执行人》《执行法律文书》《执行案件流程》《执行案款公告》五个栏目,但是"中国执行信息公开网"只能进行失信被执行人的公示与查询,《被执行人》《执行法律文书》《执行案件流程》《执行案款公告》均为链接,分别指向其他网站。执行公开所要求公开的限制消费或限制出境的名单,则分散在各执行法院的网站上。要想了解一个执行案件的完整信息,需要登录不同的网站,相关信息未能集约到一个平台。

2.信用平台多元

目前,在全国层面涉及信用信息查询的平台有"信用中国""中国执行信息公开网""中国人民银行征信中心""全国企业信用信息公示系统""中国职业信用管理平台"等。"信用中国"网站是在国家发展和改革委员会、中国人民银行指导和社会信用体系建设部际联席会议各成员单位支持下,由国家信息中心主办。"信用中国"所公开的仅限于法人作为失信被执行人的名单,并且截至2016年12月31日也仅提供了50个失信被执行人名单。"中国人民银行征信中心"提供的是个人信用信息服务平台,且仅限于银行信用。"全国企业信用信息公示系统"提供全国企业、农民专业合作社、个体工商户等市场主体信用信息的填报、公示和查询服务。"中国职业信用管理平台"是国家人力资源和社会保障部全国人才流动中心推出的专门致力于"职业信用"的服务平台。信用平台多元、重复建设,造成信用信息查询不便,不利于建设统一的社会诚信体系。

(二)功能不立体

"全国法院失信被执行人名单信息公布与查询"平台提供公示和查询两方面的功能,而公示功能存在缺陷,有待进一步改进和完善。

1.公示不全

一般情况下,要对失信被执行人的名单进行曝光,应分页公布名单,并

提供检索服务，这样既方便公众知晓公开的总量，又方便公众查找到具体的目标信息。"全国法院失信被执行人名单信息公布与查询"平台对失信被执行人名单的公示仅限于以滚动的方式公开被执行人的姓名（名称）、证件号码，至于公开的总体情况公众无从知晓。

2. 分类笼统

"全国法院失信被执行人名单信息公布与查询"平台将失信被执行人分为自然人和法人（或其他组织）两类，未对其中特殊身份的失信被执行人进行标识。中央全面深化改革领导小组第二十九次会议强调，要加大对各级政府和公务员失信行为的惩处力度，将危害群众利益、损害市场公平交易等政务失信行为作为治理重点。中共中央办公厅、国务院办公厅在其印发的《关于加快推进失信被执行人信用监督、警示和惩戒机制建设的意见》中明确，在职公务员或事业单位工作人员被确定为失信被执行人的，失信情况应作为其评先、评优、晋职晋级的参考。相对于普通当事人，公职人员和公法人更应该履行法律文件所规定的义务，为加强对公职人员的监督，应将失信被执行人中公职人员的失信情况通知其所在单位。长期以来，不履行法院判决确定的支付、赔偿等义务责任的党政机关和公职人员，都是各地法院执行工作的难点。从 2012 年 3 月起，各地法院在全国范围内开展对党政机关执行人民法院生效判决的专项积案清理工作，重点治理"官员失信"现象。因此，为强化对公职人员和公权力的监督，"全国法院失信被执行人名单信息公布与查询"平台应作进一步分类，将公职人员和公法人作为失信被执行人的情况单列。

（三）信息不对接

在互联网思维的引导下，执行数据应该实现最大程度的共享，然而实践中信息壁垒、数据鸿沟现象仍不同程度存在。执行领域中的信息不对接表现在三个方面：首先，不同地域、不同层级法院的执行数据共享存在困难；其次，以网络执行查控和联合惩戒为主要内容的执行联动机制存在法院系统与其他部门信息不完全对接的问题；最后，社会信用信息与被执行人名单信息之间未能做到无缝对接,如"中国人民银行征信中心"尚未与最高人民法院的失信被执行人名单库联网。

数据不对接现象的背后存在多种原因:有些是客观原因,有的部门数据的确较为敏感,在保密技术无法保证的情况下不能轻易共享、开放;有些是主观原因,在部门主政者传统保守意识观念的主导下不愿意向其他部门共享数据。除了上述两个方面的原因之外,技术层面的因素也是不可回避的,有的是因为部门信息本身的数字化程度不高,未跟上大数据时代的步伐,如房产信息本身在其系统内还未实现全国联网,还有些是因为系统未按照统一的技术标准开发,导致系统无法对接。党的十八届三中全会提出,"建立全社会房产、信用等基础数据统一平台,推进部门信息共享"。《国民经济和社会发展第十三个五年规划纲要》也强调,"加快建设国家政府数据统一开放平台,推动政府信息系统和公共数据互联开放共享"。技术层面的信息不对接问题将会随着信息化的推进与不断完善而有所改观。

四 展望:执行大数据之深度挖掘

《国民经济和社会发展第十三个五年规划纲要》强调,要"统筹布局建设国家大数据平台、数据中心等基础设施"。

司法大数据包括审判大数据和执行大数据,与审判大数据相比,执行大数据基于多部门数据对接、融合,因此更加具有复合性。随着网络执行查控体系和联合惩戒机制的完善,法院与协助义务单位的信息高度融合,所形成的执行大数据更具有挖掘价值。而目前,执行大数据的规模和质量尚有不足,执行大数据的价值挖掘也正在探索起步,还未跨入服务业务的实质阶段。从未来的发展看,执行大数据在"基本解决执行难"目标的实现方面将扮演极为重要的角色,应从以下几个层次对执行大数据作进一步开发和利用。

首先,运用执行大数据助力精准执行。法院凭借执行大数据分析系统对

法治蓝皮书

执行大数据的充分运用和综合分析，能够勾勒出被执行人各类信息的全景视图，多方位掌握被执行人的社会关系、消费情况、出境出差、户籍与居住地址、联系方式等信息，建立被执行人履行能力评估模型，提供被执行人身份、行踪等相关查询，辅助追查被执行人财产线索，监测失信被执行人动态，预测执行工作态势等。

其次，借执行大数据管理系统强化执行监督。最高人民法院向全国推行了全新的全国法院执行案件流程信息管理系统，作为全国四级法院统一的办公办案平台，与网络查控系统、执行公开系统、联合失信惩戒系统等对接，记录执行案件从立案到采取执行措施到结案的全部流程，并具有对重要流程节点进行提醒、锁定等管理功能。这一执行大数据管理系统将有助于法院准确掌握所属法院及下辖法院执行案件的办理进程，监督法院内部是否存在消极执行、拖延执行、不规范办案等问题。

再次，让执行大数据挖掘服务于监督考核。执行大数据的应用与完善，有助于形成科学准确的评估机制。执行大数据的本质是借助信息化手段对执行案件实行精细化管理的结果，通过执行案件的全程留痕，有助于彻底摸清执行案件底数。而摸清执行案件家底是进行科学精准考核执行法官的前提。过去，针对执行法官的绩效考核项目比较少，管理相对粗放，通常表现为追求单一执结率的考核。今后，应借助于执行办案系统的升级而形成的执行大数据，制定更为细致、科学的考核规范。以执行效率专题分析为例，过去，对执行效率的管理采取的是比较粗放的统计方式，只统计从立案到结案的平均用时，对用时相对较长的法院或法官，会督促其提高工作效率。但是，究竟是哪项工作影响了效率提高，以往的执行系统中是不能提供信息项进行分析的。而升级后的系统将执行案件从立案到结案分为五个阶段，对这五个阶段的平均用时分别进行统计，就使执行法官可以更有针对性地提高工作效率。通过这种更为细致的分析、考核，可督促法官采取有针对性的措施改进工作。

最后，依托执行大数据挖掘服务于"信用中国"，进而提升国家治理能力。人民法院通过司法程序认定的被执行人失信信息是社会信用信息的重要组成部分。完善的社会信用体系不仅需要具备信息收集功能，还有相应的信息共享渠道，通过该渠道，人民法院可以便捷地查询到被执行人真实完整的信用信息，从而精准及时地查找被执行人和控制财产。执行大数据弥合了法院与各部门之间的数字鸿沟，通过对失信被执行人进行联合信用监督、警示和惩戒，有利于促进被执行人自觉履行生效法律文书确定的义务，提高司法公信力，有力促进了社会诚信体系建设。通过对执行大数据的分析，可以勾勒出个人的信用脸谱，评估某个行业的失信风险度，进而为高效调配司法资源、服务社会管理和公共决策提供全方位、高水平的智能分析服务。

当然，在执行信息化建设中，应处理好发展与安全的关系，确保网络信息安全，尤其是执行大数据中涉及大量被执行人的身份、财产等敏感信息，在进行深度挖掘与应用过程中应注意处理好与个人信息保护的关系。

B.5
司法大数据的建设、应用和展望

中国社会科学院法学研究所法治指数创新工程项目组[*]

摘　要：　大数据对于司法审判管理的影响深远，在推进司法大数据的
建设过程中，最高人民法院通过打造大数据管理和服务平台
收集数据、整合数据、分析数据。在应用方面，司法大数据
可以为审判执行提供辅助，为司法管理提供依据，为领导决
策提供支撑。在未来的发展中，应当进一步推进司法大数据
的融合，进一步深化司法大数据的应用，进一步提高司法大
数据的准确性，进一步提升司法大数据的安全性。

关键词：　法院信息化　司法　大数据　审判管理

一　概述

　　大数据正在深刻且广泛地改变并影响着社会运转的方式，对于大数据、
云计算和信息化，习近平总书记多次强调：“没有信息化就没有现代化”，
“面对信息化潮流，只有积极抢占制高点，才能赢得发展先机”。大数据、
云计算和信息化同样对司法改革产生了深远的影响，为司法改革提供了新思
路，提出了新办法，提升了新高度。近年来，最高人民法院以“大数据、

* 项目组负责人：田禾，中国社会科学院国家法治指数研究中心主任、法学研究所研究员；吕
艳滨，中国社会科学院法学研究所法治国情调研室主任、研究员。项目组成员：王小梅、栗
燕杰、徐斌、刘雁鹏、胡昌明、王祎茗等。执笔人：刘雁鹏，中国社会科学院法学研究所助
理研究员；田禾。

大格局、大服务"理念为指导，积极推进落实信息化战略部署，人民法院信息化建设取得重要进展，建成人民法院信息化 2.0 版，有力推动了人民法院工作。信息化建设永无止境，为更好地满足人民群众日益增长的多元司法需求，人民法院信息化发展规划确定了 2017 年底总体建成人民法院信息化 3.0 版、2020 年底人民法院信息化 3.0 版在全国深化推广的目标。2016年，最高人民法院研究通过《人民法院信息化建设五年发展规划（2016~2020）》和《最高人民法院信息化建设五年发展规划（2016~2020）》。根据这两部规划，未来法院信息化建设将会以大数据分析为核心，以提高司法审判能力和司法管理水平为目标，以智慧法院的实现为结果。可见在今后法院信息化建设过程中，司法大数据的建设、应用和发展将会占据重要的位置。

二 司法大数据的建设

（一）打造数据平台，集中数据信息

司法大数据建设首先依赖于数据的收集和汇总。为了全面、准确、规范地收集各地法院的司法信息，2014 年 7 月，最高人民法院的数据管理平台正式上线。该平台所涵盖的信息非常丰富，不仅包括审判执行信息，还汇集了司法人事、司法政务、司法研究、信息化管理、外部数据的相关信息，上述内容形成了拥有六大数据体系的数据库资源。该平台具有数据管理、共享交换、数据服务三大功能。依靠平台中的这些功能，最高人民法院可以实时掌握全国的法院信息、审判信息、执行信息等相关内容，为提高人民法院大数据开发和应用水平提供了坚实的基础。自 2014 年数据管理平台上线以来，司法数据收集先后经历了全国法院全覆盖、案件数据全覆盖、统计信息全覆盖等阶段。

第一，全国法院全覆盖。在数据管理平台建设初级阶段，全国各地办案系统不兼容，系统信息无法共享；数据标准不统一，导致数据无法直接汇

总；统计技术发展各异，无法便捷地形成全国数据；法院专网尚未普及，影响数据汇聚。总之，在打造平台之初，首先便是要通过数字平台覆盖所有的法院。为此，从2014年7月到2015年6月，经过一年的努力，最高人民法院已经基本打通了全国四级法院的数据通道，目前大数据覆盖的法院数量共有3520家，每一个法院均在平台上拥有对应的案件数据集合，形成了一张覆盖全国四级法院的数据汇聚大网。从最高人民法院的数据管理平台上，可以监控全国四级法院的数据，形成了以全国四级法院为基数的大数据分析平台，为数据的统计和分析提供了基础。

第二，案件数据全覆盖。法院信息系统全覆盖并不代表案件信息的全覆盖，由于全国法院体量庞大，法院内的案件登记信息、案件审判信息以及案件执行信息等相关情况的汇总无法精准地做到统一和同步，故在信息汇总过程中可能会出现案件信息漏传漏报、信息逻辑错误，数据汇聚不及时以及管理机制欠缺等问题。为此，最高人民法院通过技术方法和制度方法对数据覆盖进行改进。在制度领域，最高人民法院通过了《人民法院数据集中管理工作规范》《人民法院案件数据动态更新机制技术规范》。按照新的规定，最高人民法院与各高级法院之间建立了每5分钟和每日案件数据动态更新机制，有效支持案件、文书数据的及时、自动汇聚。在技术领域，最高人民法院开发部署了一套涵盖关键质检规则的质量检查和监控系统，每天自动生成各高级人民法院辖区案件数据的置信度评估指标。通过制度设计和技术提升，截至2015年底，最高人民法院已经初步实现对全国"案件数据全覆盖"的目标。

第三，统计信息全覆盖。以往的数据统计主要是通过报表的方式，这种方式统计的内容有限，而且需要耗费大量的人力和时间。2016年初，最高人民法院提出要在年底前实现数据集中管理平台与司法统计平台全面并轨，将司法统计平台中的信息汇聚在数据集中管理平台中，至此最高人民法院便可以实现"统计信息全覆盖"的目标。

（二）完善信息系统，实现数据整合

最高人民法院通过数据管理平台汇聚了大量的审判管理信息，但仍然需要将不同信息整合形成大数据。由于司法涉及的信息内容庞杂，分布较广，因此数据与数据之间、信息与信息之间无法直接流动和匹配。这一方面是由于法院与法院之间、法院其他部门之间的协调沟通不畅，人为地制造了很多信息障碍，产生了大量的信息孤岛；另一方面则是由于部门之间的信息系统本身无法相互兼容，系统中的数据流通需要经过转换。全国各地法院在信息整合上各尽其能，运用不同的方法完善信息系统，实现数据整合。

第一，法院系统内部的数据整合。法院系统内部数据整合有两方面的内容，其一是地方各级法院将数据汇总至最高人民法院，其二是法院自身将案件信息、绩效考核信息、审判管理信息等相关内容予以整合。对于数据汇集，最高人民法院建成了一个数据管理主平台和32个子平台，主平台主要负责最高人民法院大数据管理和服务，子平台主要负责为全国31个高级人民法院和新疆生产建设兵团人民法院提供服务。全国四级法院每日产生5万~6万件的案件数据，每5分钟实时自动汇聚到主平台。从主平台和子平台中便可以清楚地了解到全国法院当日新收的案件数量和已经结案的数量，这些案件不仅可以下载，了解具体的案件详情，同时还可以基于上述数据进行案件的收结存分析。对于法院自身信息的整合，地方各级法院的做法主要是将信息集中在集控中心，如广东法院将审判业务系统、司法政务系统、司法人事系统以及移动平台数据整合在集控中心，实现同步存储和可视传输、远程现场指挥、远程决策、远程调度。数据的高度集中虽然便于数据的应用，但也必然带来高风险，一旦数据丢失将会造成极大的损失。存储、运算庞大的数据信息，必须配备更优质、更先进的硬件设备，更严密、更可靠的安全防护措施，防止信息丢失，防止信息泄露。

第二，法院与司法部门之间的数据整合。一个完整的司法程序涉及公安、国家安全、检察院、法院、监狱、司法行政机关等相关部门，若要充分发挥司法大数据的作用，则需要法院与上述单位和部门的配合与协调。法院与公安部门数据互通，一方面可以帮助公安部门建立涉案人员库，另一方面通过调用居民身份系统，为民事案件立案提供被告人模糊查询接口，帮助执

行法官查询被执行人信息，尽可能地降低群众诉讼难度，提高审判执行效率。法院与检察院信息共享，可以实现法检两院间的电子卷宗流转，可有效缩短两院间调卷阅卷时间，提升审判效率。法院监狱数据共享，便可以实现监狱及看守所内远程开庭，这样既保障了提审和讯问的安全，又减少了人员的流动和车辆的使用，节约了大量的人力物力。法院与司法行政部门数据共享，可以实时监测到社区矫正人员的执行情况。

第三，法院与其他部门的数据整合。法院形成的数据不仅需要法院内部、司法部门之间实现互联互通，法院与其他部门的信息融合也至关重要。目前国内比较成熟的数据整合的例证便是执行查控系统。法院与银行、证监会、银监会、工商、税务、国土、住房和城乡建设等部门逐步实现了数据共享。通过与上述部门之间的合作，可以实现对被执行人的查控，在全国层面建立了"总对总"查控系统，在地方层面建立了"点对点"查控系统，今后对于被执行人在全国各地各种形式的财产信息，如股票、房产、车辆等，都会被法院所掌握。对于这些财产的查控也摆脱了法官跑腿执行的局面，法官只需在系统上便可以实现对上述财产的冻结。这只是法院与部分单位数据整合后应用的例证，今后法院会探索更多的数据整合实践，在大数据的基础上获得更多、更有价值的应用。

（三）优化司法统计，助力数据分析

司法统计是司法管理的基础，司法资源调配、审判质效评估等诸多司法管理问题都需要精确的司法统计。通过对数据的分析、提取，司法统计可以为司法机关作出正确的决策提供支撑。随着司法大数据的广泛应用，司法统计面临着新的机遇和挑战。原有的静态统计已经无法适应法院信息化建设和司法大数据的要求，目前全国法院正在按照信息化建设的要求，通过搭建平台、强化制度实现司法统计的突破和创新。

第一，搭建信息平台，保障数据真实。司法统计的前提是数据真实，否则统计得出的结论便不具有参考和借鉴价值，如对于裁判文书数量的统计，若裁判文书上网的数量不准确，则由此推断出各类案件的比例和发展规律的

研究或结论就无法保证科学性。为了保障数据的真实准确，一方面，最高人民法院推动数据集中管理平台和统计平台并轨，这样可以消除各平台之间的误差；另一方面，最高人民法院先后赴吉林、天津、福建、宁夏、云南等高级人民法院现场核查、解决数据质量问题，并充分利用数据集中管理平台的数据交换机制保证新上线应用系统的数据质量。

第二，完善信息系统，保障数据全面。在大数据时代，样本即是全部数据本身。在司法统计方面，大数据要求能够涵盖司法方方面面的内容，不仅要包括各个类型案件的数量，立案、结案情况，还要包括具体案件的时间、地点、结果等方面的深入分析，这就要求司法统计不仅仅是简单计数，而应当将所有重点信息——录入，这样才能保证大数据分析的可靠性。为此，各地法院纷纷完善案件信息管理系统，基本都能够实现将立案到审结的所有内容及时信息化和数据化，做到不遗漏一个关键点。可以说，案件信息管理系统能够实现案件各个环节的有效衔接，实现司法统计数据在系统中的智能提取，可以最大限度地保证数据的完整性。

第三，制定管理制度，保障数据安全。以往的司法统计基本依靠以统计表格为主的内容报送方式，这种方式不但工作效率不高，导致司法统计数据较审判工作相对滞后，而且统计范围狭窄，信息量相对较少，无法正确反映司法审判运行的全貌。推动司法统计信息化改革之后，上述问题有了极大的改观，司法统计摆脱了报表式的方式，进而转变为以信息为核心。例如，四川法院改革司法统计过程中，出现了以案件信息表为核心、以统计报表为补充的报送方式，实行"一案到底"的信息上报机制。但与司法统计信息化结伴而来的是数据安全性问题，以往统计表格虽然信息量小，但数据安全性有保障，不必担心数据大规模的遗失或泄露，在大数据背景下，司法统计工作的安全性则成为重要难题。故各地法院都比较重视制度建设，强化司法统计过程中信息安全的制度规定。例如，在案卷统计过程中，哈尔滨市中级人民法院将案卷扫描的工作交给专业团队，在与专业团队签署保密协议的前提下，规定纸质卷宗不得在扫描点过夜，必须确保当天处理完毕并返还，避免信息外泄。

三　司法大数据的应用

（一）为审判执行提供辅助

近年来，司法部门以司法公开为抓手，打造三大平台，构建诚信体系，通过公开倒逼司法公正，解决执行难题。司法大数据的应用和推广打开了解决上述问题的另外一条思路，司法大数据的应用和普及一方面可以帮助法官分析案件，确定量刑标准和范围，为法官审判提供支撑；另一方面，司法大数据还可以帮助法官发现被执行人的财产，解决执行难的问题。此外，司法大数据还可以优化诉讼流程，提高工作效率。

第一，消除类案异判，实现公平正义。习近平总书记强调，"努力让人民群众在每一个司法案件中都感受到公平正义"，为此，中央推动了多项司法改革举措，实现司法公正。随着法院信息化建设的深入推进，大数据和云计算为司法公正提供了新的思路。对于案件的定性而言，通过司法统计法院可以提炼案件的若干关键点，如行为的性质、行为的结果，被害人是否存在过错、是否存在免责情形等，这样将这些关键点提炼之后便可以形成一套完整的司法大数据，在法官审理案件的过程中，大数据系统便可以推送相似案件的判决依据和判决结果，防止出现类案异判的情形，实现司法公正。此外，为推进量刑规范化工作的实施，规范法官自由裁量权、统一量刑标准，促进量刑公开、公平、公正，部分地方法院依托大数据分析平台，对刑事已审结案件量刑分布进行了统计分析，为量刑规范化工作提供基础数据支撑。

第二，助力执行查控，强化司法权威。法院裁判结果是否能够实现关乎司法在公众中的形象，若法院裁判形同虚设，那么司法就被认为毫无权威可言。近年来，执行难成为影响司法权威的重要因素之一，而造成执行难的关键点在于信息不畅，法院无法准确地获得被执行人的财产信息，执行案件的法官和司法工作人员只能一筹莫展。大数据的应用有助于化解执行难，通过大数据应用，法院不但可以了解被执行人的银行存款、股票、房产、机动车等相关信息，而且足不出户便可以查询到甚至冻结上述财产。法院利用互联网助力执行查控不但提高了工作效率，而且取得了良好的效果。此外，各地还开发出其他系统提高司法工作效率，如浙江法院与芝麻信用签订协议，用大数据构建当事人的信用画像，提升法官对于诉讼当事人的了解以及审判效率。芝麻信用通过支付宝 App 向被执行人推送消息，督促其尽快履行义务。

第三，优化工作流程，提高工作效率。立案登记制实施之后，全国法院立案数量同比上升了 26.11%，全国各地尤其是东部城市"案多人少"的矛盾更加凸显。为此，部分法院利用大数据为司法审判工作减负，优化工作流程，提高工作效率。一方面，通过司法大数据分析进一步优化审判流程，使审判工作更符合标准化的要求，工作成果更容易通过司法标准进行衡量。另一方面，通过信息化有效开展人员分类管理，用大数据合理确定法官、法官助理、司法辅助人员的数量和精确计算工作量，让法官真正将主要精力集中到案件审理上。此外，针对行政审判滥诉的问题，部分法院依托大数据开发案件查询系统，可以有效地帮助法院识别滥诉。例如，天津高级人民法院开发了关联案件查询系统，可以即时查询当事人关联案件的情况，了解当事人就同一事项提起过多少诉讼，为有效规制滥诉提供了有力的武器。

（二）为司法管理提供依据

科学的审判管理体制是保障案件质量和提高司法效率的必要条件，通过大数据分析一方面可以提供审判意见以提高审判质量，另一方面可以节约法官、当事人以及其他诉讼参与人的时间，提高审判效率。此外，司法大数据的应用还可以完善法院的绩效考核，科学地对法官工作进行评价，并最终使司法管理走向科学化和专业化。

第一，完善法院绩效考核机制。审判管理过程中，如何对审判绩效进行考核是摆在所有法院面前的重要问题，科学的考核体系有助于提高法官、法官助理、书记员的工作热情和工作积极性，提高工作效率。各地法院在考核过程中，通过系统将案件、文书、卷宗、庭审视频等数据进行整合，不断摸

索出各种科学的考核机制。有的法院通过大数据分析系统，对每一个法官、法官助理、书记员的工作量进行统计和分析，以月趋势图、年趋势图、历年累计图的方式展示，为法院绩效考核工作提供依据。例如，新疆生产建设兵团人民法院可以依托系统自动生成法官业绩月趋势的分析图和历年累计分析图。有的法院依托法院信息化收集到的数据，制定考核指标，对审判质效进行评价，如北京法院利用审判管理系统定期收集、分析和发布反映案件审判质效的评估数据，同时依托数据分析建立覆盖各法院、各审判业务庭、各法官和全部案件的审判质量考核体系。

第二，提高案件评查效率。以往对案件进行评查，总需要人工监管、检查并发现可能存在的问题，避免出现审判风险。而随着案件数量的增加，人工评查和监管逐渐无法适应海量的案件现状。部分法院利用大数据提高案件评查的效率，强化案件评查的质量。例如，河北省高级人民法院面对审判流程中的海量数据，自主创新研发了审判风险防控系统，利用大数据提高案件评查的质量。河北省高级人民法院将历年案例评查中发现的问题界定为125个风险点，从信息录入、数据质量、流程完整、资料齐全、程序合法等方面进行自动智能检查，大大提高了数据管控的及时性、准确性、全面性，实现了庞杂繁重的人工管理向信息技术自动化管理的转型。如今对一个地市所有案件的流程检查只需10分钟即可完成，大幅节约了管理成本，全面提高了审判管理效率，有效提升了案件质量。

第三，规范案卷档案管理。审判档案及卷宗管理是一件烦琐而又容易出错的工作，各级法院在案卷档案管理过程中，利用信息化系统将案卷电子化，这样既省去了法官大量宝贵的时间，又提升了审判质效。但信息化和大数据对于档案管理的改进不止如此，法院除了纸质案卷之外，还有电子案卷、视频资料等，在案件归档过程中，可能会出现档案数量无法一一对应、档案之间的数量不一致等问题，为档案管理带来混乱。大数据的介入可以在一定程度上消除上述问题，通过大数据可以实现电子案卷、立案数量、扫描案卷、庭审视频之间的比对，一方面可以发现档案漏洞，及时检查并发现遗漏的档案；另一方面，通过大数据统计可以发现案件归档过程中的管理问题，对规范案卷档案管理提供意见和建议。

（三）为领导决策提供支撑

司法审判情况是社会稳定的风向标，经济发展的晴雨表，行政管理的指南针。对司法审判进行分析可以大致判断社会矛盾纠纷的节点，经济发展的障碍，行政管理的漏洞。但是在传统统计、调研模式下，一篇司法分析报告往往需要数个月甚至更长的时间，随着信息化、大数据和云计算的广泛应用，形成一篇调研报告只需要一周甚至更短的时间。最高人民法院利用大数据每个月都可以形成 4～5 份专题报告，各项研究成果已经以成果摘要的形式上报有关部门。这些内容成为领导决策的前提和基础，掌握了上述信息，有利于制定科学的政策，便于合理安排工作，有助于实现社会管理创新。具体而言，司法大数据服务领导决策体现在如下几个方面。

第一，稳定社会治安，打击刑事犯罪。刑事案件的大数据分析不仅要准确记录刑事案件的发案数量以及各种案件类型的比例情况，而且还需要对各类案件的实际情况，如案发地点、案发时间、行为的性质、行为的处罚结果等相关因素进行统计分析。通过对上述内容的统计可以得到很多有益的结论，如通过对食品安全案件的大数据分析，可以发现食品药品安全犯罪与产业发展息息相关。司法大数据还可以为精确打击犯罪分子提供依据，如最高人民法院对国家工作人员职务犯罪情况进行了专题分析，客观、清晰地反映了国家公职人员犯罪的主要特点和犯罪规律，可为有针对性地制定职务犯罪防范机制提供支持。

第二，维护经济秩序，完善民事立法。民商事案件的整体情况可以从侧面反映地方经济社会发展状况，通过对民商事案件进行大数据分析，可以为政府制定经济社会发展策略提供依据，发现工作的不足，填补制度漏洞。自司法大数据广泛应用以来，全国涌现了大批大数据分析报告。这些分析报告对于分析判断经济形势具有非常重要的作用。例如，自 2015 年 9 月 1 日起全国施行《最高人民法院关于审理民间借贷案件适用法律若干问题的规定》（法释〔2015〕18 号）以来，截至 2016 年 7 月 31 日，共汇聚民间借贷一审

判决书 31.79 万份，其中，6.6 万份文书引用了此司法解释，占比为 20.76%，而在引用此司法解释的案件判决中，关于明确借贷利率的第 29 条引用次数最多，共 4.41 万份，占比 66.82%。这些具体数字有力说明了司法解释施行以来的效果，可为相关法律规定的颁布、修订及司法研究提供重要参考。

第三，发现监管漏洞，倒逼依法行政。立案登记制改革实施以来，行政案件数量有了明显的增长。各地法院在对刑事、民事案件进行大数据分析的同时，也逐步开展了对行政案件的统计分析，司法大数据一方面能够发现行政案件的矛盾纠纷点。例如，吉林省高级人民法院对行政案件进行统计，发现排名前五的分别是：不服治安管理罚款（149 件）、不服土地所有权处理决定（67 件）、侵犯土地承包经营自主权（60 件）、侵犯房产权（58 件）、不服强制扣留决定（56 件）。上述案件同时也是矛盾纠纷易发点，通过分析矛盾纠纷产生的原因、争议的焦点、处置结果等相关内容，便可以针对矛盾纠纷提出解决方案。另一方面，通过司法大数据分析可以发现行政监管漏洞，督促行政机关加强监管。最高人民法院通过分析 2013 年至 2015 年全国银行卡纠纷案件文书发现，国有商业银行的涉案次数远超其他银行，占比达 74.5%。而在银行卡纠纷案件中，信用卡纠纷进一步占到 93.57%，反映出国有商业银行需要进一步加强信用卡发放和使用监管。

四 展望：提升司法大数据应用成效

（一）司法大数据融合有待完善

各地法院在信息化建设的过程中，都纷纷建立了自己的信息系统，但普遍存在不同系统数据无法实现直接互联互通的问题，司法大数据建设仍然存在信息孤岛问题，即便是各级法院的电子卷宗档案管理系统，都存在无法互联互通、信息无法共享的现象。目前，这一状况已得到改变，最高人民法院通过大数据管理和服务平台实现了与 15 个高级人民法院的电子卷宗调阅。

今后最高人民法院应进一步实现各级法院大数据管理和服务平台的互联互通和服务，打通办公办案、人事管理、教育培训、信息化管理等不同平台和系统的单向或双向接口，使日益积累的司法大数据资源在各类应用信息系统中得到最直接、最充分的应用。

（二）司法大数据应用有待深化

法院信息化建设除了能够提升审判能力和实现审判管理现代化转型之外，还可以为政策制定者提供决策依据。自最高人民法院推进法院信息化建设3.0版以来，各级法院纷纷建立数据分析系统和数据统计平台，对司法判决进行大数据分析，这对于了解一个地区各种刑事、民事、行政案件的实际情况具有重要参考价值。截至目前，司法大数据的应用基本已经在全国范围内逐步推广，但是除了最高人民法院和部分高级人民法院之外，大部分法院的司法统计仍然停留在案件数量、立案量、结案量、执行情况等初级阶段，司法大数据的挖掘仍然有待深化。尽管已经出现了一批研究报告，如截至2016年12月，最高人民法院和各级法院合作形成了70余份专业研究报告，但无论数量还是质量仍然有提高的空间。司法大数据分析结果越来越多地支撑司法解释出台，但至今还没有司法大数据分析大规模影响立法进程的事例，亦很少看到决策者依靠司法大数据制定政策。随着司法大数据的挖掘和应用，可以预见，不久的将来司法大数据将会进一步影响和推动司法解释，将会成为制定、修改法律的重要依据，将成为进一步深化改革的重要参考。

（三）司法数据准确性有待提高

司法大数据应用的前提是数据必须客观、真实、准确。"数据真实是司法统计的生命。"随着法院信息化建设的推进，司法数据呈现爆炸式增长，但数据增长带来的问题便是无法保障数据的真实和准确。对此，全国各地法院开展信息清理专项整治活动，保证数据的准确性。为了从根本上解决数据质量问题，建议各级法院从以下几点入手：首先，确保数据采集渠道一致、

来源统一；其次，定期开展检查，防止因考核等原因导致数据大起大落；再次，加强责任追究，对数据弄虚作假的法院取消评先资格、进行实名通报等；最后，扩大数据公开，倒逼各级法院保证数据的准确性。

（四）大数据安全保障有待升级

司法数据分为两类，一类需要法院及时向社会公开，通过司法公开提高司法公信力，提升司法权威；另一类则因法律规定不得向社会公开，如涉及国家安全、个人隐私、商业秘密的案件是不公开审理的。在司法信息化建设过程中，无论是否属于公开审理的案件，均会在系统中留痕，在电子档案中留印，如何保证平台和系统内信息的安全性成为摆在所有法院面前的难题。为此，建议在推进大数据建设的过程中从以下几个方面努力。一要加强制度落实，各级法院要认识司法统计工作的重要性和必要性，创造不造假、不泄密的工作氛围。二要加强相关制度机制建设，研究制定新的制度、规定，防止大数据被滥用，切实保护公民隐私。三要运用各种云计算等现代技术在信息处理和信息存储方面的独特优势，彻底堵住数据造假和泄密的漏洞，让数据造假和数据泄露无空可钻、无机可乘。四要明确各个部门和人员对于信息存储和处理的责任，加强对信息泄露的惩戒。

地方法院信息化

Informatization of Local Courts

B.6

江苏法院信息化调研报告

——审判管理与信息化深度融合

刘　璇[*]

摘　要：　为适应新形势下信息化发展的需要，有效破解江苏法院人案矛盾突出这一司法难题，江苏法院立足智慧法院建设，将审判管理与信息化建设深度融合，以信息化提升审判管理水平，以科学的审判管理促进法院各项工作。本文从江苏法院信息化发展概况入手，分析了江苏法院审判管理与信息化发展融合的特点及特色项目，并针对信息化发展中存在的不足提出针对性的长期发展规划。

关键词：　审判管理　法院信息化　智慧法院

---

* 刘璇，江苏省高级人民法院审判管理办公室（技术处）。

一 江苏法院信息化发展概况

2013年以来，江苏法院受理案件数量连续三年位居全国第一。2016年1~9月，全省法院共受理案件145万件，同比增长14.05%；其中，新收116万件，同比增长10.84%；审执结99万件，同比增长15.09%。除人案矛盾突出外，江苏法院还面临与经济社会发展相关的新类型案件层出不穷，人民群众对知情的全面性、沟通距离感、互动即时性提出了新的要求等新情况新问题。此外，江苏法院信息化建设起步较早，信息系统数据庞大。截至2016年上半年，江苏法院信息系统已汇集了1500万件案件、1000万份裁判文书、1380TB级数量的司法大数据。这促使江苏法院深刻思考如何应用现代信息技术和司法大数据的智能手段，更好地服务人民群众、服务审判执行，破解江苏司法难题。江苏法院从影响人案矛盾的人、案、人与案之间的关系这三重因素入手，转变思路，深刻把握审判管理与信息化在服务审判工作这一目标上的内在一致性，将法院信息化建设转变为法院审判管理信息化建设，以信息化提升审判管理水平，以科学的审判管理促进法院各项工作。"十二五"期间，江苏法院不断加强信息化建设、管理和应用，基本实现了"网络全覆盖、数据全集中、业务全贯通"，为推动司法公开、深化司法为民、提升审判质效、规范司法管理提供了有力的信息技术保障。

在基础设施建设方面，全省法院建成覆盖全省三级法院及派出人民法庭的高速数据网和视频网，基本实现对基础设施的可视化运行维护。目前，全省法院共建成2400余个科技法庭，基本实现每庭必录。此外，全省法院还实现了高清视频会议、远程接访、远程提讯、远程网上开庭、移动办公办案、庭审直播、执行指挥、立案信访监控等信息化设施全覆盖。这些设施为全省法院审判信息化发展提供了有力的物质保障。

在系统建设与应用方面，全省法院完成新版案件管理系统改版升级工作，并全力推行网上办案、卷宗同步数字化。为进一步践行人民司法，全省法院在全面建成内网网站交流和信息发布平台基础上，实现互联网接入，开通江苏法院政务网、诉讼服务网、12368司法服务热线，建立司法公开三大平台，为群众提供案件查询、网上立案、网上缴费、电子送达、网上阅卷、微信、微博、手机App等网上诉讼服务。为进一步破解执行难问题，全省法院建立了涵盖网上查控、司法拍卖、执行指挥、分析研判等在内的执行指挥中心，网上查控范围拓展到银行、证券、边防、交通、人社、工商、住建等部门。为了更加高效地利用江苏法院司法大数据，全省法院建立了数据挖掘、实时采集、集中存储与展示的审判主题分析平台。此外，全省法院还建立网上公文处理系统，非涉密文件和事务性审批全部网上办理，大大提高了工作效率。借助4G网络新技术，开通全省法院移动办案办公平台，方便干警随时随地了解情况，更加有效地利用碎片化时间。为了更好地服务干警，提高各种软件的使用效率，江苏法院还加强应用系统集成融合，开发包括司法办案、信访管理、审判管理、政务管理、队伍管理、后勤保障在内的"一站式"服务平台。丰富的应用程序和良好的用户体验，使法官和人民群众都切切实实体会到了信息化发展带来的益处。

在制度机制方面，制定软件开发、网上办案、电子送达、科技法庭远程应用、移动办公办案、运行维护质效考核、系统安全保密、数据安全备份等管理规定，推动全省法院信息化实现制度化、规范化。江苏法院还制定出台了《江苏法院信息化建设五年发展规划（2016~2020）》，以信息化和审判管理融合共进为抓手，加强法院信息化建设顶层设计。

在队伍建设方面，全省三级法院均成立了信息化建设领导小组，各级法院形成由230多名在编人员和90多名聘用人员组成的技术队伍。同时，将相关运行维护交给专业公司、专业人员，三级法院信息化人员将主要精力放在抓应用、抓服务上。稳定的队伍以及工作重心的转移，为全省法院信息化发展提供了更为有力的人力支持和智力保障。

二　江苏法院信息化发展特点

党的十八大把"信息化水平大幅提升"作为全面建成小康社会的重要

目标，党的十八届四中全会提出"构建开放、动态、透明、便民的阳光司法机制"，五中全会提出实施"网络强国战略、'互联网＋'行动计划和国家大数据战略"，《国民经济和社会发展第十二个五年规划纲要》把"加快经济社会信息化""大力推进国家电子政务建设"作为国家信息化战略的重要内容，最高人民法院《人民法院信息化建设五年发展规划（2016～2020)》也要求，各级法院充分认识现代信息技术对于加强法院工作、提高司法水平、维护司法公正高效廉洁的重要意义，提出建设人民法院信息化3.0版"智慧法院"的目标任务。江苏法院进一步转变审判管理工作理念和职能定位，将管理的重心和方向放在保障依法独立公正行使审判权上，积极推进审判管理与信息化的深度融合，将审判管理作为信息化的实体，把信息化作为审判管理的载体，使审判管理与信息化建设事半功倍。在实际操作中，坚持需求导向和问题导向，加强顶层设计，加快系统建设，健全保障体系，不断提升应用成效，努力破解人案矛盾，打造全面覆盖、移动互联、跨界融合、深度应用、透明便民、安全可控的江苏法院信息化3.0版，全面实现信息化建设转型升级，着力以信息化引领全省法院工作现代化。目前，江苏法院信息化发展主要有以下特点。

（一）需求主导，服务至上

江苏法院始终以满足司法需求、服务用户对象作为信息化建设的根本出发点，通过大力加强信息化建设，为广大人民群众提供"司法公开常态化、诉讼服务一体化、法治宣传多样化"的司法服务，为广大法官和干警提供"使用便捷化、业务协同化、服务智能化"的审判执行应用，为法院管理提供"数据集中化、流程可视化、管理精细化"的科学辅助手段。科学准确的信息化发展定位，使全省法院信息化发展兼具目标性的同时，发展步伐也更加快速。

（二）科技引领，跨界融合

在信息化发展中，江苏法院与时俱进，不断强化互联网思维，结合人民法院现代化建设要求和新兴信息技术发展趋势，把握"互联网＋"时代发展机遇，充分运用云计算、共享交换、移动互联等技术，有效整合与拓展各类基础设施、应用系统和信息资源。目前，法院数据与人社信息、狱政管理信息、工商信息、信用信息、检察信息等多个外部数据实现联通共享。这既实现了人民法院内部各领域的融会贯通，又实现了人民法院与外部相关部门之间网络、信息和业务的横向融合。信息共享不仅提高了法院工作效率，也提升了全省法院庞大的司法数据的社会价值。

（三）深度应用，透明便民

在实践中，江苏法院紧密围绕执法办案第一要务和为人民司法这一重要目标，在配套应用中，使各项应用不断深入法院的方方面面，为审判执行、司法改革、队伍建设和社会管理提供大数据智能服务。为了更好地提升审判管理水平，江苏法院以提高服务水平为目标，不断加大网上办案、同步数字化、网上诉讼服务、司法公开等系统的应用力度，切实改变"重建设、轻应用"的局面。同时，为了进一步提高服务当事人、服务社会的水平，江苏法院还以实现信息对称为目标，充分运用大数据、辅助决策技术，深化司法公开三大平台建设，创新司法便民利民举措，为诉讼当事人提供形式多样、方便快捷、更加人性化的线上线下诉讼服务。

（四）自主可控，安全发展

信息安全是信息化发展的一道红线。江苏法院牢固树立安全保护意识，不断加强法院信息化建设和应用过程中的全面安全管理。全省法院以规范化安全为目标，落实等级保护和分级保护要求，提高基础信息网络和重要信息系统的安全保护水平，构建自主可控的信息安全保障体系，建设与信息技术发展相适应的安全管理和保密措施，确保司法信息在采集、汇聚、研判和裁决中的全过程、全方位、全周期安全。

三 江苏法院信息化特色项目

在信息化发展过程中，江苏法院围绕"案件"这一要素，依据案件类

型、性质、标的、难易等因素，从讼诉服务、繁简分流、案件流转等方面优化审判流程机制；围绕"人与案的关系"这一要素，根据司法责任制改革的要求，以深化司法公开、加强审判管理为抓手，从网上办案、司法公开、审判管理等方面保障审判权公正高效运行。2016年，全省法院在案件数量上升的情况下，审判质量效率继续保持良好态势，涉诉信访总量同比下降20.9%，进京上访同比下降43.9%。江苏法院在信息化中有以下几个特色项目。

（1）加强诉讼服务一体化建设。为进一步实现"对外服务群众，对内服务审判"的诉讼服务工作理念，江苏法院整合诉讼服务中心职能，全力打造诉讼引导、立案登记、诉调对接、案件速裁等"七位一体"的服务平台，建成诉讼服务大厅、诉讼服务网、12368诉讼服务热线同步运行的一站式、信息化、全方位的综合性诉讼服务平台。江苏法院把全省100多个诉讼网整合为统一的"江苏法院诉讼服务网"，并开发诉讼服务手机客户端。诉讼服务网除具备诉讼服务大厅的所有功能，实现与诉讼服务大厅功能同步、信息同步、运行同步外，还为当事人提供网上阅卷、案件信息和裁判文书自助查询、文书电子送达、投诉举报等服务。2016年，诉讼服务网总访问量达到37万余次，开通至今总访问量将近56万次，受理各类投诉近5000件，并按规定予以回复。截至2016年8月，全省法院已办理网上立案6.5万件，网上送达4000余件。此外，江苏法院还在诉讼服务网开通专门的律师专用通道，通过专用通道律师除能够实现网上阅卷、案件信息和裁判文书自助查询、文书电子送达等外，还可以查询到其在全省范围内代理的所有案件的审理执行情况。全省共有1640家律师事务所和12635名律师在诉讼服务网注册。

此外，江苏法院还在全国法院首次创新性地使用12368语音导航系统。根据当事人和群众的需求，江苏法院将原有的立案投诉、信访投诉、执行投诉、纪检监察举报等各类电话统一整合到12368诉讼服务热线。但随着服务内容不断增加，热线菜单层级也越来越多，导致很多当事人或诉讼代理人来电后更倾向于人工服务。受限于人工客服的数量以及上班时间，12368服务热线无法满足所有群众需求,影响了群众对12368热线服务的满意度。基于此,江苏法院开发了12368智能语音导航系统,基于业界领先的智能语音识别和交互技术,共实现了案件信息查询、诉讼指南、诉讼费标准等36项业务菜单的语音交互功能,系统的识别准确率能够达到90%以上。来电人直接说"案件查询""卷宗查询""开庭时间""诉讼指南""联系法官""司法求助""请求帮助"等,智能语音导航系统就会自动识别出说话人的内容,并直接将其导航到对应的热线菜单节点上,不再需要像以前那样听完提示音后再按键选择。该系统自2016年7月份试运行上线后群众普遍反映系统快捷方便,省去了烦琐的按键操作,也避免了人工服务总是遇忙的窘境。

(2)积极推进案件繁简分流。为了贯彻小额诉讼强制适用的原则,江苏法院开发了小额诉讼案件管理系统,2016年1~9月共新收小额诉讼案件8.3万件,占全省基层法院新收民事一审案件的16.35%。在系统中,通过强行标注小额相关信息,实现案件简易流程、普通流程、小额流程相互转换;通过完成案件流程简化和小额诉讼案件流程修改工作,在细节上把为法官减负落到实处。此外,江苏法院还积极推进专业化审判团队建设,开发交通事故损害赔偿、金融借款等类案快速审理系统,在系统中配套简易文书快速生成系统、OCR识别系统和专门智能语义分析软件等,节约了法官和书记员的工作时间,提高了工作效率。通过不断测试,这一系统可以减少法官60%以上的文书录入工作量。

(3)以信息化手段有效破解执行难。坚持"以需求为导向,以应用为目的"的原则和"边建设、边使用、边完善"的思路,江苏法院开发了涵盖案件管理、执行指挥、司法查控、司法网拍、案款管理、信用惩戒、执行公开等七大平台在内的执行指挥信息系统,全力推进执行工作信息化转型升级。目前,在七大平台下,全省法院开发了执行实施分段集约管理、终本案件单独集中动态管理、执行异议复议案件管理、执行款物管理等十个子系统,同时查控系统已覆盖国土、房管、公安、边防等17个领域、200多家单位。2016年1~9月,累计查询3000万次,查询到存款超过1万亿元、房

产107515处、土地51319宗、机动车75499辆、股权及对外投资248309笔。江苏法院还开发了终本案件管理系统,对终本案件实行集中管理、分类管理、动态管理。此外,江苏法院还从2014年1月1日起全面推行司法网拍,在全国率先做到"三个全部两个零",即所有法院全部入驻"淘宝网"、所有需要变现资产全部网上拍卖、所有拍卖环节全部网上公开、所有拍卖实行零佣金、司法网拍领域实现零投诉。全国司法网拍单笔成交金额最高纪录屡被江苏省刷新,截至2016年10月份最高纪录为8.31亿元。由于措施得当,2016年1~9月,全省法院共执结案件26.8万件,同比增长19.31%;执结标的金额1732.57亿元,同比增长93.65%。

(4)全面推进网上办案和卷宗同步数字化工作。办案数字同步化是法院信息化的基础。自2015年初,省法院就已将网上办案和卷宗同步数字化作为落实司法责任制的重要抓手,作为事关执法办案的一项基础性全局性工作,在全省法院推进部署。全省法院所有案件的审判流程和监督活动全部在平台上运行,同步生成电子信息材料,书记员将当事人提交的纸质材料同步扫描,形成电子卷宗。通过网上办案和卷宗同步化工作,对外满足当事人、律师互联网远程阅卷、交换证据的需要,对内实现规范办案、全程留痕,并且网上调卷的方式大大节省了调卷时间。

(5)努力为法官办案提供智能化服务。在全省法院培训、推广使用"法信"平台,实现典型案例、裁判文书、法律观点等审判信息的智能检索、推送,为法官办案提供参考。开发移动办案系统,通过4G专网,法官可随时随地用手机、笔记本电脑登录法院内网办案。通过手机,法官可实时接收当事人网传材料,查询电子卷宗、办理审限变更、报结案件、查询收结案情况,通过移动笔记本,可以实现内网台式电脑的所有功能,有利于法官碎片化时间的高效利用。开发专门的数据分析软件,通过软件可以实现综合分析、民商事分析、刑事分析、行政分析、执行分析、审监分析、质效评估、图文分析等十个大项的分析功能,每个大项下又分设具体分析子项目,法官还可自主设定分析主题、更改布局等自行设置需要的分析项目,形成分析报告,为法官了解类案相关情况提供帮助,为庭长或院长决策提供参考。

在此基础上，江苏法院还着力探索开发案件视频会商会议系统、综合检索分析系统以及庭审智能语音识别系统，为法官和书记员提供更为有力的技术支持。通过案件视频会商系统，下级法院原则上不再携卷到上级法院汇报，节约了上下级法院间的工作时间和成本。该系统通过云平台建设，突破了以往三级架构之间互联受阻的局限，实现了"三个灵活"，即接入方式灵活、接入地点灵活、共享卷宗证据材料灵活，会商过程更加有效率。会商实行接入实名制，实时对卷宗进行记录，全程录像可追溯，并可以实现智能终端的接入，从而实现了会商会议系统的方便、易用、有用、留痕。该系统目前具有四个主要功能。①案件视频会商。系统与案件管理系统对接，可以同步显示会商笔录、调阅案件电子卷宗或影像卷、证据展示、查看庭审录音录像、文字交流、即时会话、会商笔录回填、即时邀请多方参与、会商全程录音录像以及实时直播、会商过程回放等功能。②远程合议。系统与案件管理系统对接，可以同步显示合议笔录、调阅案件电子卷宗或影像卷、证据展示、合议笔录回填、即时邀请多方参与、会商全程录音录像以及实时直播、会商过程回放等功能。③视频会议。系统可以满足各审判业务条线在会议室终端或办公室电脑终端同时召开视频会议、会议录音录像、与会者实时沟通交流等功能。④远程培训。系统具备数据演示、庭审观摩（与科技法庭相对接）、音视频培训资料共享等网上视频培训功能，能够实现全省各审判业务条线同时在线培训。

综合检索分析系统运用大数据、云计算等新技术，提供智能检索、智能分析、智能推送功能，以系统化、人性化的设计有效提升工作效率，切实助力审判执行工作。该系统主要有以下功能。①智能检索功能：依托大数据平台，高效精准收录江苏法院承办的所有案件信息、律典通资料数据、法院内外新闻数据信息，在信息实时更新的同时做到一站式搜索，无须切换系统。②智能分析：构建案例分析和专题分析功能，提供同类案件结案方式的数据分析，供法官参考；仿照互联网功能平台，建立互问互答平台和法官文库，通过互动问答和文库，分享法官智力成果，为法官办案提供业务和技术支

持。③智能分析功能：设有智能化的检索功能，通过构建案件、人事和相关数据的智能检索服务平台，以及向法官智能推送各类案件实时热点信息，切实为法官减负。

以智能云转写和语音交互为基础，江苏法院还探索庭审智能语音识别等功能，改革现有庭审记录模式。庭审智能语音识别系统通过庭审中对法官、书记员、当事人等多路语音的收集和识别，自动转写成文字，识别正确率在90%以上。该系统具备语音自主学习能力，对转写的文字自动匹配相应的录音，同时，书记员可以实时对转写的文字进行修改，庭审后也可以通过录音进行修订。该系统一方面减轻了书记员的负担，另一方面，也倒逼法官提高自身庭审驾驭能力。今后，江苏法院还将进一步拓宽智能语音交互的应用场景，将智能语音运用在法官语音写文书或当事人通过语音写诉状等方面。

（6）运用技术手段实现司法公开常态化。为进一步推进裁判文书上网，江苏法院将文书上网与结案、归档节点进行技术捆绑，确保该上网的全部上网发布。为确保庭审直播工作规范有序，目前全省法院已建成全省统一的庭审互联网直播平台，支持法院官网、微博、微信、手机 App 等多平台直播，实现全省法院庭审直播"统一播出、统一回放、统一管理"。该平台依托科技法庭，采用直播云平台进行部署，通过互联网线路将庭审直播的音视频流发送到司法云平台，由云平台负责通过分布在全国各地的网络节点进行就近分发，确保在各个地方观看直播时都能得到良好一致的用户体验。庭审直播系统与法院内部科技法庭系统完全隔离，在确保信息安全的同时，还可以将直播数据通过云平台进行备份存储，实现动态调度资源和弹性扩展。此外，江苏法院还根据案件情况创新直播形式，如对涉及当事人隐私的案件，采用邮箱等方式定向直播；对社会关注度高、案情复杂、直播风险高的案件，采用短视频形式对关键环节进行直播；考虑到社会转型期诉讼案件激增导致司法资源紧张等问题，江苏法院联合相关公司将庭审直播案例导入互联网调解平台，为当事人提供同类参考案例。2016 年以来，全省法院庭审直播数量1.5 万场，接近 2015 年全年总数。此外，全省法院将立案、开庭、审限变更等与当事人诉讼权利密切相关的 12 个流程节点，与 12368 短信平台进行技术捆绑，实行流程节点自动告知，极大地方便了当事人诉讼知情权的实现。在司法鉴定方面，建立统一的鉴定机构电子信息平台，鉴定机构网上注册，当事人可在网上选择鉴定机构。

（7）深化可视化管理平台建设。江苏法院将后台数据搬到前台，开发了包括人案比、案由趋势分析、长期未结案件、发改案件、涉诉信访、案件实时动态、法官审理案件情况、多维度对比分析等十多个业务模块的可视化管理平台，实时掌握审判工作情况，改变了传统的人盯人、人盯案的管理方式，推动自主管理和扁平化管理。在数据可视化展示中，加强对数据的深度挖掘，通过深层次多角度构建数据模型，详细准确地反映全省法院案件审理执行情况。同时，在使用中，避免简单展示，设置多层次的选择项，通过人机交互更好地满足使用者的需求。

四　江苏法院信息化发展展望

信息化发展是一个持续的、渐进的过程，不可能毕其功于一役。随着信息化建设的不断深入，江苏法院信息化工作中一些深层次的问题也逐渐显现，主要存在以下问题。第一，整体规划和顶层设计相对缺乏，信息化建设缺乏一定的前瞻性和系统性，各地法院信息建设缺乏统一的技术标准指导和成熟的评估指标体系。第二，基础设施面临各类应用快速发展带来的挑战。基础设施相对滞后，现有技术平台架构分散建设、重复投资，实际利用率不高，不能满足信息化快速发展的需求。第三，各类应用系统整合力度和业务支持能力需要加强。各类应用系统之间、法院内部工作平台与外部服务应用之间、应用系统在上下级法院和跨辖区法院及相关政法部门之间等，还未达到信息的深度融合共享，系统对业务协作支持能力有所欠缺，无法充分满足法院的现实需求。第四，信息资源集中管理与服务存在薄弱环节。各类数据存放相对分散，数据质量参差不齐，全省大数据中心及数据共享交换体系未全面建立，大数据分析智能化水平也有待提高。第五，保障体系建设相对滞后，网络信息安全保障体系、数据运行维护和安全运行维护制度等保障

制度需要进一步加强和完善。第六，信息化应用成效有待进一步提高。应用软件在"可用"基础上与"易用""好用"标准还有差距，同时，信息化建设成果推广应用渠道相对分散，存在覆盖范围不广泛、针对性欠缺等问题。这些短板掣肘了江苏法院信息化的发展步伐，也在一定程度上影响了全省法院案件审理的效率。

为了加快推进全省法院信息化建设转型升级，实现全省法院工作的数字化、网络化、移动化、智能化、可视化，江苏法院拟到2020年建成具有领先水平的标准化、规范化、集约化、专业化的大数据处理中心（云计算中心），并通过移动互联为各类用户提供全方位服务，大幅提升智能化服务水平，促使全省法院信息化总体水平再上新台阶。为此，江苏法院规划了下一步工作的重点任务。

（1）推进全要素一体化基础设施建设。将云平台作为信息化转型升级的基础工程，坚持以"统一、开放、智慧、安全"为原则，采用云计算和大数据技术，构建专有云、开放云、数据交换云和涉密云，采用云桌面系统，部署统一的云管理平台，建立协调高效、资源共享、安全稳定、保障有力的信息化基础设施平台。

（2）构建全业务全流程应用平台。以现有各类应用系统为基础，通过升级拓展审判业务系统、全流程诉讼服务平台、执行业务系统、司法公开平台、可视化管理平台等，打通数据接口、集成应用界面、拓展和完善业务能力，构建新型综合性平台，为法官、书记员、院长庭长、立案和审判管理人员等定制简洁明快、功能齐备的"智能化工作界面"，推进系统与业务流程整合，形成"一站式"综合服务平台。

（3）构建信息资源智能服务体系。依托大数据管理和服务平台，构建司法审判信息资源库，以云平台为基础，建设大数据分析系统，利用商业智能、大数据分析和可视化手段，挖掘、分析和展现海量司法数据，支持类案裁判快速定位与智能推送、多维分析、关联分析、趋势预测等大数据智能服务。

（4）加强信息安全体系建设。坚持信息安全保障与信息化同步规划、同步建设、同步发展，建立非涉密重要信息系统等级保护制度，完善涉密信息系统建设、分级保护测评及全省法院应用系统统一身份认证体系，完善信息安全管理、提升信息安全技术、规范信息安全运行保障，实现信息可管、可控、可信。

（5）建立智能敏捷的运行维护管理体系。改变以排除故障为目标的应急式运行维护管理模式，依托云平台，从运行维护组织、运行维护管控、运行维护过程、运行维护资源等方面建立以提高运行质效为主要目的，以信息系统动态监控、故障预防和效能评估等为手段的可视化、质效型运行维护管理保障模式，坚持用信息化手段管理信息化。

（6）提升应用成效。对外，通过整合新媒体、平面媒体等各类宣传推广资源，建立多渠道、全方位的法院信息化应用宣传体系，有组织、有计划、分类分层次向社会公众进行法院信息化应用的推广，提升信息化应用认知度；对内，通过加强审判执行业务应用和司法管理应用的使用培训，提升各类应用使用效率。构建专门的应用成效评估和改进机制，提升法院信息化整体应用成效。

B.7
山东智慧法院建设调研报告

李瑞富　姜　冰*

摘　要： 网络、阳光、智能的"智慧法院"是人民法院信息化3.0版的主要特征，是落实服务人民群众、服务审判执行、服务司法管理的关键要素。山东法院转变思路，充分认识建设智慧法院的历史和现实必然，深入分析现状，以问题和需求为导向，开展大数据创新应用，在司法便民、审判执行、司法管理等领域进行了尝试和探索，取得了重要的阶段性成果。当前，智慧法院的总供给与工作实践的总需求还有很大差距。要实现智慧法院，思想观念的转变是关键，大数据创新应用是核心。

关键词： 智慧法院　大数据　创新　信息化

2016年7月，中共中央办公厅、国务院办公厅印发《国家信息化发展战略纲要》，将建设"智慧法院"列入国家信息化发展战略。最高人民法院更是多次提出，没有信息化就没有人民法院工作现代化，要加快建设"智慧法院"，以信息化推进人民法院审判体系和审判能力现代化，服务国家治理体系和治理能力现代化。山东法院紧紧围绕上级要求，以建设人民法院信息化3.0版为目标，积极推动人民法院信息化建

---

* 李瑞富，山东省高级人民法院信息中心主任；姜冰，山东省淄博市中级人民法院网络技术管理处处长。

设转型升级，围绕大数据深度开发，在智慧法院建设方面进行了有益探索。

一 建设智慧法院的必然性

（一）建设智慧法院是服务人民群众的现实需求

当前，人民群众的司法需求呈现出多元化、便捷化、数字化的特点，传统的"柜台式""电话式""面对面"式服务模式已远远不能满足现实需求。例如，当事人诉前要进行风险咨询，想知道类似案件在山东全省平均审理期限是多少天，最长和最短审限各有多少天，诉讼风险有多大，类似案件的审判结果情况，胜诉后类似案件执行到位率能达到多少，哪位法官审理此类案件较多。再如，当事人来到法院寻求司法服务，系统有必要根据他寻求的服务类型主动推送服务信息，如告知他去哪里，怎么去，先干什么后干什么等等。建设智慧法院，就是要实现多点式、跨越式进步，实现人民法院服务模式的根本性转变，由登门临柜转变为主动推送，由工作日服务转变为"5+2""白+黑"的全天候服务，由固定地点服务转变为任意地点服务，由有线服务转变为无线服务，真正实现法院与群众的"微"距离。

（二）建设智慧法院是服务审判执行的现实需求

近年来，人民法院收案数量呈现爆炸式增长，以山东为例，全省法院2015年度新收案件128.2万件，较2010年度增长了35.5%，2016年1~8月新收案件数已经超过2010年度全年新收案件数，案多人少已经成为司法常态，同时人民群众的司法需求不断增长，人民群众对审判效果的评价日趋多元。现实状况和人民群众的需求呼唤引入信息化机制，采用新技术和新方式，用大数据的理念和方法管理法院审判执行信息，服务审判执行质效提升。建设智慧法院，充分运用信息技术，减轻法官劳动强度，以更小的司法成本、更少的司法资源实现最大的司法效果，已经成为全国各级法院的共识。

（三）建设智慧法院是服务司法管理的现实需求。

实践证明，审判管理的精细化离不开信息化，信息化建设和推广应用也离不开科学合理的审判管理。例如，司法统计是人民法院的日常工作，传统的人工统计模式已经有 60 余年的历史，形成月度报表往往需要十几个人（每个业务庭至少一人）连续几天的填报、汇总、校对和报送，费时费力且数据准确性不高、难以校验。再如，开展司法调研，需要派人赶赴各地开展统计分析或向各地印发传真逐级填报，形成一份专题调研报告至少需要几个月时间，而大量的司法数据却"束之高阁"，无法利用。建设智慧法院，就是要将审判业务、审判管理、司法政务管理与信息化有机融合，打通各领域的桎梏环节，实现信息共享全流程、全覆盖、全自动，规范、保障、促进和服务司法管理工作，研究发现和有效解决司法管理中制约审判质效的普遍性难题，推进审判体系和审判能力现代化。

二 实践中的问题

人民法院信息化 3.0 版的主要建设目标是形成"网络、阳光、智能"的"智慧法院"，大数据应用则是建设智慧法院的主要载体和实现形式。实践中存在的问题和需求主要集中体现在大数据的管理和应用两个方面。

（一）大数据集中管理领域

在顶层设计方面，发展规划对智慧法院建设尤其是大数据应用的指导作用相对薄弱，缺乏较为成熟的智慧法院建设效能评估指标体系；在数据部署架构方面，山东法院从 2001 年起在全省法院开展大规模信息化建设，限于当时的技术条件，采用分布部署方式，170 余家法院各自管理自己的数据，并围绕核心业务数据分别开展应用，形成大量结构各异、标准不一、数据分散的"信息孤岛"。例如，某基层法院法官要查询某当事人在全省法院的涉诉涉执信息，以及该当事人的地址信息、诚信信息、涉诉涉执区域分布信息等，目前系统仅支持在本级法院查询，查询范围无法覆盖全省法院范围内的信息；在数据标准方面，各应用系统各自为政，缺乏融合共享，如山东省高级人民法院目前有主要应用系统 62 个，有的以法官为维度，有的以业务类型为维度，有的以时间为维度，有的以过程为维度，各种留痕数据分散在不同系统区域，形不成一个"拳头"。

（二）大数据深度应用领域

大数据"深度应用"是智慧法院建设的"牛鼻子"，只有整合全省、全国法院各类数据资源，实现对法院信息资源的海量存储、科学分类、多元检索、深入分析，才能真正实现"一网融合"。实践中，一方面是利用数据开展深度应用的需求十分旺盛，而另一方面却是原有的信息系统还远不能满足需求，主要表现在以下几方面。

（1）在服务司法便民方面。一是当事人在案件申请执行前，要对被执行人信用进行评估，进而合理准确地确定执行中的执行风险，判断是通过强制执行还是执行和解方式解决。二是当事人来到法院寻求司法服务，系统如何根据当事人寻求的服务类型推送服务信息，当事人的轨迹留痕信息如何建立和存储？三是如何更方便当事人参与诉讼。目前，山东法院每个工作日庭审、听证、调解等超过 4000 次，每天都有几十件案件的当事人或律师因出差、交通阻塞等原因不能及时参与庭审，只能延长庭审周期。如何让当事人足不出户就可以参与诉讼活动，从而让数据多跑路，让群众少跑腿？

（2）在服务审判执行方面。从全省范围看，案件信息中缺少案件关联，针对某一案件，一审案件是在哪个法院审理的，二审是在哪个法院审理的，是否经过再审程序，信访人一共去过哪些法院信访，信访人每次的信访诉求是什么，各级法院的信访工作人员是如何答复信访人的，均无法精确提供。在法院执行过程中，执行法官尤其是不同法院的执行法官对同一当事人的同一标的物实施执行措施时，无法获取该标的物何时被哪些法院实施过执行措施，无法获知哪些执行措施正在实施，由于缺乏执行标的物的关联信息，容易造成对同一标的物重复实施执行措施。再比如，在诉讼案件或者执行过程中，需要提供当事人

与案件的关联服务，有的当事人在一个案件中作为原告，而在本院或者其他法院中又作为被告出现；在执行案件，特定当事人在一个案件中作为申请人，在另外一个案件中又可能作为被执行人。由于缺乏当事人之间的关联信息，容易造成审判执行效率低下。"人难找""送达难"是人民法院工作中的现实困难，公告送达作为一种补救性的送达方式产生推定送达的效力，公告送达后当事人到庭的情况极为罕见。以临沂市兰山区人民法院为例，2015 年公告送达开庭传票 532 案 620 人次，当事人到庭 5 案 5 人次，到庭率不足 1%，99% 的公告案件只能缺席审理、缺席判决。一方当事人的缺位，必然导致诉辩双方的失衡，很大程度上直接影响司法公信力。如何利用信息化手段提升公告送达的"到达率"和"及时率"，破解传统公告"送达难"，是迫切需要解决的现实问题。

（3）在服务司法管理方面。实现基本解决执行难的目标必须借力信息化，传统系统在此方面也有改进空间。比如，在所有未执结的案件中，哪些案件是"执行不能"，哪些案件是"执行乱作为"，哪些案件是"执行不作为"，哪些案件存在"拖延执行"倾向，哪些案件存在"选择性执行"倾向，哪些案件存在"干扰执行"倾向，原有系统无法进行统计分析。比如，山东省高级人民法院要对全省法院刑事案件进行深度调研，对案发地域分布进行横向比较，对被告人基本信息（年龄、身份、户籍、文化程度）进行比较，并从时空条件、犯罪起因、犯罪故意、犯罪过程、犯罪结果等方面对犯罪过程重现进行梳理剖析并得出结论，但原有的系统无法提供此类服务。再比如，立案登记制实施以来，山东法院结案数量增幅达到 20% 以上，全省法院 2299 处审判法庭能否满足需求，数以万计的当事人和旁听人员进入法院，给法院带来的安全、停车等服务和管理压力日益剧增。有没有更加方便的途径进行庭审等活动？

对司法管理的需求还体现在信息化管理自身。例如，数据接口已经成为法院不同应用系统间数据融合共享的关键节点，从全国法院范围看，对这个关键节点普遍缺乏有效管理。一是新增接口没有统一规范的流程，没有经过规划和审批，接口情况也没有准确掌握。失效无用的接口没有回收关闭机制，导致接口越来越多，缺乏对接口生命周期的管理。二是缺乏对数据交换的监控预警。对于目前正在运行的接口，法院仍无法准确掌握接口的状态及运行情况。哪个接口调用比较频繁，哪个接口没有人调用，哪个接口目前已经不可用，这些有用的信息无法获知，也无法进一步预警相关人员。三是开发公司无法有效利用现有数据资源。开发公司对当前法院已经开发或开放了哪些接口，每个接口有哪些功能并不清楚，也不能方便地对接口进行调用，导致开发公司使用数据时往往会选择重新定义格式开发接口，一方面导致数据交换工作量大，另一方面也会产生重复建设。

（4）在服务协同办案方面。跨辖区法院、法院同相关政法部门间业务协同能力不强、机制不畅、网络不通、效果不佳。一方面，2015年山东法院一审刑事案件平均审限60.95天，一件普通刑事案件连同侦查、审查起诉阶段，一般需要5~6个月时间，有的甚至更长。对于一些在押案件，合适的刑期可能不到六个月，但因为羁押已经超过六个月，实践中一般是实判实销，容易造成量刑失衡。司法实践表明，审判阶段仅占刑事诉讼全流程的一小部分，诉讼程序的拖延和损耗主要集中在审前阶段，究其原因，各政法部门衔接不畅、相互送达时间过长、案件信息缺乏共享是重要因素。另一方面，2015年山东法院审结一审刑事案件60441件，其中2804件轻微刑事案件适用速裁机制实现简案快审，占4.6%，平均审限只有7天，较全省一审刑事案件平均审限缩短了88.5%。实践中，可以适用速裁机制的案件远远超过4.6%，但适用标准尚未统一，阻碍了速裁机制的全流程推广。同时，大量的案件信息如犯罪嫌疑人供述辩解、被害人陈述、证人证言等言词类证据和起诉意见书、起诉书、出庭通知书、判决书及换押材料、社会调查材料、社区矫正材料、司法援助等20余类文书信息尚未实现流转共享，案卷无纸化流转功能缺失，各政法部门分别多次录入案件信息，司法资源浪费严重。

三　创新实践及主要成效

近年来，山东法院积极创新，大胆探索，牢牢抓住问题导向和需求导向，以率先全面建成人民法院信息化3.0版为目标，在大数据深度利用、建设智慧法院方面进行了有益的尝试，取得了较好成效。

（一）建设应用云海支撑平台

山东法院创新数据治理机制，积极探索将法院数据委托给有资质的数据运维公司，应用"公司搭建环境、专家治理数据、法官使用成果"的数据管理模式。在此背景下，山东法院"云海支撑平台"应运而生。该平台于2016年初建设，充分利用云计算、大数据等先进技术，采用"平台+服务"模式提供服务。支撑平台分为云基础资源平台、云资源管理平台和大数据支撑平台三部分。

云基础资源平台通过虚拟化、分布式计算、分布式存储等先进云计算技术，提供高质量、低成本的云基础资源服务，按需提供服务的自助管理基础架构汇集成高效资源池。支撑平台采用面向服务的架构，遵循"ISO/IEC 17788：2014"和"ISO/IEC 17789：2014"两项云计算国际标准，提供超过600核心的计算资源池和超过200T的存储资源池，现已达到国内领先水平。云资源管理平台是在云基础资源平台之上，通过对硬件资源实时监控和管理，实现虚拟资源的抽象化管理，进而提供资源监控、管理与调度、资源使用流程审计等功能。大数据支撑平台通过数据抽取、清洗、转换、关联、比对、标识等过程，建立起一个安全、可靠、稳定、高效的数据服务平台。

总体来看，山东法院"云海支撑平台"具备更快、更强、更安全的优势。一是服务速度更快。大数据支撑平台建设基于业界最先进的软硬件融合平台，在充分激发软硬件潜能的同时，对软硬件进行深度解耦拆分。软件层面采用国际主流开放体系的技术路线，基于分布式基础框架，构建成熟稳定的大数据软硬件融合技术支撑服务。例如，在法务检索领域和深度调研领域，普通法官在海量诉讼数据中查询"李磊"15年来在山东法院的诉讼概况，通过普通方式需要30秒左右时间，且只能查询本级法院范围内信息，而通过平台只需要0.5秒左右即可检索出586条"李磊"在山东各级法院的涉案信息（含姓名重名），并可根据身份证号、诉讼地位、执行到位率、主要涉诉区域等进行后续分析，查询速度提高了几十倍，真正实现了"一键秒查"。二是服务能力更强。支撑平台运用先进的大数据工具，针对各类数据进行深度挖掘，重新进行组织和加工，形成标准数据并集中存储，变为有价值的信息资产，并以服务的方式提供给法院、法官和社会公众。支撑平台将山东法院 10 余年来形成的结构化和非结构化数据予以汇总加工处理，形成统一标准的"原材料"，审判执行、司法便民、司法管理领域的各类应用软件均可无障碍调用。以山东省高级人民法院为例，62 个主要业务系统中，90% 以上的系统可直接调用支撑平台提供的"原材料"。而在司法便民领域，普通群众也可以轻易获得全省范围内包括审理时限、类案胜诉率、执行到位率、类案文书、风险评估等服务统计信息。三是使用更加安全。支撑平台对底层的各类数据统一封装，对法官提供数据服务，法官甚至信息中心人员无须顾虑数据资源的存储状态、位置、格式类型，只需要调用数据即可，进而为山东法院提供高可靠性、安全、容错、易用的集群管理能力。

（二）建设应用执行管家系统

该系统于 2016 年下半年开发应用，通过对执行流程和执行实体数据的分析汇总，搭建起规范执行的边界模型和判断标准，实现对执行"规范"与"失范"、执行"不能"与执行"不为"、正常执行与干扰执行、执行风险与当事人交易风险等因素的智能判断，并提出预警，进而将执行权力关进制度的笼子里。同时，通过该系统的运行，实现了厘清当事人交易风险、商业风险和执行风险的界限，形成执行法院、上级法院、当事人对执行案件多位一体的监督管理功能，有效解决执行不规范的问题。

该系统具备执行质效管理、执行难度分析、执行失范预警、执行干扰分析、审判执行信息关联、自动形成工作通报等功能，并可对全省法院执行队伍、执行款物和长期未结案件、终本案件等执行热点难点信息进行实时掌控和评估分析。

该系统利用全国法院统一的执行案件流程信息管理系统中的大量节点数据，通过大数据分析得出主要结论。其展示则以可视化的动态图表为主，将纷繁杂乱的数据直观展现。系统还具有较强的审执关联性，在审判业务与执行业务间搭建起一座桥，信息往来自由，审判为执行提供线索和分析，执行

为审判提供判决参考，共同做到案结事了。例如，系统自动为执行法官推送涉执当事人在全省法院的涉诉涉执信息和诚信度情况，一键点击实现诉讼诚信画像。系统还可以自动为管理者和法官推送法官本人承办案件的履行到位情况。此外，系统还实现了智能服务。平台面向院领导、执行人员和执行管理人员开放应用，可发挥"执行失范"、外界干扰执行自动预警、线索智能分析、通报自动生成等功能，对执行法官的司法执行可以作出智能预警和判断，对法官受到的外界干扰可以全程留痕，对涉执当事人的信用情况进行分析。总之，在不增加法官任何额外工作负担的前提下，既是执行法官的工作助手，也是法官的监督者，更是法官的保护者。

该系统的应用能够真实准确及时地掌握执行难的成因，揭示数字背后的司法规律，进而对症下药。山东省高级人民法院通过系统认真分析执行难成因，在系统生成数据的基础上研究制订了山东法院基本解决执行难的推进方案。山东省高级人民法院执行局根据预警信息提示，发现部分法院有少数执行案件查询到财产后跟进处置措施不及时，于2016年9月29日召开全省执行工作视频会议进行了针对性部署。执行业务部门根据执行线索归类分析，帮助执行法官确定执行方案，提升执结到位率。系统运行后的9月份，全省各级法院实际执结案件数量较上年同期上升32.2%。

（三）建设网络公告平台

依据《最高人民法院关于适用〈中华人民共和国民事诉讼法〉的解释》（法释〔2015〕5号），"信息网络等媒体"可以单独作为一种正式公告方式。山东法院据此运用"互联网＋"思维打造了一套送达方式"零成本"、送达内容"易搜索"、版面内容"更详细"、信息渠道"全覆盖"的网络公告送达平台。

平台主要实现以下功能。一是公告信息实时发布。系统自动调取审判流程中产生的公告内容，自动发布，发布所需时间以秒计，相较于传统的公告需要数天乃至更长的发布时间，时效性大大提高。二是公告信息多媒介推送。公告文书发布后，自动关联到政务网站、微信等平台，实现公告的增倍效应。三是公告信息全程检索。文书公告送达平台的前台页面分设《民事案件》《商事案件》《执行案件》等栏目，可通过当事人姓名、推送法院、法官、案号、案由等关键字快速检索。

平台运行以来，一是提高了工作效率，增加了法官办案的有效时间，相当于将公告的在途时间由2～3天压缩为零，法官平均办案时间则相应增加2～3天。二是真正便利当事人。充分利用法院现有信息化基础设施、审判应用和业务数据资源，为当事人节省诉讼公告成本，由传统模式下的数百元降至零。三是深化司法公开效果，扩大司法公开范围，把公告信息置于阳光之下，既能够让当事人更便捷地查看检索涉及本人的公告信息，更可有效地接受人民群众的全方位监督。

（四）建设智慧法务平台

山东法院2016年开发应用智慧法务系统，并先行在滨州市中级人民法院开展试点工作。系统利用并行式、分布式计算框架，使用高吞吐量、大并发的信息化手段，将海量琐碎数据进行关联，形成信息链条，以信息块的形式向法官提供更加全面、快捷的智能检索、智能推送等服务，切实满足法官在办案过程中对各类信息数据的广泛化、准确化、关联化需求。

该系统主要实现以下功能。一是信息智能推送。根据法院干警的操作习惯，自动推送相关信息，包括时事新闻、公文、信息简报、审批反馈、报表、热点案件等。二是设置数据关联规则。根据不同关联点形成信息链条，以信息链条形式展示，形成人、案、物的关联。例如，根据当前案件，进行一审、二审、再审、执行、信访案件关联，可以显示经办法院、案号、立案日期、案由、结案日期、判决情况，也可以查看案件详情和裁判文书。三是积累外部数据资源。通过"网络爬虫"获取法院新闻动态，保证新闻的时效性，大大提高法官浏览咨询的效果。四是智能分析和数据可视化。将大量数据构成数据图像，同时将数据的各个属性值以多维数据的形式表示，对数据进行更深入、多视角的观察和分析。五是有助于实现类案同判。根据案件的案由、起诉请求、本院意见、判决情况等特征关联相似案件并自动推送，

供法官判案参考。六是文书自动生成。通过办案系统产生的流程数据和电子卷宗信息可以对 80% 的案件生成 80% 的结案裁判文书。七是数据智能回填。根据案件的裁判文书、电子卷宗信息自动回写流程信息。

系统对提高审判质效发挥了越来越重要的作用，日益成为法官不可或缺的工具和助手。以滨州两级法院数据为例，2016 年 10 月智慧法务平台访问量 43297 次，较 9 月份增长了 62.6%，同期案件平均审限由 101 天降为 96 天，服判息诉率上升 1.6 个百分点，法官录入信息项目每案减少了 11 项左右。

（五）建设互联网法庭服务平台

2015 年以来，山东法院大胆探索，采用"互联网 + 法庭"的模式，选取部分法律关系明确、争议不大的民商事一审案件，充分利用互联网特别是移动互联网，为庭审参与各方特别是当事人一方提供便捷、安全的网上开庭服务。2015 年 6 月 30 日，山东省沂源县人民法院利用该系统，连线定居在澳大利亚的当事人，在原告家中顺利开庭调解了一起赠与合同纠纷。

该系统主要实现了以下功能。一是方便当事人诉讼。互联网庭审系统采用"互联网 + 法庭"的庭审模式，不受庭审参与人所在地域限制，审判人员在本地，庭审参与人可通过互联网在任意位置开启庭审，并进行同步刻录。互联网庭审方式中，当事人、证人、律师等不需要往返奔波，只要在网络实时视频中出现即可，缩短了办案周期，节省了诉讼成本。同时，软件既可以是 Web 应用或者 Windows 客户端，也可以是手机和平板电脑 App，满足了群众的多元诉讼需求。二是多场景应用。系统同时也可扩展为网上调解、网上作证等多种应用，为法院工作提供便利。三是部署简易。系统通过山东法院云海支撑平台进行部署，普通科技法庭只需增添视频交互设备，即具备互联网法庭的全部功能，部署方式简便。四是方便实施安全管理。根据各当事人的状态，可以方便地呼入庭审、剔除、静音、关闭摄像头等操作。系统根据当事人在客户端登陆时输入的身份证号和手机号与排期信息中当事人信息进行匹配，并向当事人手机发送动态验证码，通过"姓名 + 身份证号 + 手机号码 + 动态验证码"的方式进行用户登录认证。

（六）建设数据交换管家

针对当前各级法院普遍存在的因数据接口数量多、类型多、服务公司多而导致的数据接口缺乏有效管理的问题，山东法院 2016 年建设了数据交换管家系统，一期项目将 9 家技术公司 25 项数据接口进行监管，建立了从数据接口申请、审批到处理、监控、终止全生命周期的管理机制，通过信息化手段实现对数据接口流程管理、运行监控及调用的统计分析，并为开发公司提供辅助功能，有效提高数据接口开发和联调效率。

数据交换管家系统梳理了山东法院目前的数据交换情况，规范了数据交换管理流程，提高了管理水平，为山东法院数据实现更高层次的开放共享提供了必要的管理工具，实现了"用信息化工具管理信息化工作"。一是数据交换管理全程留痕。通过接口创建及终止的流程管理，做到了法院接口信息的规范化管理。通过系统，信息化管理人员对法院数据接口的总体情况有了准确的认识，对数据交换的关键流程有了监管能力。二是接口调用管理可视化。系统整合法院 Web Service、HTTP 等各类数据接口，并通过对数据交换的分析，从管理者、接口提供者、接口使用者不同角度提供了丰富的图表分析展示功能，让管理者能直观地获知数据交换的运行状况。三是接口管理智能预警。系统实现各类接口运行状态的监控，一旦数据接口运行状态发生异常，则自动预警，从而确保接口的长期稳定运行。运行第一个月，系统向管理人员发出预警信息 4 条。四是全面推进深度共享。系统能够最大程度地方便开发公司查看、开发和调用山东法院司法数据接口，为数据的开放共享提供强有力的技术支持和基础服务。系统运行前 2 个月，共为 3 家服务单位提供了 7 项接口服务，极大地提高了管理效率和开发效率。

（七）建设刑事快办协同办案系统

2016 年初，山东省高级人民法院选择淄博市淄川区人民法院作为试点，协调当地政法委出台《淄川区轻微刑事案件快速办理机制细则》，统一速裁标准，建立速裁流程，打通与侦查机关、检察机关的网络互联，开发应用

"山东法院刑事快办协同办案系统",实现简案快审,以较小的司法成本取得较好的法律效果。

协同办案系统实现了以下功能。一是实现统一标准,简案快办。各部门共用一个平台办案,使公检法司各部门互联互通,共用系统办理简单案件,既统一适用标准,又促进刑事诉讼全流程简化提速。系统建立了办案整体联动机制,侦查期限不超过 15 日、审查起诉期限不超过 7 日、审理期限不超过 7 日、司法局进行社会调查及指定律师提供法律援助期限不超过 3 日,这样使整个办案期限基本控制在 1 个月左右。2016 年 6 月 12 日,淄川区人民法院应用该机制对刘某某、陈某等 7 起轻微刑事案件进行了集中公开开庭审理,并当庭予以宣判。公诉人和律师参与了庭审活动,30 余名群众参加了旁听。7 起案件庭审及宣判共用时 100 分钟,审限只有 7 天,避免了因羁押期限超过应受处罚刑期而导致的量刑失衡。二是实现案件信息和案卷无纸化流转。系统中 20 余类诉讼文书和大量案卷信息实现网上流转,整个流程一次录入,各政法部门按权限共享。以淄川区人民法院为例,公安机关形成的电子卷宗可以直接进入系统,法官审查时间较往常提前 5 天左右,并且看到了往常审查时无法看到的电子版侦查卷宗。被告人身份信息、采取强制措施信息等几十项信息在公安机关形成后,检察机关、审判机关和司法部门均可直接调用,无须重复录入。人民法院形成的出庭通知书、判决书、执行通知书等则实现"一键送达",避免书记员进行专门送达,仅此一项,每年可减少书记员往返检察机关、看守所和司法局数百次。三是智能管理,全程留痕。系统中近 30 项常用表格实现一键生成,节点自动提醒,信息缺失自动预警,案件信息自动关联,同时实现与法院审判业务主系统的数据关联,系统数据时时回填主系统。所有操作各政法部门按权限分配,实现各有各权,各干各事,操作全程留痕。

运行以来,协同办案系统取得了显著效果。截至 2016 年 10 月 30 日淄川区人民法院共受理轻微刑事案件 81 件,审结 81 件,占同期结案数的41.74%,审结率 100%,案件审限均控制在一周以内,从侦查、起诉到审理,整个办案期限均不超过一个月。

四　未来展望

建设智慧法院，永远在路上。山东法院经过多年努力，进行了不懈探索，在部分领域已经具备了智慧法院的雏形，但同时也存在不少问题，如推广培训不到位、思维变革不到位、系统设计不到位、新技术应用不到位、建设应用"两张皮"等问题。下一步，山东法院将积极探索"互联网＋"、云计算、物联网、大数据、人工智能等先进技术与审判执行工作的全面结合、深度融合，全面实现数据互联共享，坚定不移地推进智慧法院建设，重点完成以下工作。

一是进一步运用大数据蕴藏的巨大潜能，实现透明便民的公众服务。在审判流程、裁判文书、执行信息和庭审视频四大公开网络平台的基础上，积极构建共享交换体系，推进跨行业信息共享和业务协同，形成"智慧法院＋司法服务"新态势。要提供更多群众用得上、用得起、用得好的信息服务，让群众在共享智慧法院建设成果上有更多获得感。

二是进一步运用大数据蕴藏的巨大潜能，实现公正高效的审判执行。要通过运用信息技术不断促进司法的公正与高效。2017年重点加大智能审判系统建设应用，电子卷宗、诉讼材料一键自动生成，减轻法官事务性工作。利用互联网，为当事人、律师和法官提供全天时、跨地域线上服务，实现网上异地立案、证据网络交换、异地网上庭审常态化等功能。特别是要结合信息科技发展的最新动态，深入探索人工智能在提升审判质效方面的作用，为审判工作插上信息化的翅膀，促进实现"努力让人民群众在每一个司法案件中感受到公平正义"的目标。

三是进一步运用大数据蕴藏的巨大潜能，实现全面科学的司法管理。重点依托山东全省各级法院现有的各类信息化应用系统，将业务活动涉及的时间、人、事件、过程四大关键要素定义为"痕迹信息"，依托数字技术、音视频处理、物联网技术等形成留痕记录信息，建设纵向覆盖山东全省各级法院、横向覆盖各类应用系统的"山东法院全程留痕溯源平台"，为智慧管理奠定坚实的数据基础。

B.8
河北法院智审1.0系统的开发和应用

李建立*

摘　要：　智审 1.0 系统以充分利用法院现有信息化资源、不增加法官工作强度为基础，以系统、科学的理念为导向，以提高法官工作质效、用客观数据指导审判和决策为目标而设计开发。当前主要实现以下功能：电子卷宗利用、诉讼文书生成、案件信息回填、关联案件查询、类似案件推送、司法大数据分析等。从实践运行效果来看，极大提高了河北省一线法官的工作质效。

关键词：　智审　电子卷宗　法院信息化

　　2015 年是中国司法改革历史上浓墨重彩的一年。除了各项司法公开仍在继续大踏步推进之外，立案登记制大大降低了当事人提起诉讼的门槛，而法官员额制也将逐步开启法官精英化的序幕。而且，对裁判文书质量的要求空前提高。然而，这些改革措施无疑使法院"案多人少"的矛盾空前突出，法官负担空前加重。河北省各级法院作为全国受理案件量和审结案件量排名靠前的大省，对信息化手段辅助法官办案存在迫切需求。

　　同时，2016 年司法改革进一步向纵深发展。其中，"司法统计与案件流程管理信息系统并轨"和"电子卷宗随案同步生成及深度利用"的需求，对人民法院信息化工作提出了前所未有的高要求。电子卷宗制作过程烦琐，占用一线法官相当多的时间和精力，且因其非结构化数据属性导致成果不可

---

* 李建立，河北省高级人民法院信息化建设办公室主任。

编辑、不易利用，使得卷宗中大量的可用信息无法实际应用到审判工作中，一线法官对卷宗随案同步生成工作的推进积极性有限。为此，河北省高级人民法院在最高人民法院指导下，本着兼顾为法官服务和为管理决策服务的信息化工作使命，集中攻关开发了"智能审判辅助系统"（以下简称智审系统），在不增添现有法官负担的前提下，主要解决电子卷宗随案生成工作中的两个痛点：第一，减少电子卷宗扫描上传工作所消耗的司法资源；第二，使生成的电子卷宗可编辑、可利用，以"随扫随用"促"随案随扫"，通过为一线办案法官提供切实帮助，进一步提升法官电子卷宗制作的积极性，全面发挥卷宗数据在审判工作中的实效。系统建设的目标是通过信息化手段降低法官工作强度，提高法官工作质效，并运用数据辅助各级人民法院科学决策。

从运行实际情况看，智审系统在以下三个方面有效地帮助河北省法院法官降低工作强度，提高办案效率和质量：①全面有效利用电子卷宗（通过检索级数据转化使法官可检索，利用包括影像文件、音视频文件、电子文书在内的各种电子卷宗文件）；②司法文书辅助生成（支持法院各类司法文书的辅助生成，为法官制作文书提供校对、信息推送、大数据分析、检索、辅助工具等支持，并全程留痕）；③案件基本信息表"数据回填"（支持通过对电子卷宗的利用，实现案件基本信息表结构化数据的自动产生、校验及向案件流程管理系统的回填）。以上三个任务的实现有助于全面、高效地利用河北省法院的信息存量及增量资源，将法官从事务性工作中彻底解放出来。

一 智审系统的主要亮点

（一）深度利用电子卷宗

最近几年，河北省法院已经通过扫描等措施将案件的纸质卷宗转化为图片格式的电子卷宗影像文档，并通过计算机等电子设备加以保存，大力推进

电子卷宗的同步生成，取得明显效果。

然而，电子卷宗的利用此前几乎是空白，关键是电子卷宗没有形成文字数据，因此对电子卷宗的利用存在不少难点，这也从一定程度上影响了法官扫描卷宗的积极性。深度有效利用电子卷宗的信息是深化电子卷宗同步生成工作的突破点，也是能真正减轻法官工作负担、提高法官工作效率的着眼点。基于此，河北省高级人民法院确立了智审系统的开发基础，即对电子文档进行数据化，顺势解决"用什么""怎么用"的问题。经过调研论证，对于电子卷宗，确立了以下实用性功能：①通过检索级数据转化，使法官可"检索"利用电子卷宗影像文件的主要内容；②建立电子卷宗目录，使法官可以"浏览"电子卷宗影像文件及其他相关电子文书；③对于法官希望利用的部分影像文件，实现出版级电子转化（不超过万分之三的错误率），从而使法官在撰写司法文书的过程中可以直接复制相关内容。

首先，在卷宗阅读方面，智审系统为法官提供便捷的缩略图查看和目录浏览。在缩略图模式下，法官可以在卷宗浏览页面完整查看所有的电子卷宗材料，点击任一页面，即可查看具体的某个单独卷宗页面内容。在目录浏览模式下，法官可以查看整个卷宗的目录页，点击任一目录文件名，即可查看该具体卷宗页面。

其次，系统提供了电子卷宗检索功能。在目录浏览页面，法官可以输入关键词，定位有关键词的卷宗页。比如，合议庭开庭审理时要组织调解工作，需查阅委托代理人的权限，可在检索框内输入"授权委托书"，系统即可定位所有包含"授权委托书"字样的卷宗页，便于法官迅速定位。又如，法官想查阅被告人的历次讯问笔录，只需在检索框内输入"讯问笔录"，则可方便地筛选出相关卷宗材料，这对于合议庭查阅卷宗非常有效。

再次，法官在智审系统可直接查看数据化后的文本，并进行复制粘贴使用。考虑到虽然智审系统对于普通清晰机打文件的识别准确率比较高，但是手写材料、表格类内容、扫描不清晰的文件可能对识别率有一定影响。对于此部分文书，法官可以使用圈选功能，由智审系统后台转化完成。

上述功能模块主要通过开发公司二次开发的文本识别技术来实现。从文本识别的角度看，司法案件"电子卷宗"的特点是：文书类型繁杂，影像质量参差不齐，许多文书中同时包含印刷体和手写体文字，另外还有许多表格、下划线等影像识别效果的干扰项。智审系统尽可能通过自动化手段处理这些问题。对于确实难以处理的部分，系统通过即时通信工具，为法官提供向后台支持人员发送人工处理请求的通道。

2016 年最高人民法院对电子卷宗提出了"随案同步生成"的要求，智审系统实现了"随扫随用"，为一线法官落实电子卷宗"随案同步生成"提供更大动力。

（二）司法文书辅助生成

司法文书写作是司法审判案头工作中耗时最多、负担最重、难度最大的一个环节。之前很多软件公司开发过文书写作软件，但功能比较少，且智能化不够，多数是根据最高人民法院的文书样式提供一个静态的模板，由法官根据这个格式具体填充案件内容，少数文书可以通过结构化数据接口，将相关当事人信息自动带入文书模板中。

在对电子卷宗进行数据化之后，河北省高级人民法院进一步提出问题，还能不能让法官的事务性工作进一步减少，让法官的精力集中于真正体现法官价值的地方？当事人信息是否可以不用法官逐字敲入？审理经过是否可以根据卷宗材料自动识别或者根据法官选择进行模式的自动切换？当事人诉辩称部分是否可以方便地自动生成，或者复制粘贴生成？法院查明事实在有条件的情况下能否生成部分？诉讼费负担是否可以不用法官自己慢慢计算，只需给出一个比例就自动生成诉讼费段落，等等。河北省高级人民法院对开发公司提出要求，既然对电子卷宗已经进行了数据化处理，就要充分利用电子卷宗中已经反映出来的信息，信息只要出现过一次，或者输入过一次，该信息在全案的审理或者裁判文书的编写过程中就可以被利用，即只做一次"功"。让法官将精力放在"本院认为"等最体现法官核心价值的内容的思

考和撰写上。

在此理念的指导下，开发公司积极探索人工智能技术在裁判文书制作中的应用，并实现以下功能：①支持多人同时操作，与智审系统其他功能实时互动，实现裁判文书在线写作；②对于绝大部分制式司法文书以及发生频率高但内容相对固定的裁判文书（如减刑、假释裁定书等）实现"一键生成"；③结合在办案件的案情，对于复杂的一审、二审、再审案件裁判文书，自动化完成裁判文书主要内容的写作；④为法官制作文书提供模板、校对、信息推送、大数据分析、检索、辅助工具、全程留痕等辅助支持。

在生成方法上，智审系统的文书辅助生成不仅提供一个静态模板，或者是对文书仅作当事人信息的关联，该系统还可以调用所有的结构化数据信息，包括已经数据化的电子卷宗中的结构化信息和非结构化信息，并将相关内容纳入裁判文书的对应位置；而在文书撰写上，借助在线工具的功能，为法官提供多个选择项而非填空项，从而最大程度地节省时间并减少低级差错的发生。

例如，在应诉通知书的生成方面，智审系统不仅可以根据不同被告一键生成对应文书，而且可以在法院授权的前提下，直接实现套章打印，减少签批等耗时耗力且可以被优化的工作。

又如，在民事一审判决书生成上，除了可以自动套入模板、带入当事人信息、案号信息等常规信息外，智审系统还支持简单点选，生成相应内容。

首先，在审理历史部分，通过点选公开开庭、缺席等信息，可以自动生成对应段落。其次，在当事人诉辩称部分，可以自动带入已被识别的诉状中的内容。再次，诉讼费部分，可以通过选择诉讼费用类型、在当事人间的分配比例，而直接计算并生成诉讼费用段落。复次，在判决主文的生成方面，系统也给出足够的提示，如对于劳动争议纠纷，系统给出常见的判决方式。系统为不同的责任承担方式设置了进一步的逻辑关系，即在法官选择了某个特定类型的责任承担方式后，系统会给出适用于该类型民事责任的进一步选项确认，并根据法官的选择生成判决主文段落。最后，在减刑裁定书的生成方面，根据减刑意见书等卷宗材料，智审系统可以辅助法官一键生成减刑裁定书的绝大部分内容，包括罪犯信息、原审信息、减刑历史、执行机关意见、经审理查明等。

智审系统包含了开发公司开发的基于B/S结构的全在线书写工具，适用于桌面系统及各种移动终端。该书写工具将文本"碎片化"，可以支持多人同时在线分别编辑不同段落。系统采用大型非关系型数据库支持该文书编写工具。同时，智审系统通过后结构化、文本抽取等技术，将卷宗中的相关部分整理进入文书模板，辅助法官撰写各类司法文书和裁判文书。

（三）案件基本信息数据回填

案件基本信息表作为人民法院最重要的信息资源之一，是人民法院深入分析司法工作运行态势的基础数据。然而，在河北省法院案多人少的背景下，法官填写案件基本信息表的积极性不高，尤其是立案庭法官负担较重，从而导致案件基本信息表中数据的完整性和准确性存在较大问题。

智审系统在电子卷宗利用的基础上，通过后结构化、文本抽取等技术，进一步提取文本中的相关信息，从而自动生成案件基本信息表中的数据项；同时通过来自卷宗多个位置的抽取信息校核基本数据项的抽取准确性。比如，通过上传诉状的电子卷宗文件，智审系统对其进行数据化处理，进而自动提取诉状中的当事人信息，包括姓名、性别、年龄、住所地等。

对于不同信息源获得的信息不一致的，系统会作出提示，并提供信息源，供法官作出选择。系统以此方式实现信息的校验，并增强信息的准确性。

根据河北省高级人民法院要求，智审系统根据法官需要，可以将自动生成的基本信息回传至案件流程管理系统。通过信息的自动提取、校验和回填，法官人工录入负担得到缓解，并提高案件流程管理系统数据的准确性。

河北省高级人民法院认为，案件基本信息表中数据项的准确性直接关系到"司法统计与案件流程管理系统并轨"工作的成败，"数据回填"为这项工作提供重要的辅助技术支撑。

（四）关联案件的发现

智审系统支持河北省法官在河北全省范围，以及智审支持数据库所收纳的全国公开案件范围内查找特定当事人的关联案件。在案件基本信息模块中，点击当事人，系统即可提示该当事人的其他关联案件。该功能有助于防范虚假诉讼、矛盾判决，或为集中送达提供便利。

点击"在《中国法律知识总库》中检索"，系统可以进一步在全国公开上网的文书范围内查找当事人的关联案件。

（五）类似案件及相关法条推送

在调研过程中，很多法官都提出希望河北省高级人民法院的审判系统为法官查找类似案件提供方便，一方面对疑难复杂案件可以拓展法官的审判思路，另一方面对普通案件可以促进司法统一。

智审系统的类案推送功能在此需求下产生。河北省高级人民法院要求开发公司首先要推得准，不能仅仅通过案由将一堆相同案由的案件堆砌在法官面前；其次要推得精，案件数量多有时反而是劣势；再次要区分类型，要从法官的需求出发，分层级推送，如最高人民法院指导性案例、本院案例等；最后，要允许法官的适度介入，以优化推送结果。

围绕前述需求，智审系统通过对当前待办案件的全卷分析和机器学习，为河北省法官提供了与当前待办案件特征点高度相符的法律法规，以及最为类似的三类公开裁判文书，数量最多的各10篇，分别是"加星案例"（即最高人民法院或各省高级人民法院发布的有指导或参考价值的案例）、本院及上级法院裁判文书以及其他行政区划裁判文书。

考虑到法官对关键词比较关注，推送页面会以高亮的方式提示当前系统自动推荐的关键词，法官可以以关键词的方式在页面底端修改推送条件，从而从关键词角度对推送结构作满足需求的优化。

为满足法官在办案过程中对法律法规案例的检索需求，智审系统还集成了当前非常先进的法律检索数据库《中国法律知识总库》，该数据库运用科学的法学方法论和信息化手段，对司法数据进行搜集、加工、分析，为法官检索、学习法律法规和案例提供了独特的路径。

（六）大数据分析

司法大数据不仅对法官办案有方向性的参考，而且对领导科学决策管理有重要的支撑作用。智审系统为法官提供在线大数据分析支持。这些大数据分析并非简单建立在结构化数据基础之上的数据汇总，如收结案、法院、地域、案由等等，智审系统的大数据分析同样是建立在机器学习的基础上，以人工智能技术挖掘深层次的法律问题及其分析。目前，对刑事案件的各罪名，智审系统都可以提供刑罚方面的大数据分析，同时还可以根据法官的选择，展示具体情节下特定案件的大数据分析。随着智审系统的完善，今后，法官在每一类案件下几乎都可以看到以可视化方式体现出来的大数据分析。

二　智审系统在河北法院的应用推广情况

经过近一年的开发研制，以及在邢台威县、宁晋和张家口的开发区法院等进行一个多月的试用，智审系统于 2016 年 7 月 4 日在河北全省 178 个基层法院正式上线。截至 2016 年 10 月 17 日，智审系统登录人次累计 38305次，累计生成各类裁判文书 46040 篇，累计 OCR 转化文件数量约 852 万件，累计转化文字数量约 29 亿字，项目处于稳步推进中，具体情况如下。

（一）全省应用概况

数据显示，从 2016 年 7 月初智审系统全省正式上线运行到 10 月中旬，法官对智审系统的使用逐渐进入常规化阶段。以裁判文书生成为例，系统正式上线后近一个月，在 7 月 25 日至 7 月 29 日的一周内，河北法院的裁判文

书平均日增量为406篇；系统正式上线后三个月，在10月10日至10月14日的一周内，河北法院的裁判文书平均日增量为1412篇，单日最高日增量已超2000篇。

以试点的桥西区人民法院和晋州市人民法院为例，在上述期间内，文书增量的平均值分别从5篇/日上升到480篇/日、9篇/日上升到240篇/日（见表1）。

表1　裁判文书生成日增量

单位：篇

法院	7.25~7.29 平均日增量	10.10~10.14 平均日增量
河北全省	406	1412
桥西区法院	5	480
晋州市法院	9	240

从法官个人对智审系统的使用来看，截至2016年10月17日，共有127名法官生成文书总量超过100篇，其中生成文书超过500篇的有20人，涉及法院及法官人数见表2。

表2　裁判文书生成总量超过100篇的人数

单位：人

法院	法官人数	法院	法官人数
石家庄市桥西区人民法院	26	大厂回族自治县人民法院	1
宽城满族自治县人民法院	14	宁晋县人民法院	1
晋州市人民法院	11	元氏县人民法院	1
廊坊市安次区人民法院	11	石家庄铁路运输法院	1
邢台市桥东区人民法院	6	赤城县人民法院	1
昌黎县人民法院	6	巨鹿县人民法院	1
黄骅市人民法院	5	涿鹿县人民法院	1
威县人民法院	5	唐山市古冶区人民法院	1
阳原县人民法院	5	枣强县人民法院	1
唐山市丰润区人民法院	5	河北省高级人民法院	1
张家口市中级人民法院	4	张家口市宣化区人民法院	1

法院	法官人数	法院	法官人数
张家口经济开发区人民法院	3	围场满族蒙古族自治县人民法院	1
景县人民法院	3	承德市中级人民法院	1
邢台市中级人民法院	2	沧州市中级人民法院	1
崇礼县人民法院	2	滦县人民法院	1
沽源县人民法院	2	总 计	127
滦平县人民法院	2		

截至 2016 年 10 月 17 日，共有 59 人登录次数超 100 次，涉及法院及法官人数见表 3。

表 3　智审系统登录次数超 100 次的人数

单位：人

法院	法官人数	法院	法官人数
石家庄市桥西区人民法院	16	宁晋县人民法院	1
廊坊市安次区人民法院	6	河北省高级人民法院	1
晋州市人民法院	5	昌黎县人民法院	1
威县人民法院	5	石家庄市裕华区人民法院	1
宽城满族自治县人民法院	4	邢台市中级人民法院	1
阳原县人民法院	3	石家庄铁路运输法院	1
邢台市桥东区人民法院	2	秦皇岛市海港区人民法院	1
张家口经济开发区人民法院	2	唐山市丰润区人民法院	1
张家口市中级人民法院	2	唐山市古冶区人民法院	1
沧州市中级人民法院	2	任丘市人民法院	1
滦县人民法院	1	总 计	59
景县人民法院	1		

从反馈看，一线法官对系统各项功能均给予高度评价，认为智审系统用新思路为法官审判工作提供实际帮助，极大节省了法官案头工作时间，提升了审判质效尤其是裁判文书撰写的工作效率和质量；认为智审系统改变了原

有电子卷宗制作负担重、实效不足的现状，电子卷宗的制作积极性也有进一步提升。同时，法官对系统各项功能完善也提出多项建议，并融合到智审系统进一步升级工作中。

法官普遍反映，智审系统有效提升法官案头工作效率30%～50%，用法官自己的话来说，"法官制作文书的习惯在逐步改变，智审系统正在逐渐成为制作文书的主要工具"。

（二）应用推进实例

信息化系统应用推进工作是成效落地的关键步骤。在智审系统推进过程中，部分基层法院从最开始的不适应，到逐渐接受，到逐步熟练系统，最终对系统使用产生依赖，成为应用推进中的典例。

例如，河北省威县人民法院、张家口经济开发区人民法院作为先期试点法院，除了全院重点培训外，院里另派多名法官参与智审研发工作，这些法官对智审系统熟悉程度高、责任心强、沟通能力出色，作为其所在院应用带头人和联系人，为智审系统的应用推进和宣传起到关键作用，让全院法官都切实体会到了信息化便利审判工作的好处。

又如，河北省石家庄市桥西区人民法院虽然不是先期试点法院，但是在智审系统集中培训后，院里特别重视应用推进工作，同时法官素质较高，体现了对新事物和新工作方法的极强接纳能力，从最开始的1～2个活跃法官，逐渐扩大到多个活跃庭室，再到当前全院26名法官每人生成文书超过100篇的效果，具有极强的示范效应。

（三）应用推进经验

1. 科学设计方案，狠抓推广落实

智审系统的设计理念新，与当前最前沿的技术结合紧密，可以说是以科学的方式打破了法官原有的审判思维和工作模式，但这也带来了推广应用的难度。为了确保法官能切实应用智审系统，进而真正感受智审系统为审判带来的便利，河北省高级人民法院采取了以下措施。①领导高度重视，力推应

用。河北省高级人民法院领导亲自抓项目开展、功能设计、系统推广和应用，是智审系统推广工作的重要起点和后续保障。②全省狠抓培训，点面结合。系统的运行离不开高质量培训工作的落实，为此，河北省高级人民法院建立了各种培训机制，包括现场培训、文本培训、视频培训等，培训覆盖各级别，包括基层法官培训、技术条线培训、领导干部培训等等，并根据各中院具体需求，积极与开发公司沟通，满足多类型培训需求。③开发公司密切配合，顺畅沟通。在系统试运行阶段实现法官和开发人员的"零距离"接触，充分利用微信平台的优势，建立了智审系统使用群，并设置各院联系人，法官随时反映系统使用中的问题、对系统功能的期待，开发人员随时响应。法官在试用中随时反馈问题，开发人员现场解决，用户体验效果良好，同时，法官在使用过程中提出优化建议，开发公司也会立即展开评估，经河北省高级人民法院确认后，对迫切及影响面较大的重点需求及时响应并进行功能优化，让"建议以看得见的方式落实"，也受到河北省法官的广泛好评。

2. 以客观数据促应用

应河北省高级人民法院要求，开发公司就智审系统应用提供每日信息汇总，并在智审工作群中每日通报各院联系人。技术人员每天统计各类后台数据，包括各法院、各庭乃至细化到个人的使用情况、文本转化情况、文书生成情况等，以客观数据抓应用，为河北省各级法院领导落实智审应用推进工作提供基础。

结　语

电子卷宗随案同步生成和深度应用是人民法院信息化3.0版、智慧法院的核心支撑，最高人民法院于2016年7月28日专门发布《关于全面推进人民法院电子卷宗随案同步生成和深度应用的指导意见》，对围绕电子卷宗的信息化建设作了全方位的规定。河北省高级人民法院高度重视信息化工作，注重用全局、统筹、科学的方法充分调用现有信息化资源，注重新技术在电

子卷宗生成和应用工作中的运用，组织相关力量突破电子卷宗数据化的关键技术，充分利用卷宗进行数据提取、数据回填、文书自动生成等技术，推动机制创新和审判流程再造，提升电子卷宗服务法官的能力，提高法官智能化办案水平。

实践证明，智审 1.0 系统的开发和应用取得了积极的效果，极大地提高了法官的办案效率和质量，并为领导决策提供了科学的参考依据。当然，河北省高级人民法院也看到，智审 1.0 系统还有很多待改善的地方。比如：①智审 1.0 系统如何与现有的审判流程管理系统更好地融合，更加便于法官的使用；②如何进一步提高文本识别率，特别是手写文本的识别率；③如何进一步提高文书自动生成比例，最大化地减轻法官的工作负担；④如何进一步提高类案推送的准确率；⑤如何在更多维度和更广领域实现司法大数据分析；等等。河北省高级人民法院在积极组织法院干警使用系统的同时，也在全方位地听取法官们的使用意见，并进一步完善系统。

B.9
实现欠发达地区法院信息化
工作跨越式发展

——青海法院信息化建设和应用调研报告

乔健 姚琨*

摘　要： 近年来，青海法院按照最高人民法院关于信息化工作的战略部署，加强顶层设计，坚持建设与应用并重，按照"统一领导、统一规划、统一标准、统一建设"的原则，注重发挥后发优势，突出"一库、二中心、三平台"三个建设重点和"网上办案、网上办公"两个应用抓手，下大力气推进各类系统的贯通与融合，推进信息化工作不断发展，在实现欠发达地区法院信息化工作的跨越式发展上迈出了新步伐。

关键词： 欠发达地区　法院信息化　发展

　　青海法院信息化工作始于21世纪初，因起步晚、底子薄、基础差，多年来进展缓慢，总体水平偏低。近年来，青海法院按照最高人民法院关于信息化工作的战略部署，坚持建设与应用并重，注重发挥后发优势，立足实际，迎难而上，强力推进，砥砺前行，在实现欠发达地区法院信息化工作的跨越发展上迈出了新步伐。青海法院信息化2.0版已经建成，人民法

---

* 乔健，青海省高级人民法院副院长；姚琨，青海省高级人民法院信息技术处处长。

院信息化基础设施建设基本完成，司法信息资源的管理使用初见成效，信息化保障体系也在不断完善，信息化与各项审判业务的良性互动格局初步形成。然而，随着信息技术的飞速发展，"互联网＋""大数据""云计算"等技术的广泛应用，青海法院信息化建设与人民群众日益增长的多元司法需求，与人民法院信息化 3.0 版"全面覆盖、移动互联、跨界融合、深度应用、透明便民、安全可控"的目标相比，还有不小差距。正视问题、抢抓机遇、破解难题、补齐短板，全面推动全省法院信息化建设转型升级，促进审判体系和审判能力现代化，提升司法能力和水平，实现欠发达地区法院信息化建设的跨越式发展，需要三级法院迎难而上，进行有益的探索和实践。

一 艰难起步：信息化工作开启破冰之旅
（2002～2013）

在青海这样一个面积较大、自然条件较为艰苦、经济社会欠发达、交通不便、少数民族聚居的省份，21 世纪之初，人们对于信息化的认识是模糊的，推进信息化建设不仅是一项艰巨的工程，而且因其初期投入与产出极不均衡，很难得到有关机关和人民群众的认可。2002 年之初，信息化在内地法院不同程度地发展，给法院工作带来了巨大的影响，省高级人民法院注意到省内法院信息化建设与内地法院的差距，决定利用青海省政法机关建设政法专网的契机，推进全省法院信息化工作。由此开始了法院系统信息化建设的长征之路。

根据最高人民法院《关于人民法院计算机信息网络建设规定》《人民法院计算机信息网络建设规划》和青海省高级人民法院《青海省法院系统计算机信息网络系统建设规划》《青海省法院系统计算机信息网络系统建设技术规范》（青法发〔2002〕136 号）的要求，青海省高级人民法院结合青海省各级法院的实际情况，以实际需求为出发点、充分考虑系统及应用的扩展，制订了《青海省各级人民法院计算机综合信息网络系统设计方案》。截至 2012 年底，青海法院信息化建设取得一定成果。

（一）搭建了法院信息化基础支撑平台

信息化的建设，离不开基础环境的支撑。青海法院先后建成了省高级人民法院、各中级人民法院、基层人民法院的信息机房，在省高级人民法院配备了数据库服务器、文电服务器、应用服务器、磁盘阵列、防火墙等，基本实现了一级专网信息管理节点和二级专网信息中枢的功能。在各中级人民法院、基层人民法院配备了数据库服务器、应用服务器。部分法院还完善了供电系统，购置了 UPS 不间断电源。按照《青海省各级人民法院计算机综合信息网络系统设计方案》进行了综合布线，建成了全省法院的局域网，并实现了三级法院局域网的广域互联（见图 1）。配备程控交换机，建成全省法院 IP 电话网，实现了"三网合一"（办公电话网、IP 电话网、长途电话网）。在与最高人民法院建成一级专网视频会议系统的基础上，为各中级人民法院配备了视频终端、MCU 等设备，建成了二级专网的视频会议系统。并随着全省法院专网的互联互通，不断升级专网带宽（从 128 kbps 到 2 Mbps 再到 10 Mbps），建成了全省法院高清视频会议系统。2008 年，在全省 55 家法院各建设 1 套标清数字法庭，实现了庭审现场的录音录像，为全省藏区法院公开、公平、公正审理 2008 年 "3·14" 事件期间部分藏区发生的 "打、砸、抢、烧" 案件提供了庭审公开平台，收到了良好的社会效果。

（二）建成了部分业务应用系统

法院信息化建设是为法院中心工作即审判执行工作服务的。围绕这个目标，青海法院在全省法院先后开发或部署了审判业务综合信息管理系统（FY2000）（见图 2）、信访接待系统、单机版司法统计系统、量刑规范化系统、法律文书校对系统等业务应用软件，并结合对法官办案质效考核的需要，青海省西宁市中级人民法院委托技术公司开发了具有青海特色的"案

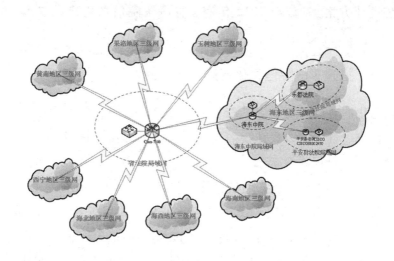

图1 青海省法院广域三级网拓扑

件质效评估系统"，推广到全省法院使用；部署了办公自动化系统、电子档案管理系统、法院人事管理系统、中央政法专款管理系统、物资管理系统等行政办公类应用系统；部署了专网邮件系统、传输交换系统、视频点播系统等系统，为法院信息共享提供条件。通过以上系统的部署与应用，基本能够满足法院自动化办公和办案的需求，实现了案件信息电子化录入、网络化传输、自动化管理，机关办公自动化、无纸化，统计报表标准化、格式化，等等。

（三）加强了信息技术人才队伍建设

2002年法院信息化建设之初，只在省高级人民法院编有1名专业人员——行装处技术科科长，而各中级人民法院、基层法院都没有相应的人员编制。随着信息化建设的不断推广，各级法院把技术人员队伍建设也提上日程，采取聘用、兼职等方式，解决技术人员缺乏的问题，保证了各中级人民法院至少有1名专业或兼职的技术人员，各基层法院有1名兼职的技术人员。省高级人民法院针对技术人员不专业的问题，与专业公司合

图 2　审判业务综合信息管理系统

作，结合法院信息系统建设，加强对技术人员的培训，使这批人员逐步能够满足基本的技术支持要求。同时，在项目建设中，合作公司在省高级人民法院派驻专业运行维护工程师，对法院的信息化建设、运行与维护提供技术支持。

（四）信息化应用取得一定成效

案件信息管理系统的应用，积累了大量的案件数据，为审判流程管理提供了技术手段和基础信息。数字法庭的应用，积累了大量的庭审录音录像资料，促进了庭审现场的公平、公正、公开。视频会议系统的应用，为远程会议、远程培训提供了便利，节省了大量的经费。自动化办公系统的应用，为机关办公无纸化、自动化提供了条件。邮件系统的应用，促进了法院信息的共享，等等。但是，总的来说，这一阶段的信息化应用，只是初步的、基础的，与信息化建设的目标还有很大差距。

二　探索前行：信息化工作取得重大进展
（2013~2015）

进入 21 世纪第二个十年后，信息化在内地发达省份法院蓬勃发展，在

法院办案方式、治理体系、司法公开、诉讼服务等方面都取得了前所未有的成果。2013年第一次全国法院信息化工作会议后，省高级人民法院认真研究部署信息化工作，成立了青海省高级人民法院信息化工作领导小组，由院长亲任组长，分管信息化工作的常务副院长任副组长。经省编办同意，将司法行政装备管理处技术科升级为信息技术处，负责对全省法院信息化建设的指导与协调工作。省高级人民法院研究制定了《关于加强全省法院信息化建设的指导意见》，对全省法院信息化发展方向、建设内容、投资概算等作出了规划。2014、2015年连续两年在全省法院开展信息化深度应用年活动，坚持以上率下、强力推动，推进信息化在法院办案、办公方面的深度应用。

近年来，青海法院在信息化建设上突出"一库、二中心、三平台"三个重点；在信息化应用上，突出"网上办案、网上办公"两个抓手。

一库，即审判信息资源库。进一步整合司法审判、司法人事、司法行政等应用系统资源，以统一的审判信息资源库为支撑，实现全省法院、所有应用系统的互联互通，不断满足新需求。在此基础上，构建集审判动态、司法统计、质效评估、综合搜索、数据质检、专题分析等服务为一体的数据中心，初步实现了全省法院审判动态的实时展示、司法统计数据的自动生成、案件质效的综合评估、海量信息的快速检索、案件数据的动态质检、热点专题的辅助分析等功能，为审判决策和审判管理提供数据支持。

二中心，即执行指挥中心和诉讼服务中心。省高级人民法院和各中级人民法院基本建成了具备远程指挥、视频会商、请示汇报等功能的执行指挥中心。省高级人民法院与省公安厅、人民银行、青海银行等开通"点对点"执行查控系统，全省法院执行查控室与最高法院"总对总"执行查控系统实现了对接。集中部署了人民法院执行案件流程信息管理系统，实现对执行案件的规范化、一体化、智能化、联动化管理。为全省法院配备执行单兵系统184套，确保执行过程的全程记录、全程指挥、全程再现和执行行为的公开、公平、公正。西宁市中级人民法院立足自身条件，积极探索执行查控系统的建设，开通了与当地公安、工商、土地、房产等部门的点对点查控系统。全省法院均按最高人民法院的要求，建成诉讼服务中心，配备了诉讼服务一体机和自助查询机，为案件当事人提供诉讼指南、案件信息查询、裁判文书自助打印等服务；利用审判信息网，建成了诉讼服务信息系统，开通12368诉讼服务热线，为当事人通过语音和短信提供登记立案、预约立案、诉讼指南、自助查询、电子阅卷、电子送达、法律咨询等服务；开发了涉诉信访管理系统，建成远程视频接访系统，将接访案件纳入信访案件系统统一管理。

三平台，即数字法庭统一管理平台、司法公开平台、法院专网平台。省高级人民法院建成数字法庭统一管理平台，通过图形化的界面，实现数字法庭的直播、点播功能，实时展示数字法庭的建设与应用情况。在全省法院、人民法庭和7个监狱建成262套高清数字法庭（见图3）。建成了审判流程、裁判文书和执行信息三大司法公开平台，全省法院流程节点信息、失信被执行人名单已实现了同步公开。截至2016年9月底，全省法院上网裁判文书已近8万篇。开通了官方网站、微博、微信和新闻客户端，多渠道开展诉讼服务工作。建成了全省法院二、三级专网和局域网，覆盖具备条件的64个人民法庭的四级专网基本建成，实现了信息化基础平台网络全覆盖。

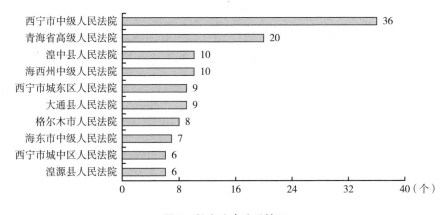

图3　数字法庭建设情况

两个抓手，即网上办案、网上办公。狠抓网上办案，推进审判执行案件在网上进行。审判人员按照时间节点要求，及时、准确、全面录入案件信

息，同步生成电子卷宗；审判执行部门负责人及时分案，合议庭成员在网上阅卷，案件开庭和听证应用数字法庭系统进行，做到每庭必录；档案部门在规定时间内检查归档，归档时纸质档案与电子档案内容一致；审判流程管理部门定期对办案进度、案件数据质量、数字法庭应用、电子卷宗同步扫描、裁判文书上网进行通报。同时，机关公文实现网上阅办、审批、流转，进行有效的人事管理和事务管理。

在推进信息化应用上，青海法院主要采取了以下做法。

一是高院带头，以上率下。首先，考虑到在人员素质、系统建设、业务应用等方面有相对优势，省高级人民法院提出要实现信息化工作走在全省法院前列的目标。省高级人民法院注重加强组织领导，把信息化应用作为"一把手"工程，院党组坚持每周听取汇报，主要领导亲自部署，分管院领导、业务部门负责人狠抓落实。对信息化应用工作不重视、信息化应用水平不过关的同志，会被点名通报。其次，完善推动措施。省高院印发了网上办案指导意见、网上办案操作办法等制度规范，制订了网上办案工作标准，坚持每周召开例会，总结归纳经验做法。

二是分类指导，整体推进。信息化建设坚持"统一领导、统一规划、统一标准、统一建设"的原则，避免因多头建设造成信息共享障碍。针对不同需求，采取上门服务、现场巡检等办法，充分发挥驻地技术人员的作用，有针对性地帮助下级法院解决问题。青海法院举办了多期网上办案培训班，组织人员赴各中院巡回讲课，强化上机训练；实行问题清单制度，认真采集梳理应用需求，不断完善、升级系统设置；定期对案件信息进行检测，把差错打包后发给相关法院，要求补正案件信息。

三是督促落实，深化应用。2014 年 3～5 月，青海法院集中时间对全省法院 2010 年以来的 14 万余件案件信息进行了补录补正。定期召开推进会和问题分析会，组织案件信息数据质量和数字法庭应用大检查，坚持通报制度。对态度不坚决、行动不积极的法院，采取约谈主要领导、责成他们向上级法院作检查等措施来推动。结合司法体制改革先行试点，把信息化应用列为法官入额的必备条件，有效提升法官信息化应用能力。

对照新的形势和新的需求，审视全省法院的信息化建设，存在的问题和不足主要有八个方面。一是认识和观念还不到位。面对信息化浪潮，有的同志特别是领导干部还不习惯，遇到问题总是推三阻四，强调客观，无论怎么要求就是无动于衷。二是发展不平衡。受主客观因素影响和制约，全省法院信息化基础参差不齐的情况还很突出，部分法院网络基础设施年久失修。有的法院在新建审判综合楼时对信息化建设考虑不足，无法达到智能楼宇的标准。三是整体规划和顶层设计不足。规划与建设体系不完善，"天平工程"的论证和实施存在脱节，工作进展缓慢，对全省法院信息化工作指导不到位。四是自主研发能力差。由于受经费、人才等因素的制约，信息系统的建设不能有效结合办案办公实际开发应用系统，系统与应用的磨合期过长。五是建设与应用融合不够。应用系统缺乏统一规划，对各项业务的全面支撑还不到位。办案办公平台运行速度慢、功能不完善、使用不便的问题比较突出。移动办公办案仍是空白。六是网上办案、网上办公水平较低。有的法院司法统计数据、办案系统数据和真实数据还有差距；有的法院数字法庭应用比例偏低，个别法院应用比例只能达到个位数。个别法院甚至还未开展电子卷宗同步扫描工作。七是安全风险意识还不强。信息安全的规划工作不够，信息系统等级保护及高、中院涉密系统分级保护滞后。八是技术人才严重匮乏。除省高级人民法院外，全省法院均没有专门的信息技术部门，信息技术人员兼职过多，专业分类不规范，技术人才总量不足，专业化程度不高，结构配置不尽合理，人才流失现象严重。

三 迎头赶上：信息化建设迈上跨越发展之路（2016～）

构建开放、动态、透明、便民的阳光司法机制，实施网络强国战略、"互联网＋"行动计划和国家大数据战略，给法院的信息化发展提供了良好机遇。人民群众日益增长的多元化司法需求，司法体制改革的伟大实践，给法院信息化建设提供了广阔的空间。大数据、云计算、物联网等信息技术的迅猛发展，为法院信息化建设提供了技术手段。

人民法院的信息化建设，经历了 1.0 版、2.0 版，正在向 3.0 版迈进。信息化 1.0 版，是以计算机为中心，在体系结构上，一台或少量计算机处于中心地位，形成计算机居中、终端设备对外的基本形态；人民法院信息化 2.0 版，是以网络为中心，形成通信网络居中、计算机和终端设备对外的基本形态，这是当前信息系统的主要形态；人民法院信息化 3.0 版，是以数据为中心，在体系结构上，大数据、云计算、物联网和移动互联技术，推动形成以数据为中心的信息系统，即超大容量数据集群、各类计算机或终端设备通过通信网络相互连接，形成数据集群居中、通信网络为纽带、计算机和终端设备对外的基本形态。

（一）找准切入点，编制好信息化建设发展规划

2015 年 7 月初的全国高级法院院长座谈会后，省高级人民法院第一时间研究部署会议精神的学习贯彻工作，决定将 2017 年与全国法院同步建成具有中国特色的人民法院信息化 3.0 版作为全省法院信息化工作的头等任务，按照最高人民法院的部署，编制《青海省法院信息化建设"十三五"发展规划（2016～2020）》。经过多方论证，青海法院在较短时间内，形成了内容比较完整、思路比较清楚、特点比较鲜明、任务比较明确、目标比较契合的规划稿，强调要在规划中进一步突出青海特色，把互联网应用好，把移动便携数字法庭应用好，把双语诉讼服务平台开发好。

（二）注重基础建设，提升法院信息系统的运行环境

加快"天平工程"实施步伐，省高级人民法院已经完成了"天平工程"初步设计方案的编制、报批和实施方案的设计，项目建设正在有序进行。全省各级法院要利用"天平工程"不断提高法院信息交换与存储能力，增强网络安全与防护功能。按照智能楼宇建设标准，各级法院的审判综合楼建设要满足法院专网、涉密网、办公网、外部专网、互联网等五大网系的综合布线需要。要加大法院专网对人民法庭的覆盖力度，确保具备条件的人民法庭全部接入法院专网。

利用法院专网，在省高级人民法院建设统一的法院专有云，对计算、存储、网络资源进行虚拟化，提高各类信息基础设施资源的利用能力。分阶段、有重点地将专网业务应用迁移到专用云，并逐步将分级部署的业务系统进行集中部署改造。建设法院专网备份链路，提高法院专网的可靠性和稳定性。以租用公用云的形式构建法院开放云，将目前部署在互联网上的应用迁移到法院开放云，提升互联网应用服务水平和系统承载能力。建设省高级人民法院和各中级人民法院的涉密内网，部署涉密业务应用系统，根据国家电子政务内网建设要求，以电子政务内网作为涉密网的广域骨干网，建立集中部署的涉密云服务平台。建设法院移动互联网络，为移动办案、办公提供网络支撑。

提高数字法庭的覆盖率，完成数字法庭的高清改造，满足庭审录音录像的需要。建设数字法庭及其统一管理平台，实现对辖区内法院开庭庭审的实时管理和统一调度，为庭审公开提供标准的信号来源。配备便携式数字法庭，建设巡回审判应用系统，实现巡回审判案件全流程的网络化管理。加大视频会议系统的高清改造步伐，实现二级专网视频会议的专线互联，提升视频会议系统的稳定性。采用多种技术手段，实现高清视频会议向派出法庭的覆盖。建设全省法院灾备中心，逐步实现与全国法院数据备份中心的互联互通，确保法院业务数据的安全。

（三）完善应用系统，提升法院"三个服务"能力

在服务人民群众方面，建设网上法院系统，实现网上立案、网上审理、网上执行、网上信访、网上阅卷、网上公开、网上办公、网上管理、网络互联等，实现全业务覆盖、全天候诉讼、全流程公开、全方位融合；建设全省中级、基层法院12368诉讼服务平台，优化全省法院12368诉讼服务平台的布局；建设诉讼服务自助终端系统，实现裁判文书打印送达、案件查询、材料收转、司法公开、电子阅卷、自助缴费等功能。

在服务审判执行方面，开发双语审判系统，实现裁判文书的同步翻译、藏文笔录的自动转换等功能；建设基层法院多点触控数字审委会系统；开发

移动办案平台、移动执行平台，实现法院干警随时随地接入法院专网；配备法官办案辅助系统，智能推送有关信息，辅助法官办案；完善执行指挥中心功能，拓展执行查控的范围，开发执行监督、执行线索分析和信用惩戒系统；建设协同办案系统，实现和监狱、检察系统的信息共享与交换；建设案件评查管理系统，实现对诉讼程序和审判流程进行监督管理、对案件的审判质量进行评查、监督用户分类；开发司法辅助管理系统，与现有审判执行系统整合，将鉴定、评估、拍卖等司法辅助案件从申请、审批到实施全部网上流转。

在服务司法管理方面，开发综合人事管理系统，实现人事管理、综合考核、法官遴选等功能；开发廉政风险防控系统，根据预设的风险点，自动进行风险点预警，实行有效监督；建设公文智能编校系统，通过科技手段为公文编写、排版、校核工作提供服务；完成历史档案的电子化存档管理。

（四）强化数据管理，提升司法大数据分析能力

进一步完善覆盖审判执行、司法人事、司法行政、司法研究、信息化管理数据的全省法院审判信息资源库，为全省法院提供司法数据管理服务。建立和完善大数据管理系统，实现对结构化、半结构化和非结构化数据的存储和管理。加强数据质量管理，建立长效数据互信机制，保证数据的全面性、一致性和准确性。基于数据集中管理平台，建设数据共享交换系统，实现法院之间和法院内外的数据共享和交换，支持各级法院内部及其与外部应用系统的业务协同。以信息服务为目标建设完善大数据分析平台，开发司法公开和诉讼服务智能服务，提供诉讼服务应用、当事人信用、律师评价推荐、案件胜败诉因素分析、司法建议、社会管理专题、案例研判、信访咨询和法院审判工作白皮书等公开与诉讼服务成效和对外司法大数据分析服务。开发立案监控预警、审判智能决策、执行智能决策和风险自动识别预警等决策支持和监控预警智能服务。开发审判资源配置评估、司法研究与指导、人员选拔评价、工作量智能评估、信息化成效评估和视频智能分析等司法研究和工作评估智能服务。

（五）改变工作作风，提升信息化应用水平

信息化建设的生命力在于应用。在青海这样一个经济欠发达、少数民族聚居、文化发展滞后的省份，推进信息化应用，需要采取非常规措施。坚持以上率下。以上率下，属于工作方法范畴，是行之有效的做法。考虑到省高级人民法院和各中级人民法院在人员素质、系统建设、业务应用等方面有相对优势，青海提出了省高级人民法院要带头落实信息化建设与应用的要求。各中级人民法院也要带头抓好信息化建设和应用。城区基层法院和基础较好的农、牧区基层法院也要积极带头，为其他法院提供经验和帮助。加强组织推动。把信息化建设与应用作为"一把手"工程，主要领导亲自安排部署，主动听取工作汇报，要深入研究和分析，重大问题由院领导亲自协调解决，确保任务不折不扣地落实。要转变思想观念。认识和观念问题由于带有内生性，解决起来不容易，需要突破思维定式和工作方式，这无疑是一场自我革命，是青海法院推进加强信息化建设与应用必须迈过的一道沟坎。同时，还要广泛宣传，让社会公众、诉讼参与人享受到法院信息化建设为司法活动带来的便利。加强检查督促。严肃工作纪律，及时跟进工作进展情况，对态度不坚决、行动不积极的法院，采取约谈主要领导、强化责任等措施来促动，并把信息化应用能力列为法官入额的必备条件。相互学习交流。各级法院不能关起门来搞信息化建设和应用，要相互学习和借鉴好的做法和经验，推进全省法院信息化齐步发展。

（六）加大保障力度，提升信息安全运维水平

持续开展非涉密重要信息系统等级保护工作，建设符合保护等级要求的信息安全设施，制定并落实符合保护等级要求的安全管理制度。完成涉密信息系统的分级保护测评和整改工作，科学界定涉密网络和非涉密网络，建设符合分级保护要求的保密技术防护设施。健全完善信息化运维机制，实现对法院专有云、开放云和涉密云环境中的主机、存储、系统软件、网络、机房等基础设施进行监控和管理。

建设信息化可视化平台和信息系统应急处理平台，集成基础设施、应用、数据和安全运维系统，建立信息系统质效评价指标体系，并以可视化方式展现，实现信息化建设、应用、管理等方面的全面可视化监控。建设信息系统应急处理平台，实现应急值守、监测防控、预测预警、辅助决策、应急处置、模拟演练等功能，提供应急处理预案，提高对各类突发事件的应急响应能力。

全面落实《最高人民法院关于人民法院信息化人才队伍建设的意见》，在省高级人民法院、各中级人民法院和有条件的基层法院设置信息化工作机构，采取招录、聘用等方式，按省高级法院不低于 10 人、中级法院不低于 6 人、基层法院不低于 2 人的标准，配齐配强信息技术人员，为人民法院信息化建设快速发展提供坚实的人才保障。

B.10
新疆少数民族地区法院
信息化建设调研报告

新疆维吾尔自治区高级人民法院*

摘　要：　"互联网＋"时代，司法活动也正在被大数据渗透。"智慧法院"的建设以确保司法公正高效、提升司法公信力为目标，充分运用互联网、云计算、大数据、人工智能等技术，促进审判体系与审判能力现代化，实现人民法院高度智能化的运行与管理。在新疆这个少数民族聚居的西部地区，法院智能化信息系统除了需要给少数民族法官提供强大的辅助办案功能外，还需要给少数民族群众提供更为高效、便捷的司法公开渠道和诉讼服务途径，这不仅仅是依靠技术保障就可以完成的。新疆法院致力于以问题为引领、以需求为导向，坚持高位推进，坚持服务第一，在法院信息化建设工作中开创出一条具有少数民族特色的道路。

关键词：　新疆　法院信息化　少数民族

新疆是中国面积最大的自治区，有166.49万平方公里。共居住着汉、维、哈、回、蒙古等47个民族，世居13个民族，总人口为2322.54

---

* 执笔人：闫汾新，新疆维吾尔自治区高级人民法院党组书记、副院长；刘琼，新疆维吾尔自治区高级人民法院信息技术处处长。

万人①，其中汉族人口为 859.51 万，占新疆人口的 37.01%；其他 12 个世居少数民族的人口比例分别为：维吾尔族 1127.19 万，占比 48.53%；哈萨克族 159.87 万，占比 6.88%；回族 105.85 万，占比 4.56%；柯尔克孜族 20.24 万，占比 0.87%；蒙古族 18.53 万，占比 0.8%；塔吉克族 5.01 万，占比 0.22%；锡伯族 4.35 万，占比 0.19%；俄罗斯族 1.2 万，占比 0.05%；乌孜别克族 1.85 万，占比 0.08%；塔塔尔族 0.51 万，占比 0.02%；满族 2.81 万，占比 0.12%；达斡尔族 0.69 万，占比 0.03%。

新疆共设置人民法院 159 个（地方法院 116 个、兵团法院 43 个），其中高级人民法院 1 个，分院 2 个，中级法院 27 个（地方 14 个、兵团 13 个），基层法院 129 个（地方 100 个、兵团 29 个）。现有人民法庭 319 个（地方 282 个、兵团 37 个）。全区法院现有编制中，少数民族法官 2315 人，占法官总数的 42%。

根据《宪法》第 134 条的规定：各民族公民都有用本民族语言文字进行诉讼的权利；人民法院和人民检察院对于不通晓当地通用的语言文字的诉讼参与人，应当为他们翻译；在少数民族聚居或者多民族共同居住的地区，应当用当地通用的语言进行审理；起诉书、判决书、布告和其他文书应当根据实际需要使用当地通用的一种或者几种文字。为了更好地服务审判执行工作，方便少数民族法官运用智能化工具开展网上办案办公，为了更好地服务领导决策，突出新疆法院审判执行工作特色，为了更好地服务各族群众，拓宽司法便民利民措施，新疆维吾尔自治区高级人民法院坚持以问题为引领、以需求为导向，着力打造具有新疆特色的信息化工作。

一　新疆法院审判执行工作特点

近年来，新疆法院按照让人民群众在每一个司法案件中感受到公平正义的工作要求，紧紧围绕社会稳定和长治久安总目标，坚持司法为民、公正司

---

① 新疆维吾尔自治区人民政府网站，2014 年数据。

法这条主线，狠抓执法办案第一要务，审判执行工作取得较大成效。2016年1~9月，全区法院共受理各类案件373873件①，同比上升20%。审执结274106件，同比上升18%。

综合收结案情况，新疆法院的特点主要有以下几个。

一是使用少数民族语言文字参与诉讼的案件多。目前，新疆法院受理的案件中使用的少数民族语言文字主要有汉语、维吾尔语、哈萨克语、蒙古语和柯尔克孜语。

二是案件类型比较集中。新疆经济社会发展相对缓慢，虽然地域辽阔，但受到地理环境影响（沙漠面积大，可供人类居住面积小），人口聚居密集度较高，因此传统类型案件的数量较大。根据新疆法院数据中心的分析，排在前十位的民事案件为：离婚纠纷、民间借贷纠纷、机动车交通事故责任纠纷、劳务合同纠纷、物业服务合同纠纷、生命权健康权身体权纠纷、供用热力合同纠纷、财产损害赔偿纠纷、建设工程施工合同纠纷和金融借款合同纠纷。特别是在南疆地区，以喀什地区为例，截至2016年9月30日，喀什地区两级法院收案19340件，其中婚姻家庭案件9393件，占比达到48.57%，接近一半，与内地法院收案特点明显不同。

三是各族干警的信息化应用能力和水平尚须提高。2015年，高级人民法院启动审判信息管理系统的升级改造，将分散式部署、C/S架构（即服务器/客户端架构）的流程系统改造为集中式部署、B/S架构（即浏览器和服务器结构），同时集中部署了电子卷宗、档案系统、质效评估系统、司法统计系统，横向融合所有业务系统、纵向贯通到派出法庭，实现所有法院所有案件所有数据的全面覆盖，网上办案平台已经完全打造完成。但是，受限于传统办案思维、工作方式，特别是部分法官信息化应用能力水平不高，案件信息数据的准确、全面、及时性受到一定程度的影响。在审判流程系统的运用方面呈现了几个难点：①领导带头运用信息化手段的意

---

① 数据来源于新疆法院审判信息管理系统。

识不强；②部分干警反映系统操作不熟练，必填案件信息过多；③智能化辅助工具不多，审判流程系统成为法官的额外工作；④软件应用系统同一性太强，没有突出地方特色。针对这些来自审判实践的问题，除了主观意识和传统办案思维、工作方式的影响外，应用系统的智能化辅助功能欠缺，使得多数法官认为信息化带来的是额外工作任务和负担，除了办案还要时时上传案件信息、扫描案件材料，于是将这些压力转移给书记员，形成传统办案与网上办案并存的"两张皮"现象，审判管理无法从流程系统直接入手进行精细化、扁平化管理，还是沿用传统的绩效评估数据进行季度考核。

四是各族群众对于诉讼服务和司法公开的需求高。近年来，新疆法院在诉讼服务和司法公开方面作了很多有益的探索，特别是审判流程公开、裁判文书公开、执行信息公开和庭审活动公开，但如何打造具有新疆特色的司法公开和诉讼服务平台，需要有科学的顶层设计和强有力的高位推动。

二 少数民族特色信息化建设探索

现代信息技术是人民法院各项工作的重要保障和物质基础。2014 年，高级人民法院制定下发了《全区法院信息化建设（2015～2017）三年发展规划》及《全区法院三年规划任务分解表》，确定了"统一规划、分级部署，统一标准、保障安全，深化应用，服务司法"的工作原则，坚持信息集中管理"一个中心"，建设完善对内对外"两大平台"，全面建设信息化应用"六大系统"（审判管理信息系统、为民服务信息系统、司法公开信息系统、政务管理系统、队伍人事管理系统、信息技术管理系统）。2015 年为夯实基础阶段，实现审判管理的流程化；2016 年为拓展完善阶段，实现司法服务的公开化；2017 年为集约优化阶段，实现法院各项工作的智能精细化。历经两年的发展，目前确定的应用系统建设任务已经完成了 85%，为下一步信息化建设奠定了较好的基础。

（一）坚持问题引领，着力提高智能化服务系统

基于新疆法院审判执行工作和法官资源的实际特点，高级人民法院改变信息化建设思路，树立服务审判执行第一要务工作理念，从方便法官网上办案、提高法官网上办案质效入手，通过"点对点"的服务形成从立案、审理到执行的全网智能服务。

1. 减轻立案压力，提升立案工作质效

新疆地域辽阔，点多线长，各个行政区划之间距离较远。中级人民法院与基层法院可能相隔五六百公里。"调卷难"曾经是立案工作的难点，中级以上法院的立案庭都设有调卷工作人员专职岗位。与此同时，存在纸质版卷宗长期被上级法院占用不退回的现象，也因此发生过卷宗丢失的事故。高级人民法院推进信息化应用系统建设之初，就把上下级法院信息互通共享作为基础，提高工作效率从立案工作就开始。

一是设置重复立案查询模块。这对于新疆法院的法官来说尤为方便。过去，输入少数民族当事人的姓名时，出错是经常发生的事情。原因在于少数民族姓名排列规则与汉族姓名不同，如维吾尔族当事人姓名采用的是"自己名字＋·＋父亲名字"的组合方式，重名的现象非常普遍。为此，全区法院审判信息管理系统专门增加了凭借身份证号进行重复立案查询的按钮，避免相同姓名查询出现的差错。

二是案件信息数据自动复用功能。原来部署的审判信息管理系统，各级法院案件信息数据相互不共享。上级法院的案件信息需要重新录入，个别案件当事人常用名与身份证不一致。比如，"吐尔逊"与"图尔逊"、"玉素甫江"与"玉苏甫江"，进行案件查询时同一案件可能出现多条查询信息或者查询错误。现在新的审判信息管理系统，上诉的案件下级法院只要点击移送，即可将一审案件信息复用到二审立案程序，不用重新录入，确保了案件信息数据的一致性。

三是电子卷宗自动关联。为解决"调卷难"问题，现有审判信息管理系统由上级法院自动关联下级法院电子卷宗，执行案件自动关联审判案件电子

卷宗。但是，由于纸质版卷宗都是法官办结案件后由书记员负责装订，因此电子卷宗也可能出现由书记员一次性扫描上传生成电子卷宗归档的情况。为了保障电子卷宗的同步生成，高级人民法院将节点分为几个大的版块，确保每个节点数据回传至电子卷宗系统。这几个节点分别如下。①立案材料，立案阶段的材料由立案庭扫描，随案移送到审判庭，这样立案信息表、起诉状等材料已经构成电子卷宗的雏形。②庭审笔录，通过审判信息管理系统与科技法庭应用系统的对接，庭审结束后书记员点击闭庭，庭审笔录即自动回转至审判信息管理系统，自动进入庭审笔录目录，省去了书记员二次扫描的工作量。③结案阶段，为了规范案件结案标准，高级人民法院通过系统设置，将裁判文书和送达回证作为网上结案的判断标准，法官会在提请结案前将裁判文书和送达回证上传至电子卷宗，否则无法予以报结。为了督促网上报结工作，高级人民法院审判管理办公室（审管办）按季度进行案件评查，只通过审判信息管理系统查看电子卷宗，不再查看纸质卷宗。④归档阶段，由书记员将证据材料扫描形成电子卷宗，系统自动形成待归档状态，最后由档案员点击接收核对方能进入电子档案系统，杜绝了电子卷宗与纸质卷宗不符的现象。

2. 提高工作效率，提升审判质量

最高人民法院提出，2016年要加快建设"智慧法院"。如何让"智慧"助力审判、助力法官，则是要通过建设"网络法院"来实现。新疆法院少数民族法官占比较高，虽然年轻法官的专业知识水平和信息化应用能力大大提升，但基层法院的派出法庭法官审判经验丰富而计算机操作能力薄弱的现象不能忽视。特别是在"案多人少"压力下，如何减轻法官的信息化应用负担，是新疆法院信息化建设的专有职责。目前，高级人民法院在审判信息管理系统中主要部署了以下功能模块来提升审判质效。

一是集中部署了裁判文书自动生成模块。这项功能主要体现在两个方面，对于一审法官来说，只要点击裁判文书制作即可将审判信息管理系统中的案件信息数据自动汇总生成一篇裁判文书，法官只需填写案件事实和裁判说理部分的内容即可，当事人信息数据全部自动生成且无须核对；对于二审法官来说，一审法院的审理报告、裁判文书均以 Word 文档形式关联在案件中，原审信息直接复制粘贴完成复用，大大提高了工作效率。特别是少数民族文字的裁判文书，在审判信息管理系统同样可以复制粘贴，对于少数民族法官来说减少了打字的困扰（个别法官打字使用的是"一指禅""二指禅"）。

二是集中部署了裁判文书自动纠错模块。通过嵌入式部署裁判文书自动纠错系统，法官点击后即可对裁判文书的文字书写错误、法律法规引用错误进行自动排查，降低了低级错误出现的概率。

三是集中部署了常用损害赔偿金额计算模块。法官仅需要输入相关的条件，即可自动计算出应当判决的损害赔偿金额，充分体现了机器运算胜于人工计算的优势。

四是集中部署了量刑规范化模块。最高人民法院出台量刑规范化指导意见后，高级人民法院为了提高量刑规范化工作质效，安装了单机版的量刑规范化系统，但由于与审判信息管理系统脱节，且刑事审判法官岗位调离可能导致单机版系统丢失，此系统使用率极低。2016 年，高级人民法院在审判信息管理系统集中部署了量刑规范化模块，法官在案件办理过程中直接适用，不受终端 PC 机和岗位调动的影响。

3. 坚持服务法官，推进司法公开

裁判文书是人民法院审判工作的最终产品，是承载全部诉讼活动的重要载体。为了提高裁判文书上网率，高级人民法院集中部署了裁判文书直报系统，法官只需在审判信息管理系统点击上网审批，系统自动进行文书公开隐名技术处理，呈现给法官的是已经将重要信息屏弊的裁判文书。同时，高级人民法院制订下发了裁判文书上网直报流程规则，以确保各族法官熟练运用信息化手段实现裁判文书的全面公开。

这个流程设计一是增加了审管办的审核流程，将裁判文书上网审核环节提前，拟上网裁判文书经过庭长、审管办的两次审核，减少了"带病上网"的概率；二是减轻了法官的工作负担，裁判文书直报系统经过司法公开管理平台，自动与中国裁判文书网后台对接，由审管办工作人员负责进入中国裁判文书网后台点击公布即可，改变了以往由法官自行通过内外网光盘摆渡的

方式；三是便于司法统计，现有裁判文书直报系统就具备强大的上网文书统计功能，法院—审判庭—法官分层级统计，对于不上网原因也可以分类统计。

与此同时，为了加快少数民族裁判文书的上网公布，虽然暂时无法进行少数民族文字裁判文书的系统自动隐名屏弊，但通过人工隐名技术处理方式，仍然实现了与汉语裁判文书同样的自动公开功能。

（二）坚持审判重点，着力探索新疆法院审判执行规律

审判执行规律的挖掘和总结，必须依靠每个节点司法数据的存储、分析、反馈，才能完成司法数据与经济社会大数据的关联。长期以来数据统计靠明传、时间跨度大的问题一直困扰着高级人民法院，特别是在参与自治区党委确定的重大行动中，数据准确性、全面性、及时性都难以保证，为党委、政府领导提供决策参考、建议意见、舆情反馈更是无从谈起。2015年，高级人民法院在全区法院集中部署审判信息管理系统的同时，同步启动数据中心建设，力求通过科技手段完成领导决策分析的"华丽转身"。

1. 强化专项统计，掌握法院工作实际

专项统计是对个别关注案件的审理情况进行的全面统计，以利于了解和掌握基本情况。高级人民法院除了逐步规范2015年法标之外，还结合新疆法院实际增加了法标外案件的统计功能，确保人民法院工作实绩的全面覆盖。

一是增加了诉讼语言统计。目前，新疆法院对使用五种民族语言文字进行诉讼的情况进行了专门统计，还增加了双语和其他的统计项。根据审判信息管理系统的数据，2016年1~9月，全区法院共计制作裁判文书265270件（每种语言文字的使用情况见图1）。

二是增加了诉前调解统计。巡回审判和多元纠纷调解机制，是新疆法院多年来化解矛盾纠纷的"法宝"，以前的宣传材料中，"马背法官""巴扎法庭""夜间法庭"等具有新疆特色的巡回审判方式也推出了一批先进模范。如今，借助便携式法庭、巡回审判车等现代化工具，对于与群众利益密切相

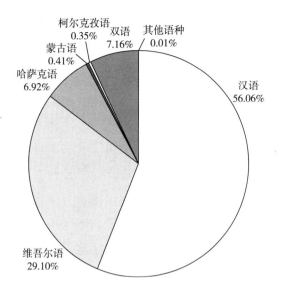

柯尔克孜语
0.35%
双语
7.16%
其他语种
0.01%
蒙古语
0.41%
哈萨克语
6.92%
汉语
56.06%
维吾尔语
29.10%

**图 1　新疆法院裁判文书少数民族语言文字的
使用情况（2016 年 1～9 月）**

关的案件就地收案、就地开庭、就地送达，将基层法庭贴近群众、服务群众的前沿阵地优势发挥得淋漓尽致。2016 年，高级人民法院统一规范诉前调解案件范围，召开了诉前调解案件规范化座谈会，对于审判信息管理系统的诉前调解案件模块中的调解主体、立案办理流程、调解文书、统计分析等进行了实践经验的汇总。以前，各级法院都不愿意做诉前调解工作，一是工作量无法计算（承担诉前调解的人员多是人民调解员，但在法院人民调解室承担案件工作，统计结果都汇总到司法局），不能展现人民法院的工作成绩；二是没有统一的流程规范，各地做法"百花齐放""摸着石头过河"。现在，诉前调解案件的情况一目了然，调解结果的统计数据也可以作为人民法院服务社会治安综合治理的成效予以宣传。2016 年 1～9 月，新疆法院共计处理诉前调解案件 2068 件，其中调解成功 1333 件。

与此同时，如果双方当事人调解成功需要司法确认，审判信息管理系统自动转入立案程序。如果调解不成功，同样自动转入立案程序由人民法院来进行办理。实现了诉前调解与诉讼审理的无缝对接。

三是增加了司法辅助统计。近年来，人民法院受理的疑难案件、新型案件越来越多，很多案件需要专业机构来进行专门鉴定。根据最高人民法院"审鉴""执拍"分离的工作要求，鉴定审计、评估拍卖案件均要求由专门机构来办理。目前，高级人民法院的此项工作由信息技术处承担，下级法院多由立案庭、审管办、研究室、纪检组等机构兼职负责。高级人民法院也相继下发了一系列有关司法辅助案件的流程规范，但由于归口管理不统一，没有统计分析系统，每年分两次向最高人民法院司法辅助办公室上报的数据也是催了又催、核了又核，最终仍然不能保证数据的准确、完整。2016年，高级人民法院不等不靠，在审判信息管理系统集中部署了司法辅助案件系统，实现鉴定审计、评估拍卖案件的立案—办理—结案—归档的全流程覆盖，案号自动生成、办理过程的节点信息随时录入、电子卷宗随案生成、电子档案自动挂接，统计分析分类汇总，通过流程节点的全监控设置了人民法院与社会机构的"防火墙"，确保了此项工作的公正、公开、透明。

2. 强化决策分析，突出工作重点

新疆地处边疆，维护社会稳定和长治久安是新疆工作的总目标。而人民法院在维护社会稳定和长治久安工作总目标的实现上，承担着非常重要的职责。高级人民法院已经连续两次承担了最高人民法院委托的危害国家安全案件犯罪情况分析的调研课题，经验的汇总越来越需要信息化的助力。特别是在2014年开展"严打专项行动"以来，人民法院办理涉"三股势力"的案件数据每月一汇总、每月一上报，倒逼高级人民法院提高重点工作的保障能力和水平。经信息技术处与刑事审判庭的多方沟通，采取三项措施确保数据汇总、分析质效的高质量。

一是在刑事案件结案流程中增加对涉"三股势力"的类型选项。原因在于涉"三股势力"的案由类型较多，列举式的方式无法分辨，只有承办法官在结案时填写，才能确保数据采集标准的唯一性。二是增加刑事案件罪名的动态跟踪。在数据中心根据刑事案件收案情况，对前十名的案件进行动态展现，以地图方式体现每个地区的情况，并可下钻到案件列表，方便进行具体个案的分析。三是增加对涉"三股势力"案件的专项分析。在数据中心动态展现涉"三股势力"案件的审理变化情况，以利于作出预判。

3. 强化数据质量，发挥司法资源优势

案件信息数据是信息化应用的来源和基础，没有准确、全面的数据，整个应用系统如同无源之水、无本之木。2016年初，高级人民法院制定下发了《新疆维吾尔自治区人民法院2016年工作要点》，要求全区法院全面深化信息技术在审判管理中的应用，实现网上办案，用信息技术实现审判流程再造，对立案、审判到执行的各个办案节点实行全程监控。但是，信息化应用考核的具体内容如何确定，需要结合现有审判信息管理系统流程特点，同时兼顾考核指标的科学性，特别是考核指标的量化。经过审管办、信息技术处沟通，主要做了以下工作。

一是将网上办案纳入绩效评估考核。2016年5月，高级人民法院下发了《关于开展网上办案考核的通知》（新高法〔2016〕58号），确定了工作目标，即全区法院文书审批率[①]平均值从24.68%提升到95%，文书上传率[②]平均值从69.89%提升至95%，电子卷宗制作率[③]平均值从36.68%提升至80%，笔录录入率[④]的平均值从39.44%提升至60%，庭审录音录像率[⑤]平均值从4.8%提升至50%。最终将文书审批率（文书签批率）、文书上传率、电子卷宗制作率、笔录录入率、庭审录音录像率等五项指标纳入审判绩效考核。

仅仅通过半年的强力推进，新疆法院的文书审批率由1月的29.5%上升为52.1%，整体呈现上升向好趋势。其中伊犁州分院、阿克苏中院、喀什中院达到了100%。

---

① 计算公式为：使用文书批注的案件数÷有裁判文书结案数×100%。
② 计算公式为：有裁判文书的案件数÷已结案件数×100%。
③ 计算公式为：有电子卷宗案件数÷结案数×100%。
④ 计算公式为：笔录录入案件数÷审结开庭案件数×100%。
⑤ 计算公式为：庭审录音录像数÷预订法庭数×100%。

新疆法院的文书上传率由 1 月的 95.4% 上升到了 99.1%，已经完成了年初确定的工作目标 95%，其中，喀什中院、哈密中院、阿克苏中院的文书上传率都已经达到 100%。

新疆法院的电子卷宗制作率已经超出了年初设定的 80% 的工作目标，达到了 81.2%。虽然累积指标呈现下降状态，分析原因发现，绝大多数法院都是结案之后才制作电子卷宗的，所以已经结案但是没有制作电子卷宗的案件量比较多，造成案件的卷宗制作率下降。同时，年初书记员大多都是在扫描上传上年度的已结案件，电子制作率就比较高。但随着案件量的增多，扫描上传速度明显降低。

与电子卷宗制作率情况相同，新疆法院的笔录录入率 60% 的工作目标已经实现，由 1 月的 44.67% 上升到 6 月的 63.3%。

同步录音录像方面，共计 257 套，能够接入审判信息管理系统的为 257 套，接入科技法庭统一管理平台的为 253 套。目前，可以回传到审判信息管理系统的为 257 套，可以回传到科技法庭统一管理平台的为 197 套。

2016 年，高级人民法院充分发挥示范引领作用，力争在各项考核指标上体现出以上率下的态势。目前，高级人民法院文书审批率、文书上传率、电子卷宗制作率均已达到 100%，应用效果很好。笔录录入率由于书记员还没有养成在科技法庭应用系统进行庭审的记录习惯，仍有部分审判庭没有达到 60% 的标准。庭审录音录像率也是较低的指标，仅达到 56.7%，需要进一步提升。

根据全区法院五项信息化应用指标的统计分析，高级人民法院确定了以下几方面需要强化的工作。①充分认识网上办案的重要意义。将网上办案作为一项硬任务，以干警信息化应用能力作为提高办案质效的重要抓手，将网上办案纳入日常工作部署，形成网上办案工作新常态；②严格管理，形成倒逼机制。高级人民法院将网上办案纳入对各分中院的绩效考评内容后，单独计算分值，定期通报，杜绝案件在审判信息管理系统之外办理的现象；③加大法官网上办案的培训力度。根据考核情况发现工作中的薄弱点，及时推进培训工作。

二是加大庭审评查力度。根据高级人民法院《关于开展网上办案考核的通知》的要求，庭审录音录像工作关系到全区法院的审判执行质效，又是信息化建设的重要内容。因此，高级人民法院于 2016 年 6 月在全区各级法院开展为期半个月的庭审录音录像评查活动。直接从全区法院科技法庭统一管理平台进行调取，不再要求各级法院上报光盘，避免了"为了评查而评查"的虚假现象（具体抽查情况见表 1）。

表 1　2016 年 6 月全区法院庭审录音录像评查结果

序号	法院	无录音录像视频资料	有录音录像视频资料(件)				扣分(分)
			既无声音也无图像	无声音或声音不清晰	无图像	录音录像不完整	
1	乌鲁木齐市中院						
2	铁路中院			4			0.2
3	吐鲁番市中院			4			0.2
4	昌吉州中院			6			0.3
5	巴州中院	没有录音录像资料					1
6	哈密地区中院						
7	喀什地区中院			2			0.1
8	阿克苏地区中院						
9	克州	没有录音录像资料					1
10	阿勒泰地区中院			3			0.15
11	博州中院			4			0.2
12	塔城地区中院			7		1	0.4
13	克拉玛依市中院	2	1	2		1	0.4
14	和田地区中院	2		5			0.45
15	伊犁州分院			3			0.15
	总　计	4	1	40		2	

根据庭审录音录像的评查工作，高级人民法院通过审管动态强化以下几方面的工作：①进一步统一思想，提高认识，把全面推进庭审录音录像和庭审公开作为提升司法公信力、促进公正司法的重要举措来抓；②通过

技术手段和制度规范，让法官和书记员形成开庭就要录音录像的工作习惯，确保所有开庭的案件都有录音录像视频资料得以保存；③技术部门要保证设备的随时可用性，书记员要确立保证庭审录音录像内容清晰、完整的责任。

三是建立了院领导办案通报机制。为了更好地进行汇总分析，高级人民法院在审判信息管理系统中将院领导作为一级组织机构，承办案件情况与其他审判庭同步统计，并于5月对全区法院院领导办案情况进行了通报。

四是加大裁判文书公开考核力度。通过在审判信息管理系统部署裁判文书直报系统，既提高了裁判文书公开的工作质效，又掌握了全区法院裁判文书上网的情况。自2016年6月裁判文书直报系统上线以来，全区法院共计有6022篇裁判文书与中国裁判文书网对接公布，其中高级人民法院225篇。

（三）坚持需求引领，打造新疆特色便民利民体系

新疆少数民族人口占比近60%，注定便民利民体系应当具有少数民族特色，方能体现出信息化技术的与时俱进。近年来，随着新疆法院审判信息管理系统的深度应用，数据集中管理的优势使得司法公开、诉讼服务的质量和效率实现了后发超越。

1. 打造"双语"诉讼服务中心

2013年，新疆法院即启动了立案信访大厅和便民诉讼服务中心建设，主要通过完善各项基础设施来方便群众诉讼。2014年，《最高人民法院关于全面推进人民法院诉讼服务中心建设的指导意见》（法发〔2014〕23号）下发后，新疆法院的诉讼服务中心建设向提高服务质量转型。一是推行"双语"导诉。全区法院诉讼服务中心均配备一名"双语"导诉员，为当事人提供面对面的诉讼指导。二是推行"双语"诉讼指南。全区法院诉讼服务中心均提供汉语、维吾尔语、哈萨克语等纸质版诉讼指南，方便少数民族群众查阅。三是推行"双语"电子触摸屏和LED屏，提供维吾尔语的开庭公告、诉讼指南等。四是直播少数民族语言文字审理的庭审录音录像。高级人民法院每天在诉讼服务中心随机选择本级或者下级法院使用少数民族语言

的庭审录音录像。各级法院通过 LED 屏或者楼宇电视系统扩大少数民族语言庭审录音录像的直播效果。

2. 打造"双语"司法公开平台

2016 年 7 月，新疆法院诉讼服务网在互联网上线运行，兼具司法公开和诉讼服务功能，方便各族群众和当事人在同一平台解决所有需求。新疆法院诉讼服务网具有如下特点。

一是"一网"全覆盖。新疆法院诉讼服务网上线之前，各级法院的政务网站均有司法公开信息，案件数据上传不及时、公开范围过窄、功能不完备等现象较为突出，特别是使用少数民族文字的裁判文书公开数量较少。新疆法院诉讼服务网上线运行之后，将司法公开平台统一为一个出口，所有案件信息数据、裁判文书从审判信息管理系统中直接抓取，既保证了所有需要公开数据的及时性、准确性，又节约了下级法院的司法资源、减轻了压力，使政务网站进行法制宣传、诉讼服务网进行司法公开的职能更加清晰。

二是提供"双语"查询。新疆法院诉讼服务网维吾尔文页面的按键条目全部是维吾尔文字，除了案件信息是汉语外（系统自动抓取，无法转换为维吾尔语），涉及查询按键、静态信息均为少数民族文字，方便少数民族群众使用。

三是实现使用少数民族文字的裁判文书公开。新疆法院诉讼服务网的裁判文书公开由部署在内网的司法公开管理平台自动推送，由于技术对接原因，目前司法公开管理平台将汉语裁判文书分别推送到新疆法院诉讼服务网和中国裁判文书网后台，暂时无法将使用少数民族文字的裁判文书直接推送到中国裁判文书网后台，但可以直接推送到新疆法院诉讼服务网。

新疆法院诉讼服务网上线三个月，总访问量达 10075 次，日均访问量113 次，共公开 280523 件案件信息，涉及刑事、民事等各类信息项 610 项。

3. 打造"双语"12368诉讼服务热线

2016 年 9 月，新疆法院 12368 汉语和维吾尔语"双语"诉讼服务热线正式上线运行，这是基于互联网搭建的全区法院统一的语音通讯平台，覆盖全区 116 个法院，各地均能实现一号拨打、人工转接和语音自助服务，为各

族群众和当事人提供诉讼咨询、案件查询、联系法官以及接受监督举报、意见建议等功能。该诉讼服务热线主要具有以下几个特点。

一是提供"双语"服务。从 12368 诉讼服务热线项目启动，高级人民法院就把维吾尔语的通话质量作为重要内容抓紧抓好，专门邀请新疆电视台维吾尔语播音员进行人工语音录入、反复核对电话排号机配置规则、配备"双语"话务员（使用维吾尔语与拨打人通话、使用汉语进行系统录入）。目前，全区法院共有 116 名"双语"话务员能够熟练使用少数民族语言接听电话。12368 诉讼服务热线还实现了"插队"规则，即排队机系统根据按键选择会自动将使用维吾尔语的电话接到"双语"话务员的座席上，但如果汉语话务员的座席均是忙碌状态，系统会自动切换到空闲的"双语"话务员座席上，"双语"话务员能够使用汉语接听电话，避免了由于线路忙碌各族群众等待过久的状况。上线不到两个月，全区法院共接听电话 429 次，其中，案件查询 263 件、诉讼咨询 144 件、联系法官 4 件、信访投诉 10 件、违法违纪举报 4 件、意见建议 4 件。

二是 12368 短信平台同步推进。2016 年 9 月，新疆法院通过最高人民法院 12368 短信平台向当事人发送短信，涉及各类案件的立案、审判组织、开庭信息、承办人变更、审限变更、结案、送达方式等 52 个节点信息都会在第一时间发送到当事人的手机上。

自 2016 年 9 月短信平台开通以来，平台共发送各类案件节点信息 40748条，平均每天 970 条。

三　寻找信息化建设空间及未来工作展望

以 2003 年一级专网线路开通为标志，新疆法院信息化建设历经十多年的发展，与内地发达地区相比，信息化建设进展较慢、成效不显著、特色品牌少，存在的问题主要有以下几个方面。

一是统一思想、同步推进的信息化建设良性循环局面还没有形成。受经济社会发展程度的影响，新疆法院信息化发展不平衡的现象比较突出。经过几年的高位推动，高级人民法院坚持硬件支撑环境自行建设、软件应用系统集中部署的信息化建设原则，通过召开信息化工作推进会、制定工作规划、下发工作要点等方式力求全区法院在高级人民法院的统一规划下，缩小地区间的差距，但仍然存在领导不重视、工作思路不清、出现问题找不到解决办法的现象。

二是提高能力、网上办案办公的信息化应用全面覆盖还存在差距。近年来，由于信息化建设项目上线较快，各类应用系统集中部署后，网上办案网上办公全面推开，各族干警的工作思维、工作方法还没有从传统办案模式上转变过来，审判员依靠书记员完成信息化应用要求的现象比较普遍，对智能化服务工具不了解、不会用的情况较多。

三是总结经验、提高质效的信息工作机制还没有搭建。"以建设推应用、以应用促建设"是信息化工作的最佳状态，但由于新疆法院信息化工作欠账太多，建设项目推进不得不加快，出现了以信息技术处为主管、各部门配合程度不够的现象。信息化建设推着应用走、帮着应用走的状态，势必会分散工作重点，同时也没有完全形成倒逼机制。

四是建设新疆特色的信息化系统创新思维不够。自助立案机、自助查询机等现代设备虽然可以方便当事人参与诉讼，但对于少数民族当事人来说，基本就是"无用设备"一台，语言文字不通是最大的障碍，看不懂就不会自主操作。因此，如何转换思路、寻找落脚点，就成为新疆法院信息化建设的难点和"瓶颈"，既需要深入的调研，又需要切合实际的方案，还需要与建设方共同推进。

围绕全面建设人民法院信息化3.0版的目标，结合新疆法院信息化工作实际，以人民群众日益增长的司法需求为引领、以服务审判执行第一要务为导向，要重点抓好以下几方面的工作。

一是全力搭建"六大系统"平台。任何司法公开、便民利民措施的出台，都依赖高质量的审判质量、高效率的服务作风和扎实的信息化基础。在法官员额制改革和司法责任全面落实的进程中，为法官办案提供智能化的服务，进一步减轻法官负担，促进法官提升类案同判、量刑规范的审判能力，

由辅助工作向技术辅助迈进，全面提升人民法院的审判执行工作质效。

二是积极构建安全可靠的防护体系。随着四级专网的全面覆盖、各类应用系统的全面上线，网络安全不可忽视。2016 年，高级人民法院已经启动了等级保护、容灾备份、配电系统单独支撑等项目，但全面搭建完成需要到 2017 年。与此同时，涉密专网的建设也刻不容缓，否则就会出现"木桶理论"中的短板效应。

三是拓宽人民法院对外公开服务的途径和渠道。2016 年，高级人民法院启动了新疆法院诉讼服务网二期建设项目，拟在新疆法院诉讼服务网开通网上立案、网上信访、律师平台、代表委员联络平台等功能，建设完成后会为各族群众提供更为阳光、透明的司法公开和更为便捷、高效的诉讼服务。与此同时，已经与新疆大学多种语言文字研究所签订战略合作协议，在汉语、维吾尔语文字互译、语音互译上取得技术突破，争取早日运用到庭审活动中。

信息化助力提升司法质效

Improving the Quality and Efficiency of
Administration of Justice through Informatization

B.11
"互联网＋司法执行"应用报告

—— 以深圳法院鹰眼查控网为样本

胡志光　王芳*

摘　要：　执行查控信息化工作对解决执行难问题具有关键性作用。深圳法院在这一理念指引下，建成了全国首家涉案财产查控的信息化平台，经过五年的完善与发展，该平台已突破了最初解决执行难问题的目标框架，衍生出了更多参与社会治理创新的新功能，逐步成为"智慧城市"的重要内容。本文详细介绍了深圳法院鹰眼查控网作为执行查控信息化工作平台的初创背景、运行模式、主要功能，并对该平台运行以来所摸

* 胡志光，深圳市中级人民法院党组成员、副院长；王芳，深圳市中级人民法院执行局审判员。

索出的有益经验进行了总结，为在全国推广信息化查控平台提供经验。

关键词： 司法查控　"互联网＋"　司法协同　鹰眼查控网

查询和控制被执行人及其财产是人民法院执行工作的核心内容，执行查控工作的效率与质量直接决定了执行难问题能否解决。深圳法院首创的鹰眼查控网在执行信息化建设中处于基础和关键地位，是推动解决执行难问题的重要抓手。鹰眼查控网的建设过程也是一个"互联网＋司法执行"平台的迭代发展过程：从无到有的 1.0 版——从集中查询到执行五查组是深圳鹰眼查控网在全国首创的过程，目前"点对点"模式已经普遍为全国各地执行查控工作采用；从小到大的 2.0 版——执行五查组升级成为鹰眼查控网，全面完成了由查询到控制的升级，鹰眼查控网从创建至今完成了六次技术升级，是目前全国查控财产面最广的平台；从大到强的 3.0 版——鹰眼查控网利用一网打尽涉案当事人财产的功能优势，反哺服务公安、检察等联动部门的过程，也是鹰眼查控网共享联动部门强制手段和信息的过程，现在的鹰眼查控网分享了执行协助联动单位涉及被执行人的出入境、乘机记录、纳税等信息和手机定位功能、临控等强制手段，实现了由"找物"向"找物＋查人"的升级。截至 2016 年 12 月，鹰眼查控网的联动协助单位已经扩容到 43 家。

一　鹰眼查控网建设背景

（一）问题背景

一是执行查控资源紧缺。"案多人少"矛盾在法院系统是一个常态。在人力资源、辅助配套、硬件设施均不能依据执行案件数量增长而增加的情况下，只能通过执行办案人员的高负荷工作来完成越来越多的执行任务。以深圳法院为例，2010～2012年深圳市法院执行案件5万余件，占深圳法院总案件数20万余件的四分之一，占广东省执行案件总数30万余件的六分之一，执行法官人均办案数超过200件。如不能在更宏观的执行方式和管理方式上取得突破，"执行难"的问题只能随着执行案件的增多而日益突出。

二是执行财产难查。"执行难"的核心之一是"被执行人财产难查"。随着社会经济发展，财产权利的表现形式越来越丰富，被执行人的财产范围不断扩大，相应的财产权利登记机构也走向多元化。传统的查控方式对财产信息资源掌控不全面，对一些新的财产权类型，如支付宝余额等互联网金融资产无法采取查控措施；一些被执行人的财产具有隐秘性、分散性，如保险、公积金等，处于法院查控范围的盲区，无法覆盖；甚至有些被执行人利用离岸金融产品等财务手段，达到转移财产的目的。以上种种原因，造成了当前执行财产难查的局面，在客观上对人民法院查询、控制被执行人财产的传统方式形成了全新的挑战。

三是执行查控手段落后。按传统派人派车奔波于各执行协助联动单位的工作方式，工作的效率、广度和深度等方面均存在严重不足。深圳罗湖区人民法院全国模范法官曹林曾办理一个异地执行的案件，出动了9位干警，派出3台车，花了5天时间，耗费了巨大的司法资源，靠着执行干警的责任心和坚持不懈，在最后关头才查控到被执行人800余万元的执行款。这种低效率高耗费工作状态的根源，在于传统执行查询和控制方式的落后。

四是协助执行人难求。法院执行过程中，需要其他协助执行义务人甚至到期债务次债务人的配合。由于法院执行会直接或间接影响协助执行人的利益，他们消极对待甚至妨碍执行的行为也时常发生。实务当中，法院一线执行干警反映：银行等协助执行义务人往往以内部规定为依据，用种种理由拒绝或者拖延协助执行，执行法官只能依法留置送达，甚至有时候还要采用罚款、拘留等司法处罚措施，才能促使协助执行义务人履行协助执行的义务。

（二）政策背景

关于执行难问题，中央多次发文，可谓十分重视。1999年中共中央下发《中共中央关于转发〈中共最高人民法院党组关于解决人民法院"执行难"问题的报告〉的通知》（中发〔1999〕11号），2005年中央政法委下发《中央政法委关于切实解决人民法院执行难问题的通知》（政法〔2005〕52号），2007年中央政法委又下发《关于完善执行工作机制　加强和改进执行工作的意见》（政法〔2007〕37号）。执行难，究竟难在什么地方？现在司法界和理论界都普遍认可的说法是中央1999年的11号文件将"执行难"概括为"四难"：即被执行人难找、被执行人财产难查、协助执行人难求、被执行财产难处分。

"执行难"，其成因是社会性的，其影响是社会性的，其解决也必然是社会性的。这个社会性的解决方案就是建立执行联动机制。什么是执行联动机制？2008年，中央在开展清理执行积案活动时强调，建设"党委领导、人大监督、政府支持、政法委协调、人民法院主办、社会各界配合"的执行工作格局，这个执行工作格局就是新时期的执行联动机制，也是新时期人民法院解决执行难的必然选择。2010年9月，中央19部委联合下发《关于建立和完善执行联动机制若干问题的意见》（法发〔2010〕15号），推动执行联动机制建设进一步深化。

人民法院办理执行案件的核心工作，是查询和控制被执行人的银行存款、车辆、工商股权和房地产。涉及这些财产的主管部门是法院以外的独立行政体系，其内部的信息和资源虽早已形成了完整的信息库，但这些部门的资源因为"条块分割"无法跟法院共享，只能成为执行工作的"外援"。每执行一个案件，人民法院只能分别请求这些部门给予协助。法院需要打破这些部门条块分割占据和掌握当事人财产信息资源的局面，建立一个以人民法院为核心掌控、调度和运用执行协助联动单位资源的一种全新管理模式，即人民法院通过与执行协助联动单位建立一个相对独立的执行查控信息化平台，执行部门即可以共享、利用这些部门的信息，查询控制相关财产，这样就把"外援"变成"自助"。这个全新的执行查控信息化平台就是"党委领导、人大监督、政府支持、政法委协调、人民法院主办、社会各界配合"的执行工作格局具体化，让执行联动具有可操作性，从而有效解决执行"四难"中被执行人难找、被执行人财产难查、协助执行人难求三个主要难题。

（三）实践背景

1.鹰眼查控网的制度基础——执行联动机制

根据中央和最高人民法院新时期执行联动机制建设的要求，各地法院根据地方实际情况，在执行联动机制建设方面进行了积极探索。

以深圳为例，2007年3月，深圳市人大常委会通过了《关于加强人民法院民事执行工作若干问题的决定》。该决定对《民事诉讼法》执行程序的修订起到了先行探索和提供借鉴样本的作用，首次以地方立法形式对构建执行联动机制作出具体规定，明确和细化联动协助单位的法律义务。深圳法院抓住该决定出台机遇，积极与公安、检察、海关、工商、国土、税务、电信、燃气、水务和出租屋管理等17个部门单位建立执行联动机制。例如：与市国土房产部门协商，在法院办公楼设立查封窗口；与深圳市工商局共享企业信息，开放对被执行人企业信息的自助查询；推动《深圳市国内银行统一办理司法协助公约》的签订，与深圳市国内银行同业公会联合深圳17家国内商业银行出台了《深圳市国内银行协助法院执行工作会议纪要》和《法院银行合作执行手册》；与深圳市公安局机场分局制订《关于在深圳机场协助执行的具体实施办法》；与公安边检合作，推广、规范和强化边控措施的适用；协调深圳市公安局交通警察局出台《关于协助扣留被查封机动车辆的实施细则》；与公安监管部门协商共建司法拘留绿色通道，深圳市公安局预审监管支队就法院执行过程中采取司法拘留措施的配合和协调问题作出统一规范；与深圳市工商局和人民银行深圳中心支行建立合作关系，将所有执行信息上传"深圳信用网"和"人民银行征信系统"，使拒不履行义务的被执行人在贷款、购房、购车等方面受到限制。通过一系列工作，深圳法

院的执行联动机制形成了独特的立法优势和较为全面的文本协议框架，在多个领域的执行联动实践中取得了重要突破。为解决"难而不联""联而不动"等典型问题不断开拓联动战场、创新联动方式。

2. 鹰眼查控网的发展破冰——"集中查询"模式

截至 2007 年底，全国各级人民法院受理的执行案件中，债务人有财产或部分财产而未能执行的难案还有 33 万多件。大量案件未能得到有效解决，不仅当事人的胜诉权益得不到实现、引发大量的信访案件，而且损害了法律尊严，损害了社会公平正义。

基于这样的考虑，全国清理执行积案活动应时而生。2008 年 11 月到 2009 年 10 月，中央政法委和最高人民法院牵头，中央纪委、中央组织部、中央宣传部、国务院办公厅等 19 个中央部委参加的清案活动持续了整整 11 个月。2009 年 9 月中下旬，清案活动进入最后攻坚阶段，《中央政法委、最高人民法院关于规范集中清理执行积案结案标准的通知》（法发〔2009〕15 号）要求查银行存款、查房产登记、查股权登记、查车辆登记（简称"四查"）。各地法院在 2009 年国庆节前要按照清案要求完成全部执行积案的"四查"工作，据深圳等法院的统计，这相当于正常情况下法院一年的查询工作量。正是在巨大的工作压力下深圳法院执行局将全市待清理的 3.2 万宗执行积案工作中具有同质性的查控业务集中起来，统一协调银行、国土、工商、公安等相关部门开发批量自动检索软件，极大地提高了工作效率。在短短 15 天时间内，完成了近 10 余万人次的"四查"。清案活动结束后，基层法院和一线法官反映，查询和控制被执行人及其财产仍然是执行工作的重中之重和难中之难。为解决这个难题，深圳法院将"集中查询"的做法常态化，在已有的执行联动基础上，形成集中查询控制工作长效机制，探索将同质化的查控业务通过信息系统完成。执行查控信息化平台破冰起航。

深圳法院集中积案查询工作，完成清案任务并形成长效机制的经验成为鹰眼查控网的触发实践：将具有共性的查控工作集约化、信息化处理，可以迅速完成传统查控模式无法比拟的海量查控工作，是破解"执行难"坚冰的有效工具（见图 1）。

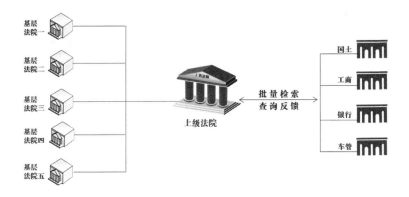

图1　"集中四查"工作模式图

二　鹰眼查控网的结构与内容

（一）原理——中心网络式工作模式

鹰眼查控网是执行查控的信息化平台，是各级法院和各执行协助联动单位之间建立的对被执行人及其财产进行调查和控制的平台，包含人民法院的执行查控信息化系统以及执行协助联动单位的协助执行系统。该平台通过"点对点"的方式连接人民法院和执行协助联动单位，以标准化的数据形式汇集、储存、检索、传输、反馈、管理查控信息。

鹰眼查控网工作方式是：人民法院通过该网将查询和控制请求发送到执行协助联动单位，联动协助单位协助执行系统接收查询和控制请求（包含数据报文及电子法律文书），在其自动处理完毕协助执行事项以后，将办理结果反馈到人民法院（见图2）。

鹰眼查控网系统运行以前，深圳两级法院的工作模式是：深圳市中级人民法院执行局两个处加上六个区法院和20个派出法庭，各自派员前往协查机关进行查控工作。这种"分散人工式"查控方法没有计划、没有统筹，效率极低（见图3）。

图2 鹰眼查控网模型

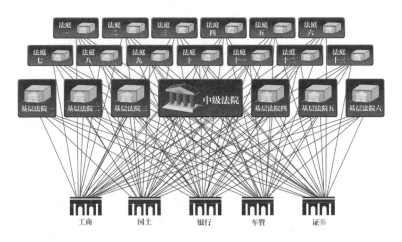

图3 "分散人工式"工作模式

鹰眼查控网建立后，传统的人流、车流、纸质流的执行模式由查控网的电子流、信息流、数据流所取代，法院查控工作实现了信息化。查控组工作人员通过系统统一处理全部查控请求后，集中发送至各协查单位，各协查单位再将协查结果通过系统直接反馈至执行法院。这种工作模式是"中心网络式"（见图4），对执行工作实现高度统筹、高效运行的效果。

（二）架构——查控信息集散平台

鹰眼查控网以法院司法查控业务为核心，内联办案法官、外联协助单位。它集开放性、易用性、拓展性、严密性和安全性等特性于一体，在遵循政府部门内外网物理隔离的情况下，通过移动保密数据交换介质实现法院与

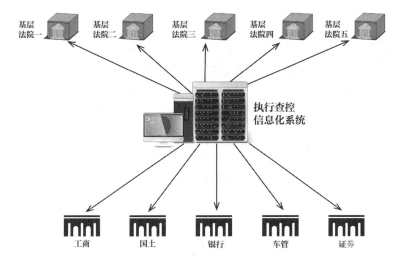

图4 "中心网络式"工作模式

协助单位的联通和信息传递安全交换（见图5），平台以标准化的数据形式汇集、储存、检索、传输、反馈、管理查控信息。为保证各连接点异构数据的无缝安全接入，鹰眼查控网采用中心高内聚、各连接点之间松耦合的模式，同时，平台采用基于内容的数据转换和数据路由，将来自各连接点不同格式和协议的数据转换成统一的传输格式，并根据请求中的规则进行数据的组装和路由。该平台的工作方式是：以鹰眼查控网为信息集散中心，汇总全市司法查控请求，再将查控请求发送至协助执行单位，协助执行单位接收查控请求进行处理后，将结果通过网络反馈至执行局。

（三）特点——多层分布式软件应用模式

鹰眼查控网采用多层分布式软件应用模式进行部署，该平台结合当前计算机技术的最新发展，参照国家电子政务总体框架，遵循面向服务（SOA）的核心架构思想，采用组件化、面向对象的设计开发模式和基于J2EE、B/S/D三层结构的技术体系架构，采用以业务为驱动的自顶向下顶层框架设计方法进行总体设计，实现较好的可靠性、稳定性和扩展性。平台总体技术架构从上至下分别为展现层、应用层、应用支撑层、数据层和基础设施层（见图6）。

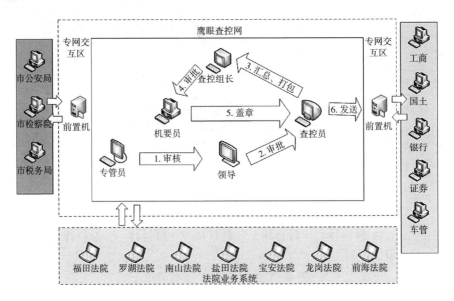

图5 系统总体框架

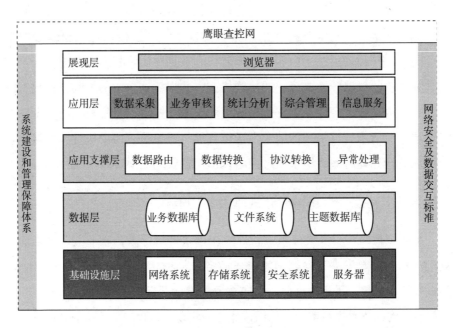

图6 系统软件架构

整个技术架构集中体现了以基础层和数据层为依托，以应用支撑层和应用层为核心，通过展现层，全面为各层次客户提供高品质的个性化服务。核心功能包括基础功能组件、核心服务组件、数据转换组件等，实现统一的接口标准、统一的数据转换。

三　鹰眼查控网的运行

（一）登录

执行法官以及授权的法官助理凭统一分配的用户名和密码，就可以登录执行查控信息化系统，系统通过电子证书、人员账号和 IP 地址等方式实现用户身份的识别。

（二）发起查控

（1）查询：根据案件需要，执行法官或法官助理可以通过执行查控信息化系统，选择需要查询被执行人或其财产的内容，提起查询请求，向相应的执行协助联动单位发送。为了执行措施的规范管理和财产查询的方便，执行查控信息化系统和案件管理系统应当实现数据的关联，使法官可以在案件管理系统中直接提起财产的查询请求。在规定时间内，执行协助联动单位将协助查询结果反馈至执行查控信息化系统，执行法官即可通过执行查控信息化系统或者案件管理系统查看，系统自动按查询结果类型分类汇总，便于执行法官统筹作出适当的执行措施。

（2）控制：执行查控信息化系统将执行协助联动单位反馈的被执行人财产结果列成清单（可以保证被采取措施的财产信息的准确性），由执行法官选择采取相应执行措施。根据财产查询结果，执行法官可以分别采取处理措施：如果被执行人没有财产可供执行，法官将查询结果打印出来，就可以作为案件无财产可供执行的依据；如果有可供执行的财产，根据案件需要，执行法官应当在执行查控信息化系统中操作，填写相应的数据报文，导入、

生成控制财产的电子法律文书，通过系统发送给执行协助联动单位，等待控制结果的反馈即可（见图7）。

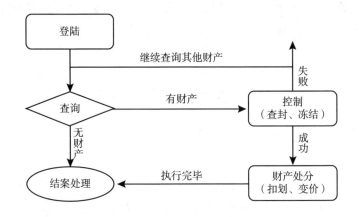

图7　执行法院实施执行查控措施流程

（3）扣划：目前执行查控信息化系统对被执行人的财产已经实现的处分措施，仅有对银行存款的扣划。执行法官可以对一个或者多个账户中已经被采取冻结措施的银行存款进行扣划，操作方式与其他网络执行控制措施类似，也是根据系统显示的财产列表，填写数据报文，导入、生成电子法律文书，发送任务，等待结果。值得特别指出的是，深圳法院的执行款专户都必须在法院执行案件信息管理系统登记备案，执行查控信息化系统在向银行发送扣划请求时，自动将执行款专户信息在数据报文中一并发送，并在生成的协助执行通知书中载明。这样就实现了执行款的统一规范管理，防止出现将执行款扣划至其他账户而产生的舞弊行为。

（三）执行协助联动单位处理反馈

执行协助联动单位的协助执行系统在接收查控请求后，将根据数据报文对查控请求的内容进行自动处理，并根据处理结果形成协助执行结果回执，加盖电子印章后向执行查控信息化平台反馈（见图8）。

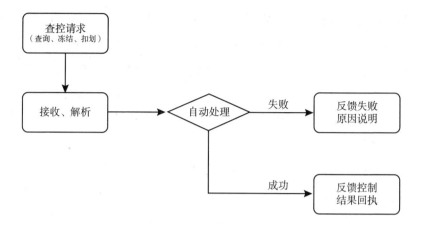

图8　执行协助联动单位协助执行流程

四　鹰眼查控网的功能内容

（一）基本功能

2011年3月，鹰眼查控网在全国较早实现了对被执行人财产的"四查（控）"功能。

1. 银行存款的查控（解封）

通过鹰眼查控网查询被执行人的银行存款的流程主要分为两步：一是在人民银行查询被执行人具体账户情况（包括账号、余额、状态、性质等）；二是以人民银行查询结果为基础，有的放矢地向相应的商业银行冻结、扣划被执行人的存款以及金融资产。通过这种查控方式，可以最大程度上提高查控效率和精准度，同时也减轻了法院和商业银行执行查控信息化平台"海查"的压力。

2. 土地房产的查询

深圳中院早在鹰眼查控网建设之初即积极与当地主管部门协调，积极搭建合作平台。受益于深圳房地产信息化程度高度发达的外部环境，鹰眼查控

网成为全国各执行查控信息化平台中首批以"地对地"的方式实现房地产查控的网络平台，其查控范围也从最初的只针对"原特区内（即罗湖、福田、南山、盐田四个区）房产"扩大到如今的深圳地区"全覆盖"，其查询内容也从最初的只能查询房产基本信息，扩容到如今网络查询房产的查封和抵押情况等详细信息，实现了"全覆盖"式查询和控制。

3. 工商股权的查询和控制（解封）

鹰眼查控网通过与工商管理部门建立专线网络，实现了对工商股权的查询和控制。执行法官可通过该平台查询在深圳市登记的被执行人所持有工商股权（或投资份额）的信息，并可以通过该平台直接发送查封指令。

4. 车辆的查询和控制

鹰眼查控网通过与车辆管理部门建立专线网络，开展机动车辆档案查控业务，目前，该项功能已成为鹰眼查控网常规功能之一，每天的查询量超过百条。

（二）特色功能

随着最高人民法院不断深入推进执行查控信息化工作，全国各地法院的执行查控信息化平台相继建立，已形成了以最高人民法院为主体、地方各级法院为补充的执行查控信息化平台体系。鹰眼查控网作为最早的执行查控信息化平台，在经过了"人无我有"的初级阶段后，率先进入了"人有我优"的特色化发展进程，以不断扩大财产查控范围、不断优化财产查控手段、不断提升财产查控效率为目标，开发了具有地方特色的功能。

1. 人有我优

（1）实现银行存款的扣划功能。在鹰眼查控网平台上，执行法官可以在网络上直接对被执行人的银行存款发送扣划指令，无须通过人工方式前往银行营业点办理扣划手续。这一功能较目前全国通行的"查、冻"一体化执行查控信息化平台增加了网络扣划功能，使得法官在查询到被执行人银行存款余额后可以第一时间启动划款，将对被执行人银行账户的查询到控制（处置）的时间间隔降至最低。

（2）实现土地、房产的控制和过户功能。在实现对深圳境内房产、土地的查询基础上，鹰眼查控网进一步开发了对被执行人房产、土地的查封（解封）和过户功能。目前，所有有关被执行人房产、土地的司法协助事项均可通过鹰眼查控网完成，极大提升了执行效率和效果。

（3）限制商事登记变更。鹰眼查控网对于查封被执行人工商股权的事项具备了"附加"功能，即在冻结被执行人工商股权的同时，对被执行人的商事登记事项变更等事项进行了限制，在查封期限内，被执行人不仅不得变更其工商股权，其他工商登记事项也不能进行变更。该项措施在执行实践中具有重要意义，查封期间虽然不影响被执行人的经营活动，但对企业融资、增资等商事活动具有重大影响，因此，有部分被执行人为尽快解除商事登记事项的限制，选择主动履行义务。

（4）股票的查询和控制。借助深圳证券交易所的地缘优势，深圳法院成为全国唯一一家与证券登记机构建立网络查控专线的地方法院。通过鹰眼查控网，执行法官可以直接发送电子版的法律文书至中国证券登记中心（深圳）分公司，实现对被执行人名下的股票、证券的查询和冻结功能。

（5）边控。边控措施是人民法院利用边检部门的警力，在被执行人出境时对其人身自由进行限制，移交执行法院促使其履行执行义务。以广东省法院为例，2013年，通过公安部门对被执行人实施边控措施达1000人次。有的法院与公安机关合作开展布控，在被执行人乘坐飞机安检时对其人身自由进行限制。鹰眼查控网建成运行以来，通过口岸边控和机场布控措施，拘留超过500人，促结执行案件标的总额超过10亿元，大批"钉子案""骨头案"迎刃而解。

2．人无我有

针对比较特殊的案件（维稳案件、重大疑难案件、媒体关注案件），鹰眼查控网开通了特殊功能通道，为这类案件提供功能更强大的执行手段。

（1）车辆的实物查扣。在与车管部门开展车辆档案查控业务基本顺畅的基础上，深圳法院积极与车辆管理部门协商，利用车辆检验、环保检验、限制车辆强制险等手段，推进车辆的实物扣押工作。目前，鹰眼查控网已实

现档案查封与实物扣押一体化。由于该项功能需要车辆管理部门利用大数据分析被控车辆的行进轨迹，所耗费的管理资源较大，故暂时只通过定期路面查控行动的方式定位车辆，并实施现场控制手段，尚未形成常态化。

（2）临控措施。手机定位和临控手段是鹰眼查控网的另一项特色功能。通过与公安部门合作，深圳法院可以借助公安机关手机定位对逃匿的被执行人或负责人采取手机定位、临控手段等方式，搜寻逃匿的被执行人，并采取拘留、搜查等强制执行措施，在空间上排除了执行的盲区，从心理上给被执行人形成了巨大的压力，在促使被执行人履行义务方面效果很好。

"鹰眼查控网"从无到有、无处不在，从查财产到控财产，从查人到控人，从深圳查询到全国查询，各项功能日臻完善。网络专线从国土、商业银行部门，扩容延伸至税务、交警、燃气、社保等单位，查询的内容从房屋产权信息、银行存款扩展到出入境信息、乘机记录、纳税信息、社保记录和燃气记录等，并建立起车辆的实物查扣与纸质查封一体化常态机制。

五 实施效果与存在的问题

鹰眼查控网的开发与应用为法院执行工作插上了腾飞的翅膀，对提升司法服务的品质具有划时代的意义。

（一）实施效果

1. 实现司法执行从当事人主义向法院能动主义的转变，提升司法为民的"客户体验"

深圳法院改变原有的依靠当事人提供财产线索开展执行工作的模式，自执行案件立案后，即通过鹰眼查控网对被执行人的财产进行"五查"，并将查询结果告知申请执行人。这一工作模式充分体现了司法为民理念，解决了申请执行人较难自行查找被执行人财产的问题。从 2011 年 3 月建网至 2016 年 10 月 31 日，共有 110155 件执行案件提起查询请求，查询到房产信息 729237 条、车辆信息 769170 条、股权信息 513641 条、银行账户 2674044

个、证券账户 407471 个，总计查询被执行人财产信息 7846842 条。

2. 实现司法执行从"实体模式"向"互联网＋"模式的转变，提升工作效率

传统人工查控模式是：50 余名工作人员＋20 余台车辆＋30 余家协助执行单位。鹰眼查控网工作模式是：互联网＋30 余家协助执行单位，极大节省了人力物力。鹰眼查控网实现了让电子流、信息流、数据流取代传统的人流、车流、纸质流，极大提升了工作效率。据统计，从 2011 年 3 月建网至 2016 年10 月 31 日，鹰眼查控网实际冻结银行金额 8093916125.64 元，实际扣划4201019044.06 元，查询到房地产信息 729237 条，实际控制房地产 50644 套，查询人员信息 23928 条。深圳市中级人民法院执行案件的办案周期从六个月降到四个月；人均办案数从 2012 年的 110 宗上升至 2014 年的 230 宗。

3. 实现司法执行从"人管案"向"系统管案"的转变，提升司法廉洁度和透明度

鹰眼查控网与案件管理系统对接，执行案件立案后，由专人在规定时间内通过鹰眼查控网提起查控请求，杜绝了执行不作为、拖延执行等消极执行行为，同时也挤压了人情案、关系案的操作空间。此外，鹰眼查控网的所有操作过程均由系统自动记录到案件执行日志，并自动推送，向当事人公开，进一步提升了执行信息公开的透明度，让一些不规范、不廉洁的执行行为"不能为"。

4. 实现司法执行从单打独斗向社会力量共同参与的转变，促进社会征信体系的建设

鹰眼查控网从最初的辅助办案，逐渐成为全市司法执法单位优势互补、信息共享的"信息枢纽"。作为一个开放式的信息平台，鹰眼查控网联合了银行、公安、车管、房管等行政机构，形成合力，共同打击"老赖"，并在此基础上不断扩展网络查控的范围，逐步构建了一个打击不诚信行为的社会共同体，促进了社会征信体系的建设，净化了法治环境，这对于深圳的现代化、国际化、创新型城市发展至关重要。从 2011 年 3 月至 2016 年 4 月，鹰眼查控网协助公安、检察、海关、税务、证券监管等有权执法机关完成查询任务 9000 余项。

（二）存在的问题

鹰眼查控网发展到今天，基本覆盖了涉案财产和人员的查控工作，但是作为一项信息化的系统工程，鹰眼查控网不断迭代发展的过程是持续不停的。目前，鹰眼查控网主要面临的问题来自两方面。

1. 对内：自身软件升级与扩容问题

与目前流行的大部分软件和操作系统的开发一样，鹰眼查控的迭代是一个由粗到细、由概括到精准的过程。根据鹰眼查控网建设的主要目标要求，鹰眼查控网在现阶段主要以扩大查控财产范围、提高查控精准度为任务。在互联网大规模发展的今天，涉案当事人的很多财产形式早已突破传统的"五查范围"，如支付宝、微信零钱等新型财产形式层出不穷。在这一方面，目前鹰眼查控网还不能覆盖，针对这一方面的调研与实际推进工作也尚未能及时提上日程。

2. 对外：如何与全国执行查控系统对接问题

2016年，最高人民法院建成了全国执行查控信息系统，初步确立了以最高人民法院执行查控体系为核心、以地方各级法院执行查控体系为补充、覆盖全国范围以及所有基本财产形式的执行查控体系模式。作为地方查控体系，鹰眼查控网是较为成熟的地方执行查控平台，在运营模式、财产范围等方面都与全国查控系统有较大差别。如何与全国查控体系进行数据对接，如何充分利用全国查控体系的"总对总"优势，同时发挥地方"点对点"的优势，做好全国查控系统的地方补充，是目前亟待解决的问题。

六　未来展望

（一）互联互通是"互联网＋司法执行"之精髓

深圳法院用"互联网＋"思维创建鹰眼查控网，将传统的"人工＋文本"查控模式转变为"网络＋信息"模式,全面进入"互联网＋司法执行"时代。"互联网＋司法执行"要解决跟谁连接和怎样连接的问题。

1. 跟谁连——连接协助单位财产信息

连接带来资源重新配置。鹰眼查控网的实质是连接一切。以往在国内没有一个单位或部门可以整合涉案当事人财产信息,鹰眼查控网是深圳法院首创整合分散财产信息资源而建立的"一网打尽"涉案当事人及其财产的工作平台。2010年10月,深圳法院与第一家协助单位——深圳市房地产权登记中心连接;2011年3月,完成了对银行、国土房产、车辆、工商股权、证券等协助单位信息资源的整合;截至2016年12月,鹰眼查控网的协助单位已经扩容到43家,成为全国查控财产面最广的平台。值得一提的是,2014年9月,深圳法院与汇丰银行深圳分行签署协议,首次将执行网络查控的触角伸向外资银行领域。在连接一切的过程中,在整合资源过程中,深圳法院的秘籍是因势利导:利用市委政法委书记参加清案表彰活动的机会,鹰眼查控网"借势破局",将鹰眼查控网纳入市委"织网工程",利用承办全省执行指挥中心建设现场会机会"乘势而上",利用执行款开户银行(民生银行)带头连线"巧妙造势",其他银行纷纷跟着连线,在一次又一次"借势、乘势、造势"中,鹰眼查控网完成了从无到有、从小到大、从大到强的进化。鹰眼查控网是全国目前唯一能够实现对银行存款、股票、房地产、工商股权和车辆(五方面财产)进行一体化查询和控制的平台。财产范围包括银行存款、房地产、工商股权、车辆、股票、基金、债券等;其中,对银行存款支持直接扣划。

2. 怎样连——建立查控信息集散平台

连接方式高效安全是连接一切的首要因素。如前文所述,鹰眼查控网是一个内联办案法官、外联协助单位的查控业务协同平台,在遵循政府部门内外网物理隔离的原则下,通过移动保密数据交换介质实现法院与协助单位的联通和信息传递安全交换,以标准化的数据形式汇集、储存、检索、传输、反馈、管理查控信息。这种"点对点"的连接方式,通过网络隔离系统,不直接进入对方数据库访问,保证了各自系统信息管理权的独立性和保密要求,为社会治理创新"打破信息孤岛"提供全新的解决方案。

（二）分享开放是信息化查控平台不断壮大的关键

法院整合财产信息资源创建鹰眼查控网的目的是解决"执行难"，法院在得到协助单位的支持帮助建立鹰眼查控网以后，向其他有权单位开放鹰眼查控网的使用权。

1. 向深圳市有权执法部门开放

2011 年 3 月至 2016 年 3 月，鹰眼查控网协助公安、检察、海关、税务、证券监管等有权执法机关完成查询任务 9000 余项。鹰眼查控网业已成为这些执法机关办案的主要平台。例如，2012 年 3 月，在广东省"三打两建"专项行动中，公安机关要对某黑社会组织的 100 多名成员的财产进行查控，原本需要四个专案组历时三个月才能完成的工作，鹰眼查控网仅用了两天。

2. 向国内兄弟法院开放

深圳是全国的深圳。鹰眼查控网的平台不仅向深圳开放，还向全国兄弟法院开放。青海省高级人民法院办理青海某公司申请执行深圳某公司、广东省某拍卖有限公司执行回转一案，由于被执行人转移资产、规避执行，青海省高级人民法院执行法官在深圳执行期间未发现被执行人名下有价值的财产线索。2011 年 10 月 27 日，深圳市中级人民法院接到青海省高级人民法院协助查找被执行人财产的请求后，通过鹰眼法院查控网查询并冻结被执行人在工商银行、农业银行等 4 家银行 10 个账户内共计人民币 400 多万元存款，查询和查封位于福田区八卦岭片区的 5 套共计 1800 多平方米的房产。

深圳法院向全国各高级、中级法院发出建立相互协助查询机制的动议。利用鹰眼查控网与北京、上海、天津、重庆等地法院建立网络化协助关系。

3. 分享之后的再分享

鹰眼查控网建设之初衷，是想把它打造为全社会中唯一能够掌控涉案当事人名下财产线索的主体。随着鹰眼查控网这个平台的开放，特别是向公安、海关等部门的开放，公安、海关也愿意进一步跟法院共享被执行人户籍、出入境、旅店、乘机等信息，为执行案件"找人难"提供帮助。所以，鹰眼查控网为服务公安、海关等单位提供一网打尽涉案当事人财产查询的过程，也是鹰眼查控网共享这些部门强制手段和信息的过程。比如，共享深圳海关出入境信息、深圳市地方税务局纳税信息、深圳市刑事侦查局临控通缉手段信息。五年来，深圳边检共边控、布控老赖924人，公安配合拘留189人、追究刑事责任13人。鹰眼查控网由"查物"平台升级为"找人"平台。鹰眼查控网的共享性、开放性，成为"一个部门牵头开发，多系统、多行业分享，全社会受益"的经典范例。

（三）重视客户体验是信息化查控平台持续发展的基础

1. 法官评价——它是执行法官的得力助手

使用鹰眼查控网成为法院执行办案新常态。鹰眼查控网上线后，通过对一手用户（一线法官及助理）的深入调查，不断迭代更新，以其操作简便、反应迅速、功能强大等特点，赢得了一线法官的信任，从最初的深圳市中级人民法院自行推广，逐步发展到各区法院主动要求入网，目前，深圳法院法官已非常适应这种"足不出户、鼠标查控"的办案方式。

2. 当事人评价——满意度大幅提升

鹰眼查控网是司法为民理念在执行工作中的创新实践。以前查找和控制被执行人财产的主要途径是：申请执行人包括代理律师四处查找被执行人财产线索。鹰眼查控网创建以后，执行案件一立案，当事人不必请求法官，也不再需要费尽心思查找被执行人及其财产，执行法官启用鹰眼查控网查控被执行人财产线索，确保当事人合法权益得到最大程度实现。五年来，执行办案周期从六个月降到四个月，执行信访率下降了63%。同时，执行法官的财产查询控制措施都在网上完成，全程留痕，保证案件执行的透明、高效、公正、廉洁，让一些不规范、不廉洁的执行行为"不能为"。

3. 政府的评价——它是"小投入、大产出"的典范

鹰眼查控网是利用互联网思维整合财产信息的新平台、新场所。它的人

员结构是：中级人民法院两名负责人＋基层法院 11 名查控员（在查控网平台上班）＋协助单位 36 名操作员（在协助单位工作窗口上班）。深圳法院创新了超越行政管理边界的管理模式——把不属于法院编制的协助单位操作员纳入法院的业务体系中，没有增加一个编制，也没有增加机构。在当前推进司法体制机制改革和社会治理创新的过程中，不增加机构编制的改革创新，同时整个平台软硬件投入不超过 100 万元，每年节约办案经费上亿元，这个"省人、省钱"的平台，具有特别的推广价值。截至 2015 年 12 月，先后有 150 家高、中级法院约 900 余人次前来参观考察。青岛、厦门、东莞等法院复制深圳模式并运行，最高人民法院借鉴"点对点"模式在 2014 年也开通了全国查控系统。

鹰眼查控网这个深圳首创的涉案财产司法协同"互联网＋"平台，不仅是改革顶层设计在深圳的"落地"，而且是改革原创精神在深圳的又一次"起飞"。2016 年 1 月 6 日，中国社会科学院法学研究所等机构联合发布深圳市中级人民法院基本解决执行难评估报告，报告认为深圳市中级人民法院之所以可以初步实现"基本解决执行难"的目标，鹰眼查控网发挥了关键性作用。

B.12
江西法院司法送达服务平台调研报告

匡　华　徐慧娟　杨崇华　罗正根*

摘　要：　"送达难"长期困扰法院工作，南昌市高新区人民法院利用
信息化手段，自主研发司法送达服务平台，努力破解"送达
难"。江西省高级人民法院对该平台进行优化再造，实现了送
达事务全流程化管理，送达方式全覆盖、送达过程全留痕、
送达服务多样化。在此基础上，报告重点从审判辅助事务集
约化管理和外包服务的角度，理论和实践相结合，阐述了基
于司法送达服务平台的送达服务模式创新，最后对未来发展
进行了展望。

关键词：　送达　信息化　审判辅助事务

一　司法实践中的送达困境

送达是民事诉讼的重要制度之一，及时高效的送达对确保民事诉讼的顺
利进行起着积极的作用。但在司法实践中，"送达难"的问题始终困扰人民
法院工作。以下结合江西基层法院的送达实践，对"送达难"进行具体
分析。

---

* 匡华，江西省高级人民法院司法技术处副处长（主持工作）；徐慧娟，江西省南昌市高新技
术开发区法院立案庭庭长；杨崇华，江西省高级人民法院司法技术处主任科员；罗正根，中
国电信上海道律有限公司总经理。

（一）基层法院送达的传统做法

江西省基层人民法院传统的送达方式主要是先通过电话通知被送达人前来法院领取诉讼文书，再根据电话联系情况采取前往被送达人住所地进行送达、邮寄送达等方式，对于通过以上方式送达不到的，则采取公告送达，基本没有采用过委托送达及转交送达等方式。从南昌市高新区人民法院各送达方式运用情况看，邮寄送达是该院主要采用的送达方式，电话通知被送达人为辅助送达方式，前往被送达人住所地等上门送达与公告送达为补充送达方式。据该院统计，2015 年该院受理民事案件 1697 件，其中通过法院专递邮寄送达的占 75%，通过电话方式通知前来法院送达的占 15%，法院送达人员上门直接送达的占 6%，公告送达的占 4%（见图 1）。

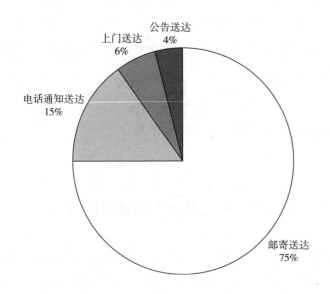

图 1　2015 年南昌市高新区人民法院送达方式统计

（二）传统做法折射出的"送达难"

1. 电话通知送达无准确记录导致送达难

在通过电话通知方式进行送达的过程中，存在部分被送达人口头应诺却不见诸行动的情形。针对这种情形，只能由法院工作人员对通话情况记录并制作送达工作日志。电话记录不仅增加了送达工作量，也不能准确记录所有通话情况、反映送达内容。尤其针对简易程序案件，《民事诉讼法》第159条规定，可以用简便方式传唤当事人和证人、送达诉讼文书、审理案件。依据该规定，通过电话方式传唤当事人是符合程序的，但是部分法官还是会担心电话通知情况无法准确记录和留存，从而选择其他送达方式。这种担心背后所反映的，正是通过电话通知方式进行送达所遇到的困境。

2.直接送达难以寻人导致送达难

（1）社会流动性增大的客观原因。目前法院能够掌握的被告人信息，主要是由原告提供的信息或从公安机关调取的户籍信息。但是随着社会流动性的不断加大，原告提供的信息以及户籍信息均不同程度地存在一定的滞后性，被告如因租房、工作等搬离原住所地后，法院难以掌握其现住所地，从而难以对其进行直接送达，影响送达效率。

（2）当事人刻意躲避的主观原因。实践中也存在不少当事人出于逃避应承担法律责任的动机，实际并未离开住所地，但刻意更换居住地和电话号码，让法院工作人员难以寻人的现象。

3.邮寄送达签收难导致的送达难

邮寄送达方式的设计初衷就是为了解决送达难，实践中成为最受法院欢迎的送达方式。但是，邮寄送达方式的弊端在实践中也逐渐显现，一是邮件回执上受送达人签名不实，二是邮件回执反馈不及时。

根据《最高人民法院关于以法院专递方式邮寄送达民事诉讼文书的若干规定》第6条，邮政机构按照当事人提供或者确认的送达地址送达的，应当在规定的日期内将回执退回人民法院。邮政机构按照当事人提供或确认的送达地址在五日内投送三次以上未能送达，通过电话或者其他联系方式又无法告知受送达人的，应当将邮件在规定的日期内退回人民法院，并说明退回的理由。实践中，邮政机构有时不能及时将回执退回人民法院，而是数月以后才统一将数十个法院专递的回执反馈给法院。从法院的角度

来说，案件的审理不能因为等待邮政机构的回执而停滞，法院只能通过11185 电话或"邮政 100"网站等自行查询法院专递送达情况，并将查询结果打印出来。这必然会导致法院对送达情况掌握不及时，乃至有时临到开庭，才发现相关文书通过邮寄方式未送达当事人，而不得不重新安排开庭时间。

4. 滥用公告送达导致的送达难

法律对于公告送达的适用有着严格的规定。但由于实践中被告人刻意回避送达，公告送达适用有上升的趋势。从南昌市高新区人民法院的统计来看，公告送达的使用率也达到了 4%，其主要问题在于以下几点。

（1）滥用公告送达，影响程序合法性。公告送达本身作为一种拟制送达，必须是在被送达人下落不明或通过其他方式送达不到的情况下才能适用。但是对于何谓被送达人下落不明，法院很难查明且各个法院判定标准不一。例如，南昌市高新区人民法院一般要求有被送达人户籍所在地居委会或村委会出具的证明。具体到个案中，在部分居委会或村委会拒不出具相关证明的情况下，法官对于公告送达的适用要求也不尽相同。同时，对于法院通过其他方式送达不到的情况，因电话通知、直接送达等无法留存相应的送达证据，故从案卷中可能无法体现公告送达适用的合法性。在司法实践中，也存在因质疑公告送达合法性引起的申诉案例。

（2）滥用公告送达，影响案件审理效率。目前，包括南昌高新区人民法院在内的大部分基层人民法院进行公告送达仍是通过传统纸质媒体（如《人民法院报》）进行公告。以《人民法院报》公告为例，须将纸质公告稿及电子公告稿交至《人民法院报》江西记者站，再由记者站转交给报社总部进行排版编辑，报纸刊登后由报社将报纸邮寄给案件承办法官。虽然法定公告期为 2 个月，但整个公告流程需要耗费的时间实际上可能需要 3~4 个月，影响了民事案件审理效率（见图 2）。部分案件因报社未及时将报纸寄回承办法官，导致公告期已届满法官和相关诉讼参与人并不知情，错过开庭时间，只能重新公告。

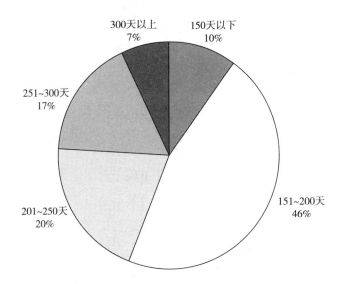

图 2 南昌市高新区人民法院 2015 年度公告送达案件实际审理天数统计

二 南昌市高新区人民法院破解"送达难"的探索

南昌市高新区人民法院作为江西法院信息化建设的先进法院，一直高度重视用信息化来破解工作难题。

（一）问题导向下的需求分析

1. 电子送达方式作为首选送达方式

随着社会的不断发展和进步，电子邮箱、互联网、微信等社交软件和工具得到越来越广泛的运用。在这种背景下，电子送达方式应运而生，其效力得到法律认可。《民事诉讼法》第 87 条规定，经受送达人同意，人民法院可以采用传真、电子邮件等能够确认其收悉的方式送达诉讼文书，但判决书、裁定书、调解书除外。采用前款方式送达的，以传真、电子邮件等到达受送达人特定系统的日期为送达日期。

南昌市高新区人民法院认为，直接送达要耗费法院大量人力物力，且被

送达人流动性大，这些困难均可以通过电子送达的方式予以解决。因此，将电子送达作为新研发的送达服务平台的首选送达方式。

2. 送达工作的记录与留存的电子化

电话通知被送达人难以准确、及时记录的问题，实际上是送达工作的留存问题。传统的留存方式，由法院工作人员进行电话记录，费时费力且难以坚持。通过记录的电子化，一方面减轻了送达法官的工作量，不需要另行记录、制作情况说明；另一方面，也有利于准确全面地记录送达信息。记录的电子化随着技术发展已由电话录音扩展至直接送达以及留置送达，送达过程可通过手机拍摄照片或执法记录仪拍摄视频进行留存。

3. 邮寄信息的反馈和费用统计自动化

从法院实践来看，对法院专递邮寄情况的掌握已基本不再依赖邮政部门反馈的回执，而是可以通过信息化手段进行查询，如通过"我查查""邮政100"等 App 和网站等。但是每个案件、每封邮件送达时间不一，分别查询则显烦琐。如能通过系统统一进行查询、反馈，则会大大提高效率。同时，如能对邮寄送达统一进行信息化管理，也将一并解决相关邮寄费的统计问题。

4. 送达工作的流程化管理

从南昌市高新区人民法院的送达情况来看，已经形成了一种固定的送达模式，即"先进行电话通知，再选择上门送达或邮寄送达，最后采取公告送达"的方式。这种送达的固有模式，反映了流程化的操作与管理。通过这种流程化管理，恰恰能够解决滥用公告送达的问题。整个送达工作一步步流转，结合各个送达阶段留存的材料，能够体现送达工作的进展，并以此作为判断能否适用公告送达的依据。

（二）司法送达服务平台的初步实践

1. 建设情况及功能特点

南昌市高新区人民法院总结传统送达方式的弊端，并结合当事人、法官及法院管理者的需求，自主开发了司法送达服务平台。该平台同时也是送达业务流程管理系统。

（1）优化选择送达方式。该平台整合电子送达、邮寄送达、直接送达、公告送达等各类送达方式进行流程化管理。对民事案件默认选择适用电子送达方式，超过三天未签收的，则自动转为电话送达，仍未送达成功的则根据情况转为邮寄送达、直接送达、公告送达等。

（2）对送达过程全程留痕，保存送达证据。送达时和当事人电话联系的通话记录、直接送达中前往当事人住处及留置送达的照片、邮寄送达的回执等各类送达过程的记录均可录入送达系统，并以时间轴形式，以案件为对象完成每次送达任务、每份司法文书的送达记录，自行生成案件送达工作日志，使得案件的每一个送达步骤一目了然。留存的送达依据及法律依据也将对外同步公开给当事人，进一步深化了审判流程公开内容。

（3）实现送达工作的流程化、智能化管理。系统中附有关于送达的法律规定，确保了送达工作的有效性和规范性。同时，系统还对送达情况进行分类统计，对送达效率进行管理。

2. 电子送达方面的创新

2012 年修订的新《民事诉讼法》首次将电子送达纳入法院送达方式，最新的司法解释也进一步细化了电子送达的规定。全国不少法院都陆续开展了电子送达实践，相比较而言，司法送达服务平台的电子送达有以下特点。

（1）一次送达、四种签收方式选择。送达法官一次上传诉讼文书到送达系统，网络平台、微信公众号、手机短信、电子邮箱四种平台会同步推送给当事人及其代理人，告知其进行签收，提高了电子送达的成功率。为方便当事人、代理人签收文书，提升电子送达知名度，提高电子送达使用率，南昌市高新区人民法院不断总结电子送达工作经验，在网上诉讼服务中心开通电子送达专栏，进入便播放电子送达宣传动画，引导来访者了解电子送达平台。同时，借助手机和移动互联网的高度普及，该院优化了电子送达短信通知，直接推送签收所需账号密码，增加了移动网页签收功能。除此之外，受送达人如果留有电子邮箱，平台还会向其自动发送电子邮件，拓展文书签收途径，使受送达人随时随地都能查看下载文书。研发公司还创新推出了微信

签收平台，"司法送达"微信公众号提供通知提醒、查看签收、历史浏览等诸多便捷功能，受送达人只要在微信公众号中绑定证件号码便能享受到"银行级"的公众号服务。

（2）每日短信提醒。该系统不仅会自动发送账号、密码通知短信及文书送达通知短信给当事人及其代理人，还会每天发送定时催收短信，敦促其及时签收，进一步保障送达工作的顺利进行。

（3）系统自动加载"人民法院电子送达确认书"。根据电子送达使用的规定，受送达人必须签署书面协议送达才有效。该院在电子送达应用实践中，发现如果按照普遍的做法，让受送达人在诉讼服务中心窗口签署书面协议，那么被告的首次送达根本就无法使用电子送达方式。为此，该院大胆创新，只要有证件号码、手机号码的受送达人全部优先使用电子送达，没有签署接受电子送达书面协议的受送达人只要一登陆外网平台，平台就会弹出"人民法院电子送达确认书"，如受送达人同意该电子确认书，那么便可正常签收文书；如不同意系统会强制退出。如此，即使是被告，该院仍能够对其进行有效的电子送达，大大提高了电子送达的覆盖面和实用性。

（4）对电子送达成功的案件可以下载电子送达回证，当事人签收时间能精确到秒，还附有防伪验证二维码，确保其真实性。同时，为保证互联网网站、移动网站、电子邮箱、微信等多渠道签收的安全性、可靠性，该院采用双重认证的签收机制，受送达人每次签收文书时，必须输入实时获取的手机动态验证码，以此保证文书为本人签收的真实性，规避不必要的风险。

3. 邮寄送达智能化的创新

司法送达综合服务平台还对邮寄送达进行了智能化管理。

①司法送达综合服务平台自动从平台中抽取相关信息填充实现了司法专递单套打。②司法送达综合服务平台与邮政平台实现了信息交互，可以直接在法院送达平台上看到专递递送状态，并有签收提醒，避免了因为不知道送达结果影响审判进度。③整个送达工作日志包括递送状态都可直接

打印入卷，既方便又规范。④此外送达系统还可对邮寄送达的费用进行准确统计。

4. 应用成效

司法送达服务平台在应用推广过程中，还配有高拍仪、条码扫描枪等智能辅助设备，提高了平台使用效率，最大程度上避免出现新系统引入带来学习成本增加、工作不轻松的情况，有效激发了法官使用该平台的热情。据南昌市高新区人民法院立案庭统计，2016 年 1～12 月份，该院共通过送达综合服务平台送达各类诉讼文书 2287 人次，电子送达 720 人次，邮寄送达 495 人次，直接送达 1006 人次，外出 4 人次，公告 22 人次。从该院实际应用送达综合服务平台的效果来看，电子送达得到了广泛应用，适用率达 31.48%，成功率也较高，达到了 48.47%，直接送达难的问题基本得到解决。送达情况难以留存、法院专递送达情况反馈不及时及邮寄费统计等问题也通过该平台基本得到了解决。此外，送达制度的流程化管理得到贯彻实施，每一流程的送达工作日志成为承办法官了解案件送达情况的重要依据，避免了以前需要每个案件与送达人员核对的困扰。

5. 存在问题

（1）送达法官数据录入工作量增加，导致部分应用效果不佳。由于上传送达回证、电话通知录音、留置送达照片等工作客观上增加了工作量，目前该院仍有部分案件未通过该平台进行录入、流程管理。对已经录入的案件，送达法官也存在未及时录入送达结果的情况。

（2）存在信息孤岛，导致电子送达操作仍较为烦琐。由于网上办案系统和送达服务平台未联通，目前进行电子送达需送达法官从网上办案系统中下载相关诉讼文书，再上传至送达综合服务平台，工作量较大，每次送达操作时间较长。

（3）送达方式中缺少委托送达方式。由于南昌市高新区人民法院为基层法院，对委托送达方式应用较少，故其开发的送达综合服务平台中未将委托送达方式纳入平台管理。

（4）公告送达方式有待进一步拓展。目前系统中关于公告送达仅有简单的记录，公告时间、公告情况等均未体现。《人民法院报》的公告信息现均公布在其网站上，若送达综合服务平台能自动从其网站提取相关公告信息，则更有利于送达法官掌握公告情况。此外，该平台未设计网络公告的功能。最高人民法院发布的司法解释规定可以采用网络公告的方式送达，因此，可以考虑在送达平台中直接发布网络公告送达，并将公告同时推送至江西省审判信息综合服务平台，扩大公告送达的范围。

（5）转交送达方式尚未纳入平台。新修改后的《民事诉讼法》对转交送达也有明确规定，下一步完善平台应将转交送达方式及流程考虑进去。

（6）对送达平台应用情况的督促管理不足。目前南昌市高新区人民法院对此平台的应用基本上是自愿式，这就导致应用平台的随意性较大，有的法官很愿意用送达平台，也感觉到应用平台的诸多便利，有的法官至今未应用此平台，尚不能体验到平台的好处。此平台现已有对送达情况的统计功能，但若能开发出送达报告，将每个案件的送达情况形成一份完整报告，使法官和管理者可以很直观地查阅送达情况，并将此报告作为检查督促送达工作质效的有力工具，则会使全院送达工作纳入平台进行规范化的流程管理，最终也能形成本院的送达数据库。

（7）针对部分电话打不通、送达地址错误的受送达人，如何找到送达人还缺少分析的手段，"找人难"的问题还是比较突出。

三 江西省高级人民法院对司法送达服务平台的再造

江西省高级人民法院一直重视民事送达问题的实务研究，其在南昌市高新区人民法院实践的基础上，完成了对司法送达服务平台的再造。

（一）全省统一司法送达服务平台的建设新需求分析

在南昌高新区现有司法送达服务平台的基础上，按照全省建设和应用的要求，进行了重构分析。

1. 平台部署

全省司法送达服务平台为达到快速部署的目的，按照 2011 年江西法院独创的司法政务平台部署模式，集中部署在江西省高级人民法院，为各级法院提供服务。该部署方式物理上集中，由江西省高级人民法院统一提供硬件平台支撑，但逻辑上为调动各级法院应用的积极性，能够满足各级法院定制界面和流程的个性化需求。

2. 关联业务系统信息互通

（1）与案件信息系统的互通。该平台提供标准接口与法院在用的审判流程管理系统进行对接，直接抽取送达文书进入司法送达服务平台，并自动将送达回证回填至审判流程管理系统，形成电子卷宗。

（2）与诉讼服务系统的互通。文书送达作为诉讼活动的组成部分，该平台与全省法院诉讼服务平台对接，将送达文书和相关信息一并显示在当事人诉讼服务系统中，方便当事人查阅。

3. 功能优化

（1）新增委托送达方式。将委托送达方式纳入司法送达服务平台，一方面可以对其进行流程化管理，完善送达内容；另一方面，对不同法院接受委托送达的时间能准确记录，有利于督促受托法院及时进行送达。从大数据分析的角度看，形成全省大规模应用效果数据将有利于进一步完善该送达方式。

（2）公告送达优化。公告送达信息化不限于对原有传统纸质媒体公告的电子记录，而是依照最新《民事诉讼法》司法解释第 138 条规定，将其拓展至网络媒体。为便于当事人查看公告，参照浙江法院的实践做法，选择江西法院审判综合服务平台作为网络公告媒体。公告上传实现司法送达服务平台一键上传，公告期满自动回送提示信息。

4. 流程优化

在案件受理后，根据当事人提供的联系方式及时与受送达人电话联系，引导当事人对电子送达方式进行送达签收，同时提供短信、语音电话提醒签收。

对电子送达无法完成的情形，根据电话签收提醒的情况进行分类处理，对于电话不通的受送达人，采用邮寄送达，对于地址明确、电话能通但是不愿意签收的当事人，采用直接送达。

（二）全新司法送达服务平台功能简介

全新的司法送达服务平台于 2016 年 9 月底完成研发，实现了送达方式全覆盖、送达过程全留痕、送达服务多样化。

1. 送达方式全覆盖

全新的司法送达服务平台做到了各类送达方式的全覆盖、集中化管理，实现了在一个平台上既可支持网站、微信、电子邮件等电子送达方式，又可支持邮寄送达、公告送达、直接送达、留置送达等传统送达方式的信息对接、留痕和监管（见图 3）。

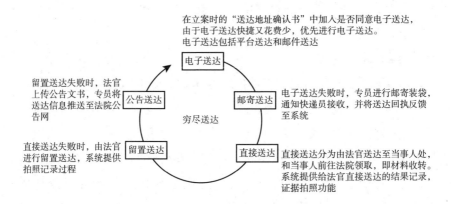

图 3　司法送达服务平台送达方式示意

2. 送达过程全留痕

将送达全过程在平台中数据化、可视化，一方面，平台详细记录送达过程中所有的节点信息、反馈结果、送达回证、证据材料等，方便了法院管理和当事人查阅；另一方面，将原本独立的电子送达、邮寄送达、公告送达等各类送达方式，由一次送达事件串行起来，形成完整的送达流程事件链，为送达方式的转变提供证据佐证（见图 4）。

➤（2017）赣07民特007号案件送达记录

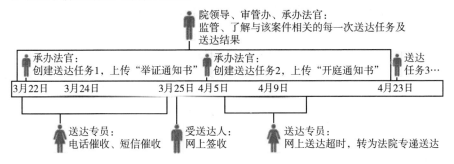

图4　司法送达服务平台送达过程示意

3. 送达服务多样化

引入"互联网＋"理念，平台不仅支持语音热线、短信、电子邮件、网站等传统电子送达方式，还支持微信、手机 App 等移动客户端应用，同时对接邮寄送达、公告送达等方式实现信息反馈，为当事人提供多样化、便捷化的送达服务。

四　未来展望

江西法院探索的司法送达服务平台是法院送达信息化发展进程中的里程碑事件，借助该平台，可以实现送达事务的集约化管理、全套规范的送达流程，探索部分送达事务的外包服务。目前，江西法院正在全省按照自行管理和外包服务两种模式并行的做法全面推广司法送达服务平台的应用，以提升送达信息化水平。展望未来，司法送达服务平台的深度应用将给司法送达服务带来以下变化。

（一）送达服务的同城跨院集约化管理

目前，全国送达事务的集约化管理水平还停留在单个法院内部。深圳目前已出现了基于信息化平台的外出执行事务的同城集约化管理模式，理论上基于信息化平台的送达事务集约化管理也是可行的。下一步，江西法院将探

索基于司法送达服务平台同城跨院送达事务集约化管理，重点在直接送达和留置送达领域试行。

（二）送达服务的跨域集约化管理

电子送达的语音提醒签收不管是法院工作人员电话提醒还是外包人员电话服务，目前的应用还是单个法院独立进行。实践中部分当事人对法院的送达提醒电话还存在电话诈骗的误解。下一步，江西法院将对电话提醒基于全省统一的"12368"声讯平台和统一的司法送达服务平台实现电话提醒的全省集约化管理。

（三）送达服务从单向往双向演变

司法送达服务平台的出现及广泛深度应用基本可以解决"送达难"，减轻法院的辅助性事务负担。但司法实践中当事人及其代理人群体向法院递交材料的诉累往往不引人关注。正如物流信息化的出现使得双向物流成为可能，可以预见不久的将来，基于司法送达服务平台的送达服务将由单向的法律意义送达向双向的广义送达演变。

B.13
安徽法院推行法院与司法行政机关网上联合办案调研报告

刘 华　张新龙*

摘　要：　人民法院与司法行政机关在各自职责范围内承担着独立的司法职能，既分工明确又相互协作。为全面提升办案效率，加强系统间的业务协同，安徽省高级人民法院积极探索与安徽省司法厅开展数据共享、跨界融合工作，利用专网、互联网在减刑假释案件网上办理、律师服务平台与司法行政系统对接等领域广泛开展合作，全面实现法院与司法行政机关网上联合办案，取得了良好的实践效果。

关键词：　联合办案　跨界融合　互联网

人民法院和司法行政机关独立承担司法职能，又在多种司法业务中相互配合、共同协作。为全面提升办案效率，安徽省高级人民法院积极探索与安徽省司法厅开展数据共享、跨界融合工作，在减刑假释案件全程网上办理、法院律师服务平台与司法行政系统全面对接等多个领域开展合作，全面实现法院和司法行政机关网上联合办案，极大地提高了案件办理效率，方便了律师网上立案，缩短了减刑假释案件的办理周期，减轻了法院和监狱系统办案压力。

---

* 刘华，安徽省高级人民法院信息化办公室副主任、装备处副处长；张新龙，安徽省高级人民法院装备处科员。

一　推行网上联合办案的背景

安徽全省共有 20 个监狱，分布在合肥等 8 个市，在押罪犯每年 54000 人左右。2014 年，全省法院受理减刑案件 16823 件，假释案件 1206 件，共 18029 件；2015 年，全省法院受理减刑案件 16288 件，假释案件 775 件，共 17063 件。案件数量全国排名靠前，法官编制人数全国排名靠后，案多人少矛盾非常突出。面对繁重的办案任务，针对减刑假释案件办理数量集中、相对简单的特点，安徽省高级人民法院和省司法厅以此为突破口，在业务和技术层面上进行了全面对接，有效解决信息数据共享问题，大幅提升了办案效率，在全国率先建成了覆盖全省、跨界融合、整齐划一、方便快捷的减刑假释网上办案平台。

安徽省司法行政机关信息化在全国处于先进行列，具有较好的信息化工作基础。2015 年，安徽省高级人民法院全面依托互联网，建立了面向公众的诉讼服务平台，为律师群体提供了律师专用服务通道，与省司法厅实现了律师信息的网上交换，为律师诉讼服务提供了较大便利。省司法厅的司法行政业务系统和省高级人民法院的诉讼服务平台之间存在业务交叉，为了延续律师的操作习惯、避免律师重复劳动、充分发挥现有数据资源的价值，司法行政业务系统和诉讼服务平台进行了进一步深度对接，对交叉功能进行有机整合，利用信息化手段为律师提供更加便捷的服务。

二　网上联合办案的基本做法

（一）减刑假释案件网上办理

一是科技提升审判力，实现区域率先突破。合肥市中级人民法院辖区有 11 所监狱，每年受理减刑假释案件近万件，占全省案件总量的近 60%，但办理该类案件的法官仅有 6 人，如果不借助科技手段，根本无法完成办案任务。为此，安徽省高级人民法院鼓励和支持合肥市中级人民法院先行先试，积极探索减刑假释网上办案平台建设，并给予工作支持和具体指导。经多次试验和磨合，合肥市中级人民法院于 2014 年 4 月建成减刑假释网上办案平台，首次通过该平台受理并审结了安徽省未成年人管教所报请的减刑假释案件。为解决信息化"最后一公里"问题，安徽省高级人民法院依托三级法院统一建设完成的电子签章系统开发了减刑假释网上电子签章软件，指导合肥市中级人民法院于 2015 年 4 月成功投入使用，使该办案平台信息化水平由"半自动化"升级为"全自动化"。合肥市中级人民法院的成功实践，起到了良好示范作用，实现了重点突破，为在全省全面推行此项工作打下良好基础。

二是做好顶层设计，实现全省法院整体推进。在跟踪指导合肥市中级人民法院探索建设网上办案平台的同时，安徽省高级人民法院注重顶层设计，将建设全省减刑假释网上办案平台列入《全省法院信息化建设规划 2015 年度实施方案》，实行统一建设、统一规划、统一管理。多次与省监狱管理局沟通协调，就加快推进减刑假释案件网上办理工作达成共识，共同商定自 2016 年 1 月起所有监狱一律通过网上平台报请减刑假释案件，法院不再接受纸质卷宗，明确 2016 年上半年实现全省网上办理该类案件全覆盖的工作目标。在本省新制定的"十三五"规划中，对减刑假释办案平台的深入应用作出了进一步规划安排。

三是加强内外协调，实现法院、司法行政业务跨界融合。一是加强对外联络，安徽省高级人民法院加强与省监狱管理局和相关监狱的沟通协调，要求监狱做好信息扫描、信息录入、信息核查等基础工作，确保网上报送的案件信息完整、准确、规范。二是加强对内协调，各级法院分管领导靠前指挥，协调立案庭、审监庭、信息办等相关部门搞好配合，确保监狱从网上报送案件后，立案庭第一时间接收并通过内网发送到审监庭，信息技术部门全力做好有关技术辅助工作。

四是有力有序推进，实现业务流程全覆盖。减刑假释网上办案平台的成功运行，需要满足四个条件，即法院与监狱的网络互联互通、减刑假释

案件材料全部扫描成电子文档、电子签章的全面使用、相关人员熟练掌握办案软件。安徽省高级人民法院与省司法厅加强协作配合，共同开发减刑假释专用数据接口，在法院系统和监狱系统已分别上下联网的基础上，实现所有监狱与法院网络的互联互通。省监狱管理局于 2015 年 9 月专门下发通知，要求各监狱务必在 12 月底前完成人员培训、信息录入、网上申报的基础工作。安徽省高级人民法院为全省相关中院安装减刑假释办案软件和电子签章软件，并以视频会议形式组织减刑假释办案平台操作培训。截至 2016 年 4 月底，全省法院实现了减刑假释案件网上办理的业务流程全面覆盖。

（二）诉讼服务平台、司法行政系统深度对接

安徽省高级人民法院面向公众的诉讼服务平台主要面向律师、当事人等社会公众提供网上立案、缴费、信访、案件办理、沟通等服务内容。平台中通过"身份认证"的律师可以在网上进行材料提交、诉讼费缴纳、案号获取等操作，足不出户就可以轻松立案，并可通过网络进行案件诉讼费的缴纳。平台不仅可以让律师及时联系法官、提交留言，还可以反映在案件中发现的法律适用不统一的问题。对于在办的案件，平台还为律师提供了申请调查令、申请诉讼保全功能，网上阅卷功能更减少了律师多次往返法院进行阅卷的工作量，大大提高了律师的工作效率。另外，平台还专门设置了网上评价功能，法官与律师在平台上进行双向评价，实现相互监督。为保证律师代理案件的开庭时间不冲突，平台还添加了延期开庭申请服务，为确保律师顺利上庭提供保障。

通过对诉讼服务平台和律师、司法鉴定、法律援助等司法行政业务系统的功能进行对比，发现诉讼服务平台同司法行政系统之间存在部分业务交叉，为了延续律师的操作习惯、避免律师重复劳动、充分发挥现有数据资源的价值，安徽省高级人民法院与省司法厅组织了诉讼服务平台与司法行政相关业务系统的深度对接，将交叉的业务功能进行有机整合，避免二次录入，充分利用信息化手段为办案律师提供更加高效便捷

的服务。

平台和司法行政系统深度对接主要做了以下工作。

一是实现律师事务所、律师人员信息交换。在司法行政系统中按照相关文件的要求，通过接口方式将律师事务所、律师人员信息数据项统一交换至安徽省高级人民法院数据交换平台，再由数据交换平台交换至诉讼服务平台，以便平台能够对律师进行实名认证。交换的律师信息包含社会律师和法律援助律师，只有通过了实名认证的律师才能登录和使用平台相关功能。

二是一次录入即可实现网上申请立案。在司法行政业务系统中增加"在线申请立案"功能，通过此功能，律师可以一键访问诉讼服务平台的立案申请页面，在平台的立案申请页面，律师可以通过案号查询复用司法行政业务系统中的案件信息。

在司法行政业务系统中亦可查询、复用律师在诉讼服务平台中录入的个人案件信息，接收从诉讼服务平台获取的律师立案时填写的信息，并进行校验。避免了律师重复录入信息，有效减轻律师工作负担。

三是电子文书可直接上传至诉讼服务平台。为实现律师网上申请立案，在"律师事务所管理系统"中增加法院所需电子文书模板。在诉讼服务平台中，律师可以方便快捷地将司法行政业务系统中制作并加盖电子签章的法律文书上传至诉讼服务平台，完全实现无纸化办公，避免律师往返律师事务所与法院之间递送材料，节省律师时间。

四是立案申请结果实时反馈。律师在诉讼服务平台中完成立案申请以后，平台内部会启动此案件的立案流程，待立案流程在平台中执行完毕以后，通过调用司法行政业务系统开放的接口将立案结果反馈至司法行政业务系统中。当立案申请审核未通过时，未通过的原因也会反馈到司法行政业务系统中，律师可以根据反馈的原因对案件信息进行修改，并在平台中重新提交申请立案请求。

五是实现系统间的单点登录功能。诉讼服务平台、司法行政业务系统均开放单点登录接口，实现律师用户在系统间的无缝切换，在诉讼服务平台中能够通过单点登录的方式访问司法行政业务系统，司法行政业务系统也能够

以单点登录的方式访问诉讼服务平台，无须二次登录，大大方便了律师在系统间进行切换和访问。

三 网上联合办案的主要特点

以减刑假释网上办案平台的建成使用、诉讼服务平台与司法行政系统深度对接为标志的法院、司法行政机关网上联合办案，实现了电子卷宗材料随案生成、立案申请网上提交、案件全程网上办理、法律文书网上传输，彻底告别了监狱干警"肩扛手抬"送卷宗的历史，告别了法院手工立案、手工盖章的历史，减少了律师不断往返律师事务所、诉讼服务中心的奔波劳累，全程信息化办理、全程无纸化办公，真正进入网上办案的现代科技模式。网上联合办案主要有以下几个特点。

一是网络跨界互联。安徽省高级人民法院和省司法厅通过协商开通了专线，实现司法机关、监狱和法院网上无缝对接，案件数据信息共享。监狱将减刑假释材料扫描成电子卷宗并通过网上办案平台直接向法院报送，律师将立案信息和加盖签章的法律文书直接提交至诉讼服务平台；法院立案庭从网上平台批量点击接收减刑假释立案，从诉讼服务平台审核律师的立案信息，将立案结果直接反馈给相关律师；减刑假释案件承办法官在网上审理结束后，将加盖电子印章的法律文书通过网上平台批量传输给监狱。

二是立案方便高效。减刑案件往往成批移送法院，有的中院一次受理监狱报请案件数百件。按之前的传统立案方式，监狱把减刑假释人员花名册报送法院后，立案人员全部要手工一件件录入类别、姓名、罪名、减刑种类、报请机关、报请理由等基本信息，费时费力，立案周期很长。网上办案平台建成后，监狱和法院共享案件数据，立案法官只需点击"接收"按钮，就能接收监狱从网上报送的数据压缩包，几百件案件只要几分钟就能完成立案，自动生成案号。

立案结束后，所有案件前面都有一个"立"字样，立案法官只需全选案件点击"移送"按钮，即可将所有案件一键移送到业务庭，方便快捷，大大提高了立案工作效率。

律师提交的立案申请更是能够通过律师在用的司法行政系统直接提交至法院诉讼服务平台，避免了重复录入和奔波往返。

三是案件全程网上办理。减刑假释案件移送至业务庭后，案件前面都有一个"移"字样，业务庭领导确定主审法官及合议庭成员后点击"移送"按钮，即可一键移送至法官的办案平台中。承办法官只要点击"接收"按钮，案件前面的"移"字样就会变为"审理"状态。承办法官进入网上办案平台，在认真审查监狱报送的减刑假释电子卷宗材料基础上核查处理相关信息，系统可自动生成审理报告，在合议庭评议意见形成后，点击"生成文书"即可自动生成减刑假释裁定书，运用"文书校对"软件进行编辑修改后报请领导签发。由于监狱和法院网上办案系统互联互通，一个减刑假释案件从"进门"到"出门"，所有的程序均在网上操作，从而实现案件全程无纸化办理。

四是使用电子签名、签章。律师通过司法行政系统直接提交加盖电子签章的法律文书至诉讼服务平台即可，无须递交纸质文件。减刑假释案件办理过程中，法官将"Key"插入电脑，点击按钮就可以一键批量完成电子签名，几十件案件数分钟就会签名成功。庭长在自己的电脑上即可审阅案件，在审核完毕后将"Key"插入电脑完成签发。办公室人员在网上审查领导签名后，只需轻点鼠标，裁定书、送达回证、执行通知书等法律文书可一键批量加盖电子印章。之后，主审法官通过网上办案平台，将所有加盖电子印章的法律文书打包传输给报请的各监狱，并委托监狱宣判，彻底改变了过去法院、监狱抱卷往返的传统模式。

五是操作安全可控。安徽法院已经完成身份识别系统建设，开发的电子签章具备防篡改功能，关键的审批环节使用电子签章可有效防止未经授权的操作，也同时确保了网上传输的电子裁判文书真实可信。

四　网上联合办案取得的成效

法院、司法行政机关网上联合办案的全面实现，打破了不同部门间的信

息与数据壁垒，实现了跨部门的数据共享与业务协同，是安徽省高级人民法院与省司法厅为实践司法协作作出的有益尝试，极大地提升了立案、办案的效率，更好地服务了法官、律师、司法、监狱等群体和部门。

减刑假释网上办案平台的建成使用，改变了传统的办案方式和工作方式，为日益繁重的执法办案任务提供了有力的科技支撑，全方位提高了工作质效，产生了良好的工作效益。诉讼服务平台、司法行政系统的深度对接有效地减轻了律师往返于律师事务所、诉讼服务中心的"跑累"，节约了大量时间与精力，有利于进一步提高诉讼代理质量。截至2016年10月8日，全省法院共受理减刑假释案件12904件，结案11618件，办理减刑假释案件周期由2015年的26天缩短至22天，并且还在继续缩短，办案人员由88人减少到54人，充分体现了信息化高效便捷的科技优势。诉讼服务平台与司法行政系统对接后，通过诉讼服务平台网上立案的案件数量由2014年的171件激增到2015年的33310件，截至2016年10月8日，全省法院网上立案案件数已达147190件，极大地提升了律师的立案效率。

一是智慧快捷，办案效率得到大幅提升。通过网上办案平台，实现减刑假释案件资源共享，法官在网上审核监狱填写的基础信息后，运用系统"自动生成"功能即能形成相关法律文书，运用系统"批量处理"功能即能一键完成一批案件的签名，大幅提高了工作效率。以最早使用网上办案平台的合肥市中级人民法院为例，该院刑三庭在实际办案法官6人未变的情况下，2013年至2015年三年审理减刑假释案件分别为8710件、9532件、10296件。

二是操作规范，办案质量得到切实提高。减刑假释案件相对而言法律关系比较简单，但由于监狱一般批量报送案件，故具有数量多、时间紧、任务重的特点。面对短期大量工作，容易出现文字差错。通过网上办案平台，承办法官核对准确监狱填报的基础数据，系统会自动提取相关信息并生成刑事裁定书、执行通知书等法律文书，有效避免文字差错，保证了办案质量。

三是服务法官、律师，系统建设得到多方欢迎。信息化建设服务审判工作能否取得实效，关键在于应用，主要检验标准是能否惠及每一位法官和司法人员。从网上办案平台运行情况看，法官普遍感到减刑假释软件简单易学、操作方便、非常实用，能切实提高办案效率，表现出愿意使用的积极主动性。减刑假释网上办案平台的使用，不仅审判业务庭受益，与案件办理有关的其他部门工作也全面简化。减刑假释案件立案环节、法律文书加盖公章环节均实现网上一键高效完成，法律文书不再需要到印刷厂印制，立案庭、办公室相关人员工作效率全面提升，对此平台高度认可。监狱报送减刑假释案件卷宗不再需要"肩扛手抬"，通过网上平台即可完成一键传输案件电子卷宗数据包，工作强度大大降低。法官案件审结后不再需要退卷，通过网上平台将法律文书传输给监狱并委托送达，改变了传统送达方式，送达效率全面提升。网上办案平台的高效运行，得到监狱工作人员和服刑人员的好评。律师代理案件的立案申请也能够在本身在用的司法行政系统中直接提交至法院诉讼服务平台，避免了在诉讼服务平台二次录入，大大减轻了律师的工作负担，律师们纷纷点赞。

四是全程留痕，公正办案得到有效保障。通过网上办案平台可对减刑假释案件进行全程监督、节点防控，增强案件办理的透明度。合议庭成员在听取承办法官汇报案情的同时，可通过信息平台查看电子卷宗材料，在全面审查的基础上提出意见，增强合议的监督把关实效。合议庭法官签完名并将案件提交给庭长后，法官即无权修改案件中的任何信息。网上办案系统实行全程留痕，实现层层监督，推动了案件审理的公开透明，有力确保了司法公正。

五是网上阅卷，电子卷宗随案生成取得突破。平台建成后监狱不再报送减刑假释案件纸质卷宗，而是通过网上平台完成案件电子卷宗数据包报送，法院办案法官直接在网上阅读电子卷宗，形成的裁判文书也纳入电子卷宗中，"无阻力"实现了电子卷宗随案生成。

五 网上联合办案存在的问题及未来展望

法院、司法行政机关网上联合办案工作取得成效的同时，也存在一些问题和不足，需要在实践中进一步完善。具体有以下几个方面。

一是网上办案平台功能、应用层面仍有提高空间。平台尚需建立一套完整的信息录入校验机制，用于规范监狱报送的案件基础信息录入，确保录入的信息完整、准确。裁判文书等模板尚需完善，减少法官的文书制作工作量。平台界面和操作尚需进一步优化，更贴合法官的日常使用习惯，提高用户黏性，方便法官操作。

二是多部门跨界融合尚未形成合力。减刑假释案件涉及法院、检察机关、监狱等多个司法机关，目前安徽省实现了法院与监狱工作的跨界融合，还需同检察院实现网络互联互通，以期实现减刑假释案件办理的全流程网上办理。还需加强与司法机关、律师协会在司法鉴定、法律援助等领域的合作，进一步方便法官、当事人。

三是法律文书制作不够规范。在减刑假释案件办理过程中，存在部分法律文书制作不够规范的现象，影响了整体办案质效。此外，通过司法行政系统提交的部分律师文书，由于专业水平、投入精力差异，也存在不规范现象，与律师文书的严肃性要求不够契合。

四是远程开庭未实现全覆盖。目前尚有部分监狱未部署科技法庭设备，案件庭审工作仍需法官到监狱现场开展，增加了法官的来回奔波成本，也影响了庭审效率。

可以说，安徽法院、司法行政机关网上联合办案工作的开展还需要在实践应用中不断改进完善。诉讼服务平台、司法行政系统的对接仍需要深入挖掘，还需在法院指定法律援助、司法鉴定信息共享等领域开展更广泛的合作。

一是不断完善网上办案平台。加强与监狱系统的沟通协调，确保监狱报送的案件基础信息规范完整准确，为网上办案打好基础。加强与技术公司的信息反馈，不断改进和完善相关模板的制作，更加契合审判实践。加强实践操作运用，尽快做到全省办理减刑假释案件的法官熟练通过平台进行网上办案。

二是加快推进全面跨界融合。减刑假释案件办理涉及法院、检察机关和刑罚执行机关，目前网络只在法院和监狱之间互联互通。下一步，安徽省高级人民法院将加大与检察机关的协调力度，加快推进检察机关与法院、监狱网络的互联互通，实现安徽减刑假释工作信息化全面跨界融合的目标。安徽省高级人民法院还将与司法厅进一步合作，继续加强与律师协会的技术合作，引导律师团队更全面地加入法院的网上办案行列[1]。继续加强在法律援助、司法鉴定等领域的合作，力争实现相关领域的信息共享，开展法院指定法律援助、司法鉴定业务协同等跨界融合工作。

三是着力规范法律文书制作。安徽省高级人民法院将以全省法院信息化建设同频共振、整体推进为契机，会同软件公司设计制作一整套减刑假释案件文书标准模板，对全省法院减刑假释法律文书的制作进行规范。制定共性律师诉讼文书，民事、刑事、行政、海事诉讼律师文书，仲裁案件律师文书等文书样式，便于律师在司法行政系统中制作标准规范的电子文书。

四是扩大电子卷宗随案生成范围。目前法院通过与监狱系统联网，已可从源头上接收减刑假释案件电子卷宗，法院不需要扫描录入卷宗。安徽省高级人民法院计划以减刑假释办案平台为突破口总结经验，扩大战果，通过加强共享协作、购买社会服务等方式强力推进电子卷宗随案生成在其他类型案件办理中的应用。

五是推进监狱科技法庭建设。随着省内所有监狱建成远程开庭科技法庭系统，法官可在法院通过该系统组织远程开庭，半天时间即可完成数个案件的庭审工作，免去了法官到监狱开庭的差旅时间。

---

[1] 2016 年通过安徽省网上立案平台提交申请审核后立案数为 6.5 万件，占同期全省法院收案总数的 1/5。

B.14
浙江法院电子商务网上法庭
运行成效分析

浙江省高级人民法院*

摘　要：　浙江法院电子商务网上法庭充分运用电子商务的在线证据，
发挥网上调解、裁判的便捷优势，不受时间、空间、地域
限制，实现"网上纠纷网上解，网上纠纷不下地"，不仅方
便了熟悉互联网的当事人解决纠纷，极大地节约当事人的
诉讼成本，体现诉讼便利，又方便人民法院及时进行审理，
契合电子商务与司法的跨境、跨行政区划发展实际，有利
于规范电子商务交易行为，维护电子商务的法治秩序和诚
信环境。

关键词：　电子商务　网上法庭　法院信息化

　　浙江省是全国互联网、电子商务发达地区，省会城市杭州素有"电子
商务之都"之称，被国务院确定为"中国杭州跨境电子商务综合实验区"
和"国家自主创新示范区"（见图1、图2）。

　　随着电子商务的高速发展，涉电商纠纷呈逐年大幅上升态势（见图3），
而网络交易有"跨地域"的特点，异地诉讼差旅费和时间成本极高。在案
件量持续上行的态势下，亟须寻找便捷的审判方式审理案件。

---

　　* 课题组负责人：徐杰，浙江省高级人民法院常务副院长。课题组成员：姚海涛、张政、罗鑫、
陈辽敏、刘克勤。执笔人：刘克勤，浙江省高级人民法院信息中心副主任。

2014年消费者密度最高的25个城市，4个在浙江

排名	城市	省份	排名	城市	省份
1	深圳	广东	14	西安	陕西
2	广州	广东	15	海口	海南
3	杭州	浙江	16	成都	四川
4	珠海	广东	17	郑州	河南
5	北京	北京	18	三亚	海南
6	厦门	福建	19	宁波	浙江
7	上海	上海	20	福州	福建
8	南京	江苏	21	长沙	湖南
9	东莞	广东	22	佛山	广东
10	苏州	江苏	23	金华	浙江
11	武汉	湖北	24	嘉兴	浙江
12	太原	山西	25	合肥	安徽
13	中山	广东			

图 1　2014 年全国消费者密度城市排名

2015年网商创业最活跃的25个县

排序	县	市	省	排序	县	市	省
1	义乌	金华	浙江	14	惠东	惠州	广东
2	天台	台州	浙江	15	云和	丽水	浙江
3	石狮	泉州	福建	16	安溪	泉州	福建
4	高碑店	保定	河北	17	浦江	金华	浙江
5	永康	金华	浙江	18	普宁	揭阳	广东
6	桐乡	嘉兴	浙江	19	平湖	嘉兴	浙江
7	常熟	苏州	江苏	20	晋江	泉州	福建
8	海门	南通	江苏	21	睢宁	徐州	江苏
9	德化	泉州	福建	22	平乡	邢台	河北
10	温岭	台州	浙江	23	瑞安	温州	浙江
11	清河	邢台	河北	24	平阳	温州	浙江
12	苍南	温州	浙江	25	曹县	菏泽	山东
13	冀州	衡水	河北				

图 2　2015 年电子商务创业活跃度县城排名

　　浙江作为全国互联网、电子商务比较发达的地区，具备充分的社会因素、技术因素开创司法与互联网结合的最佳实践。特别是上游业务已经完全互联网化的电子商务纠纷，不仅用户都具备上网的能力，纠纷发生的过程和数据基本都已被全面记录，非常适合进行网上审判的先行先试。浙江法院电子商务网上法庭正是顺应互联网和电子商务发展的需求，深化"互联网＋审判"改革，以互联网技术和电子商务交易数据为依托，实现从立案、送达、证据交换、庭审、调解到判决、执行每一个环节全流程在线解决的审判新模式。

涉及电子商务的案件激增

✓ 2014年阿里巴巴纠纷量几百万，小二依赖自动化系统+大数据，人均受理10000件/年
✓ 浙江法院涉电商纠纷案件增长极快。仅余杭法院3个季度，涉网案件1229件，同比增长292.62%

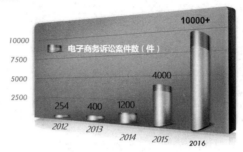

图3　2012～2016年涉及电子商务的案件逐年激增

电子商务网上法庭充分运用电子商务的在线证据，发挥网上调解、裁判的便捷优势，不受时间、空间、地域限制，实现"网上纠纷网上解，网上纠纷不下地"，不仅方便了熟悉互联网的当事人解决纠纷，极大地节约当事人的诉讼成本，体现诉讼便利，又方便人民法院及时进行审理，契合电子商务与司法的跨境、跨行政区划发展实际，有利于规范电子商务交易行为，维护电子商务的法治秩序和诚信环境。

一　"电子商务网上法庭"建设情况

（一）建设过程

2015年初，浙江省高级人民法院提出要深入推进"浙江法院互联网＋审判"改革，把互联网技术深度融入浙江审判执行工作中，并将电子商务网上法庭建设列为"浙江法院互联网＋审判"改革事项的重要内容。同年3月，浙江省高级人民法院开始筹建电子商务网上法庭，相关的系统研发工作也同步启动。电子商务网上法庭建设的总体思路和基本原则是，在充分保障当事人的诉讼权利和实体权利的基础上，以互联网技术为手段，建立一套与涉互联网纠纷特点相适应，方便当事人诉讼、提升审判质效、保障人民法院司法公信力的纠纷解决机制和途径。

2015 年 4 月，浙江省高级人民法院确定杭州市余杭区人民法院、西湖区人民法院、滨江区人民法院和杭州市中级人民法院作为电子商务网上法庭首批试点单位，分别审理网络交易纠纷、网上支付纠纷、网上著作权纠纷及其上诉案件。在法院与开发团队的共同努力下，电子商务网上法庭系统平台经过需求分析、代码编写和软件测试，于当年 5 月初步完成开发工作。5 月 28 日，杭州余杭区人民法院首次利用网上法庭在线审理了一起因网络购物引起的产品质量纠纷案件。环顾正在开庭的 23 号法庭，法官与书记员依然端坐法庭，只是面前多了一台电脑和一副耳麦。原告与两被告分别坐在杭州市西湖区、深圳市南山区、杭州市余杭区各自的办公室桌前。原被告参与庭审的方式，则是电子商务网上法庭上的五路视频，以此实现不同地域间参与主体画面和声音的实时在线传输。这起案子的起因是，买家王甲在天猫网上买了 38 罐营养品，但认为这些营养品超范围、违规使用营养强化剂，要求退一赔十。在线庭审中，各位当事人都表示，已经在开庭前通过在线阅读确认过权利义务和庭审须知。这时，审判长已经看到了买家起诉所称的营养品购物全部信息，这是因为网上法庭自动提取电子商务平台的当事人身份信息、网上交易过程及各类表单数据，如买的是何种商品，价格多少，收货人是谁，卖家是谁，购物时的旺旺聊天记录、确认收货时间有没有超过三包期限等。一清二楚的客观交易记录提交到在线法庭，完全省去了审判长发问的时间。整个举证过程只有一样东西是实物，那就是买家起诉的争议——营养品。由于买家提前把它通过快递寄到了法院，举证时，与买家核对快件单号后，书记员当场拆封展示。这时，电脑另一头的卖家提出异议，认为这罐营养品需要通过防伪验证。于是，书记员当即通过在线登录防伪网站和微信扫码方式识别真伪。上述一系列操作的实时影像，都通过证据展示这一路视频清晰地传送到原、被告电脑上。在验证结果面前，卖家最终认可了该产品为其公司所生产，庭审很快结束。作为首批用户之一深圳卖家直言自己是这一便捷高效诉讼服务的最大受益者："我觉得网上法庭形式很新颖，大大方便了我们这种远距离

的当事人，点点鼠标就可以打官司，节省了来回的费用不说，而且庭审在家里、公司里进行也有利于更充分地举证、质证，这种模式在电子商务纠纷领域非常值得推广。"这起产品责任纠纷作为第一起网上法庭案件成功开庭，标志着浙江法院电子商务网上法庭启用，起诉、开庭、送达等民事诉讼程序均能在线操作，开启了线上纠纷线上解决的"互联网+审判"新模式。

2015年8月12日，浙江省电子商务网上法庭正式上线，起诉、调解、立案、举证、质证、庭审、宣判、送达均可网上进行，基本建成整合各个审判流程的综合性、一体化平台。杭州余杭区人民法院、西湖区人民法院、滨江区人民法院和杭州市中级人民法院先后就网上交易纠纷、网上支付纠纷、网上著作权纠纷及上诉案件开展了网上法庭审理活动。8月17日上午，杭州市西湖区人民法院通过电子商务网上法庭开庭审理了第一起小额借款合同纠纷，案件的原被告双方分别是重庆市阿里巴巴小额贷款有限公司（住所地在西湖区，以下简称"阿里小贷"）和住在上海的小范，虽然开庭时两人分处两地，但通过西湖区人民法院电子商务网上法庭，两人在当地就完成了诉讼活动。这起案子的起因是，2015年5月7日，因为公司经营的需要，小范和阿里小贷公司在线签订了一份贷款合同，金额为15.5万元，期限12个月，双方约定每月以固定金额偿还贷款本息。合同签订当天，阿里小贷就将贷款发放给小范，可一个月后第一个还款日到了，小范并未还款，在多次催讨无果的情况下，阿里小贷向西湖区人民法院电子商务网上法庭提起了诉讼。庭审中，双方当事人通过网络展示了相关证据、陈述了观点，经过调解，双方当庭达成一致意见：小范在9月6日前一次性归还本息56918.44元，此后的本金、利息按照合同约定的还款日和利率足额支付。整个庭审过程只花了40分钟左右。庭审结束后，当事人和庭审法官均反映运用网上法庭审判，起诉、立案、举证、开庭、裁判等流程都在网上操作，极大地节约了成本，提高了效率。

2015年11月，浙江省高级人民法院在总结试点法院经验基础上，决定在全省法院推广运用电子商务网上法庭系统。目前，开展网上法庭的法院已增至14家，其中基层法院13家、中级法院1家。受案范围也从原先的网络交易纠纷、网上支付纠纷、网上著作权纠纷三类案由扩大至十几类案由。

（二）系统功能

电子商务网上法庭的系统功能主要包括以下几项。

1. 案情公开

公开案件处理进展的详情，包括案件查询、案件展示、公开信息标题、公开信息详情等功能。

2. 起诉

提供原告信息管理、原告支付宝身份认证、被告信息管理、被告支付宝身份认证、交易纠纷诉讼信息的自动调取、知识产权诉讼信息、支付令诉讼信息、小额网络贷款纠纷信息、支付令信息、诉讼请求和案情管理、法律依据、附件存储、诉讼费用计算、诉状保存/提交等功能。

3. 调解

包括调解流程、调解意见/过程管理、调解意见访问控制、调解进展、通知/提醒、调解结论。诉讼调解的流程管理，按不同业务类型确定是否有调解，以及具体的调解流程及周期；进入调解后，针对原告、被告、调解员提供的调解意见进行新增、修改、删除；法官、调解员可以了解全部调解信息，被告和原告可以选择性公开调解过程；调解各方达成共识后，或者确认无法继续调解，需要维护和提交调解结论。

4. 立案

提供立案操作、立案通知、应诉意见管理、应诉期限与流程控制、诉讼费用计算、在线支付功能。法官在"在线法庭"后台确认信息符合立案要求后，发起立案操作，按法院规则生成案件编号，需要将立案信息同步上传到法院后台系统以及业务平台；通过短信、邮件等方式，通知原告、被告等相关方已立案，并且提醒；被告的应诉意见维护（新增、修改、删除）提交；按照不同的诉讼业务类型，控制应诉的流程以及应诉的期限；生成诉讼费用的支付订单，并且提供在线支付。

5. 提交证据

提供原被告双方立案后补充证据、证据保存/提交功能。

6. **质证**

提供质证流程、质证意见/过程管理、质证访问控制、质证进展通知/提醒、质证结论（法官整理争议焦点）功能。进入质证后，对原告、被告提供质证意见的新增、修改、删除；法官、原被告、调解员可以了解质证过程信息，选择性公开质证过程；每一个质证模块，即原告、被告提供意见后，需要对相关方进行倒计时和督促通知；各方质证完成后，对结论进行下一步引导，分别是线下庭审和线上庭审，法官需要针对争议焦点确定线下或线上开庭。

7. **庭审**

提供庭审排期、庭审通知/送达、在线审判功能。其中，在线审判调用视频会议相关产品，执行在线庭审；案件的参与方通过互联网在线视频会议的方式，按指定时间、指定的视频会议地址参与在线庭审的整体环节。庭审前，核心业务处理平台需要把案件信息、证据、诉讼请求等信息同步给在线庭审视频工作台。庭审结束后会将视频信息、庭审记录、庭审结果作归档关联，并且同步传回核心业务处理平台以及法院系统，确保庭审记录的完整性和合法性。同时也会预留接口，后续与各法院审判系统对接。

8. **判决**

提供判决书模板、判决内容维护、在线生成电子版（PDF）判决书、判决书查询/查看/下载功能。按照不同的诉讼业务类型，提供不同的判决书模板，法官只需要填写核心内容，其余部分按模板生成；法官在后台系统填写以及完成判决；判决书生成后，需要生成 PDF 文档，并且引入电子签章技术，确保判决书的法律效应；判决书 PDF 文档生成后，需要关联诉讼案件信息，提供下载、查看功能；同时需要把文档同步传给法院的信息公开网及业务平台。

9. **执行**

提供执行申请管理、在线执行（扣款）、执行信息维护（线下执行）、判后答疑管理功能。判决书生效后，原告可以在线申请执行；针对标的为支付款项的判决结果，法官可以直接通过支付宝代扣执行扣款，完成在线执行；线上执行的情况和结果，直接按照执行管理的数据展示，线下执行的情况，需要和法院系统交互同步执行的记录，并作展示；审判后，原被告、调解员、律师等相关人员可以针对审判的过程以及结果提问，法官可以针对相关人员的问题进行跟进和回答。

10.上诉

针对已作出判决的案件，允许被告发起上诉，上诉的流程按照诉讼类型而不同；针对提起上诉的案件，需要针对发起的上诉关联之前已经判决的案件信息。

11.通知送达

建立通知送达通道，支持短信、旺旺、邮箱通知。

12.第三方服务

律师服务提供引导到法院的律师平台，调用接口获取律师信息（姓名、照片、简介），并在首页展示。纠纷调解引导到调解员，调用接口获取调解员信息（姓名、照片、简介），并在首页展示。司法鉴定引导到司法鉴定服务，调用接口获取司法鉴定服务，并在首页展示。

（三）优势和特点

与传统的诉讼模式相比，电子商务网上法庭具有以下几个突出的优势和特点：全流程在线、多平台对接、结构化指引、智能化应用、开放式服务、多元化解纷。

1.全流程在线

电子商务网上法庭突破了过去法院仅利用互联网辅助进行诉讼，将法庭搬到网上，直接利用互联网审理案件，从立案、送达、举证、质证、庭审、调解到判决、执行，司法的每一个环节全流程在线上实现，诉讼参与人的任何步骤即时连续记录留痕。法官的自由裁量权也将得到有效约束，有利于司法公信力的持续提升。

2.多平台对接

电子商务网上法庭充分利用各电子商务平台现有的技术优势和数据资

源，实现无缝对接、数据共享，相关信息云端读取、一键引入，当事人的一份诉状只需 5 分钟即能在线提交。原告在电子商务网上法庭注册登录在线发起诉讼后，系统会自动提取电子商务平台的当事人身份信息、网上交易过程及各类表单数据，并利用独立第三方的技术平台，对全部数据进行保全固定，法院在线完成送达和开庭。同时，借助电子商务平台的即时交流工具，向当事人瞬间即时送达。网上法庭还将面向律师事务所、公证机构、鉴定评估机构等开放对接端口，判决执行将与相关征信平台以及国家不动产登记、金融等部门的系统进行对接，实现在线一键执行。

海量数据互联网化，使司法的人工智能具有成长的基础。网上法庭对内整合各个封闭的内网系统，对外已经批量受理了淘宝、阿里小贷、爱学贷等平台案件，未来将有更多的网上平台对接。网上法庭的开放性将加快数据的汇集、传递、交换、分析利用，提升诉讼领域治理的统一性。

3. 结构化指引

为最大限度地方便当事人诉讼，电子商务网上法庭除了自动提取电子商务平台的有关数据外，将管辖法院的选择、诉讼请求的提出、赔偿数额的计算、法律依据的引用等诉讼事项进行了全面结构化，当事人一般只需勾选相应的选项即可完成起诉、应诉等过程，足不出户即可参与全部诉讼活动，实现网上诉讼与网上购物一样简单、便捷。一般庭审活动在 30 分钟内即可完成。

4. 智能化应用

互联网诉讼对数据的吸收储存就如大脑对知识信息的吸收储存，数据可以被全方位、原始性、无限量地集中，可以按类型自动结构化大数据分析，可以模拟法官、书记员工作，按一定的逻辑算法生成各类通知书、告知书以及简式裁判文书，作出可控的反馈。书记员鼠标一点即能生成送达材料，再一点即能作出送达；语音智能识别技术嵌入网上法庭，代替书记员制作庭审笔录；裁判文书智能检索，帮助法官类案同判。与线下诉讼相比，不仅节约了司法人力资源，甚至可以在很多领域代替并超越人力。

充分利用互联网大数据的优势，通过不断提炼和丰富裁判规则，开发和运用诉讼结果预判、律师评价推荐等功能，自动向当事人推送同类型案例，分析胜诉率，为当事人诉讼、调解提供参考，引导当事人正确评估案件走向，既能够体现专业化的审判优势，又有利于消费者及其他电子商务参与者依法、理性、便捷维权，推进网上争议诉前多元化解。

5. 开放式服务

一是系统平台的开放性。目前电子商务网上法庭已实现与淘宝、天猫、聚划算、蚂蚁金服小额贷款平台、浙江网商银行、阿里巴巴中文站以及浙江赶街农村电子商务平台（赶街网）等电商平台的对接，并逐步向其他电商平台和电子商务纠纷较多的其他法院开放。目前，除 4 家试点法院外，浙江省另有 24 家法院将入驻网上法庭，省外法院也陆续申请入驻。二是处理纠纷类型的增长性。电子商务网上法庭坚持先易后难，逐步增加试点的案件类型。目前主要先从交易数额小、法律关系相对简单、证据容易固定且电子化程度较高的三类纠纷类型开始，逐步总结出可复制的经验，下一步将扩展至支付令、道路交通、信用卡、消费贷款等其他纠纷类型，还可将熟悉互联网的当事人之间的线下纠纷，在征得当事人同意的基础上通过网上法庭审理。三是平台服务资源的可扩展性。电子商务网上法庭部署在浙江法院"审务云"上，可按需实现硬件、软件、网络资源的云端动态分配。

6. 多元化解纷

电子商务网上法庭充分利用在线调解不受地域限制的优势，引入律师、仲裁、行业协会等调解力量，对接互联网调解中心，建立一支跨区域的在线调解员团队，开创"互联网＋审判"模式下的多元化矛盾纠纷解决新机制。当原告把起诉状提交后，系统会自动发送信息给调解员，调解员根据案件情况提供音视频在线调解。目前，电子商务网上法庭正在进行在线调解流程的标准化和调解内容的结构化设计，以进一步提高调解效率，并为今后的机器人智能调解奠定基础。

二 "电子商务网上法庭"的运行情况

（一）网上法庭运行流程

1. 起诉流程

当事人利用网上法庭参与诉讼，首先需登录 www. zjwsft. gov. cn，利用手机号码进行注册，通过第三方平台（支付宝）进行实名认证并绑定，再根据自身诉讼地位选择"我是原告"或"我是被告"起诉或应诉。以电子商务交易纠纷为例，原告可选择起诉类型（电子商务交易纠纷），并选择电商账号，经用户授权后系统会自动调取涉案的卖家身份信息，同时抓取交易订单、交易日志和交易快照等信息作为原告起诉的相应证据，原告需要自行输入的仅有事实和理由，其余内容包括起诉的被告、案由、管辖法院、诉讼请求只需选择系统自带选项即可。系统同时提供电子商务纠纷较为常用的法律依据，当事人可根据个案选择。提交起诉状后即进入在线诉前调解程序。原告起诉后，系统自动发送相应案件信息和案件关联码至被告在天猫平台注册时预留的手机、邮箱、旺旺，并提示被告登录网上法庭查看案件详情。被告注册认证后，输入关联码关联案件，即进入在线诉前调解程序。在线调解程序中，每案分配一名调解员，双方当事人均可在网上法庭"在线调解"中输入自己的调解意向，并由调解员居中调解。达成调解方案后，由调解员予以总结并在网上法庭的《调解信息》一栏书面反馈。调解时间一般为15天，在双方当事人均同意的情况下可适当延期。若在调解期限内双方不能达成和解意向，则案件进入立案审核状态，转交立案法官进行审核。立案法官根据原告提交的案件材料，决定立案受理、立案补正、退回或裁定不予受理。

2. 审理流程

立案后，原、被告可在网上法庭看到自动生成的受理（应诉）通知书、举证通知书、权利义务通知书、廉政监督卡等诉讼文书。原告可在立案后7

天内缴纳诉讼费，平台支持支付宝、网银转账、银行卡快捷支付等多种支付方式。被告同时可看到原告提交的起诉状、证据等诉讼材料，进行"送达确认"操作后，案件进入分案状态，分案后自动进入举证阶段。在举证阶段，原、被告可在举证期限内以系统支持的格式上传证据，被告并可提交答辩状和管辖异议申请。15 天的举证期限过后，案件自动跳转为质证阶段，双方可针对对方提交的每一个证据进行质证。系统对证据真实性、合法性、关联性设置了结构化选项，当事人直接勾选认可或不认可即可，并可就其证明力有无、大小等进行补充说明，方便法庭进行争议焦点的归纳。质证完毕后，案件进入等待庭审阶段。法官可安排庭审时间，确认后系统以短信方式发送到双方当事人注册认证时预留的手机、邮箱。庭审前，双方当事人可委托代理人，委托代理文件亦可通过系统提交。庭审时，当事人通过自己的电脑登录网上法庭进入开庭案件庭审界面，即可通过在线视频方式审理案件。由于举证质证在庭审前已经完成，庭审时只需通过摄像头展示证据原件或实物证据进行核对，大大提高了庭审效率。庭审结束后，书记员将笔录上传，双方当事人可进行核对并点击确认。法院作出判决后，可将判决书上传到系统供当事人查看。

（二）收结案情况及案件特点

电子商务网上法庭运行以来，功能不断迭代，用户体验不断提升，收案量持续攀升，通过一年来的积极推进和大胆实践，电子商务网上法庭的运行已基本趋于成熟，取得的试点经验和阶段性成果也是显而易见的。截至2016 年 9 月，浙江法院电子商务网上法庭共收到涉网购、网络支付等纠纷起诉申请案件 14502 件，其中诉前调解 266 件、撤回申请 4227 件、不予受理 2382 件、退回 5832 件、待立案 515 件、审理中 433 件、撤诉 482 件、未缴费撤诉 124 件、管辖异议成立 2 件、调解 30 件、判决 106 件、被告无法送达 103 件。整体上看，网上法庭诉讼案件呈现以下特点。

一是当事人遍布全国但又相对集中。原告所在地遍布全国，但又相对集中于浙江、湖南、山东、安徽、四川、广东、湖北、河北、河南、福建等省

份，占全部案件的八成以上。而被告多集中在北京、上海、广州、深圳一带，原因主要是上述地区电子商务产业发达，众多电子商务卖家集中在这些城市。

二是诉讼标的额相对较小。网上法庭受理的案件较线下同类案件的标的额明显降低，普遍集中在 1 万元以下，占到全部案件的六成以上，反映了由于网上法庭的便利性减轻了原告的诉讼成本，除缴纳常规的诉讼费用外，无须再考虑差旅交通费等。

三是交易平台通常为第二被告且不承担责任。在所有案件中，淘宝、天猫交易平台均是除卖家以外的案件第二被告，并且经过多年司法实践，交易平台基本能够履行法定义务，无须承担赔偿责任。

四是职业打假人大量涌现。以余杭法院为例，在已收到的在线立案申请中，职业打假人提起的诉讼占全部案件的 98% 以上，均为产品责任纠纷。据统计，同一职业打假人提起的诉讼超过 10 件的达 30 余人，且均是本人参与诉讼活动，没有聘请职业律师，说明其具备一定的法律基础和食品安全、消费者权益保护知识；同时，该类人群普遍年龄较轻，大多是 80 后、90 后，对电脑网络技术操作较为娴熟，以上种种，均反映出其"职业化"程度高的特点。

（三）取得的成效

1. 极大节约了当事人的诉讼成本，体现诉讼便利

电子商务网上法庭的开通，使全国各地的消费者可以零在途时间、零差旅费用支出，随时针对遍布全国各地的卖家提起诉讼，显著降低了诉讼维权成本。这种"零支出"和"24 小时全天候"的体验贯穿于网上法庭诉讼始终。电子商务网上法庭用电子数据代替纸质材料，由于电子空间廉价集约，电子数据可重复循环使用，方便储存，方便查阅，方便综合管理，方便再利用，可以以最小的实物消耗创造出最大的价值，使解决纠纷的成本大大下降。网上法庭可使当事人足不出户，随时随地进行起诉、应诉、开庭等各项诉讼活动，减少了人力、物力消耗，经济又环保。

2016 年春节期间，共有 99 名当事人通过电子商务网上法庭发起诉讼。据统计，电子商务网上法庭开庭平均用时仅 0.5 小时，共为当事人减少差旅费开支数百万元，减少涉及全国 20 余个省市当事人的往来奔波。

2. 方便人民法院及时审判执行，提升办案效率

电子商务网上法庭的运行，使法官从审查立案环节直至案件审判执行，均在网络上进行核查、操作，当事人的各项申请可在第一时间抵达，与案件承办人的交流可线上实时沟通；一键生成的电子化的诉讼文书可即时进行电子送达；诉讼费通过支付宝等网络支付工具随时缴退；开庭时间仅需 20~30 分钟；庭审录像和庭审笔录可以随时点击查阅；等等。电子商务网上法庭不仅突破了诉讼信息的传递时间和空间障碍，极大地提高审判效率，同时使诉讼全程及时连续记录留痕。结构化的模块设计使案件基本信息等可自动生成裁判文书，免于手工录入之繁杂，极大方便法官办案。特别是借助互联网技术优势，无缝对接电商平台和互联网支付平台，可最大程度地破解"送达难""退费难""保全难""执行难"等难题。

3. 有效发挥风险警示作用，规范电子商务交易行为

电子商务网上法庭与电商平台无缝对接，可以实时反映电子商务的发展状况，掌握易发诉讼交易、多次涉诉店家、涉嫌虚假宣传用语等大数据信息，有利于人民法院及时向行业监管部门和电商平台发出司法建议，促进电商平台及时调整平台规则，对部分店铺进行重点管理和监督，起到预警诉讼风险、规范经营行为的作用，同时可为电子商务立法提供第一手资料，促进电子商务健康发展，维护电子商务的法治秩序和诚信环境。

4. 推进"互联网＋审判"改革，促进阳光司法

电子商务网上法庭是推进"互联网＋审判"的重要探索和重大司法创新举措。浙江法院在审判模式上探索创新"互联网＋审判"的新模式，充分运用在线争议证据开展网上调解、裁判的便捷优势，探索推进电子商务的网上法庭建设，提升电子商务高速发展中的法治水准和司法保障，为互联网与司法的有机融合探索新路，为审判改革积累经验。

以"互联网＋审判"的模式来建设电子商务网上法庭，继承了互联网

互联互通、即时共享的特点，使网上法庭成为阳光透明的法庭。原告点击提交申请，法官及被告同时即时收到短信通知。法官点击立案受理，原、被告双方同时即时收到受理通知。被告可以立即上网关联案件，即时查询原告提交的起诉状、证据，其点击提交答辩、证据，对方立即知晓。排期开庭、宣判信息一输入即自动发送给双方，庭审录音录像在网上进行，诉讼活动得以最大程度地透明公开。

三 "电子商务网上法庭"运用中面临的问题

1. 支付令申请的管辖

互联网金融不受地域限制，金额小、数量大，管辖问题直接决定着经营者的诉讼成本。2015 年实施的《民事诉讼法》司法解释第 23 条规定："债权人申请支付令，适用《民事诉讼法》第二十一条规定，由债务人住所地基层人民法院管辖。"而互联网金融案件的债务人分布在全国各地，互联网金融企业为减少诉讼成本，往往通过选择普通诉讼程序并约定由债权人所在地法院管辖的方式予以规避。由此制约了督促程序简便、快捷和不经庭审等功能的发挥，影响了"免除诉累，节省费用、人力物力和提高办案效率"立法目的的实现。

2. 电子送达和网上开庭的适用范围

现有的法律法规受传统诉讼因素和技术的局限，对电子送达、视频庭审等规定有所保留，一定程度上制约了网上法庭的发展。

《民事诉讼法》司法解释第 11 章 "简易程序" 中第 259 条规定，"经当事人双方同意，可以采用视听传输技术等方式开庭"。但是，如果网上开庭必须经当事人双方同意，就会出现因被告未对是否同意作出回应，原告也无法采取视听传输技术等方式开庭，给原告的诉讼便利性带来阻碍。另外，司法实践中许多一审普通程序案件及二审案件中当事人权利义务关系明确、证据多为电子证据，也适宜开展视频庭审。因此，是否以电子方式审理应视案件情况而定，不应局限于简易程序案件。

3. 电子证据与电子公证的认定

互联网作为社会基础设施，已融入社会经济生活的方方面面，电子证据相对于传统证据的量的超越是必然趋势。但电子证据具有无形易变、易改无痕、难以固定的固有特征。司法实践中，由当事人自行电子取证大多不能满足真实性审查要件，而不为司法采信。而公证取证或司法取证往往受制于取证主体的不规范和取证手段的技术局限性，难以满足当事人的司法需求。在互联网环境下，网络电子取证技术服务提供者作为独立的第三方技术平台必将为各行各业所接纳。因此，有必要在证据立法上给第三方电子证据以独立的法律地位，规范第三方电子证据的取证主体、取证程序，设定独立的第三方存证司法采信的技术标准。

4. 对传统归档方式的挑战

以电子商务网上法庭为例，所有诉讼程序、司法文书、证据等卷宗材料均以电子化的方式保存于服务器中，将这些材料纸质化将花费大量人力物力，传统的纸质归档要求已不能适应网络审判的特点。因此，应允许网络审判案件通过电子方式归档。此外，还可允许当事人在线授权委托律师，无须线下签署纸质委托函，而是采用线上账号授权模式，生成电子委托函。

5. 智能化开发利用仍然不足

网上法庭在方便异地当事人参与庭审方面成绩显著，与之相比，诉讼智能化的开发力度不足，司法人员可用的在线智能辅助工具目前仍不多。法官和书记员司法能力的提升、办案效率的提高及案多人少背景下优化司法资源配置是网上法庭的一大目标，直接关系到网上法庭的有效推广程度，而这需要智能化工具的大量开发应用。

6. 网上案件数量上升，起诉严谨性下降

网上法庭便利了当事人起诉，起诉所花费的时间、精力下降，部分压抑的诉讼需求被激发出来，案件数量随之大幅增长。同时，由于起诉变得简单容易，受限较少，再加上空间的虚拟、传播的便捷，在较短的时间内产生大量不属于网上法庭试点受理范围的案件。

7. 技术设备保障要求高、可控性弱

由于涉及异地当事人录音录像、实时传输，网上法庭对宽带传输、音响设备、摄像集成的保真度、同步性方面技术要求高。庭前调试占用较多时间，现场开庭的稳定性、可控性弱于传统法庭，技术设备故障引起的开庭延误、中断时有发生。

四 "电子商务网上法庭"发展展望

电子商务网上法庭体现了互联网思维，顺应了电子商务的无边界性和网络化社会、数字化生活的新特征、新要求，代表了互联网司法的发展方向。今后，应进一步完善拓展网上法庭的功能，更好地发挥网上调解、裁判的便捷优势，努力让人民群众在每一个司法案件中感受到公平正义。

1. 加快功能迭代，提升用户体验

在现有的支付宝身份认证基础上，推出法官线下认证、公证处线下认证、人脸识别等更多便民的身份认证方式。将原告"5分钟完成起诉状，7×24小时可提交起诉"模式普及到更多案件类型，从目前主要以电子商务的买家（自然人）与卖家（小企业）之间，扩展到企业与企业、企业与个人的诉讼类型，针对不同类型设计不同解决方案。站在当事人的角度，推出面向当事人找律师的法律服务平台，面向律师与法院交流的律师工作平台，面向当事人与公证处的公证服务平台，促进人与人、人与机构、人与法院高效连接，更好地发挥律师、仲裁、行业协会等调解力量的作用，推动纠纷多元化解。进一步优化诉讼过程结构化模块，推出案件结果智能预判、相似案例自动匹配、裁判文书智能辅助生成等功能，不断降低当事人诉讼难度和法官工作强度。力争2017年，平台能支撑案件20万件。借助网上法庭，办案法官年人均办案量，2017年超过600件/人，2018年达到1500件/人，2019年达到3000件/人，大幅领先于线下纠纷解决机制。

2. 探索跨区域的电子商务网上法院（法庭），实现案件和法官资源在线跨区域调配

受限于现有管辖规定，目前试点法院之间收案数量极不均衡，而且法官只能承办本院案件，未能充分发挥电子商务网上法庭的优势，既影响纠纷的及时解决，也不利于法官能力的培养。下一步，浙江法院将探索利用电子商务网上法庭平台，试行案件跨区域调配，统一受理互联网金融、网络著作权、电子商务和跨境电商等涉网无边界的案件，统一调配法官资源。今后，还可探索线下案件跨区域网络化办理。

3. 开展互联网公告送达，破解送达难题

实践中，一些被告对于在电子商务网上法庭发起的诉讼不予响应，导致案件需要公告送达。但在纸质媒体刊登公告，费时费力费钱。随着互联网新媒体的发展，为实现"零费用、即时性、全覆盖"的互联网公告模式创造了条件。目前，浙江法院正在开发"一键网络公告送达"功能，探索在电子商务网上法庭案件中开展互联网公告送达，公告可瞬时同步推送到全国性大型公众新闻网站和被告所在地的地方网站。

4. 探索电子公证

网上法庭在试点著作权侵权纠纷时，发现大量作品的侵权行为，需要出示公证书。当事人必须扫描几百页的文件，上传到网上法庭，同时还得将纸质公证书邮寄到法院。当事人费时费力，法官则担心当事人自行上传的公证书扫描图片被伪造和篡改。为此，电子商务网上法庭将与公证机构在线对接，方便当事人通过网络向公证处申请调取公证书。公证处将公证书的电子函通过云端服务器，瞬间转交到法院系统，当事人只可以查看，不可编辑，实现无污染的线上流转。

5. 探索电子归档

针对网上法庭办案全流程都是电子数据的特点，电子商务网上法庭将探索电子归档新模式。对原被告当事人，除非必要证据线下提交外，答辩状等电子格式的材料，不要求线下再提交。此外，还可允许当事人在线授权委托律师，无须线下签署纸质委托函，而是采用线上账号授权模式，生成电子委托函。

涉互联网纠纷、互联网金融以及电子商务网上法庭，都是"互联网＋"时代对人民法院提出的新课题，也是人民法院面临的新机遇。浙江法院将直面互联网时代的新变化，认真研究互联网时代对司法提出的新问题，积极探索解决互联网问题的新途径、新思路，更好地贯彻落实国家"互联网＋"战略，更好地为互联网行业的创新发展提供优质高效的司法保障和服务。

B.15
苏州法院智慧审判中电子卷宗＋语音识别深度应用调研报告

苏州市中级人民法院课题组*

摘　要：　苏州中院围绕建设人民法院信息化3.0版的目标，以服务法官办案、方便群众诉讼、优化审判管理、提升审判质效为出发点，初步形成了以电子卷宗同步生成与深度应用为基础，以诉讼材料收发中心和诉讼信息集中采集区一体化为突破，以语音识别技术和云柜技术为主要推动力的审判效率性、规范性提升方案，在智慧审判建设过程中迈出重要一步。

关键词：　电子卷宗　语音识别　收发中心

在当今世界信息化发展的大趋势下，大力推进信息化建设是关系到中国现代化建设全局的战略举措，人民法院也只有不断加强信息化建设，不断提高信息技术在司法审判工作中的利用率，才能实现审判体系和审判能力的现代化，进而顺应新时期审判工作和审判管理的需要。人民法院的信息化建设最终要达到各类案件办理过程中收集和产生的诉讼材料能够同步电子化并上传到法院审判管理信息系统，经过文档化、数据化、结构化处理，实现案件

＊　课题组负责人：曹忠明，江苏省苏州市中级人民法院副院长。课题组成员：熊一森、任国华、金泽蒙、胡晓亮、洪健。执笔人：熊一森，江苏省苏州市中级人民法院办公室副主任；裘实、王英明，江苏省苏州市中级人民法院助理审判员；马亚龙、殷博文、郭玮、孙丹丹、孟桢、杨心刚、徐淼，江苏省苏州市中级人民法院书记员。

办理、诉讼服务和司法管理中各类应用的自动化、智能化，实现全业务网络办理、全流程审判执行要素公开，为法官、诉讼参与人提供全方位智能服务。近年，最高人民法院先后出台了《人民法院第四个五年改革纲要（2014~2018）》《人民法院信息化建设五年发展规划（2016~2020）》《人民法院信息化标准》《关于全面推进人民法院电子卷宗随案同步生成和深度应用的指导意见》等政策文件，提出建成人民法院信息化3.0版、打造"智慧法院"的目标，强调推进信息技术在案件办理、诉讼服务和司法管理中的深度应用，以信息化为抓手，提高司法效率，优化司法资源，促进审判体系和审判能力现代化。在此精神指引下，江苏省苏州市中级人民法院有计划、有重点、分领域地推进各项相关工作，取得了令人鼓舞的成效。

一 现实动因：当前司法审判工作的效率掣肘

近年，全国法院新收案件、审执结案件数量持续上升，人民群众的法治意识逐步提高，通过司法审判解决矛盾纠纷的意愿更加强烈。然而面对爆炸式增长的案件数量，法院现有的审判体系、审判能力和信息化软硬件配置已经很难与人民群众日益增长的诉讼需求相适应。收案数量大幅上升、人案矛盾日益突出成为不少地方法院开展工作面临的主要难题。如何配合人民法院司法体制改革的大局，提升审判效率成为解决这一问题的关键一步。

从苏州两级法院的情况看，制约审判效率的最主要因素有以下三个方面。一是庭审效率不高。这个基础性矛盾突出表现在相当一部分书记员的记录速度和方式不能满足庭审的要求。实际工作中很少有书记员能够完全流畅地记录庭审，部分书记员的记录速度甚至达不到120字/分钟的基本要求，在庭审过程中常出现法官和诉讼参与人为了服从书记员的记录要求放慢语速、重复陈述的情况，拖累了庭审进度。从现有记录模式看，书记员为了尽可能跟上庭审速度，往往不会一字不落全文记录，而是会对发言进行概括。由于概括水平参差不齐，很难保证庭审记录能够反映真实的诉辩情况，而且存在"词不配意"的问题。庭审效率低的矛盾同时表现在质证手段传统带来的庭审过程烦琐。传统庭审中，法官和诉讼参与人均持实体证据进行质证，需要各方人工检索证据并核对内容，耗时较长且准确性差，进而可能造成双方理解出现偏差及审理焦点难以准确归纳。二是可利用的电子数据过少。在传统的文书撰写过程中，法官使用的大多仍是纸质卷宗，在撰写文书时只能采用手工输入的方式将证据等相关信息录入文书，而这部分机械性的信息整理工作占用法官精力过多，影响撰写文书的流畅和效率。三是事务性工作负担过重。法官和书记员在正常的审判工作之外，还要负责诉讼材料的收发邮寄、证据等材料的扫描入卷、文档的流转移送等工作，占据了大量的工作时间。一个稍复杂的民事案件卷宗中仅证据材料就可能有上百页，若每个法官每月结案 30 件，扫描卷宗的页数就可能达到几千页，这是极其耗费工作时间和精力的。如果不能从这些事务性工作中解放出来，审判工作效率就很难得到提高。

二　破题之举：电子卷宗收发采集一体
构筑智慧审判大数据

电子卷宗是推进智慧审判的物质依托，是信息技术在司法审判工作中得到应用的必要基础。因此，如何将纸质卷宗转化为电子卷宗并深度应用于审判工作中，是人民法院面临的历史性课题。传统的卷宗材料管理应用模式存在诉讼材料收发各自为政、扫描设备标准不一、办案人员扫描方式多样、后期利用方式单一等情况，使得现有的电子卷宗采集效果不理想、采集时间不同步，导致后期利用基础不佳、使用意愿不强，限制了电子卷宗效能的释放。为解决这一问题，苏州中院采用诉讼材料收发、采集一体化方式，推动实现电子卷宗随案同步生成，为实现智慧审判奠定了大数据基础。

（一）苏州中院在生成和应用电子卷宗方面的主要举措

为促进文档化、数据化、结构化的电子卷宗随案同步生成，优化电子卷宗采集与应用效果，苏州中院目前主要采取了以下三个方面的举措。

1. 实现电子卷宗集中生成管理

苏州中院与技术公司联合研发了诉讼材料收发中心系统，在诉讼服务中心设立材料收发中心与信息集中采集区，剥离一线法官的事务性工作，借助云柜系统，将统一收发、集中采集和数字化加工创新性整合，安排专职工作人员负责材料的集中扫描和数字化处理，落实责任人，跟踪材料到案，为所有诉讼材料提供收发管理平台，统一出口和归口，保障诉讼材料向电子卷宗的转变以及诉讼材料的有序收发，实现电子卷宗的集中管理、标准统一、节点同步。在案件立案到审结这一审判工作全生命周期中，当事人和法院之间发生的所有诉讼材料传递，均先由诉讼材料收发中心先行集中扫描，并即时导入法院审判管理信息系统，自动回填案件结构化数据，在减轻立案窗口和审判人员诉讼材料收发、数字化处理等事务性工作负担的同时，保障了电子卷宗的即时性、完整性。从实践效果来看，仅在立案环节就节省时间50%以上，审判一线的工作内容更加专注于裁判权的行使，司法审判工作的效率和质量得到了大幅提升。

2. 拓展电子卷宗来源渠道

为便利当事人诉讼，苏州中院还拓展了部分渠道作为诉讼材料集中收发、采集的补充。除了通过已实现的"互联网＋诉讼服务中心"从网上立案及提交诉讼材料外，2016年4月，苏州中院还与技术公司合作，在全国率先将自助设备引入法院，实现了自助立案、自助扫描并提交材料、自助查阅案件信息。同时，苏州中院在庭审以及案件评议中引入语音识别技术，信息得以客观、充分地转换为审判数据并保存在电子卷宗中。与苏州市政法信息综合管理平台对接，实现了与公安、检察院、司法局等部门电子卷宗的实时流转、共享，避免了案件数据在不同系统中重复输入带来的工作负担，形成了案件完整的数据流，为政法工作提供了坚实的信息基础。

3. 夯实电子卷宗智慧利用基础

电子卷宗建设与应用水平需要在不断的实践应用中方能得到进一步改善，为提升电子卷宗的应用率，苏州中院与技术公司一道，结合审判工作实际需求，对多个工作环节进行智慧化改进：诉讼材料集中扫描后，诉讼材料收发中心系统利用图文识别与语义识别等技术，在后台对数据进行分析加工，实现结构化数据回填、格式化文书自动生成、诉讼材料自动归类索引，并识别、抽取案件关键信息以提供案件基础数据和个性化识别包，用于关联信息智能检索、法律文书辅助生成、语音识别系统个案学习，减轻工作负担，提高审判效率。法官可以通过法院审判管理信息系统实现诉讼材料在合议庭合议、审委会讨论前高效、完整流转，通过分屏技术"左看右写"、双层PDF等技术实现电子数据的无切换利用。随着电子卷宗应用路径的不断拓宽，案件数据利用效率和诉讼材料流转速率得到了提升，大大提高了法官及审判辅助人员将电子卷宗同步生成的积极性。

（二）电子卷宗收发采集一体化应用的初步成效

1. 降低了法官审判工作的事务性负担

通过收发、采集一体化，配合语音识别、云柜等技术的实践应用，诉讼材料和审理过程信息同步文档化、数据化、结构化，并全面、即时纳入办案系统，形成可检索、可复制的电子卷宗，为法官网上办案提供更充分的支持：通过语义识别和智能检索，电子卷宗形成时便可生成具体针对本案的核心数据包，法官可以轻松、快速地在办案系统中阅览、检索诉讼材料及关联信息，而无须通过传统的人工检索手段来提取，提升了事实梳理、争议焦点归纳以及文书制作的速度和准确性；通过阅览语音识别系统生成的完整庭审笔录、评议笔录，法官可以全面回顾诉讼参与人的诉辩情况，充分消化评议意见，在此基础上理顺裁判思路；部分复杂案件的法律文书可能长达数十页，而其内容主要集中在举证质证以及事实认定部分，电子卷宗内容的可复制性使法官可复用卷宗文字，大大提升了文书制作效率。

2. 提升了司法信息公开水平

通过诉讼材料的全面、即时电子化，保障诉讼参与人及时了解案件情况、充分行使诉讼权利，是苏州中院推进智慧审判工作的重要目标。诉讼参与人能够便捷地浏览诉讼材料、了解案件审理进度，降低了案件参与成本，提升案件参与程度，有利于更加科学地开展诉讼活动、更加高效地与审判人员沟

通、更加充分地监督审判工作，避免由于不能及时、充分掌握案件情况而可能出现的疑虑、猜测以及准备工作不足问题，案件审理效率得到有效提升。

3. 提升了数据互联共享水平

苏州法院通过与苏州市政法信息综合管理平台对接，实现了与公安、检察院、司法局等部门电子卷宗的实时共享。卷宗数据通过政法平台可进行快捷流转，便于与外部相关单位特别是与检察院共享、交换使用案件实体数据，避免了不同业务系统对相同数据进行重复录入，以及传统对接、协同模式中可能出现的信息传递损耗，减轻了办案干警的工作负担。同时，根据案件情况将各部门制作的电子信息进行互联，打通各政法单位所掌握的信息资源，实现案件全程、整体、动态数字化，形成完整案件的数据流，有效扩充了智慧审判的数据获取、分析、应用基础，在提升案件审理效率和质量的同时切实提高了政法工作科学化水平，将智慧审判建设的效益释放到政法工作全局。

4. 优化了审判管理方式

苏州中院在智慧审判建设中形成的电子卷宗，能够即时呈现诉讼材料的完整内容及其收发移送流程，以及庭审和案件评议全过程，使得审判监督管理能够在毫不干扰审理工作的情况下，通过审判管理信息系统及时、全面、精确掌握案件材料及审理情况，突破传统审判监督管理模式存在的滞后性弊病，使审判监督管理的活动区间从事后延伸到事中和事前，提升审判管理的质量和效率。

（三）电子卷宗在智慧审判中的未来展望

电子卷宗是诉讼材料以及审理过程的数字化体现，是所有信息技术、智慧手段在案件审理中得到应用的必要前提。作为一种基础技术，电子卷宗对于智慧审判建设工作的促进作用，绝不仅仅局限于现有的表现在工具意义上对司法工作效益的提升，而更在于其直接创建了司法审判工作的"信息池"，实现了案件全生命周期中所有材料、过程的即时数据化，联通了信息与应用者，为语音识别、大数据、云计算等现有技术和未来技术对案件信息的进一步智慧化应用创造了条件。电子卷宗是信息化审判时代的延续，是智慧化审判时代的开启。在电子卷宗的基础上，随着技术的进一步发展和应用，法院可以根据审判工作实际需求，开发更多具有应用价值的案件信息应用平台，以技术手段规范司法审判工作，优化案件办理质量与效益，强化司法公开力度，提升司法公信力，充分释放现代智能技术为审判工作带来的红利，为建成人民法院信息化3.0版、打造智慧法院提供有效支撑。

三　如虎添翼：语音识别技术领衔智慧法庭新时代

庭审是案件办理的中枢环节。然而不管是过去的传统法庭还是目前的科技法庭，书记员都几乎无法做到又快又好地记录下庭审全过程。而庭审也受到记录速度的严重牵制，像一匹跛足的马，"走走停停"，难现雄姿。尤其在庭审的举证质证环节，目前采用的纸质材料流转质证方式耗时长、检索难、不同步，对审理节奏造成影响。在问题倒逼作用下，苏州中院在科技法庭的基础上大胆探索采用语音识别技术，开发电子质证模块，率先提出建设智慧法庭的设想。

（一）智慧法庭的苏州实践

2016年4月下旬，苏州中院开始在庭审实战中测试使用语音识别技术。5月初，苏州工业园区人民法院在"16＋1"最高法院院长会议期间向中外来宾演示了该系统的初步应用情况。在最高人民法院信息中心的支持下，苏州中院与园区法院于2016年6月开始对该系统进行全方位测试，截止到2016年9月，正式开庭500余次，庭审覆盖刑事、民事、行政案件的一审、二审。苏州中院还组织16名法官、17名书记员利用休息时间加班模拟开庭一百余次，提供优化意见百余条。经过不断的"挑刺"和改进，如今这套系统已经是9.0版，具备了在苏州两级法院的庭审实战中普遍使用的可行性。

语音识别技术在传统科技法庭基础上进行适配升级较为容易，在安装系统并对硬件适当调试后，一键开启便可使用，因此推广上并无太多难处。软件系统也能够实现较完善的数据安全保障，配套硬件通过私有化部署，本地

自动保存归档。使用时，系统可以根据案件性质及诉讼参与人的数量，预先设置庭审角色并自动标注，采取定制硬件的方案，彻底解决多角色分离难题，实现识别结果与说话人身份绑定。在语音识别过程中，采用人工智能辅助修订、批量修订等技术，书记员可以对识别出的文字快速实现错误修订，采用自动文本处理技术对时间、金额、日期等常用语去口语化。识别结果自动纠错、自动排版，减轻书记员工作强度。庭审笔录可视化编辑、集成信息抽取、快速检索、打点测听等功能，为庭后信息校对提供有效支撑。经过庭审应用，庭审笔录的完整度达到100%，基本消除了传统记录模式中因输入速度、理解偏差而可能产生的信息损耗，确保了记录的客观性和真实性。带有口音的普通话语音识别正确率达到90%以上，因书记员输入效率低导致庭审暂停的现象基本消除，法庭调查、法庭辩论等环节庭审流畅度显著提升。庭审时间平均缩短20%～30%，复杂案件庭审时间缩短超过50%，庭审效率明显提高。不少苏州中院和园区法院的书记员感慨，这项技术让大家从"敲键盘"的工作中解放了出来，可以有更多的精力和时间从事其他事务性工作了。

为拓展电子卷宗在庭审中的深度应用，苏州中院除利用电子卷宗生成语音识别系统个案识别数据包外，还创新性地在电子卷宗自动索引、关联、检索技术的基础上，与技术公司合作开发智慧法庭电子质证子系统，实现法庭庭审过程中图像、视频、音频、电子数据等证据材料的实时调取、同步显示和电子质证。庭审中，当事人无须再在法庭上频繁走动逐一传阅证据，举证一方只需借助面前的电脑显示屏，即可统一播放或展示证据材料，审判席法官和诉辩双方同步跟进，节省了检索证据的时间。质证方则可在显示屏上打点标记，提请审判人员注意，进而有针对性地发表意见。审判席亦可在屏幕上用原被告席屏幕上不可见的笔迹进行相关标注，以在庭后阅卷过程中起到自我提示的作用。该项技术的应用在贯彻无纸化庭审的同时，一定程度上缩短了庭审用时，提高了效率，也让庭审活动变得更加规范、更有秩序。

（二）语音识别技术的多场景延伸实践

除了服务于庭审工作外，语音识别技术还能够和电子卷宗等技术相配合，运用于案件评议、裁判文书制作、日常办公等场景。在评议案件时，实时全面地记录整个汇报及讨论过程，反映每个参加人员的发言意见，呈现一份完整、详细的会议记录，甚至还原激烈的讨论场面，帮助承办人作更为深入、周密的思考。在撰写裁判文书时，法官坐在宽屏电脑前，通过左半边的屏幕检索电子卷宗了解案情，回顾庭审全过程，更好地把握当事人的情绪及意向，将图片形式的电子卷宗内容直接转化为文字，并基于自然语言理解进行语义抽取，抽取包括当事人姓名、身份证号码、住所地等在内的案件关键信息，然后借助语音识别技术"读取"内心裁判案件的思路、写作文书的路径，将心中所思所想完全呈现在右半边的显示屏上，并进行及时修改、及时校对，最终生成一份完整的裁判文书。这种左看右写的模式，大大节省了法官敲击键盘进行文案输入的时间，方便了法官裁判文书的制作，对提高法院的审判工作效率可谓意义非凡。

四　画龙点睛：云柜系统物联互通搭建诉讼材料中转云平台

如果说在各类海量诉讼材料的基础上形成的电子卷宗是智慧审判的大数据，那么诉讼材料的收发流转通道便如同智慧审判大数据的"信息高速公路"，连接着法院和诉讼参与人。这条"信息高速公路"是否安全通畅直接关系着当事人的诉讼权利是否得到有效保障、更影响着诉讼程序能否顺利进行。目前，诉讼材料收发工作主要由书记员和传达室的工作人员完成，而快速增长的诉讼材料会给他们的工作带来相应的挑战和风险，如部分接收的诉讼材料没有登记、不同庭室的诉讼材料被错拿、一些重要的诉讼材料遗失，等等。这些挑战和风险会直接影响法院审判执行工作的效率，同时也影响司法的公信力。

"惟改革者进，惟创新者强，惟改革创新者胜。"面对挑战和风险，苏州中院在建立统一的诉讼材料收发中心基础上，创新思维方式，主动与相关科技公司合作，充分运用互联网、云计算、物联网等技术手段来解决问题。

2016 年 9 月，由苏州中院与技术公司合作研发、设计的第一套"纸质文档智能管理云平台——云柜系统"在苏州中院投入运行。该系统在全国系首创，拥有完全知识产权的智能化软硬件集成终端产品，提供纸质文档智能管理整体解决方案，以云上虚拟柜为核心，按需集成智能实体柜等多个子系统，通过物联互通方式，构建全方位的纸质文档云上管理体系，实现对纸质文档的电子跟踪，全流程留痕管控，形成完整的流转档案。作为苏州法院电子卷宗随案同步生成配套设施，"云柜"的子系统"诉讼材料中转云平台"通过掌上云柜和云柜 App 的有机结合，IC 卡、工作号、二维码的安全认证以及消息即时通知，实现文件安全高效地在诉讼材料收发中心与业务部门之间的流转。云柜系统的具体工作流程见图 1。

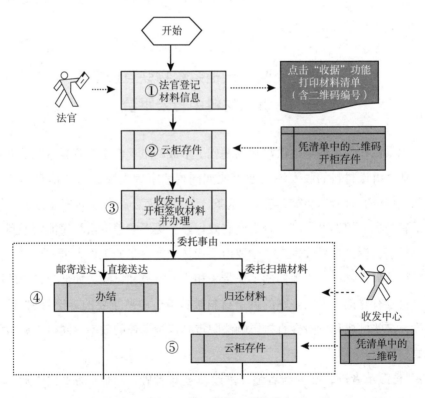

图 1　云柜系统的工作流程

在这样一种模式下，法官、书记员及诉讼材料收发中心工作人员的每一份诉讼材料都会有"私人定制"的专柜，而且每份收发的诉讼材料都会有唯一的二维码，可以通过手机云柜 App 来掌握诉讼材料收发的全流程状况，形成了诉讼材料收发过程中"一把钥匙开一把锁"的状态。这能保证进入云柜的每份诉讼材料都能被动态监管、全程留痕，做到纸质文档"跟事又跟人"全新的管理与监督模式，更全新提供了电子卷宗中每一份电子材料的流转子档案，保证了诉讼材料的安全、高效、即时流转。

随着实践的深入，未来云柜系统还将应用于法院内部和上下级法院诉讼材料的实时流转。实现诉讼材料实体云柜流转，掌上云柜动态推送和查询，保证诉讼材料流转的安全、及时，有效化解相应的遗失、遗忘风险。

五　深度整合：智慧审判从效率性向规范性的红利释放

从智慧法院建设的全生命周期来看，以"科技法庭"向"智慧法庭"过渡、以"智慧审判"向"智慧法院"发展为主要特征、以技术创新与实践探索应用为主要内容的现阶段，正处于高速成长的"青春期"。测评发现，通过案件材料的同步数字化、电子数据的识别提取、诉辩意见的高效记录以及关联信息的智能推送，司法领域"需求—供给"的二元关系已经得到了结构性优化。

（一）优化审判效能，提升供给能力

法官精英化已成为我国目前审判业务和法院工作的改革方向，法官审判时间、精力投入的挖掘已经触及边缘，解放法院"生产力"、提高审判效率是深化司法改革的攻坚难点。苏州中院构筑智慧审判，利用高新硬件和智能软件的升级、优化、联动，保障案件程序精细合法的同时，推进案件高速高效流转。

（1）推进办公电子化，减少办案"人耗"。电子卷宗实现低纸办公，加

快材料收发流转，实现资料一键共享、法官合议无隙推送。语音识别系统适用庭审和办公系统，突破书记员记录的局限，加强语音录入在办公文字录入的运用，全面实现文字录入由笔译向口译转换，有利于审判能力突破传统办公硬件的限制，大幅提升法官工作产出，降低人、财、物投入的比例。

（2）提升节点流动性，降低办案"时耗"。在诉讼材料收发与信息采集的两端通过云柜技术，材料交接人员、时间等信息一目了然，电子材料和纸质材料通过云柜相互衔接，既保障了电子卷宗随案生成的时效性，更通过技术手段确保了整个流转的时效性，有利于进一步挖掘审判人员潜力，为事务性工作减负，确保材料移交责任分明，督促、方便审判人员即时处理材料，严守办案时间节点，降低审判程序时耗。

（二）保障审理规范，提升供给质量

构筑智慧审判，通过云计算、大数据、人工智能技术的深度运用，在推动审判人员投入产出模式变革的同时，加强审判权力监督，落实审判瑕疵责任，进而规范审判人员的审判行为。

（1）促进了自由心证的规范化。通过语音识别技术，笔录的完整性大大提升，倒查庭审发言音频内容真正成为现实，法官回忆庭审、分析案件的素材更加丰富，逐步将审判辅助人员从法庭记录工作中解脱出来，双方意见在法官庭后阅卷阶段全面、生动地再现，克服了过去以书记员概括形成的笔录作为文书基础的弊端，为法官更准确地开展心证、更有针对性地进行说理提供了关键条件。有利于健全法官、法官助理、书记员协同办案模式，更好地释放潜力、形成合力，共同促进案件质效提升。

（2）促进了庭风庭纪的规范化。语音识别技术实现了文字和音频的同步分别保存，倒逼司法人员在法庭上更加留意用语的规范性。语音识别在后台形成的大数据信息，有助于提炼法官办案工作经验，不断推进办案流程标准化，也为相关部门对司法人员的庭风庭纪开展监督管理工作提供了理想的途径，做到全程留痕。

（3）促进了档案管理的规范化。电子卷宗与纸质卷宗的同步完全对应，能够帮助杜绝纸质卷宗可能存在的处置随意性问题。在纸质卷宗材料破损、缺失的情况下，电子卷宗可以成为诉讼档案的有效补充，有效解决调卷难、调卷慢问题，方便法官办案。此外，电子卷宗的出现，也为日后实现阅卷检索提供了良好的基础，从源头上落实网上办案要求，提升电子卷宗应用水平，为当事人和诉讼代理人提供优质的网上信息平台，推进网上电子阅卷，大大提升人民法院档案部门对外服务的效率和规范性。

（三）细化权力管控，提升司法公信力

法院和法官的尊荣源自裁判公信。只有裁判权得到正确行使，司法审判工作才能获得群众充分的信赖、尊重与认同。应当说，智慧审判概念的提出，为苏州中院细化审判权力管控提供了良好的思路。当前苏州中院正着力推进在审判资源集成、司法数据统计、同类案件推送等方面提供智能化服务，以司法公开和审判管理为两大抓手，通过信息化手段，做到基础材料全，节点流转清，以技术实现防腐，保障群众诉权，让审判权在阳光下运行，并将合议庭和承办法官的办案主体责任落到实处，切实牵牢司法责任制这个"牛鼻子"。

苏州中院汇集全院之智，在智慧审判的探索道路上跨出了小小一步。从科技法庭到智慧法庭不仅是信息化建设的一个新课题，更是每一个审判人员面临的一个新的压力和挑战，需要以人为本，以法官、书记员的日常工作和群众的切身利益为第一考量。在迈出这一步的过程中，苏州中院也发现、整理了一批阶段性问题，亟待后续优化和解决。尤其是技术的投入给审判人员带来工作规范性、效率方面的高要求，这在一定程度上使审判人员存在犹豫情绪。此外，面对一份完整全面的庭审记录，我们的认识还仅仅停留在表面，如何在智慧审判中发挥更大的作用，还需要积极大胆地创新实践。尽管问题还有不少，但我们坚信在智慧法院建设推进过程中，前进永远是主基调，曲折和进步必定相伴相生。随着技术的进步，根据法院审理工作的需要，未来还将搭建开发更多、更具应用价值的司法信息获取与应用平台，以更加全面、互联的数据信息为基础，整合案件全流程信息，形成结构化的司

法大数据，搭建面向司法机关工作人员、诉讼参与人、政务部门、社会公众的全方位智能服务网络，从而进一步提高案件办理效率和质量，促进审判管理精细化，保障司法公开，提升司法公信力。未来苏州中院将继续以实事求是的态度，以服务法官、方便群众为出发点和最终归宿，充分利用信息技术红利，进一步提升司法审判的现代化水平。

信息化助力诉讼服务

Promoting Litigation Services through Informatization

B.16

上海法院12368诉讼服务平台建设

杨　敏　罗健豪*

摘　要： 本文介绍了上海法院 12368 诉讼服务平台的建设背景、指导思想、建设内容与建设过程，详细阐述了平台的八大基本功能及 12 项拓展功能，介绍了平台的工作机制与主要特点。运用大数据分析方法，从 10 个不同方面分析总结了平台取得的应用成效，最后根据实践经验客观分析了平台在现场运行机制、后台保障、管理协调、技术支撑等方面存在的不足，从理念、技术、功能、管理等四个方面对平台的升级建设作了理性思考。

关键词： 12368 诉讼服务平台　运行机制　建设成效

---

* 杨敏，上海市高级人民法院信息管理处；罗健豪，上海市高级人民法院立案庭。

2010 年，上海法院在互联网上推出了面向诉讼当事人及社会公众、贯穿诉讼程序始终、由三级法院同步操作的"在线诉讼服务综合平台"。围绕审务公开、网上办事这两大基本功能，在线服务平台一共设立了 31 个服务栏目。2012 年，上海法院建设运行 12368 短信平台，用短信通知当事人参与诉讼，发送排期、公告等信息，实现法院单向信息推送服务。

为了进一步贯彻司法为民的要求，上海高院开门查找问题，广泛听取社会各界的意见建议，共归纳梳理出法院工作存在的 5 个方面 38 个需要整改的问题，其中人民群众反映的"立案难""执行难""咨询难""查询难""联系法官难"等问题较为突出。为进一步推进司法为民、司法公开，彻底解决人民群众反映的诉讼难题，切实保障人民群众或当事人的知情权、参与权、表达权、监督权落到实处，上海高院在总结长宁区、虹口区法院集中接听当事人电话的经验做法基础上，决定建立全市统一的 12368 诉讼服务平台，涵盖上海三级法院，提供法律咨询、案件查询、联系法官及信访、意见建议、投诉举报、服务评价、电话转接等主要服务，为群众提供"一门式"诉讼服务，努力消除人民群众的诉讼障碍。

一　建设过程

（一）指导思想与方法

平台建设过程中坚持以"努力让人民群众在每一个司法案件中都感受到公平正义"为总目标，按照"把群众合理合法的利益诉求解决好，对群众急需急盼的事零懈怠"以及"有针对性地采取措施，使群众更方便地参与诉讼，更有力地维护自身合法权益""努力消除人民群众的诉讼障碍"的要求，践行"把方便留给群众，把困难留给自己"的诉讼服务理念，坚持以司法为民为引领，以公正司法为核心，以群众需求为导向，以信息科技为支撑，以公开透明为标准，以人民满意为目标，在遵循司法规律的基础上，解放思想、更新理念、敢于担当、勇于创新，努力消除人民群众的诉讼障碍，以实现人民法院司法为民、公正司法的本质要求。

平台建设注重如下工作方法：找准切入点，坚持问题导向，用问题倒逼改革，把群众合理合法的诉求解决好；运用新载体，充分运用信息科技，把电话、微博、微信、网络、移动终端等信息新技术应用于人民法院；探索新方法，建立科学的工作运行新机制，推出便民利民新措施，最大限度满足人民群众的司法需求。

（二）目标与内容

上海法院12368诉讼服务平台建设的目标是：利用工信部门配给法院系统使用的特服号码"12368"专号，建立一个整合热线、网络、短信、微信、App、窗口等多种服务形式的综合性诉讼服务平台，为上海三级法院联动、统一对外提供"一站式"诉讼服务。

12368诉讼服务平台的主要建设内容包括如下十个方面的内容。①呼叫中心基础平台建设：建立呼叫中心，以满足上海法院热线功能需要。②录音系统：采用先进的通信技术、数字交换技术、双音收发技术，对语音数据进行压缩、存储和解压，实现通话录音、录音播放等功能。③工单系统：工单子系统为热线在运作的过程中提供系统支持，将来电分为以下类型：查询类流程、求助类流程、举报类处理流程、申诉类处理流程、咨询类流程等，流程按照严重等级，可以分为转办和督办。④知识库系统：知识库子系统是热线的核心系统之一，提供给热线的话务员大量的政策、法规、审判信息等，便于话务员迅速获得相关信息。⑤业务支撑系统建设：包括满意度回访管理、统计报表管理、系统管理、接口管理等。⑥座席监控软件：座席系统主要为话务员提供服务界面，分为普通话务员座席和班长座席。⑦质检系统：质检系统负责对话务员录音以及对通话记录进行检查和计分，以满足话务员对外服务的质量和考核目标。⑧培训考试系统：针对呼叫中心信息快速更新，需要及时对话务员进行新知识的培训而设立的子系统，包含了教材管理、课程管理、学生自学、在线考试等一系列功能。⑨大屏幕监控系统：对于呼叫中心的座席状态、呼叫中心排队状态、工单事项的分布状态等进行实

时的监控和展现，如实时来电情况分析、当日来电业务分类、座席实时情况分析等。⑩法院诉讼服务管理平台：将服务热线的数据接入内部系统，与审判、执行、信访等系统进行衔接，跟踪办理情况，进行二次利用与分析。

（三）平台建设与完善的基本过程

平台于2013年开始筹建，2014年初正式运行，并在2015年、2016年根据实践经验，不断拓展原有功能，完善了保障机制与处理流程。

2013年8月，上海高院决定建立"上海法院12368诉讼服务平台"，并组织专门工作班子，由一名副院长牵头，三名副院长参与，立案庭、信息处负责，全院相关部门分工协作。

上海法院12368平台于2014年6月推出了便民利民十大新举措，强化了App、微信、短信等移动互联网诉讼服务，并决定建设专门为律师提供诉讼服务的网络平台。2014年9月，上海高院决定将全市法院原有的70多条热线全部整合并入12368诉讼服务平台，实现"一号对外、方便群众"。2015年1月，律师服务平台正式开通，为律师提供20多项诉讼服务。

2016年2月，上海高院决定建设12368诉讼服务平台的"升级版"，实现诉讼服务理念、功能、技术、管理等的全方位"升级换代"。2016年6月，全市法院进一步完善了12368平台的诉讼服务方式和功能，落实了诉讼服务"升级版"建设的各项具体要求。

二 创新功能

（一）12368诉讼服务平台的基本功能

12368平台试运行和正式开通后的一个时期内，最主要的服务方式是为热线呼入电话提供人工服务，也提供一些网络服务、短信服务和热线自助服务。在此期间，12368平台主要具备以下八项基本功能。

（1）联系法官。帮助当事人、代理人以及其他诉讼参与人通过电话联系立案法官、审理法官、执行法官或提供留言服务。

（2）案件查询。当事人凭案件8位查询密码，可以查询包括案件受理与否、案号、案件审理或执行进程、开庭日期、承办法官、工作电话、诉讼材料送达等依法可予公开的信息，并通过短信、微信、移动App等自动推送。12368热线自助服务具有案件查询的文本语音播报功能，还具有分析研判自动推送信息落实情况功能，进一步发挥主动推送信息点的功能作用，确保司法公开要求和当事人诉讼监督权、知情权落到实处。

（3）诉讼咨询。可提供包括各级法院案件管辖规定、法院案件立案条件、诉讼费收费规定、法院案件审理期限、司法救助等常见程序性法律问题的咨询。

（4）信访投诉。接听并记录涉及不立案、执行拖拉、司法作风、司法态度、违纪、违法问题等方面的信访投诉，并转入信访投诉系统及时处理。

（5）意见建议。接听记录当事人或社会公众对法院或法官提出的意见、建议等，定期汇总形成专报，供领导参考和改进工作使用，对价值重大的意见进行及时反馈并发出感谢。

（6）心理疏导。由心理咨询师对相关来电人进行释明解惑，在司法认知、诉讼心理、诉讼常识、纠纷解决方法、心理减压等方面展开心理疏导。

（7）社会评价。根据12368诉讼服务平台的来电评价、意见建议、信访投诉等信息，定期对全市法院和相关部门进行社会满意度综合评价，实现社会评价与法院内部评价的有效衔接。

（8）督察考核。根据12368诉讼服务平台的来电评价、意见建议、信访投诉以及来电事项是否获得及时处理等情况，进行实时分析，定期形成对各法院、各部门、各法官的内部考核数据并反馈。

上述八项重点功能中，前六项主要是对外服务群众诉讼，后两项主要是对内服务法院管理。这八项功能的重点推进，对12368平台的顺利开通和平稳起步发挥了重要作用，也为平台的进一步发展完善奠定了坚实的基础。

（二）12368诉讼服务平台的拓展功能

在平台不断实践的基础上，上海高院经过多次精心调研和充分论证，2015、2016 年不断完善和拓展平台功能，主要包括以下内容。

（1）主动告知功能。即主动告知 12368 平台的所有诉讼服务方式和功能。12368 平台要求全市法院完善法院诉讼文书打印内容，在通过审判流程管理系统打印受理通知书、应诉通知书、参加诉讼通知书的同时，自动打印出"上海法院 12368 诉讼服务平台公开告知书"，由立案法官负责给每一个原告，案件承办法官负责给每一个被告、第三人，逐一送达"诉讼服务公开告知书"，确保每一个当事人和诉讼代理人都明白无误地完全知晓上海法院 12368 诉讼服务平台的所有诉讼服务功能和服务方式。同时，在上海法院门户网站的明显位置显示"诉讼服务公开告知书"的全部内容，并在各法院诉讼服务大厅的显著位置张贴"诉讼服务公开告知书"的"易拉宝"海报，在大厅的等候区、书写区、立案窗口、信访窗口等多个适当位置张贴 12368 微信、App 的二维码，设置免费 WiFi，方便人民群众扫描、下载。

（2）主动推送信息。12368 短信平台具有案件节点信息主动推送功能。该项功能是指在立案、审判各阶段，在法院内网电脑点击"保存"或"确定"的同时，由 12368 短信系统自动同步将重要节点信息推送给留有手机号码的当事人。对绝大部分案件，流程管理系统自动默认为主动推送。针对涉及国家机密、企业秘密、个人隐私等案件，系统允许承办法官在法院审判执行流程管理系统弹出的对话框中注明具体原因后取消推送。

（3）排队等候主动提示及录音回拨。当 12368 热线电话的排队等候人数超过 10 人时，热线自动播放语音提示告知："现在是来电高峰期，您前面有×人排队等候，请耐心等候，或按＊键转自助语音服务，或按#键通过系统录音留下联系电话及主要诉讼服务需求，等待座席稍后回电。"为确保联系上来电留言人，平台要求座席在低峰期至少回拨三次，仔细核实来电需求并作相应处理。确实无人接听的，才可以通过短信告知等方式办结来电留言。

（4）归并整合全市法院热线。在保留各法院总机和法庭总机的前提下，将各法院原有各类热线全部并入 12368，停用原有热线电话，停发原有热线宣传资料，更新各级法院门户网站，公示热线电话信息。

（5）更改完善 12368 语音流程。更改完善了 12368 语音流程，并将原"投诉"按键项下的二级分类"违纪违法"取消，已有的来电和数据、录音均并入"违纪违法举报请按 4"按键。同时，"违纪违法举报"按键拨通后嵌入语音提示，避免信访投诉等其他电话涌入。鉴于"违纪违法举报"按键的来电具有政策性强、必须保密等特点，总平台指定 1~2 名特定座席负责接听"违纪违法举报"按键来电，该特定座席由纪检监察部门培训合格后上岗。

（6）细化 12368 热线座席的分组管理。在坚持所有来电由在岗座席随机接听原则的基础上，根据诉讼服务需求的侧重点不同、对来电进行针对性处置的需要和座席个人专长，平台将所有座席分别安排至纪检监察举报岗位、案件查询和联系法官岗位、综合服务岗位（包括诉讼咨询、投诉信访、意见建议、心理咨询等其他来电），确保优质高效地接听并处置各类来电。同时，通过修改相关话务软件，实现座席与热线班组长等责任人之间以及座席相互之间的切换接听，对投诉举报等各类来电的接听、回复、描述、派单、退单、办结、查询、统计等环节重新授权。

（7）开通律师服务平台。为改善律师执业环境，保障律师权益，上海法院 2015 年开通律师服务平台，并纳入 12368 诉讼服务平台运行管理，提供网上立案、网上办理、网上沟通、网上辅助、网上评价等 5 大类 24 项功能。在严格身份认证的前提下，为律师提供网上直接立案、缴纳诉讼费、网上申请、递交材料、网上阅卷、网上送达、网上证据交换、网上调解等诉讼活动，达到既为律师减累又为法官减负的实际效果。

（8）推出上海法院 12368 诉讼服务 App。为进一步拓展便民服务方式，上海法院 12368 对接移动网络，开设了上海法院 12368 诉讼服务 App，除了联系法官、案件查询、材料递交、诉讼咨询和网上立案五大功能，还增设"我的案件""我的关注""我的意见""我的咨询""我要立案"五个功能通道。

（9）设立上海法院 12368 微信公众号。充分运用最流行、最经济的新

媒介，开通微信服务模块，当事人可以通过微信平台了解诉讼知识、法院资讯，查询案件审理执行进度等，当事人可以通过微信平台提交联系法官、投诉、意见建议工单等。

（10）网上立案。所谓网上立案，是指律师通过律师互联网服务平台向法院提交起诉状或执行申请书及相关证据材料，立案法官在线办理。符合条件的，依法登记立案并告知案号。诉讼费用可以通过网上缴费系统预交。律师足不出户，在家里、办公室或出差途中，通过互联网，就可以完成立案登记。这是上海法院12368诉讼服务平台推出的一项深受人民群众欢迎的新功能，服务成效明显。网上立案功能的主要创新有三点：一是解决了网络用户的身份识别难题，通过上海法院与市律师协会合作已经成功运行多年的"律师一卡通"信息系统，较好地解决了律师身份识别问题；二是不用到法院就可以在线立案成功并获得案号；三是不用到法院就可以在线预交诉讼费用。

（11）网上办理。网上办理包括网上申请、递交材料、网上阅卷、网上送达、网上证据交换、网上调解等。其中，网上申请是指律师通过互联网律师平台提出延期开庭、延长举证期限、补充调查证据、调查令、诉讼保全、撤回起诉等程序性申请，法官在线审查决定是否准许。递交材料是指律师通过互联网律师平台递交答辩状、代理词、辩护词、质证意见、诉讼证据等案件材料，法官在线签收。网上阅卷是指律师通过互联网律师平台提出阅卷申请，法院实施在线审查。符合条件的，准许律师按照相关规定在线查阅、下载或打印。网上送达是指律师确认同意采用电子方式送达的，法官可以通过互联网律师平台向律师送达案件受理通知书、应诉通知书、缴纳诉讼费用通知、开庭传票、出庭通知等诉讼文书，律师在线签收。网上证据交换、网上调解这两类诉讼服务由律师申请或法官发起，通过互联网律师服务平台，由法院提供视频链接登录地址，在诉讼法律关系各方主体同意后预约特定时间进行。

（12）庭期避让。开庭排期时间冲突主动避让是指，如果律师向律师服务平台提交了确认代理辩护关系申请，或者立案或承办法官已经将案件代理辩护律师的基本信息输入审判流程管理系统，承办法官在内网排期开庭时，系统会自动识别校验已经输入的律师身份证号和执业证号。如果案件当事人的两个律师中有一个律师于同一天在上海法院审判执行流程管理系统已有开庭排期信息，系统会自动提示排期法官不能在这一天为该律师安排开庭。

三　工作机制

为了保障平台畅通、高效、有序运行，12368 诉讼服务平台实行"一号对外、集中受理、分类处置、统一协调、各方联动、限时办理"的工作机制。12368 平台按照上海高院设立总平台、各下级法院设分平台的架构体系，上海高院总平台配备23 名前台座席员和5 名后台返聘退休法官；21 个下级法院分平台各配备至少 2 名座席员和至少 1 名后台法官，纳入总平台统一调度与培训管理，全市法院目前共有近 70 名座席员可同时接听处理各路来电。同时，平台采取总平台集中接听接收、分类分层分职责处理模式，即涉及需要具体法院或法官服务的，直接转接相应法院或法官进一步咨询或处理。平台可提供正常工作日、工作时段的人工服务，其余时段则提供留言、短信、语音自助查询等服务。上海高院成立了平台建设领导小组，设立了平台专门管理部门，组建了诉讼咨询问题处理联络员团队，明确了各级法院各部门负责平台电子工单处理的责任人。目前上海高院下发了《上海法院12368 诉讼服务平台管理暂行规定》《上海法院 12368 诉讼服务平台热线工作实施细则》《上海法院 12368 诉讼服务平台网络工作实施细则》《关于诉讼服务中心"升级版"建设的若干意见》等 13 个规范性文件，明确了12368 平台的诉讼服务方式、功能、期限、分工和监督管理等相关事项。

为了确保平台各项功能落到实处，上海法院还建立了一系列配套的相关工作规则或机制。为了确保法官的电话接得通，上海高院建立了全市法院法官电话簿及时更新与备案机制，由各法院办公室负责及时更新，并要求每一位法官认真接听每一个转来的电话，对来电话不接、留言不及时处理的，系统将记录在案，并纳入法官个人业绩考核中。为方便当事人查询案件信息，

上海法院进一步梳理完善了审判执行流程节点信息，确保每个案件从收到材料到诉前调解、立案受理，直到结案、上诉、执行全过程的信息均可查询。为了尽可能满足当事人诉讼咨询的需要，上海法院在原有的 100 个诉讼常见问答基础上，目前又增加到 1100 多个，同时编写印发了 2000 册《上海法院12368 诉讼服务平台诉讼程序咨询千问千答》，供全市法院座席和诉讼服务平台相关工作人员参考使用。为了确保每件一信访投诉都得到回复，后台专门配备了 5 名资深法官，一般问题当天解决，其他复杂事项 5 天内答复，并要求各法院审务督察、纪检监察部门对此进行分类跟踪处理。平台专门配备了 23 名法官兼心理咨询师队伍，确保有需要心理疏导的当事人能够及时获得心理上的帮助，能够为他们及时解疑释惑，充分体现司法的人文关怀。平台还建立了社会满意度综合评价机制，对平台中的来电评价、意见建议、信访投诉等信息可以进行社会满意度综合评价，定期分析，及时掌握。上海法院也建立了平台诉求事项后台处理责任制，明确了各法院各部门处理平台诉求事项的责任人，平台会通过短信、内部网站两种方式及时提醒办理并超期预警。此外，平台处理系统还能对来电事项及时处理情况进行实时分析，及时生成对各法院、各部门、各法官的内部考核数据。

12368 平台在工作机制上具有如下主要特点。一是上下整体，联动服务。平台通过技术线路连接到三级法院、每位法官、每位书记员，调度着全市法院审判、执行、信访等每一案件及其每一环节 800 万余条信息，共同为当事人提供联动服务。二是功能整合、多元服务。平台对外提供了人民群众最需要的联系法官、案件进展信息查询、诉讼问题咨询等六大服务功能，对内还可提供社会评价和督察考核两项基本的管理功能。如此集多功能为一体的服务，使得 12368 的服务功能可以基本满足社会对司法服务的需求。三是途径多样、便捷服务。平台可整合提供网站、电话、短信、微信、微博、邮件等多样化途径的服务，平台还可提供短信方式主动向当事人发布审判、执行流程中重要节点的变化信息，使得服务更加便捷、更加高效。四是机制得力、扎实服务。平台采取"一号对外、集中受理、分类处置、统一协调、各方联动、限时办理"的工作机制与保障机制，确保服务扎实、落到实处。

同时，平台根据实践需要，不断制订和完善运行机制，使平台服务更周全、周到。

四 运行情况

2016 年 1 ~ 12 月，12368 诉讼服务平台共提供各类诉讼服务合计 188.42 万件次。其中人工服务 27.5 万件，自助服务 41.6 万次，涉案短信 119.32 万条（详见表 1）。

表 1 上海法院 12368 平台诉讼服务功能统计

（2016 年 1 月 1 日—12 月 31 日）

12368 平台各类诉讼服务合计	1884179 件次	环比增幅 42.58%
人工服务	275058 件	环比增幅 27.13%
自助服务	415891 次	环比增幅 43.13%
涉案短信	1193230 次	环比增幅 46.48%

人工服务 275058 件工单的构成、占比与增幅

功能种类	子平台	具体项目	工单件数	小计	合计（占比）	2015 年同期	环比增幅
联系法官	热线	问询进展	10483	59493	64720	9717	-7.56%
		督促催办	3117			2734	
		材料查收	1357			899	
		反映情况	6096			6412	
		联系方式	33787			36128	
		其他	4653		（23.53%）	7774	
	律师	联系法官	1412	1412		944	
	当事人	联系法官	1908	1908		4494	
	微信 App	联系法官	1907	1907		911	
诉讼咨询	热线	诉讼咨询	33754	33754	36261	36556	-6.44%
	公众	诉讼咨询	2507	2507	（13.18%）	2202	
案件查询	热线	服务密码	2786	2786	112755	3321	55.49%
		立案情况	10926	10926		7582	
		案件进展	33517	33517		27050	
		其他	65526	65526	（40.99%）	34564	

人工服务 275058 件工单的构成、占比与增幅							
意见建议	热线	意见建议	89	89	282 (0.1%)	101	−39.22%
	律师	我要表扬	21	155		57	
		我要建议	129			270	
		法律适用	5			1	
	微信 App	意见建议	38	38		35	
信访	热线	信访	420	420	4016 (1.46%)	1922	−20.62%
	当事人	网上信访	3596	3596		3136	
	微信 App	信访				1	
投诉	热线	投诉	53	53	268 (0.1%)	81	25.23%
	律师	我要投诉	115	115		62	
	微信 App	投诉	100	100		71	
回访疏导	热线	分平台回访	153	153	167 (0.06%)		406.06%
		总平台回访	7	7			
		心理疏导	7	7		33	
网上立案	律师	网上直接立案	37850	37924	49719 (18.08%)	13454	182.17%
		网上预约立案	74				
	当事人	网上直接立案	—	11795		—	
		网上预约立案	11795			4166	
网上办理	律师	材料递交	128	5013	6870 (2.5%)	193	−41.21%
		核实代理信息	2247			2855	
		提交代理词	24			57	
		延期开庭	12			19	
		诉讼保全	10			12	
		调查令	8			41	
		网上阅卷	279				
		网上调解	—			—	
		网上证据交换	—			—	
		网上送达	2305			6653	
	当事人	网上预约阅卷	26	1857			
		网上材料递交	1831			1856	

自助服务 415891 次的构成、占比与增幅

功能种类	子平台	具体项目	服务次数	小计	合计（占比）	2015 年同期	环比增幅
自助法律咨询	热线	案件管辖	4483	10983	18333（4.41%）	2636	44.43%
		审限规定	4576			2461	
		诉讼费用	1924			1277	
	律师	诉讼文本下载	2261	7350		2056	
		诉讼指南	655			448	
		典型案例	1072			864	
		调取法律法规	2256			2048	
		审判业务文件	1106			896	
	微信 App	诉讼咨询	诉讼咨询			7	
案件信息查询	律师	案件查询	92047	175973	222553（53.51%）	114235	-13.86%
		关联案件 83926	83926			104062	
	当事人	案件查询	4482	4482		14833	
	短信	服务密码	23415	30166		17216	
		案件进度	5199				
		办公电话开庭时间	1552				
	微信	案件查询	8481	8481		6400	
	App	案件查询	3451	3451		1616	
法院信息查询	热线	法院信息	11113	11113	16181（3.89%）	6353	54.43%
	微信 App	了解法院	5068	5068		4125	
自动服务	律师	开庭排期自动避让	3315	158824	158824（38.19%）	1127	38.31%
		关联案件信息推送	155509			113708	

涉案 12368 短信 1193230 次的构成、占比与增幅

诉讼阶段		2016 年主动推送	占比	2015 年同期	环比增幅
立案		255859	21.44%	156897	63.07%
审判	民事	216333	18.13%	155209	39.38%
	商事	134079	11.24%	92110	45.56%
	行政	10275	0.86%	7804	31.66%
	刑事	4390	0.37%	3824	14.80%
执行		436183	36.55%	288824	51.02%
派出法庭及再审等其他		136111	11.41%	109915	23.83%

续表

网上直接立案服务 37850 件的办理情况与增幅						
构成	申请数	已办结数	办理中	登记立案	不予登记	网上登记立案成功率
2016 年	37850	36614	1236	33587	3027	91.73%
2015 年	13453	13453	0	11859	1593	88.15%
环比增幅	申请网上立案上升 181.35%			准予登记上升 185.50%		上升 4.06%

1. 12368 平台成为服务基层审判执行一线、贯彻以审判为中心改革要求的重要举措

以热线电话为例，2016 年 1～12 月，人工热线接电工单共计 206573 件，但派发给法官办理的工单只有 12974 件，只占全部来电的 6.28%。其余来电全部由平台座席当场答复办结。其中，总平台自行办结 152471 件，占接电总数的 73.81%；分平台自行办结 40013 件，占接电总数的 19.37%；电话转接等其他电话共 1115 件，占比 0.54%。也就是说，群众来电找法院或法官，平均每十个电话中，有 7 个电话由高院总平台座席统一办理答复，2 个电话由高院转给各法院分平台座席统一办理答复，只有 1 个电话需要由法官本人亲自答复办理。由于全市法院通过 12368 平台统一提供集约化的诉讼服务，正式运行 33 个月来，三级法院所有法官每个月总共只需要办理 1253 件工单，就彻底解决了群众反映强烈的电话找法官难问题，同时也大大方便了法官集中时间和精力专注于完成审判执行工作。鉴于上海法院绝大部分案件由基层法院和中院审结，人民群众来电也主要是需要与基层法院和中级法院联系沟通，但高院总平台却完成了绝大部分来电的答复办理，大大减轻了基层法院和中级法院的诉讼服务工作压力。

2. 平台自行办结率较高

诉讼咨询、案件查询和信访三类来电主要由平台座席答复办结，派单限期办理的来电类型主要是联系法官、意见建议和投诉，电子工单的办结方式以电话沟通为主。2016 年 1～12 月，各类来电的平台自行办结率和派单情况分别为：诉讼咨询类来电的平台自行办结率为 97.89%，平台共接听此类来电 33754 次，仅派单 712 件，其余均由座席答复办结；案件查询类来电的平台自行办结率为 97.86%，平台共接听此类来电 112755 次，仅派单 2413 件，其余均由座席答复办结；信访类来电的平台自行办结率为 83.42%，平台共接听此类来电 420 次，仅派单 67 件，其余均由座席答复办结；联系法官类来电的平台自行办结率为 74.93%，平台共接听此类来电 59493 次，派单 14915 件，其余由座席答复办结；意见建议类来电的平台自行办结率为 65.15%，平台共接听此类来电 89 次，派单 31 件，其余由座席答复办结；投诉类来电的平台自行办结率为 35.6%，平台共接听此类来电 53 次，派单 34 件，其余由座席答复办结。

3. 多层级的严格督促催办确保工单按期办结是平台正常运行的重要因素

老百姓用不用平台服务，关键看有没有实际效果。12368 平台正式开通以来，绝大部分诉讼服务需求均当场答复办结，派发的工单绝大多数也在限期内尽早办结。截至 2016 年 12 月，只有 8 件热线工单超期半天办结。网上立案等网络诉讼服务每件工单一般都涉及几十页甚至上百页诉讼材料的查阅、理解并依法处理，工作压力大、人手少、要求高、时间紧，但网络立案法官和平台座席等诉讼服务工作人员自我加压、任劳任怨，确保网络诉讼服务在短期内取得了明显成效。12368 平台这种高效规范运作机制的形成，既是各级法院领导和全体干警高度重视诉讼服务工作的重要成果，也与 12368 平台采取短信提醒、内网飘窗提示、分平台催办、总平台催办、庭领导督办、院领导和纪检监察部门督查等多个层级的严格督促催办直接有关。

4. 使用频率较高的服务功能是案件查询、联系法官、诉讼咨询与网上立案、网上办理

案件查询主要涉及案件基本信息、进展情况、诉讼服务密码和联系电话；诉讼咨询主要涉及诉讼程序法律规定和各业务条线的执法意见；联系法官主要涉及问询进展、反映情况和督促催办。网上立案和网上办理则是依托 PC 互联网和移动互联网新开通的两类在线办理立案和电子文件提交等诉讼事务的服务功能。从平台提供的各种人工诉讼服务功能被群众选择使用的频

率来看，2016 年 1~12 月，案件查询占比 40.99%、联系法官占比 23.53%、诉讼咨询占比 13.18%、网上立案占比 18.08%、网上办理占比 2.5%。五项合计占比 98.28%。2014 年各月度案件查询、联系法官、诉讼咨询三类诉讼服务的合计占比一直保持在 95% 左右。2015 年 1 月律师服务平台开通之后，网上立案和网上办理的占比逐月持续上升，2016 年度这两项诉讼服务在人工诉讼服务中的占比已达 20.58%。

5. 网络查询是自助服务的主要类型

2016 年 1~12 月，通过互联网和移动终端查询案件信息达 22.25 万次，占比 53.51%，查询法院信息 1.62 万次，占比 3.89%，两项查询合计占比达 57.4%。由于通过互联网和热线可以查询到的案件信息的种类、范围和内容已经基本相同，但网络具有可以 24 小时全天候服务的特殊优势，而且不受节假日的影响，所以逐步成为案件查询类诉讼服务的主要方式，至 2016 年 12 月，通过互联网络进行自助查询的服务数量已经超过通过热线人工查询。此外，通过移动互联网如手机短信代码等途径的案件查询数量也迅速增加。其中，2014 年 8 月~2015 年 7 月共提供短信代码查询 18047 次，月均 1504 次；2015 年 8 月~2016 年 10 月共提供短信代码查询 44205 次，月均 2947 次。

6. 系统自动推送涉案短信的数量增速迅猛

上海法院 12368 平台从 2014 年 8 月开始大力推进涉案短信自动发送的督查通报。此前，2012 年 12 月至 2014 年 7 月共发送涉案短信 23999 条，月均仅 1200 条；此后，涉案短信的自动发送量迅速增加。其中，2014 年 8 月至 2015 年 7 月共推送涉案短信 594986 条，月均 49582 条；2015 年 8 月~2016 年 10 月共推送涉案短信 1422775 条，月均 94852 条。

7. 律师已经成为法院诉讼服务的重要主体

在律师网络服务平台方面，自 2015 年 1 月正式运行至 2016 年 12 月，已有 1581 家律师事务所的 1.1 万多名律师使用该平台提供的 60 多万次各类诉讼服务。其中，2016 年 1 月至 2016 年 12 月，案件自助查询 17.59 万次，网上直接立案 3.78 万件。律师还通过该平台提出完善平台服务的建议 400

多条。在 12368 热线方面，2016 年 1 ~ 12 月，律师来电工单数约 3. 91 万件，占来电总量的 18. 9%。此外，律师来电呈现持续递增趋势。热线来电次数最多的前 100 个电话号码中，律师事务所座机占 94 个，另 6 个电话为信访老户，且律师基本没有就同一需求重复来电。律师来电主要类型是案件查询、联系法官和法律咨询，分别占比 47. 93%、41. 38%、10. 51%；信访和投诉类来电分别占比为 0. 08%、0. 06%，远低于非律师来电中信访占比 1. 59% 和投诉占比 0. 23%，表明律师代表当事人请求和接受诉讼服务更为理性、更有效率，更注重从案件本身和裁判规则层面期待法院提供诉讼服务。

8. 网络服务和人工热线来电所涉法院较为集中，总分平台及各分平台间工作量差距明显

在网络服务方面，以网上立案为例，立案成功率最高的浦东（97%）、黄浦（97%）、长宁（95%）三家法院的申请办结数分别为 14920 件、5047 件、1929 件，合计占全市法院网上立案申请办结总数的 81. 59%；准予网上登记立案数分别为 14506 件、4906 件、1832 件，合计占全市法院准予网上登记立案总数的 86. 48%。在热线服务方面，高院因总平台原因涉及来电最为集中，共有 12. 7 万次，占比 35. 32%。其次为年受理案件数量超过 10 万件的浦东新区法院，共有 7. 3 万次来电涉及该院，占比 20. 35%。涉及来电 1 万次以上的其他法院共 8 家合计 10. 5 万次，合计占比 29. 02%，分别为一中院、二中院和闵行、静安、黄浦、宝山、普陀、徐汇区法院。上述 10 家法院合计占比 84. 69%。总体来看，来电所涉法院与法院层级或受理案件数量存在密切关联，郊区县法院和专业法院相对较少。热线人工服务座席的工作量，总平台的多数座席每人年均通话数和工单数都超过 1 万次；浦东分平台座席每人年均通话数在 1000 次左右，工单数为 1500 件，居各分平台之首；其他分平台座席每人年均通话数在 200 ~ 400 次、工单数在 300 ~ 500 件，部分郊区法院和专业法院的分平台座席每人年均通话数和工单数均在 20 ~ 50 件次。

9. 诉讼服务所涉业务条线以民商事和执行为主，集中于办案一线部门

据抽样统计，各业务条线所涉热线来电和网络留言占比分别为：立案（包括诉调）9%、刑事6%、行政1%、民事与商事合计46%（包括法庭6%）、执行35%、申诉3%。此外，审管、审监、纪检监察、信息技术等部门也有少量和留言来电提出诉讼服务需求。

10. 人民群众通过平台提出意见建议涉及面广，接近一半的信访是不服裁判，超过三分之一的投诉是态度作风

意见建议、信访投诉类诉讼服务需求总体占比很低，合计占比在1%左右。通过热线、网络、微信等方式提出的意见建议，内容主要涉及技术改进、方式优化、水平提高、人员增加以及感谢法院、表扬干警等方面。例如，有的建议法院开发当事人更改诉讼服务密码的相关程序，以免被撤销的诉讼代理人借助原密码查询案件信息，并建议案件一审和二审的诉讼服务密码对接；还有的建议缩短热线拨通后的语音提示时间、延长强制挂断排队等候电话的时间，等等。在信访、投诉类来电和留言中，不服裁判占比46%，投诉态度作风占比35%。

五　取得的成效

上海法院12368诉讼服务平台牢固树立并切实践行了"把方便留给群众，把困难留给自己"的诉讼服务理念，注重完善服务机制，拓展服务功能，提升服务质效，得到了各级领导的高度评价、社会各界的广泛好评和人民群众的普遍欢迎。群众当场测评和平台随机回访结果表明，对平台的诉讼服务，群众满意率达99.98%；对处理结果，群众满意率达98.85%。群众来电称"12368是司法为民的连心线"，群众来信认为"12368平台是上海法院司法改革的又一次创新"。

通过上述数据分析，可以发现上海法院12368服务平台运行至今，较好地体现了上海法院开放、透明的阳光司法和为民、便民的服务宗旨。

1. 群众诉讼更便捷

12368 服务平台的接电和留言中，诉讼咨询、案件查询、联系法官一直占据前三项，占比约85%。有 14.66 万人次查询到案件情况，有 13.72 万人次联系到了法官，9.12 万人次得到了免费法律咨询，切实做到了让当事人打得通电话、找得到法官、说得清情况、等得到回复，人民群众普遍反映诉讼确实更便捷了。

2. 司法过程更公开

通过 12368 热线、网络和移动终端的人工查询和自助查询，共有 34.27 万人次查询到了案件信息和法院相关信息，做到了全程留痕、全程可视、全程可查、全程规范，诉讼过程更加公开透明，提高了司法公信力。

3. 司法行为更规范

12368 热线开通以来，派发电子工单 3.63 万件，只有 8 件超期半天办理。因此，12368 平台促进了法院干警理念更新、作风改进、行为规范。全市法院干警坚持"把方便留给群众，把困难留给自己"，司法为民意识更强，服务更加主动，司法言行更加规范，切实做到"对群众急需急盼的事零懈怠"。

4. 群众监督更有力

12368 服务平台开辟了人民群众表达意见建议、对法院工作和法官行为实施监督的新通道，共接受信访 1.29 万件、投诉 911 件、意见 1334 件，均按要求当场答复或限期答复、分流处理，对涉 5 类问题的 983 件建议予以采纳。

5. 人民群众更满意

12368 服务平台通过随机回访，99.98% 的回访者对平台的服务表示满意，98.85% 的回访者对处理结果表示满意，群众来电来信表扬 928 件次。全市法院的群众投诉量由平台开通时的日均 8 件下降至目前的 0.5 件，信访量也明显下降。全市法院全年共受理各类案件 62.29 万件，审结 61.45 万件，同比上升 13.2% 和 12.7%。92.3% 的案件经一审即息诉，经二审后的息诉率为 98.9%。

六 存在的问题及改进方向

上海法院的 12368 服务平台仍在发展阶段，还存在一些不足和问题。

首先，现场运行机制存在不足。目前，平台处理的事务大幅增长，而平台的话务预测、座席排班及人员增补等工作机制未能及时跟进形势变化，影响了平台的工作效率。此外，虽然在上海高院下发《网络诉讼服务实施细则》后，平台座席加大了人工催办力度，但是 2016 年 1～12 月仅网络联系法官和材料收转两类留言的办结超期率就达 11%。这说明部分干警对网络诉讼服务需求的办理回复还跟不上形势要求。同时，广大干警对微信、App等全天候的诉讼服务新方式还不太适应，各法院在主动创新平台机制改善群众诉讼体验上还需加强。

其次，后台保障机制存在不足。平台的知识库和数据库建设仍需大力推进，平台工作人员的业务能力和服务水平需要进一步提高，特别是应对复杂情况的能力需进一步提升。受经济收入偏低、话务量繁重、心理压力大等因素影响，平台座席员的稳定性也有待加强。平台在技术保障上还需加强重复来信来件自动识别及回复短信自动查询等功能的研发。

再次，管理协调机制存在不足。平台管理办公室各项职能有待进一步落实，平台事务协调委员会的启动事由、议事程序、督促催办、讲评通报、调研总结、考核问责等有待进一步细化。平台对各类特殊事务的应对处理机制还不完善，对信访老户的纠缠缺乏有力的应对措施，据统计分析，信访来电占 12368 平台总来电量的 5%，尽管数量不大，但其中信访老户来电量占 12368 平台信访来电总量的 65%，有时影响正常来电接待处理。

下一阶段，上海法院将针对 12368 平台在实践中存在的问题，依托信息技术，在理念、技术、功能、管理等四个方面对平台进行全面升级建设。

首先，实现理念升级。一是从"小服务"向"大服务"升级，将服务群众、服务社会与服务法官办案、服务科学决策、服务审判管理相结合，以优质服务为"以审判为中心"等各项司法改革举措减压增效，尽可能通过诉讼服务中心处理除庭审外的其他诉讼事务。二是从"小平台"向"大平台"升级。坚持12368平台"多渠道、一站式、综合性"的既定发展方向，在巩固、完善诉讼服务平台的同时，扎实推进平台实现"横向联动、纵向贯通、线上线下结合"的要求，全面涵盖法院各项工作。三是从"四化要求"向"长效机制"升级。要从理念、技术、功能、管理等多个层面入手，找准"以点带面"的若干关键问题，出实招，求实效，强力推进，长抓不懈，建立起适应上海特点的诉讼服务平台建设长效机制。

其次是实现技术升级。一要完善律师服务平台网上立案系统。网上立案法官配备外网电脑，将大部分网上立案申请在外网立案登记完毕后再导入内网，节省数据交换的时间和精力，显著提高网上立案的效率。二要进一步方便外地律师使用上海法院律师服务平台。外省市已有309家律师事务所在实际使用平台，要完善外省市律师身份的实时认证功能，提高网络数据接口交换速度，便于外省市律师批量准入。三要开发语音自助查询案件信息系统，方便群众全天24小时通过拨打12368热线，自助查询案件依法可以公开的主要节点信息。四要开发网上网下协同互动软件系统，完善"热线、网络、短信、微信、App、窗口"六位一体、线上线下协调管理机制，通过技术升级将承办人分机无人接听的电话直接导入各法院12368分平台，方便法官集中时间和精力办理案件。五要增加网络平台的数据交换次数，增加网络诉讼服务的用户黏性，分流热线诉讼服务的需求压力。

再次是功能升级。一要大力推进实时主动发送涉案短信和短信代码查询工作。截至2016年12月，涉案短信发送量已经由月均1000条提高到10万条。要求通过功能升级、细化责任，在确保信息安全的前提下，实现案均短信发送量的新突破。二要全面推广律师平台网上预约立案取号排队。律师凭本人的执业证书和预约成功告知短信，于约定时间到达法院预约立案窗口，不必再另行现场取号排队，即可提交起诉材料并办理立案登记相关事项。该项功能既有助于简化证据材料较多导致案件通过网上立案所需的大量材料扫描工作，又省去了现场排队等候的麻烦。三要开通当事人互联网直接立案功能，方便未委托律师但历年诉讼案件较多、由企业法务人员等参加诉讼的银

行、公用事业单位等当事人通过互联网直接立案。四要增加工单办结后的回访疏导功能。在法官办结诉讼服务工单后，系统按比例自动生成回访疏导工单，由各法院分平台座席在限期内自行办结。通过工单回访疏导，倒逼诉讼服务质量的提高，同时弥补法官办理工单过程中的疏漏或不足。

最后是管理升级。一要完善平台队伍建设。畅通平台座席的职业发展通道，避免一线座席的经济待遇明显低于其他呼叫中心，尽量减少总平台工作经验丰富的优秀座席流失到其他兄弟单位热线等现象发生。同时，进一步完善后台法官和诉讼服务平台管理办公室的队伍建设，尽快配备专职人员负责平台数据分析和律师平台管理工作。二要实现工单办结实时推送短信功能。工单办结后，系统自动同步推送短信告知来电人或留言人。这样既可以提高诉讼服务工作的透明度，也杜绝出现只点击电脑工单却忘记回复当事人等现象发生。三要完善平台通报督办协商机制。充分发挥高院12368平台事务协调委员会、平台管理办公室的协调管理作用，加大定期通报工作力度，商请各职能部门全面履行平台管理文件确定的职能分工。四要加强平台经验的调研总结工作。在加强对全市法院干警进行12368平台新要求的例行培训工作和全市各法院分平台座席分批轮训工作的同时，坚持抓好平台日常工作的及时报告和阶段工作的系统小结，重点抓好平台建设经验的系统总结和理论深化工作，切实完善诉讼服务平台建设的长效机制。

B.17
泉州法院运用"互联网＋"打造新型
诉讼服务平台调研报告

泉州市中级人民法院课题组*

摘　要： 泉州法院以司法协作为主线、以信息技术为支撑，重构诉讼服务工作流程，探索诉讼服务从单一法院服务转向多方法院协同服务、从单一线下或线上转向线上线下融合，打破了诉讼服务需限定地域、限定对象的传统格局，实行跨部门、跨地域、跨层级的协同服务和管理，让每个群众在就近的人民法院都能够享受无差别的诉讼服务。

关键词： 跨域　诉讼服务　信息化

"互联网＋"是这个时代重要的机会和使命，"＋"代表一种突破自我的附加值，"＋"代表相互连接，"＋"代表携手合力。2015年1月12日泉州中院运用"互联网＋"整体观和方法论，在全国首创推出"跨域·连锁·直通"式诉讼服务平台，即在泉州范围内，人民群众打官司从诉前咨询到立案、审判、执行、信访等各个环节的数十项诉讼事务，都可以选择就近的任何一家法院诉讼服务中心或人民法庭向管辖法院提出申请，依托信息技术和司法协作，由负责接待的人民法院与管辖法院通过共同配合完成，效力等同于直接到管辖法院诉讼服务窗口办理，免除了人民群众异地

---

* 课题组负责人：欧岩峰，泉州市中级人民法院院长。课题组成员：洪清波、张文平、黄宏睿。执笔人：洪清波，泉州市中级人民法院审管办副主任。

来回奔波的诉累。因平台不分当事人在哪里、不分本院或他院案件，区域内任何当事人均可选择离家庭、单位、学校最近的人民法院办理的便捷性，又被形象地喻为"家门口诉讼"服务平台。平台推行以来运行良好，成效显著。2015 年 10 月福建省高级人民法院将平台的"跨域立案"全省推广运用。2016 年 10 月最高人民法院决定将平台的"跨域立案"在全国 11 个省的部分法院试点推行。

一　平台建设的背景

（一）社会期待

坚持需求导向，认真听取社会各界的意见建议，回应各界关切和社会期待，是平台建设的重要背景。

（1）回应部分群众提出的批评、意见和建议。2014 年，部分群众反映法院个别窗口工作人员素质不高、态度不好、形象不佳、语言不文明，到法院办事有时进不了门、走不对路、找不到人等。泉州中院对此十分重视，结合泉州市委确定的专项整治群众办事难项目和泉州市直机关 136 项"为群众办实事好事"整改项目，将改造诉讼服务作为教育实践活动重点整改项目。

（2）回应政协委员对法院改进诉讼服务措施、完善司法为民机制的呼吁。2014 年 9 月 5 日，在泉州市政协听取法院工作情况通报会上，多名政协委员希望法院加大力度完善司法便民利民机制。有的委员指出，要减少诉讼环节，降低诉讼成本，让群众能够"从立案庭进来，又可以直接从立案庭出去"，特别是对外地当事人，要能够预约立案，避免当事人多次来回跑而费时费钱费力。有的委员则建议加强现代信息技术的运用，推广普及远程视频庭审，做到安全高效。

（3）回应律师界对泉州一些法院立案标准不统一、人为限制立案问题的关切。2014 年 10 月 31 日，泉州市司法局向泉州中院发来的《关于贯彻落实省高院、省司法厅〈关于构建法官与律师良性互动关系　共同促进司法公正的若干意见〉的建议函》提出，全市法院系统存在立案标准、立案程序不统一的问题，部分法院内部自行制定立案指导规则，有的法院不同人民法庭、人民法庭与院部立案庭受理案件标的额不同，有的法院根据原告是否本地户籍规定不同的起诉立案标准，有的法院派出法庭对多个被告住所不同的案件互相推诿，部分基层法院每到临近月底或年底的几天，常不予立案，而且，对不予受理的起诉，没有制作裁定书，导致当事人既无法行使诉权，也无法提起上诉。

（二）问题导向

坚持问题导向，认真总结近几年泉州法院诉讼服务发展实际存在的问题，从痛点入手，寻求问题根源的全局性解决，也是平台建设的重要背景。

（1）诉讼服务条块分割、各自为政的现状与经济社会发展深度融合的趋势不相适应。到2015年，泉州市常住人口已近850万，外来务工人员200多万，人员流动频繁。地域面积11015平方公里，山区、沿海并存，边远乡村较多。泉州经济总量已连续17年位居全省第一，县域经济发达，民营经济活跃，人口流动量大，跨县、跨市、跨省经济活动频繁，跨地区诉讼经济纠纷多发，对诉讼服务的便捷化、标准化要求较高。但有的法院辖区面积较大，从镇村到本地法院已有一定距离，到异地法院更是路途遥远，交通不便，需耗费大量时间和精力，如果委托律师或当事人系多人，还需多人跨地域频繁来回跑，诉累严重。法院现有这种条块分割、各自为政的诉讼服务格局与异地诉讼案件易发高发的趋势不相适应，已不能完全满足经济高速发展的需求。

（2）诉讼服务标准不一、参差不齐的现状与法治统一、公平、公正的要求不相适应。实践中，各地法院诉讼服务参差不齐，发展不均衡，工作标准不统一。有的法院当事人在诉讼服务中心就能"一站式"办理除庭审外的所有诉讼事务，有的则要上下来回找很多部门、找很多人。有的人民法庭功能十分完善，几乎与诉讼服务中心无异，有的人民法庭甚至不能直接受理立案申请。

（3）诉讼服务"法院本位"、简单机械的现状与人民群众日益多元、日益强烈、日益升级的司法需求不相适应。部分法院在开展诉讼服务中，仍然

存在比较浓厚的"法院本位""官本位"思想，要么简单机械、被动应付，要么曲高和寡、不接地气。群众在法院办事经常需要挨个问、翘首等、上下跑，"诉讼难""打官司难"的印象根深蒂固，诉讼服务中心看似"一站式"，却处处不是"终点站"，服务群众的作用未能充分发挥。部分法院投入不菲建设网络诉讼服务平台或自助服务终端，但因缺乏专业指导等亲历性服务，导致当事人不会用、不爱用，甚至不能用，实际效果并不理想。

（三）落实政策

紧紧抓住司法体制改革、立案登记改革、法院信息化建设等重大时代契机，推进中央及上级法院政策落地执行，则是平台建设的又一背景。

（1）把中央关于"坚持人民主体地位、人民司法为人民"的重要观点、重要精神真正落地。《中共中央关于全面推进依法治国若干重大问题的决定》指出，坚持人民司法为人民，保障人民群众参与司法，构建开放、动态、透明、便民的阳光司法机制。2015年4月中央深化改革领导小组审议通过《关于人民法院推行立案登记制改革的意见》，改立案审查制为立案登记制，切实解决人民群众反映强烈的"立案难"问题，保障当事人诉权。

（2）把最高人民法院、福建省高级人民法院关于破解"六难""四难"问题的决策部署真正落地。2013年以来，结合开展党的群众路线教育实践活动，最高人民法院作出着力解决"六难三案"，即"立案难、诉讼难、执行难，门难进、脸难看、事难办，人情案、关系案、金钱案"的部署，福建省高级人民法院也提出集中解决"门难进、脸难看、话难听、事难办""四难"问题的要求，并相继出台多项指导意见或工作措施。

（3）把最高人民法院关于运用"互联网＋"思维、加快法院信息化建设的决策部署真正落地。随着信息革命的持续推进，信息化已成为司法能力和司法体系的重要组成部分。如何充分运用信息化建设成果，更好地满足人民群众的司法需求，更好促进审判体系和审判能力现代化，是一个时代性的课题。2013年以来，最高人民法院从战略和全局的高度作出了加快法院信息化建设部署，福建省高级人民法院相继出台多项举措全面推进信息化建设。泉州各地法院结合各自实际，在信息化建设上取得了不错的成效，但也存在诸多不可忽视的问题和不足，与信息化3.0版的目标还有很大差距。

二 平台建设的主要内容

（一）建设思路

泉州诉讼服务基础薄弱、信息化建设起步较晚，为发挥后发优势，解决全市法院诉讼服务的困境，泉州法院紧紧抓住司法体制改革和法院信息化建设"两轮两翼"的发展契机，运用"互联网＋"思维，以"全市法院一盘棋、诉讼服务一体化"为理念，通过法院内部和法院之间"跨域、连锁、直通"的司法协作，打开了诉讼服务的新局面。

（1）跨域。在遵循管辖等法律规则的前提下，打破诉讼服务需限定地域（仅限于某个法院自己的辖区）、限定对象（仅限于某个法院所管辖案件的当事人）的传统模式，在整个泉州地区，不论所诉案件具体由哪个法院或法庭管辖，当事人均可就近选择或自愿选择任一法院（人民法庭）办理诉讼事务。

（2）连锁。借鉴"连锁经营模式"，重新定位法院诉讼服务中心、人民法庭的角色，不仅作为本法院的服务窗口，更是全市法院的"分店"和"代言"，均承担着互相代为对外提供诉讼服务的职责。统一法律适用标准和诉讼服务标准，同样的案件、同样的事务同样处理，做到"谁来办事都一样对待、哪里办事都一个标准"，确保当事人进到任何一个法院（法庭），都能获得最佳的、相同的诉讼服务与办事体验。

（3）直通。将诉讼程序中的辅助性、事务性工作，剥离到各诉讼服务窗口集中办理，并把可由其他法院代为办理的事务，一律予以剥离、打散、分解、分流，由全市各法院共同行使、协作办理。当事人在家门口的任一法院（法庭），均可以无障碍、"一站式"地办理其他法院（法庭）所管辖案

件从立案、庭审到执行等全流程的诉讼事务。人"直通"到各法院、案件"直通"到办结，真正实现在家门口打官司。

平台建设致力于实现法院、当事人双方共赢，追求司法效益最大化。对当事人而言，在立案阶段可以就近立案、转接材料、缴纳诉讼费、领取法律文书等。在审判阶段，可以就近领取传票、远程视频调解或庭审、领取裁判文书并开具生效证明等。在执行阶段，可以就近申请执行、领取执行款等，大大减轻当事人的诉累。对法院而言，在办理异地送达、保全、执行等诉讼事务时，通过法院间的紧密协作、互帮互助，法官能够少跑腿、少受累，大大提高审判效率。

（二）建设内容

泉州法院"跨域、连锁、直通"式诉讼服务平台不仅为群众提供跨域立案的便利，还提供就近受理申请、材料收转、答疑指引、庭审调解、查阅卷宗、办理执行等各类诉讼服务。

（1）跨域协作立案。在全市法院 12 个诉讼服务中心、42 个人民法庭设置跨域诉讼服务岗，当事人可以就近选择任何一个诉讼服务中心或人民法庭提出立案申请、提交立案材料。窗口工作人员首先查验核对当事人身份信息、确认送达地址、监督当事人在起诉状及其他诉讼材料上签字盖章、指导当事人参与诉讼，并将起诉信息登记、诉讼材料扫描到诉讼服务信息系统，再推送到管辖法院立案窗口审查办理。管辖法院收到信息后即时审查，符合起诉条件的随即登记立案，通过系统自动生成"受理通知书"等法律文书，再推送回协作法院，由协作法院当场送达当事人，即完成跨域立案。如管辖法院无法当场作出受理决定，则即时制作"收件告知书"，通过协作法院当场送达当事人，并在规定的期限内提出审查处理意见、制作法律文书，按当事人确认的送达地址直接送达或电子送达。

（2）跨域远程庭审。以各法院审判法庭及人民法庭为依托，以各协作法院工作人员的配合为保障，对不在同一区域的当事人推行包括调解、证据交换、庭前会议、开庭审理、信访接待和判后答疑等诉讼事务的跨域远程视听服务，一方面充分利用法院现有高清科技法庭等远程庭审资源，另一方面，由协作法院提供对当事人的身份验证核对、当事人签字盖章的识别确认、证据等诉讼材料形式完整性的识别固定、远程开庭调解等秩序维护和笔录回签等协作事务，既有效维护庭审的权威性、严肃性，确保可控性，又满足异地当事人就近参加庭审等诉讼事务需求，达到既便利当事人又便利法院的"两便"效果。

（3）跨域统一送达。为有效破解严重制约执法办案效率、加剧案多人少矛盾、损害司法公信力的送达难题，泉州法院充分利用"跨域、连锁、直通"式诉讼服务平台纵横联接全市 12 家法院、42 个人民法庭的司法资源，于 2016 年 5 月创新构建就近直接送达机制，以各法院诉讼服务中心及部分人民法庭为网点，以乡镇街道和工业园区为单元，各法院专门送达机构、送达人员统一办理本院审判庭移送的送达事务和兄弟法院委托的送达事务，不分本院他院，一个标准、一体办理，分片划区、"包干负责"，实现就近送达、直接送达，最大化发挥集约化、专业化的送达优势。至 2016 年 10 月底，全市法院已设立专门送达机构 32 个，配置专职送达人员 82 名。送达机构及送达人员采用名册登记公示制度，由中院统筹管理，依托诉讼服务信息平台，推行诉讼文书线上导入、系统匹配送达机构、送达材料线上推送、送达流程线上管理、送达结果线上反馈、送达地址等信息共享和约束机制，有效解决传统送达特别是委托送达中普遍存在的受送达人难找、送达人不明确、信息不对称、过程难跟踪等问题，提高了送达效率。

（4）跨域协作执行。在"跨域、连锁、直通"式诉讼服务平台建设过程中，泉州法院还在"平台大跨域、大协作"的理念指导下，于 2016 年初与交警部门建立车辆查控协作机制，形成法院之间、法院与交警部门之间互相协作的新模式。在该协作模式下，不论在辖区内何地，目标车辆一经被查扣或查扣时发生暴力抗法事件，交警部门既可通知委托法院，也可通知就近的当地法院第一时间办理车辆交接手续或介入现场处置，大大提高了对被执行车辆查控的处置效率。2016 年，交警部门已将法院移送的 130 余辆豪车录入稽查布控系统进行重点查控，成功查控 20 余辆。

（三）平台特点

跨域诉讼服务模式立足于源头性、根本性、全局性的创新，着力开创诉讼服务司法协作新局面，总体呈现出四大特点和五个方面的"新"。

平台呈现以下四大特点。一是大跨域。把准社会大融合、要素大流通、人员大流动的时代脉搏，顺应跨乡镇、跨县市、跨省份的异地诉讼、异地办案常态化需求，打破行政区划限制，构建跨地域、跨法院、跨层级的诉讼服务供给模式，切实减轻人民群众诉累、降低人民法院司法成本。二是大协作。按照创新、协调、绿色、开放、共享的发展理念，构建法院（含人民法庭）之间的业务全覆盖，从立案登记、材料收转到保全、送达、庭审、执行、信访等全流程、"线上＋线下"全方位的司法"大协作"模式，形成制度化、系统化、信息化、常态化的新型司法协作机制。三是大服务。落实"两便原则"，坚持服务人民群众、服务执法办案、服务司法管理相统一，坚持既面向群众，也面向法官提供服务，以诉讼服务为抓手，推进诉讼服务与执法办案、司法管理、信息化建设等良性互动，为实现审判体系和审判能力现代化打下坚实基础。四是大融合。通过标准化管理，推动各法院间业务标准的规范、统一；通过一体化运作，实现法院系统内要素整合、资源集约、效率提升；通过信息化运用，实现诉讼服务协作和诉讼流程管理的智能化、现代化。

泉州法院诉讼服务模式体现了以下五个方面的"新"。

一是创造诉讼服务新模式。平台在不打破法定管辖原则、不改变现有法院（法庭）设置的前提下，突破地域阻隔，赋予当事人选择任何一个法院（法庭）办理各项诉讼事务的自主性，真正实现"家门口诉讼"，极大便利了当事人行使诉权、提起诉讼，最大限度减轻了当事人的诉讼成本。同时，平台也相对缩小了原告、被告双方与法院（法庭）在空间距离上的差别、诉讼成本上的差距，有效实现双方当事人诉讼成本均等化，确保了双方当事人参加诉讼在形式上、实质上的平等。即使原告、被告相隔很远，原告可以在家门口的法院（法庭）起诉，被告也同样可在"家门口"的法院（法庭）应诉，双方都十分便利，大大拉近了双方的时空距离，抹平了双方在诉讼成本上的鸿沟。

二是创造司法协作新体系。各法院（法庭）在立案、审判、执行、信访及诉讼服务各环节、各领域互联互通、互帮互助、共享共治。其效果，就外部而言，变"群众跑断腿"为"法院协同办"，只要群众愿意，在"家门口"就能打完异地官司，不用长途奔波、数度往返也能办理完异地立案、审判、执行等全流程、各环节相关事务，极其便民利民；就法院内部而言，通过法院（法庭）之间制度化、系统化、信息化的联动网络，各法院（法庭）在立案、审判、执行、送达、信访及诉讼服务各环节、各领域互联互通、互帮互助，各法院对于兄弟法院请求协助办理、自己就近协助办理比较便利的诉讼事务，都当作自己的事务及时认真办理，大大节约司法资源，提高司法效率。

三是创造诉讼服务新流程。平台把诉讼服务中属于可由其他法院代为办理的事务，一律予以剥离、打散、分解、分流，由全市各法院共同行使、协作办理。具体来说，就是按照便利群众和便利法院的"两便"原则，各法院诉讼服务中心、人民法庭互为"代言"，不论案件归谁管辖，谁接到当事人和群众的诉求，谁就负责对外提供诉讼服务；谁接到其他法院的委托事项，只要属于自己的职权范围，或虽不属于自己的职权范围，但由自己办理比较便利的，也自觉予以协助办理。这样一来，一个案件，从诉前到立案、审判、执行乃至申诉、信访等各环节的事务，由管辖法院与各协作法院共同办理、共同完成，共同推进审判执行流程，变传统的由管辖法院"单打独斗"的单轨制诉讼流程运行模式为各协作法院合力共为、同向发力的双轨制乃至多轨制模式，为实现当事人"家门口诉讼"奠定坚实的基础。而且，平台项下跨域协作的事项，并未涉及审判权及执行裁决权。各协作法院与管辖法院的协作关系，是司法权与事务权或执行权相分离的协作关系。司法权中涉及的诸如核对诉讼参与人的身份、监督诉讼参与人在各类诉讼文书上的签字或盖章行为，核对并证明诉讼材料形式完整性并扫描上传等登记立案、受理申请、材料收转、文书送达、远程开庭、信访接待、投诉举报等事务性

工作，以及案件执行实施权等非决定性的司法事务，并未涉及司法权的内核。这些事务性工作从各审判部门剥离到诉讼服务中心，与通过司法协作的方式委托其他法院办理，并没有本质上的区别。把这些事务性工作交由其他协作法院办理，并不会损害司法权的统一性、完整性和权威性，但对于便利当事人诉讼来说，却是一项具有突破性乃至革命性的创新。

四是创造诉讼服务新关系。传统诉讼服务模式所建立的是单个法院与当事人之间的单一的诉讼服务关系。平台首次在当事人与管辖法院之间创造性地引入了"协作法院"这一中间角色，形成了当事人与管辖法院、当事人与协作法院、管辖法院与协作法院三维度的全新诉讼服务关系。"管辖法院—协作法院—当事人"这一多元诉讼服务关系，如同三角支架，既相互独立，又彼此支撑，不仅突破了传统诉讼服务中管辖法院与当事人二者均受到的时间、空间限制，也解决了单纯网络诉讼服务中诉讼身份、诉讼行为真实性难以核实，诉讼服务缺乏指导性和针对性等问题，还构筑起各法院之间制度化、系统化、信息化、常态化的协作机制，有利于整个司法体系的革新与完善。

五是创造诉讼服务新系统。平台软件系统的设计理念与传统模型有根本性的不同，这种不同来自跨法院异地诉讼的内在需求，软件系统设计既坚持法院系统纵向案件信息服务与管理方面的基本要求，更考虑法院系统横向跨域诉讼服务司法协作的技术保障，软件系统服务全市两级12家法院包括54个诉讼服务窗口在内的100多个审判执行部门，实现部门全覆盖、业务全覆盖，同时系统运用了电子卷宗、网上审批、电子盖章、文书智能生成等办案自动化信息技术，对内是上下单线型，对外是任意交互型，在法院专网的平台上支持任一法院全部门、全业务的接入。该系统运行良好，具备很强的复制和推广价值，已在全省96家法院、300多个诉讼服务窗口推广运行。

三　平台运用成效及发展展望

泉州法院"跨域、连锁、直通"诉讼服务平台的运行，是泉州法院落实司法为民的新举措，体现了泉州法院司法服务理念的新转变，是泉州法院诉讼服务的新抓手，更是泉州法院联系人民群众的新纽带。随着平台功能的拓展、应用的扩展，成效越来越显著。截至 2016 年 9 月 30 日，全市两级法院为当事人提供跨域立案 34261 件，提供异地法律咨询 34968 次、材料收转 34625 次、诉讼指引 36599 次、判后答疑 817 次、信访接待 153 人次，异地诉前或立案调解 263 件，各专门送达机构累计协助异地法院直接送达 966 件，协助所在法院审判部门直接送达 6500 多次。另有多个案件借助该平台实现了异地视频庭审、跨域联动执行、划拨执行款等等。当事人无一投诉举报，无一管辖争议，诉讼材料跨域流转无一差错，受到各界的欢迎和好评。

泉州法院跨域诉讼服务模式是一项全新的创造，不单是对诉讼服务细枝末节的"微创新"，更是从根本上、源头上、全局上关于诉讼服务整体再造的"大创意"，是对诉讼服务的创新概念、创新体系和创新模式。特别是最高人民法院决定在全国 11 个省市的部分法院推行试点工作以来，泉州法院跨域诉讼服务模式走向了更大的平台，将创造更大的价值。

一是平台顺应互联网时代的发展趋势。平台不仅是人民群众与法院的连接器，更是不同地域、不同审级法院的连接器和助推器，不是简单地把线下事务搬到线上、搬到硬件上，与网上诉讼服务和自助终端服务有本质上的区别。平台是"＋法院""＋司法协作""＋流程再造""＋诉讼服务""＋信息技术"多维度的交织融合。平台在现代司法体系上创造性地提出协作法院的概念，让传统诉讼服务窗口焕发出强劲的生命力、实现互联网时代的升级转型，突破了单一法院在管辖地域与服务职能的局限，赋法院以能、赋公众以权，使跨域范围内的人民群众不受地域、不受审级限制，在任何一个诉讼服务中心、任何一个人民法庭都享受到平等、同质、高效，乃至溢价的诉讼服务，是人民法院诉讼服务领域对"互联网＋"的创造性运用。平台不仅打破了时间和空间限制解决当事人异地诉讼难、人民法院异地办案难的问题，更重要的是打破了狭隘的行政区划和层级界限，超越了简单的法院单一主体，实现了法院与法院网格化互动协作治理，开创了一种全新的诉讼模式，是互联网时代建设统一的法治国家、实现区域协同发展的有效治理模式

的新发现、新探索。

二是平台具有现实需求和巨大价值。平台顺应了经济社会发展深度融合，跨域经济活动、人口流动频繁活跃的趋势，回应了社会各界对破解诉讼难、诉讼累特别是异地诉讼难、诉讼累的呼声，具有投入实际运用的现实基础和刚性需求。随着我国市场经济的不断发展完善，城乡一体化进程的加快，人口、资金、技术、项目、服务等要素的跨域流动将日益增长，跨域诉讼案件数量也必将随之增长，对平台的需求将更为广泛、更为迫切。如果在全国范围内全面推广运用，既让老百姓在家门口就可以打全国范围内的异地官司，不用长途奔波、来回折腾，又在全国法院之间建立起紧密型、系统性的司法协作机制，广大法官亦可避免为办理异地保全、异地执行、异地送达等事务而长途奔波、来回折腾。仅以全国每年上千万件的民事案件计，所节约的诉讼成本、产生的经济效益乃至社会效益必将难以估量。

跨域诉讼服务取得了不错的成绩，特别是在模式创新上建立了全新的诉讼服务模式，但在推行中也存在一些问题、面临一些困难。一是理念转变方面，传统单一法院"各自为政""自扫门前雪""部门思维"等观念依然根深蒂固，相互协作为人民群众提供司法便利的理念在转化为实际行动的过程中还存在一些问题。二是政策制度方面，跨域服务的实质是人民法院间的相互司法协作，目前关于司法协作的规定较为零星、片面，不利于全面深化跨域诉讼服务，建议上级法院，特别是最高人民法院在试点过程中不断总结、适时制定出台诉讼服务司法协作相关指导意见或司法解释，将跨域诉讼服务纳入常态化、制度化的轨道，明确协作的法院之间以及与诉讼参与人之间的权利义务关系。三是软件系统方面，当前我国法院业务系统以省为单位，分省管理、分省运行、分省服务，跨域诉讼在一个省内运行对软件系统的改造较为简单，但对跨省、跨多省运行，则需要对不同省份的软件系统进行改造和对接，并且随着跨域服务的项目不断拓宽，改造和对接的压力会持续加大，软件系统的支撑需要多方参与、不断升级。

B.18
电子法院迈向智慧法院的吉林实践

吉林省高级人民法院 *

摘　要：　在全面推进依法治国战略的大背景下，实现司法服务的"零距离"沟通、即时性互动、无障碍共享，已成为新时期人民群众对司法工作的新期待和新要求。吉林电子法院紧紧围绕打造信息化3.0版和深化司法诉讼服务要求，全面推进智慧法院建设，不断为人民群众感受司法带来新体验，积极探索"互联网＋"环境下司法诉讼的新途径，为群众诉讼提供高效、便利的服务，使阳光司法真正走进百姓心中成为新时期人民法院的新方向。

关键词：　电子法院　智慧法院　人工智能

2016年，最高人民法院向全国人民代表大会所做的工作报告明确要求，"继续深化司法公开，加快建设智慧法院"。吉林省是中央确定的全国首批司法体制改革试点省份，吉林省高级人民法院将信息化建设作为深化司法体制改革、构建阳光司法机制的重要举措，以吉林电子法院为基础，不断探索人民法院信息化3.0版建设，积极推进智慧法院建设，按照最高人民法院信息化建设"十三五"发展规划的要求，做到"全面覆盖、移动互联、跨界融合、深度应用、透明便民、安全可控"。

智慧法院建设是人民法院的一场深刻变革，以电子法院为基础全面建设

＊　执笔人：张立华，吉林省高级人民法院技术处处长。

智慧法院是吉林法院信息化发展的必然要求。由电子法院向智慧法院的全面转型升级，也就意味着需要提供更加便捷、更加全面、更加高效的司法服务。

一 向智慧法院升级让群众享受便利

吉林电子法院上线初期便实现了各类案件的网上立案，随着推广工作的不断深入，得到了社会公众的普遍认可。截至 2016 年 12 月 31 日，当事人和律师通过网上立案 157369 件，其中民事一审案件 133952 件，占同期全省法院民事一审案件受案总量的 51.3%。长春地区两级法院民事一审案件网上立案率超过 54%，行政一审案件网上立案率 34%，民事二审案件网上立案功能推广较晚，网上立案率近 4%，非诉执行案件的网上立案率 33.8%，行政二审网上立案率 12.9%。

随着向智慧法院转型过程中的不断探索，吉林电子法院已实现了全面覆盖各类业务，电子法院系统利用率大幅提高。在吉林省蛟河市人民法院审理的一起案件中，原告蛟河市某银行成为首批智慧法院受益者，该行人员通过网络在办公室将诉状、企业营业执照、代码证和诉讼证据等扫描后上传到法院，仅用时两天，就完成小额贷款网上立案 43 件。2016 年 8 月，长春某律师更是一次性完成了 83 件股权纠纷的网上立案，这些案件如果线下立案至少需要一天时间，而网上立案仅用了不到 1 个小时。

此外，吉林电子法院还创新研发了网上事项申请功能，在提供网上案件审理的同时，为当事人、诉讼代理人提供财产保全等业务办理申请。吉林全省法院借助网上事项申请功能，成功将诉讼保全延伸到执行查控工作中，做到了全面、准确地查封被告人名下财产，让被告人所隐匿的财产无处遁形。为衔接好立案、审判、执行各环节的工作，吉林法院用足用活诉前和诉中保全措施，依托执行网络查控程序，做到查找财产不留死角、控制财产迅捷高效、保全程序合法依规。财产保全工作对于执行具有重要意义，尽早保全被告财产，以保全促调解、促执行，从源头上减少进入执行程序的案件数量，降低申请执行人权利落空的风险。2016 年，长春市中级人民法院受理的民商事案件中当事人申请诉讼财产保全措施的案件大幅增加，在一审民事案件中当事人申请财产保全的达到近 40%。诉讼保全案件数量逐渐增多，由于保全财产"四查"到位，极大地提高了诉讼案件调解率，诉讼案件的审判流程更加顺畅。

二 向智慧法院升级让公正高效实现

为不断满足智慧法院的建设需要，达到既定的建设效果，吉林法院对电子法院开发的原告、被告、法官三方可视的网上诉讼平台进行了完善，使诉讼材料提交、网上缴费、网上质证、网上签收等诉讼活动结合更加紧密，不受地域限制、不受时间限制、不受质证次数限制，大大节省了开庭审理时间。截至 2016 年 12 月 31 日，吉林电子法院处于网上审理阶段的案件 10713件，已审结 106463 件。在审理一起冯某某等 45 人诉吉林某胶带有限公司追索劳动报酬一案中，该公司的经理和法律顾问均在北京办事，不能按时参加庭审，法院利用网络组织双方进行证据交换，全面查清了案件事实，以往审理这类案件每件案件大约 60 分钟，开展网上证据交换以后，每件案件大致10 分钟左右审理完毕，45 件案件大致为当事人节约了 38 个小时。网上证据交换和质证的成功进行获得了当事人和律师的一致好评。再如，蛟河市乌林朝鲜族自治乡高家村农民夏某某土地承包经营权纠纷一案，证据交换与质证全部在网上完成，在开庭前，原被告双方就已经对核心证据达成了一致，因此，在 6 月 10 日的庭审时不再作为争议焦点，从而节省了时间，提高了效率。

此外，吉林电子法院对"云会议"系统进行了深入研发，助力网上开庭、网上调解，并探索了"云会议"与科技法庭的结合，保证了同步录音录像，并提供了联系法官功能，方便当事人与法官沟通，沟通记录三方可视、公开透明。长春市中级人民法院在智慧法院实践中多次借助云会议更灵

活多变的会议形式、更快捷的数据处理方式，实现了远程调解和远程庭前准备，创造了低成本、高效率的新型审判方式。截至2016年12月31日，长春市中级人民法院已召开"云会议"61次，长春地区召开"云会议"达333次，通过网上质证案件99个，开展"审诉辩"64次。以长春市中级人民法院受理的吉林某药业股份有限公司虚假陈述案为例，案件数量多达383件，原告遍布30个省市，诉求金额亦从几百元至数十万元不等，若依据传统一审民事案件的审理方式，必然会加大各方当事人的诉讼成本，浪费司法资源，降低审理效率。长春市中级人民法院运用"云会议"对该类型案件的审理模式进行探索，在互联网上进行证据交换、总结案件争议焦点及庭前调解，使身处不同省份的法官与当事人实现"隔空审案"，通过视频连线实现画面与声音同步传输，各方当事人充分表达观点，提交证据，笔录即时呈现，确保程序公正。承办法官表示，"云会议"系统的成功运用，实现了司法审判工作从"面对面"到"键对键"的转变，为提升人民群众的司法感受起到重大作用。

吉林省高级人民法院在向智慧法院转型过程中积极探索了诉讼服务向移动端延伸，在电子法院App方面投入了强大的研发力量，通过手机端应用面向社会公众、当事人、律师和法官提供公开信息、案件详情等查询服务，立案、缴费、审诉辩、电子送达等业务办理服务，帮助公众、律师比较便利地向法院提出诉讼业务办理请求，帮助法官及时有效地为人民群众提供诉讼服务。这些举措更是有效促进了司法公开，大大提升了司法公信力，坚持公开为常态、不公开为例外的原则，除法律规定之外，对立案、审理、执行、裁判文书等办案过程，全部面向社会公开，着力打造没有"围墙"的法院。

三 向智慧法院升级让审判更加智能

向智慧法院的全面转型是要求电子法院内容不断丰富的过程，除电子诉讼服务外，吉林法院面向法官开发了辅助法官办案平台，提供同类案例检索、法律查询、裁判文书制作等法官办案辅助工具，并为全体法官配备了移动办公终端，实现了法官不论出差在外，还是下班回家，都可以进行网上办案、网上处理公文等，提高了工作效率。2015 年 8 月，吉林省高级人民法院在审理一起医院体检引发的医疗纠纷案件时，通过同类案例检索，全面了解全国法院处理此类纠纷的案例，并最终作出了正确判决，有效保证了同案同判。

此外，根据最高人民法院对于电子卷宗随案生成及深度应用工作的要求，电子法院完成了与智审系统的融合。在该系统的辅助下，法官可以查看便捷的缩略图，在目录浏览页面，法官可以输入关键词，定位有关键词的卷宗页，这对于合议庭查阅卷宗非常有效。法官也可以在直接查看数据化后的文本，进行复制粘贴使用，即对于卷宗中的大部分内容都可以直接复制到裁判文书的写作中。在文书写作方面，实现了调用所有的结构化数据信息，提取并调用已经数据化的电子卷宗中的结构化信息和非结构化信息，并将相关内容纳入裁判文书的对应位置。例如，法官在制作民事一审判决书时，除了可以自动套入模板、带入当事人信息、案号信息等常规信息外，智审系统还支持简单点选，生成相应内容。在审理历史部分，通过点选公开开庭、缺席等信息，可以自动生成对应段落；当事人诉辩部分，可以自动带入已被识别的诉状中的内容；诉讼费部分，可以通过选择诉讼费用类型、在当事人间的分配比例，而直接计算并生成诉讼费用段落；等等。再如，在减刑裁定书的生成方面，根据减刑意见书等卷宗材料，智审系统可以一键生成减刑裁定书的绝大部分内容，包括罪犯信息、原审信息、减刑历史、执行机关意见、经审理查明等。法官在使用后表示："智审系统真的帮助我们大大提高了效率，尤其是诉讼文书自动生成方面。民事文书的各类模板都有，而且是最新的，流程管理系统里面已经输过的信息还能自动填充到模板中去；像送达回证这类文书，经过简单操作，就可以根据个案案情自动变化并生成相应的内容，几乎不需要我再手动打字了；我们一审程序中需要给当事人发送的各类程序性文书全部都可以在智审系统里自动生成。"

同时，在智慧法院的推进工作中，吉林法院积极探索推进庭审智能语音识别和庭审智能巡查等庭审智能化服务建设，设立试点法院，通过利用语音

识别技术和图像识别技术将诉讼参与人的声音自动生成文字笔录，提高庭审效率，同时对庭审的信息规范、法官的行为规范、庭审音视频质量进行多维度的自动巡查，规范法官办案行为，提高庭审业务材料的完整度，从而实现笔录生成智能化、庭审监管高效化以及数据共享互联化的目标。

四　向智慧法院升级让管理有据可依

在向智慧法院转型升级探索过程中，吉林电子法院深入开展了审判管理和业绩档案建设，从立案、分案、开庭、审理、结案、归档等案件各审判管理节点，对每个法院、每个法官的立案办案情况进行实时显示和评估。吉林省高级人民法院每个月向全省法院公布结案率、结案数、超期未结案件数、涉诉信访案件数等各项司法数据。同时，通过设置合理数据指标，运用科学计算方法，利用适当权重指数，对全省各级法院立案、审判、执行、信访和法院其他业务工作的质量、效率、效果进行综合评价。在院内员额法官遴选等司法改革工作中，吉林省高级人民法院针对案件数量进行了全面评估，建立了科学的计算方法，通过合理的数据指标，完成了法官工作量的评估与计算，使法官的审判工作得以全面体现。

在电子法院迈向智慧法院的过程中，积极探索数字化管理新模式，初步形成了以数字化流程管理提效率、以自动化绩效评估促落实、以模块化案件评查明责任的审判管理格局。根据实际管理需求，长春市中级人民法院完善了内网数字化流程管控平台，以促进审判过程的严谨性及规范性。由于法律规定的原则性，以往的审判实践中中止、鉴定过于随意，评估价值忽高忽低，隐性超期办案屡禁不绝，法官自我感觉良好与当事人感受不佳反差巨大。长春市中级人民法院逐步将立案、审判、执行、保全、鉴定等各类司法行为全部纳入数字化流程监管体系，实行办案过程全程留痕和不可逆转，最大程度上提升群众司法感受。

首先完善了审限节点监控。一是在系统中设置立案、卷宗移送、合议、卷宗装订、提请评查、卷宗归档等流程节点，按照诉讼法和审判管理制度的规定明确每一个节点的完成时限，对临近期限的案件自动向办案人、庭长发出预警提示，达到法定审限未结案的案件直接冻结，被冻结的案件在解除冻结前办案人员将无法进行操作，从而在技术层面消除了超审限办案的监管死角。二是将委托评估、司法拍卖等司法辅助案件纳入流程监管中，办理司法鉴定、评估拍卖事项时，须提请上级法院立案，通过后正式启动司法鉴定程序。司法辅助人员、鉴定中介机构的工作质效以指标的形式在绩效考评中得到直观展示。这一举措破解了虚假结案、违规结案等由于数据造假而影响司法统计的管理难题。

其次，开发了案件评查操作平台。一是常规评查网上办理。常规评查的着力点在于对法官日常办案中最容易忽视而问题又最易多发的信息录入、文书送达、材料入卷等环节进行规范，及时消除案件隐藏的风险。结案时由办案法官在网上提请常规评查，系统自动将卷宗分配给评查人员，评查人员根据系统内预设的项目逐项评查，对质量合格的点击通过评查并打出分值，法官助理即可向档案室移交归档。评查结果自动向办案法官反馈，评查分值直接计入绩效分值。二是重点评查案例网上发布。重点评查侧重于对上级发回改判、群众信访、代表关注的各类案件进行评析。长春市中级人民法院将评查的典型案件集结成电子案例，通过要点提示、评析、法条链接的方式，直击案件问题症结，明晰差错原因，理清办案方法，为法官办理疑难案件提供指引。

最后是打造了案件质效评估平台。按照"一键生成、自动导出"的理念设计审判质效评估模块，息诉服判率、发改率等全部客观指标均在网上自动生成，随时调取。以近三年来审判质效平均值为参考，考评指标删繁就简，做到既重宏观又重微观，既重分析又重整改，形成横向考评到各个基层法院、各个审判部门，纵向考评到法官个人的质效考评格局，法官业绩、部门绩效、法院质效形成了内在的有机统一。运用大数据分析，以累计推进的方式逐月编印评估通报，在年底发布全市法院审判质量综合报告，对审判执行工作存在的问题进行分析点评，对下一步的工作提出建议。质效评估对法官评优选先、提职晋级、员额考试发挥了重要参考作用。

五　向智慧法院升级让业务协同无障碍

智慧法院对于人民法院的业务协同工作提出了更高的要求。在执行查控工作中，吉林电子法院依托最高人民法院网络执行查控系统，与全国 20 多家银行进行了专线连接，实现了被执行人银行存款的网络查控。全省多个地区法院还实现了与房产、土地管理单位的联通，吉林省高级人民法院正在研讨针对不动产查控的升级方案，完善法院与房产、土地等管理单位的联通和业务协同，指导全部中院完成相关建设，全面实现对被执行人不动产的点对点查控。

同时，为向智慧法院转型升级，吉林法院主动加强了与其他政法机关的互联互通平台建设。吉林省高级人民法院与省公安厅联合下发了《关于在看守所建设远程视频讯问室的通知》，全省符合建设条件的 40 个看守所已经全部建成了远程视频讯问室，并深入松原市宁江区法院、东丰县法院、蛟河市法院等多家法院，指导通过远程视频方式开庭审理了 72 起刑事案件。吉林省高级人民法院还与司法行政机关和监狱管理局配合，在全省监狱建设电子法庭，实现了减刑假释案件网上办理。

智慧法院转型过程中重点探索了与最高人民法院、省人大、省委政法委、省检察院等有关单位的信访部门和省信访局共建信访信息互联互通平台。信访平台具有以下几个方面的特点和功能。首先，依据信访全流程管理理念，将信访人自然情况、诉讼程序、化解流程等全部信息收入网络系统中，采集诉讼信息，收集包括访求记录、接访笔录、接访音频视频记录、处理文书、访级访次、信访激烈程度等内容在内的信访全过程信息，明确重点案件标示、责任主体确认、化解出口确认、化解阶段节点确认等信息，实现了整个案件的具体案情、真实访求、信访过程、激烈程度、家庭状况、症结难点、案件对策等信息的全面录入和及时更新。其次，实现了信息发布功能，将信访工作依据的法律、法规、文件、规章和信访工作阶段、结果、结论进行有效的选择和公布，对工作过程进行通知、公告、咨询、对话，并可按权限随时查询案件全部信息。再次，实现了信访档案的存储和管理，将信访工作全过程的文字、图片、音像信息海量采集存储后，建立信访档案，使得信访案件的诉求表达有账可查、化解过程有迹可循、终结方案有据可依，不受承办人员变动影响。最后，完成了诉求收集建设，长春市中级人民法院作为全省信息化建设先进法院，完成了本地化创新，建设了集二代身份证识别、数据采集、同步录音录像、分流接访人群、畅通信访人访求渠道、提高信访接待吞吐量、提高接访速度和效率、远程观看接访、监督下级法院信访接待工作等功能于一身的人机对话接待室"信访小屋"，让信访人及时反映访求，将矛盾化解在初级阶段，大幅提升了信访工作效率，拓宽了群众诉求表达渠道，真正做到了便民利民。自建成以来，长春市中级人民法院"信访小屋"共进行远程视频接访 63 人次，接收网络信件 56 件次，电话接访 797 起，接待群众来访 620 次。长春全市法院进京信访案件从 2012 年的 1022 件下降到 298 件。2016 年上半年最高人民法院登记数量同比下降 38.21%，下降幅度位居全省首位，成效显著。可以说，信访平台使信访工作现代化，管理科学化，在此基础上，更加注重将信访平台与诉讼服务、司法公开等各平台融合互通，完善由短信、电子信箱、电话、视频等方式组成的新型接访体系，充实了信访工作平台的内容，形成"网、电、信、访"四位一体新格局，实现了"线上""线下"接轨联运。

六 展望：推进智慧法院的重点工作

未来，进一步向智慧法院转型还应当做好如下重点工作。

（一）加强诉讼风险分析，合理引导诉讼，成为法制宣传者

纠纷解决引导是诉讼活动中不可缺少的一部分，智慧法院将建设基本的诉讼纠纷引擎解决机制，帮助当事人合理了解本人案件特征，又要根据庭审进程适时适当公开法官的法律观点和事实心证，引导当事人正确举证、补证、质证和主张、抗辩，便于当事人正确评估自己在诉讼中的处境，理性选

择调解、鉴定、审计等维权形式，避免因信息不对称导致行为不理性、诉讼不经济；还要加强诉讼指引，引导当事人诉权的正确合法行使，避免因当事人意气之争导致行为失控，因滥用诉权导致双方当事人诉讼受累、权益受损，浪费司法资源。

其一是增加纠纷相关提示服务对案件进行全面分析，为当事人提供参考纠纷快速预测模型，为当事人展示每个案件的所有涉案因素，由当事人进行选择，通过逐渐丰富相关因素，能够自动比对该类案件的最终判决结果，给出同类案件的判决结果以及涉及的判决因素。其二是提供纠纷解决方案服务。为当事人提供充分的同类案件资料，帮助当事人掌握个人案件的特征、同类案件的结案方式、平均审理时间、结案方式占比情况、相关法律法规内容、专家意见等，引导当事人合理调整个人诉讼期望，防止由于个人对法院审理情况的不了解，而对法院产生不满情绪。其三是立案风险分析服务。根据纠纷类型、案由以及案件中存在的影响法律纠纷裁判的关键因素（如离婚法律纠纷中的房产、子女等情况），针对此类纠纷的历史裁判情况，提供基于纠纷解决方案分析的立案风险提示服务，以及典型纠纷解决方案展示服务。其四是增加合理的维权渠道推荐。与仲裁、调解机构进行对接，为这些单位提供线上办理平台。能够对案件特征进行分析，根据案件特征，推荐当事人选择合理的维权渠道解决纠纷。同时，相关案件能够实时发送到合理维权渠道单位账户，由这些单位进行办理。

（二）加强诉讼服务监管，提升服务质量，成为服务监管者

在完成网上诉讼服务建设的同时，还需要加强对诉讼服务的管控和绩效考评，实现流程监控、绩效管理等。同时，依托大数据分析技术实现对诉讼服务工作更深层次、更全面数据的采集分析和挖掘，指导下一步网上诉讼服务管理和建设工作。

基于网上诉讼服务数据，实现对审判信息网的流程监管、绩效考核、决策分析。同时建设多渠道诉讼服务一体化评价系统，满足诉讼当事人在窗口、网络、移动互联网、电话等多渠道、跨区域的诉讼服务评价要求，并通过数

据分析提升诉讼服务质效。诉讼服务一体化评价系统应包括窗口法官评价、第三方服务人员评价、案件审理结果评价、窗口法官评价项管理、案件审理评价记录、评价结果分析、窗口法官评价分析、案件审理评价分析等。

（三）加强诉讼数据分析，深入挖掘，成为服务研究者

司法大数据不仅是实现人民法院信息化的基础，更是破解案多人少难题、实现法院工作从粗放运行到精细管理的重要手段。要通过大数据科学测算法官、司法辅助人员工作量，探索建立常态化的平衡办案任务工作机制。完善司法责任制等四项改革，其中不同法院的员额差异、同一法院不同业务口的员额差异以及辅助人员配比等目前尚无统一的考量标准，各院还是依靠结案数等简单指标匡算，造成与实践工作量误差过大，不利于审判力量的充分配置。应以大数据为基础，根据不同法院的实际情况，将案件工作量的不同信息点予以区分，设置标准案件工作量或工作时长，其他案件以一定的权重系数比例予以增减，形成可以量化比较的个案或个体工作量。根据比较结果合理调配审判力量，平衡不同个体办案任务，避免忙闲不均，影响工作效率。

要通过大数据科学测算审判执行内部流转成本，在大数据的支持下，不仅能够实现对案件流程节点的有效控制，规范办案程序，更重要的是可以通过大数据的集合效应，减少人工运行的环节和时间，提高案件送达、审判、执行效率。

（四）加强人工智能创新，探索智能审判，成为技术探索者

新一轮技术革命为人民法院信息化建设工作提供了坚实的基础，人工智能概念的引入，将对智慧法院建设起到积极的推动作用。我们需要更加准确地把握和结合法院工作要点，从实际问题和需求出发，探索实现人工智能与审判工作的完美结合。

利用优质、广泛、丰富的大数据资源，提供司法大数据应用是人工智能的基础。首先需要加大对数据挖掘的力度，探索以案件核心要素为指引的基

本分析思路，通过对材料、文书信息进行处理、检索、分析，实现信息的比对、聚合和关联，进而提供案由相关、案件事实相关等内容的分析展示。然后是针对大量审判数据的智能分类、提取、整合、分析，以及对相似数据的有效检索，为法院干警提供资源推荐、案例研判、实证分析等智能服务。对检索出来的结果进行统计分析，包括检索案例的判决情况、当事人的情况、引用法律法规情况等，以供法官参考。旨在为领导和审判人员提供业务参考和指引，提供高价值的决策依据和研究素材。最终建设形成智能审判的知识图谱和神经网络，并在挖掘、分析中不断优化学习参数，寻找最匹配的审判要素，提升智能感知能力，丰富智能储备，最终形成满足智能审判要求的核心智能审判体系，完成对人民法院审判工作意识、思维的信息过程模拟，提高审判工作效率和效果。

信息化助力司法大数据应用

Promoting Application of Judicial Big Data through Informatization

B.19

北京法院服务统一裁判尺度的大数据研究

佘贵清　叶 欣*

摘　要： 北京法院依托全市三级法院统一的审判信息资源库，整合司法审判、司法人事、司法行政、共享数据等多类数据资源，运用大数据、云计算、人工智能等新兴技术，以统一法律适用、提供裁判指引为目标，探索构建了服务统一裁判尺度的大数据研究平台；实现了全流程、全方位、集成式的司法审判知识辅助和案件推理服务，将判后监督管理转变为判前办案指引，从经验判断为主转变为数据参照印证，有效推进了

---

* 佘贵清，北京市高级人民法院信息技术处处长；叶欣，北京市高级人民法院信息技术处助理审判员。

同案同判，统一了法律裁判尺度，为提升司法权威和司法公信力提供了坚强的科技支撑。

关键词：　统一裁判尺度　大数据研究　法院信息化

一　建设背景

当今世界，科技进步日新月异，大数据、云计算、人工智能等现代信息技术深刻改变着我们的思维、生产、生活和学习方式，深刻展示了世界发展的前景。习近平总书记多次在讲话中强调信息化工作的重要性："没有信息化就没有现代化"，"面对信息化潮流，只有积极抢占制高点，才能赢得发展先机"。全面深化司法改革、全面推进信息化建设，是人民法院两场深刻的自我革命，是实现审判体系和审判能力现代化的必由之路，是人民司法工作发展的"车之两轮、鸟之双翼"。因此，北京法院探索和推进服务统一裁判尺度的大数据研究平台正是基于以下三个方面的考虑。

（一）信息化提升审判质效的职责更加迫切

党的十八届四中全会提出，要努力让人民群众在每一个司法案件中感受到公平正义。人民群众对审判工作公开透明、质量效率的要求进一步提高，特别是立案登记制实施后，案件数量持续大幅增长，未结案件数量不断累积，新领域案件日趋多发，大量案件成因更加复杂，加大了化解矛盾纠纷的难度。同时，由于北京的区域特征，重大、敏感、新类型案件不断增加，法官的办案压力随着人均办案量和办案难度的提升而日益加剧。要想解决"案多人少"的矛盾，对外要建立多元化解机制，对内主要是向信息化要效益，服务法官办案，切实为法官减负，提升审判工作质效。

（二）"互联网＋"、大数据时代对北京法院信息化工作提出了新的要求

现代信息技术不断渗透和影响法院工作的方方面面，转型升级是大势所趋。利用云计算提升基础支持，大数据强化智能服务，移动互联、人工智能提高审判质效等，为推动法院信息化全面转型升级提供了巨大的机遇。最高人民法院提出，要在 2017 年底前建成以"全面覆盖、移动互联、跨界融合、深度应用、透明便民、安全可控"为特征的人民法院信息化 3.0 版。对照上述要求，还需要紧密结合司法需求和新技术应用，不断深化应用实效。经过近二十年的建设发展，北京法院逐步积累了丰富的数据资源，实现了法院内部信息和外部信息的互联互通，构建了全市统一的审判信息资源库，不仅为大数据分析提供了坚实的支撑和保障，也为全面推进信息化转型升级奠定了坚实基础，能够紧紧围绕法官的需求，提供更具前瞻性、主动性、针对性，更加注重使用体验的信息化服务，将大数据分析的成果运用于法院审判工作的各个环节。

（三）深入推进司法改革工作离不开信息化的坚强保障

统一法律适用，确保同案同判，既是司法改革的题中之意，也是信息化建设探索的方向之一。长期以来，北京法院在统一裁判尺度方面下了很大的力气，每年都形成若干办案规范和指导文件，同时持续加强审判管理和监督。随着司法责任制和审判权力运行机制改革的推进落实，主审法官和合议庭的办案主体地位更加凸显，院、庭长不再审批和签发裁判文书，审委会讨论决定案件的数量也大幅缩减。仅仅依靠法官个人的责任心，依靠判后监督和管理，既难以有效提升办案质效，减轻办案压力，也无法全面、客观地评价案件裁判情况。因此，要依靠科技创新，通过大数据技术实现案例智能服务，为法官提供相似案件的案情分析、判决参考、法条推送等智力支持，帮助法官进一步厘清法律关系，保障三级法院法官在审理争议焦点类似或相同的案件时，能够统一法律适用和裁判尺度，从而有效避免同案不同判等情

况，全面提升审判质效。同时，也能增强法官的办案信心，为实现办案质量终身负责提供保障。

二 建设路径与特点

北京法院的建设思路是：依托北京三级法院统一的审判信息资源库，整合司法审判、司法人事、司法行政、共享数据等多类数据资源，全面落实以审判为中心的司法责任制要求，坚持遵循司法审判规律，构建以法律知识图谱为核心，以大数据、云计算、人工智能为驱动的案例智能服务体系，为法官办案提供统一、全面的案件审理规范和标准；建立针对个案的法律要素审查机制，为案件审理提供办案指引和数据参考；深度融合北京法院审判业务系统，实现个性化、可配置的大数据专题分析，为法官日常办案各环节提供审判辅助和决策支持。

法律知识图谱是法律知识分类框架、逻辑规则、要素知识与事实证据的集合，经过广泛调研，北京法院建立了具有本地特色的法律知识图谱构建路径。①充分利用北京法院审判智力资源，针对各类不同法律关系（案由）的案件，由法官根据法律法规、司法解释等进行初始的梳理。②法官进一步结合审判实务经验，构建某一类型（案由）案件完整的知识体系，将涉及的法律知识点进行分类、组合。③利用大数据技术，通过对北京法院近二十年信息化积累、采集的法律法规、公布案例、裁判文书、案件信息、电子卷宗、庭审视频等各类司法审判信息数据的整合、挖掘和分析，从海量数据中智能识别、抽取和关联案件属性特征和相关法律知识点。④由法官对计算机智能学习和推荐的内容进行逐一甄别、确认，从而固化审判经验并指导计算机进行自主、深度学习，持续迭代，以确保法律知识图谱关联数据的全面、详尽和实时更新。

北京法院法律知识图谱构建路径既覆盖了法律规定，也包含法官的审判经验，还运用了大数据、人工智能技术，发挥了计算机的高效学习能力，既能有效避免完全基于成文法规定进行知识梳理这一方式难以全面覆盖各类案件情形，导致关联案件不足的问题，也有效解决单纯依靠技术手段识别和推荐这一方式存在的相关案件法律知识不成体系、逻辑不周延的问题，提高了效率和准确性。

以故意伤害罪为例，北京市高级人民法院以定罪和量刑为起始，共细分了包括犯罪主体、行为、结果、因果关系等在内的8大类20多项、上百个要素知识点的逻辑体系，可以全面覆盖此类案件具体的事实、证据和法律规范。

此外，北京高院通过建立动态数据分析平台，实现了个性化、定制化、可由法官自由配置的大数据专题分析，根据法官的工作需要，以三级法院统一的审判信息资源库为数据支撑，法官自由选择和配置数据指标，实现五分钟建立数据分析模型，三分钟制作数据分析报表，一分钟生成数据分析专题。

北京法院在案例智能服务方面的大数据应用探索有四大亮点。

1. 汇聚海量司法大数据，服务案例研判分析

通过购买第三方服务等方式多渠道汇集司法审判案例、裁判文书和法律法规，除北京法院近二十年来所有的案件信息、裁判文书、指导性意见外，还包括全国各级人民法院的公开裁判文书、参考案例，最高人民法院权威发布的指导性案例、公报案例等数据资源，同时自动更新法律法规信息。上述数据持续增量汇聚，为北京法院实现案例智能服务、开启跨区域的法院案例关联、加强案件的研判分析提供了数据资源。初步估算，从各类法律文书中合计可提取信息项超过一万余项，平均单篇文书可提取信息节点数200余项。

2. 实现定制化分级推送，服务案例智能检索

针对以往案例检索结果不佳、效率不高等问题，北京高院通过大数据技术模拟法官办案思维，以检索框为入口，采用体系化检索方式，便于法官快速精确地找到目标案例。当法官输入一个案由或者关键词的时候，系统自动通过联想检索、分段检索、启发式搜索等选项，根据法官日常累积的相关办案数据等进行分析，与审判信息资源库相匹配，逐层筛选出法官想要获取的案例。同时，系统还能对检索结果进行定制化分级推送，依据不同层级对检索出的案例内容进行分类，具体包括最高法院指导案例、本人承办的历史案

件、上级法院相似案例、同级法院相似案例、下级法院相似案例等，法官可以根据本人关注点的不同对分类结果进行个性化设置，系统根据法官设置的优先级别调整推送结果，确保展现出的案例最贴合法官本人的办案需要。

3. 智能分析案例信息，提供类案研判服务

通过对案例的深度分析，可以让法官在查看具体案例信息的同时，不仅能同步了解到其他相关案例，还能对此类案件的主体特征、事实认定、证据采信、法律适用和裁判情况进行研判分析，便于法官掌握此类案件的裁判趋势和规律，为法官提供综合性的参考意见，让审判者的裁判有理有据。

例如，离婚纠纷涉子女抚养权问题案件中，系统可以提供案件基本情况分析、当事人特征分析、当事人诉求分析、判决结果统计分析等，通过这些多维度的大数据分析可以让法官及时掌握离婚纠纷涉子女抚养权案件的发展趋势、当事人属性特征对诉求的影响、最终判决结果的趋势等情况，从而为法官高效办理该类案件、保护未成年人合法权益提供数据支撑。

此外，通过多维度的可视化统计分析，法官不仅能对某一类型案件进行趋势化、规律化的司法研究，还能对所有相关案例进行个案的具体分析，从而形成专项研究成果，促进审判能力的提升。

4. 深度融合北京法院审判业务系统，实现与法官日常办案工作的无缝对接

（1）实现案件审查要素自动提示及相似案例智能推送。从立案环节开始，系统可自动对法官正在办理的个案进行全面分析，提示待审查要素，由法官逐一对照控辩/诉辩双方意见以及相应的卷宗材料，进行确认，从而大大提升办案的效率。同时，基于法律要素实现对相似案例的智能关联、推送，帮助法官了解与本案要素一致的北京法院内的相似案件，供法官逐一查阅、对比，确保裁判尺度的统一。

（2）实现案件实体审查确认要素的自动留痕，为后续开展案件评查、案例研讨，评估裁判尺度提供支撑，真正实现了办案过程辅助与结果控制相结合。系统充分利用立案、庭前、合议、裁判等各个阶段形成的案件信息、相关法律文书和随案电子卷宗材料，实现对文书、卷宗信息的自动识别与要素提取，能够在法官办案的各个环节为案件审理提供辅助支持。同时，基于要素审查、知识辅助等服务，还能智能帮助法官自动生成裁判文书。

（3）实现刑事案件量刑裁判辅助分析。通过量刑辅助计算和同案量刑分析等方式，智能识别当前法官承办案件案情，并依照刑事量刑规范、细则给出量刑建议，同时为法官智能推送同类案件的刑期分布、判罚方式等信息，促进刑事案件量刑规范化。此外，在审判管理部门或者业务庭室开展案件评查、案例研讨时，系统可智能比对、评估当前案件与类案在裁判尺度，特别是量刑方面的差异，自动给出参考意见。

（4）实现适用法条智能推荐。根据案件案由、案情等关键信息，无须人工检索，可在案件审理不同环节自动为法官及当事人推送同类案件的适用法律条款，有效缩短法条查阅时间，既提升了审判工作效率，也便利了当事人参与诉讼。

三 应用实例

2016 年以来，北京法院作为全国第三批改革试点法院，各项改革工作全面、有序推进。其中，检验司法改革工作是否能够实现预期目标的一个极为重要的标准就是执法办案任务的完成情况。北京法院依托大数据分析平台，对刑事、民事案件的审判质效进行了统计分析，并运用服务统一裁判尺度的大数据研究平台就重点类型案件进行了类案审判研判分析。

（一）刑事案件

北京法院高度重视刑事审判工作，在审判工作中充分发挥刑事审判职能，防控化解风险，全力维护社会大局稳定，服务首都发展。依托大数据统计分析平台，北京法院对刑事案件的审判程序、一审收案来源、量刑分布、案由、特殊涉案事由、大要案占比以及涉案人员和办案法官情况进行了大数据挖掘，并将分析结果自动推送给刑事法官。此外，通过将数据分析结果直接应用到审判业务系统中，对重点案件类案处理进行研判分析，从而为刑事法官审理案件提供分析依据和帮助，提升审判业务水平，确保量刑规范、司法公正。

根据大数据分析平台的统计分析，2016 年 1 月 1 日至 10 月 16 日，全市法院刑事案件总数为 18527 件。其中新收 17223 件，同比降低 20.89%；已结 15536 件。

通过对刑事案件审判程序的统计分析，可以直观展示各类案件的占比，以辅助法官更好地了解全市案件审理情况。2016 年 1 月 1 日至 10 月 16 日，北京法院受理一审刑事案件 14069 件，二审刑事案件 2181 件，审判监督程序（包括申诉案件及再审案件）案件 498 件；涉及刑罚执行及变更类案件 1674 件，复核类案件 31 件，涉及强制医疗类案件 66 件，刑事审查类程序案件 8 件。

从近几年全市法院刑事案件收结案情况来看，一审新收公诉类数量相对较多的法院，完成审判任务的难度也相对比较大。通过对一审刑事案件收案来源进行统计分析可以进一步看出，2016 年 1 月 1 日至 10 月 16 日，全市法院刑事一审新收案件数为 12905 件，其中新收公诉案件 12657 件，新收自诉案件 210 件，检察院重新起诉案件 1 件，上级法院发回重审 37 件。

随着量刑规范化工作的持续推进，全市三级法院共同努力，积极探索规范案件量刑程序，特别是刑事案件速裁程序，进一步提高办案质量和效率。为推进量刑规范化工作的实施，规范法官自由裁量权、统一量刑标准，促进量刑公开、公平、公正，北京法院依托大数据分析平台，对刑事已审结案件量刑分布进行了统计分析，为量刑规范化工作提供基础数据支撑。

北京法院在部署 2016 年的刑事审判工作时，要求严惩暴恐犯罪，严惩杀人、抢劫、绑架等严重暴力犯罪，从严惩治腐败犯罪，严厉打击盗抢骗、黄赌毒等常见多发犯罪，严惩拐卖妇女儿童、组织儿童乞讨，以及猥亵、强奸等刑事犯罪，依法惩治校园暴力，加大对妇女、儿童等弱势群体合法权益的保护力度。被告人的不同身份情况，成为各类严惩案件中是否予以特殊处理或保护的重要依据，大数据分析平台在整合被告人各类情况信息的基础上，按照作案年龄、身份、性别、文化程度等对各类被告人信息进行了统计和展示。

除了对刑事案件进行大数据分析，我们还对刑事法官相关情况进行了统计分析，为合理调配审判资源、加强刑事法官队伍建设提供数据支撑。截至2016年10月16日，办理上述案件的法官年龄分布为：30~40岁213人，40~50岁142人，50岁以上85人，30岁以下18人；其中本科学历166人，硕士及以上学历285人，其他学历7人；15年以上审判工作年限的222人，5~10年审判工作年限的165人，10~15年审判工作年限的57人，3~5年审判工作年限的13人，3年以下审判工作年限的1人。

从全市法院刑事审判热点问题来说，2016年1月1日至10月16日，全市法院刑事已审结案件中排行前五的案由分别为盗窃罪，故意伤害罪，危险驾驶罪，诈骗罪，走私、贩卖、运输、制造毒品罪；其中，涉外、涉港澳台、涉侨等相关案件117件，占比0.63%；大要案261件，占比1.41%。

以"故意伤害罪"这一热点案由为例，北京法院服务统一裁判尺度的大数据研究平台深度融合审判业务系统，实现了与法官日常办案工作的无缝对接。

1. 服务法官办案

（1）法官在具体办理刑事案件时，系统可充分利用立案、庭前、合议、裁判各个阶段形成的案件结构化信息、控辩/诉辩双方提交的起诉书/诉状、辩护意见书/答辩状以及相关卷宗材料，自动进行全面分析并提取故意伤害相关的定罪、量刑情节，如嫌疑人未成年、被害人轻伤、嫌疑人自首等，作为要素提示法官进行审查。

（2）法官可逐一对照控辩/诉辩双方意见以及相应的卷宗材料，对故意伤害的相关要素逐一认定，实现审查留痕。

（3）法官的实体审查结束后，系统可自动根据确认的要素去匹配、检索历史办理案件中与本案要素最相似的故意伤害案件，并根据其审理法院级别、地域范围、要素匹配度等进行排序。法官可逐一查阅、对比，并进一步标注推荐案件与本案的相似度。

（4）法官在行使自由裁量权时，可以查询同类案件的量刑尺度，包括个案的量刑情况及类案的综合量刑情况，作为自由裁量时的参考。

（5）系统基于故意伤害案件认定情况，为法官智能生成裁判文书及相

关文书，法官可在此基础上制作法律文书，减轻法官负担，进一步提高文书规范性。

2. 服务审判管理

（1）类案量刑情况分析。系统收录各类型案件量刑结果，通过统计学知识计算出类案量刑均值，后续法院出具量刑指导意见或发布案例指导时可以类案量刑均值为基准，减少人为认定误差，强化规范性和通用性。

（2）法官量刑偏差分析。法官在定罪量刑后会自动对其量刑的结果与均值进行比对，计算出偏离值，系统对各法官办案的偏离值进行存储统计。法院在对法官进行考核时可以加入量刑偏离值这一要素。

（3）审判流程质量监控。系统会对法官审理案件进行全程留痕记录，包括法律法规适用、审判要素审核过程、自由裁量参考材料记录、文书制作参考及内容填充等。通过这些流程性的行为记录可以分析法官在行使审判权时是否方式得当、程序合法、尺度统一，实现整个审判流程的有迹可循、有理可依。

（二）民事案件

北京法院依法审理民事案件，发挥促发展、保民生、维稳定的作用，为首都经济社会发展提供了有力的司法保障。全市法院民事案件收案量在高位运行基础上继续增加，矛盾纠纷更趋复杂困难，给首都法院民事审判带来更大的挑战。依托大数据统计分析平台，北京法院对民事案件的审判程序、案由、特殊涉案事由、当事人情况和办案法官情况等进行了大数据挖掘，并将分析结果自动推送给民事法官。此外，通过将数据分析结果直接应用到审判业务中，对重点案件类案处理进行研判分析，从而为民事法官审理案件提供分析依据和帮助，帮助法官化解矛盾纠纷。

根据大数据分析平台的统计分析，2016 年 1 月 1 日至 10 月 16 日，全市法院民事庭干警 2306 人，办理案件总数为 447117 件。其中新收 368581 件；民事案件总数较 2015 年和 2014 年同期分别增长 20.39% 和 46.39%。其中，受理一审民事案件 407239 件，二审民事案件 32745 件，审判监督程序案件

516 件，申诉、申请案件 6617 件。

民事审判范围广、内容庞杂，涉及法律部门众多，政策调整与法律调整相互交织，随着经济社会改革进一步向纵深发展，京津冀一体化、新型城镇化建设的加速推进，北京法院新类型案件和难点问题不断出现，这就需要加强对重点难点问题的分析研判。结合首都发展形势和要求，按照民事审判工作的特点和规律，大数据分析平台对案件涉及的特殊情况、案件类型分布等进行了统计分析。从 2016 年 1 月 1 日至 10 月 16 日，全市法院审理民事涉外、涉港澳台、涉侨等相关案件 3199 件。北京法院所办理的 447117 件民事案件中，传统民事案件 286239 件，商事案件 140680 件，知识产权案件20198 件。

就法官情况而言，办理上述案件的民事法官年龄分布为：30~40 岁1267 人，40~50 岁 556 人，50 岁以上 313 人，30 岁以下 170 人；其中本科学历 716 人，硕士及以上学历 1563 人，其他学历 27 人；15 年以上审判工作年限的 885 人，5~10 年审判工作年限的 1024 人，10~15 年审判工作年限的 286 人，3~5 年审判工作年限的 110 人，3 年以下审判工作年限的1 人。可以看出，学历高的中青年法官占比最大，也从侧面反映出北京法院长期以来为提升民事审判队伍整体素质而作出的努力。在大数据研判分析的助力下，北京法院可以有针对性地在民事审判领域培养出更多的业务专家。

从全市法院民事审判热点问题来说，2016 年 1 月 1 日至 10 月 16 日，全市法院民事已审结案件中排行前五的案由为分别为：民间借贷纠纷、买卖合同纠纷、劳动争议、物业合同纠纷和机动车交通事故责任纠纷。

除了对全市法院民事案件的趋势和特征分析，北京法院服务统一裁判尺度的大数据研究平台还与审判业务系统深度融合，在法官办案的各环节提供审判辅助和决策支持。以离婚案件为例，通过大数据分析便利法官办案，发现和分析离婚案件的主体特性、离婚原因、婚姻存续时间、涉外案件及案件地域分布等层面的规律及趋势。同时，通过对离婚纠纷类案件的分析研判，提炼出类案不同判的原因，促进法律适用统一。

在对离婚案件和当事人基本情况的统计分析基础上，大数据平台还针对离婚案件中的婚姻恋爱方式、婚姻存续时间、离婚纠纷判决结果、抚养权归属和涉诉财产分割情况等重点问题进行了分析研判，为辅助办案、化解纠纷提供了数据依据和信息参考。

审判实践中，财产问题通常是离婚案件当事人产生争议的矛盾焦点。通过大数据分析可以看出，近三年来，此类案件涉及的财产金额不断上升。2013 年审结的离婚案件中，结案标的金额为 11.84 亿元，2014 年结案标的金额为 16.07 亿元，2015 年结案标的金额则达到了 20.23 亿元。全市法院离婚诉讼标的额逐年递增，既说明了经济社会发展带来的家庭财产增长，也由于涉诉离婚案件量增大而逐年增多。法官在对离婚案件整体情况有了较为全面的了解后，能够在审理案件过程中有的放矢，集中精力解决当事人最为关心的争议焦点。依托大数据挖掘技术，我们能够通过对类型化案件的分析研判，主动发现审判规律，促进裁判尺度和法律适用的统一。

四　存在的问题与未来展望

通过大数据分析研判等信息化支撑，既有助于统一裁判尺度，促进类案同判和量刑规范化，也能提升审判质量和效率。以信息化手段规范法官行使自由裁量权的边界和尺度，促进裁判规则的统一和裁判思维的趋同是解决类案不同判问题的根本，也是提升司法公信力的必要条件。目前，在运用大数据、云计算、人工智能等新兴技术统一裁判尺度方面，北京法院还面临着一些问题有待解决。

一是成文法体系下，法律法规的相对滞后性。新类型案件出现时，法律依据不足，法官对新类型案件的理解缺乏统一认知，而随着该类案件由偶发到常见，法律对此的相关规定也会由模糊到明朗，这个过程中，前案与后案就容易形成判罚不一的情形。

二是法官对于法律的理解与适用容易受到个体认知背景、经验、地域差异等因素影响。这导致对法律条文理解和适用上的差异，法官在行使自由裁量权时关注争议焦点不同也会导致最终的判决结果相去甚远，这也是造成类案不同判的因素之一。

三是举证方向不同，在对同类案件的事实认定上存在差别。法院内部对于同类案件相似事实的认定缺乏统一标准和尺度，而当事人的举证能力、证据有效性认定等方面均对法官的裁判有较大的影响。

四是法院数据有待进一步有效挖掘利用。服务法官办案的信息化支撑和应用还有待进一步深入，数据的体量和质量还需要进一步提升。目前法院信息化建设处于数据生产、管理向数据智能分析及研判的过渡阶段，对数据的挖掘和深度分析还有待提高。同时，民商事、行政、知识产权案件审判规则、法律关系错综复杂，也给法律要素的归纳总结和大数据智能分析带来挑战。此外，信息化对法官工作进行智能化的量化、监控工作还有待提高，这样才能进一步规避主观因素对案件判罚带来的弊端。

信息化的生命力在于应用，因此，必须充分运用云计算、大数据、人工智能等新兴技术，唤醒沉睡的数据，充分挖掘和发挥司法审判大数据的价值。通过"大数据"提供"大服务"。下一步，北京法院服务统一裁判尺度的大数据研究将着力在三方面不断完善和推进。

一是围绕司法为民拓宽大数据服务的广度和深度。坚持问题导向和需求导向，创新工作思路，拓宽服务渠道，不断探索将大数据研究运用到对当事人、律师等不同群体的司法服务中。例如，在当事人立案时向其推送审判流程说明，让当事人知悉该类案件的具体处理流程及该案件所处的流程节点，做到心中有数，应对有章；在当事人提交证据材料时向其推送所涉案件的证据链说明，并且通过当事人诉求及其提供的证据链进行审核校验，为当事人准备证据提供智能指导，确保当事人提供的证据能够与其提出的诉求相匹配，形成完整的证据链条；为当事人推送所涉案件相关的法律法规、司法解释、涉诉案件情况分析等信息，普及法律知识，让当事人懂法、守法，既能运用法律保障自己的权益，也能了解到诉讼风险，指引其参与诉讼活动。进一步探索将案例智能服务延伸到律师办案的过程中，推动法律共同体建设，等等。

二是基于云平台提高大数据服务的效率和效果。数据要通过计算才能发挥价值。北京法院已经实现了部分司法数据向云平台的迁移，下一步还要按照《北京市法院信息化建设五年发展规划（2016～2020）》的要求，全面推进司法审判大数据向云平台的迁移，充分利用云平台，进一步完善和改进大数据分析的架构，不断提高数据运算能力，不断推动云技术和大数据分析服务的有效结合，进一步提升大数据研究的服务效率和效果。

三是不断融入法官智慧推进信息化与业务深度融合。"法律的生命不在于逻辑，而在于经验。"因此，北京法院将继续探索运用人工智能技术，在已有的案例智能服务基础上，不断融入法官的审判经验和审判智慧，提供个性化、定制化的数据参考和信息服务；进一步促进信息化与审判业务的深度融合，将大数据分析纳入执法办案的各个环节，通过大数据减轻法官负担，提高审判质效，切实维护当事人的合法权益，为打造"智慧法院"提供强有力的技术支撑与保障。

B.20

"互联网+"及大数据技术应用调研报告

——以广州市中级人民法院"智慧法院"实践为样本

广州法院"智慧法院"研究课题组[*]

摘　要：　近年来，广州法院坚持问题导向，牢固树立"互联网+"思维和"大数据"思维，大力推进智慧法院建设，服务审判执行，建设法官办案智能辅助系统；服务司法为民，推进以服务对象为中心的多载体诉讼服务平台建设；服务司法公开，建立开放、共享、透明的阳光司法体系；服务司法改革和管理，运用大数据提高决策科学性，取得显著效果。发展至今，广州法院已经基本建成以"互联网+"技术支撑、以大数据驱动为特点的智慧司法体系。

关键词：　智慧法院　"互联网+"　大数据　法院信息化

广州是全国经济发展窗口、改革开放前沿阵地和国家重要中心城市。近年来，随着社会经济的发展，民主法治建设的推进，群众权利意识、法治意识的增强，广州法院受理的各类案件总量持续增长，疑难、复杂、新类型案件越来越多，人民群众的司法需求呈现多层次、多样化的发展趋势。如何准

＊　课题组负责人：王勇，广州市中级人民法院党组书记、院长，一级高级法官。课题组成员：廖荣辉、龚德家、李斌、林武坛、黄健、周冠宇、陈育锦、廖嘉娴。执笔人：周冠宇，广州市中级人民法院办公室综合科主任科员；黄健，广州市中级人民法院办公室自动化科科长。

确把握司法工作的新形势，更好地实现好、维护好、发展好人民群众利益，成为广州法院发展面临的新课题。

早在 2002 年，广州中院就确立了以互联网技术和数据分析技术为突破口，推进审判执行、司法为民、司法管理的信息化建设思路。以 2002 年开通门户网站为起点，广州中院先后在全国率先启用审判综合业务系统、司法数据分析平台，开通首家人工服务的 12368 诉讼信息服务平台，建成审务通、法官通、律师通等多个手机移动服务平台。经过十多年的建设，广州法院已经基本形成以"互联网＋"为技术支撑、以大数据驱动为特点的智慧司法体系。

一　建设背景：破解制约法院工作发展的三对矛盾

广州中院于 1949 年 11 月建院，是全国建院历史最长、干警人数最多、审判任务最重的中级法院之一。在近年快速发展的同时，广州中院越来越感到司法工作面临着三对主要矛盾。

（一）日益增长的群众需求和有限的司法资源之间的矛盾

1999 年，全市法院受理案件数首次突破 10 万件，达到 122495 件。2012 年首次突破 20 万件，达到 232183 件。2015 年首次突破 30 万件，达到 301704 件。受理案件数实现第一个十万级的跨越用了 13 年时间，第二个十万级的跨越仅仅用了 3 年时间。到 2016 年，前 9 个月全市法院受理案件数已经达到 2015 年全年水平，达 300252 件。随着案件数量持续大幅增长，人民群众对司法工作的期待也越来越高。据统计，2015 年广州中院诉讼服务中心每个办事窗口日均处理当事人咨询、查询等各类事务达 389 件次。与此同时，广州法院法官人数不增反降，2006 年到 2016 年的十年间，全市法院法官人数始终保持在 1360 名左右，案多人少的矛盾日益突出。

（二）日益繁重的办案任务和司法效能相对滞后之间的矛盾

1999 年全市法院法官人均结案 93 件，2012 年法官人均结案 141 件，2015 年法官人均结案 162 件。剔除在非审判业务岗位工作的法官后，2015 年一线法官人均结案 211 件。其中办案任务最繁重的广州天河区法院一线法官人均结案达到 371 件。以一年 200 个工作日计，平均每天需结案 1.86 件。一件一审民事案件普通开庭程序至少需要 1.5 个小时，每名法官每天至少有 3 个小时时间用于开庭。再算上庭前阅卷、外出调查、合议时间，法官几乎没有时间思考、撰写裁判文书，进行法律研究。繁重的办案任务导致法官非但无法专注于"审"与"判"，而且长时间的超负荷工作状态也不利于提升审判工作质效。

（三）日益复杂的司法外部环境和提高司法公信力之间的矛盾

近年来，广州法院审理的案件受社会关注程度越来越高。媒体的迅猛发展，尤其是自媒体、新媒体的发展，一方面活跃了民主法治建设的舆论环境，为法院发展提供了强大动力；另一方面，也对司法能力提出了更高的要求。任何程序上不规范、实体上有瑕疵的问题都可能在公众视野中被放大，成为司法舆情事件。如何在法院工作中把握新闻传播规律，及时、全面地发布信息，诚恳、客观地回应疑问，推动社会形成认同司法、信任司法、尊重司法的氛围，始终是广州法院思考的重要课题。

这三对矛盾制约了人民法院工作的健康发展。在司法资源短期内不可能大幅增加的情况下，破题的关键在于如何立足现有资源办更多的事。经过综合考量，广州法院选择了向科技要生产力，将信息化建设作为优化资源配置的主要抓手，通过拓展"互联网＋"、云计算、大数据、人工智能等技术运用的深度广度，推动信息化工作与审判执行、司法为民、司法管理工作的深度融合，进而实现审判体系和审判能力现代化，提升司法能力水平。

二 广州法院建设智慧法院的具体实践

广州法院围绕审判执行、司法为民、司法公开、司法改革、司法管理等五项重点工作，进行了大胆的信息化探索，形成了既分工明确又相互支撑的智慧司法体系。

（一）服务审判执行，建设法官办案智能辅助系统

执法办案是法院的第一要务。智慧法院建设首先要考虑的是如何服务法官办案。经过分析，广州法院认为审判执行信息化要解决的核心问题是如何帮助法官将有限的时间和精力集中在"审"与"判"、集中在作出司法裁判上。在这个思路指导下，"智慧审判"的主要任务是：充分发挥各个诉讼环节产生的数据价值（见图1），最大限度地减少输入工作量，最大限度地提供有效参阅信息，最大限度地突破时空限制随时办案。

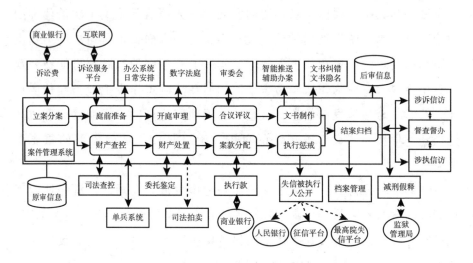

图1 各类数据在广州法院各信息系统中的关联关系

1. 依托案件要素特征库，建设要素式智慧办案助手

广州两级法院平均每天产生 2500 件新收、结案案件信息，历史案件数

字化信息超过 300 万件。基于海量案件信息，广州法院按案由分类，建立了庞大的案件特征要素库（案件词库），并辅助办案（见表1）。一是智能提取案件要素。一件案件的案件材料涉及当事人提供的纸质材料、从立案到结案审判辅助人员录入的各类信息、庭审中诉讼参加人的实时语音数据、审判人员撰写的各类法律文书。这些材料形成后，系统按照"从图片、语音到文字，从文本到结构化数据"的思路，利用 OCR（光学字符识别）技术、语音识别技术、文本分析技术，将每件案件的关键信息提取出来，录入案件要素特征库。二是深度加工案件特征数据。案件要素特征库中的海量数据由系统自动采集，数据质量相对较差，无法直接运用于辅助办案工作。大数据中心数据质量模块通过人工调整和自动调整两种手段对海量数据进行处理，补充不完整数据，修正错误数据，去除冗余数据，完成去粗取精、去伪存真、化零为整、见微知著的过程。三是智能推送关联信息。法官办案时，系统通过案件画像技术理解在办案件，根据案件要素特征库中匹配案件特征，推送关联案件信息，主要包括：与在办案件当事人有关的诉讼、信访情况，与在办案件特征类似的生效裁判文书，全市法院对此类案件的裁判趋势，符合在办案件特征的法律法规条文。法官可通过这些信息对案件全局进行判断，同时最大限度避免重复诉讼、虚假诉讼。

表1 广州法院要素式智慧办案助手工作内容

	角色			环节
	当事人	法官助理/书记员	立案法官/经办法官	
工作内容	原告提交诉状、证据	从原始材料提炼案件特征要素，登记要素表	阅读原始材料、案件特征要素	立案阶段
	被告提交答辩状、证据	1. 向被告送达材料、要素表 2. 从被告提交的原始材料提炼案件特征要素，登记要素表 3. 向原告送达材料、要素表	归纳：争议焦点	庭前准备

续表

	角色			环节
	当事人	法官助理/书记员	立案法官/经办法官	
工作内容	参加庭审活动	生成庭审笔录	认定:要素情节	庭审
			推送关联信息:当事人、裁判规律、法律条文 文书生成:抗辩主张、查明事实、裁判理由 争议部分:举证、质证、认定	裁判

2.建成办案辅助平台,剥离审判辅助性工作

一是自动生成、纠错法律文书。对于大部分案件,制式法律文书、裁判文书中的制式部分占了大部分篇幅。在撰写文书时,如果程序性文书、裁判文书中的制式部分能自动生成,将大大减少法官的工作量。广州法院审判综合业务系统文书撰写模块可以通过自动抽取在办案件在立案登记、庭审、合议等环节形成的信息,并填充进文书模板,法官只需要撰写"本院经审理查明"和"本院认为"部分。大部分制式文书、减刑假释等发生频率高而内容相对固定的程序性文书均可实现"一键生成"(见图2)。此外,基于海量裁判文书数据的分析系统还可以利用关联分析等技术,发现裁判文书中人工不易察觉的逻辑错误、法条引用错误、符号错误等问题。2016年以来,通过广州审判网反馈的文书错误月均仅2~3处,较2015年同期大幅降低。

二是诉讼档案卷宗全部实现电子化。诉讼档案卷宗是法院工作利用频率最高的历史性资料之一。频繁调阅实体卷宗,不仅耗费审判人员大量时间,也不利于卷宗档案的保管。为此,广州中院早在2008年就全面实现了诉讼档案电子化,目前已对68万件案件进行了影像化处理,并实现电子化管理。审判人员,公安、检察、司法等外单位人员,案件当事人及代理律师可以按照各自的身份权限通过审判综合业务系统、广州审判网、手机App等媒介远程查阅电子档案。管辖权异议上诉案件等程序性案件也不再需要移送一审卷宗,大大节省了办理时间。此外,在诉讼过程中新形成的材料,系统可以在扫描后自动判断材料类别并装入相应电子卷宗目录,便于法官在办案、网

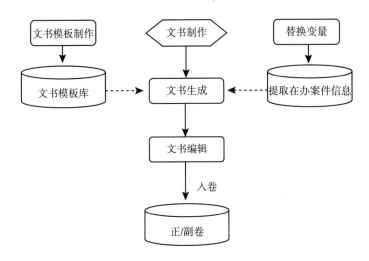

图2　广州法院审判综合业务系统法律文书自动生成示意

上合议等工作中随时利用各类电子档案。

三是多渠道电子送达。送达工作是制约办案效率的重要因素之一。在借鉴各地法院新型送达方式基础上，广州中院进一步建成综合送达平台，法官可以在法院内网对电子邮件送达、短信送达、网络公告送达三种新型送达方式进行集约管理，对送达进展进行全程跟踪。系统可以自动反馈各类送达情况，记载签收时间，固化送达内容，并自动生成送达回证。综合送达平台启用后，送达专职人员数量同比减少50%，因送达困难造成的案件反复延期现象大为减少。

3. 突破时空限制，延伸办案载体

由于办案任务繁重，法官能够自由掌握的空闲时间很少。以合议为例，所有合议庭成员在同一时间集中在同一地点进行案件合议产生的时间调拨成本较高，即使每个合议庭每周安排一天进行合议，一天合议案件也多达20余件，很难保证合议质量。为了突破时空限制，广州中院开发了多个办案平台。一是"法官通"移动服务平台。作为专门服务法官办案的手机App，包含审判工作、执行管理、音视频执法取证、司法办公、法律法规、优秀裁判文书、网上诉讼服务中心、政务微博、规章制度和常用司法办案工具等多个功能模块，满足远程办案、远程办公、移动执行、司法安全和应急指挥等

具有实时性、时空性要求的工作需求。二是网上合议平台。合议庭成员通过审判综合业务系统、"法官通"手机 App 接入合议管理系统后，可随时在系统中通过电子白板直接引入卷宗材料进行展示，通过语音、文字发表意见，并可查看合议庭其他成员的发言内容。通过语音发言的，系统还可将音频进行语音识别。合议结束后，自动生成书面合议笔录。

在各类办案智能辅助系统的作用下，广州法院克服案件持续增长、"案多人少"加剧的压力，办案质效实现一年一个台阶稳步提升。2015 年全市法院法官人均结案数同比增长 9.75%，2016 年前 10 个月法官人均结案数同比增长 23.9%，各类办案质量指标向好发展。

（二）服务司法为民，推进以服务对象为中心的多载体诉讼服务平台建设

在信息化时代，人民群众越来越习惯通过互联网、手机办理事务。通过移动服务终端等多种载体提供诉讼服务，既可以拉近司法与人民群众的距离，又可以有效分流线下诉讼服务中心办事群众，缓解人工接待压力。

1. 以当事人为中心的智能诉讼服务中心

在过去，法院往往只是将各类面向当事人的业务集中安排在窗口，群众如果不具备相应法律知识，办事往往无所适从。为解决这个问题，广州法院诉讼服务中心进行了多次升级，目前已形成线上线下服务同质化，集诉讼指引、司法公开、政务公开几大平台为一体的综合一站式平台。一方面，网上诉讼服务中心采用流程化、场景化思路，按照诉讼流程的内部逻辑，为当事人、律师及社会公众提供贯穿诉前到判后各阶段的 39 项诉讼服务，同时实现线上线下窗口功能同质化。另一方面，实体诉讼服务中心大力推进当事人自助服务终端建设，在全市法院统一部署了公众服务终端，当事人可以办理异地立案、异地阅卷、异地查询案件、异地缴费等多种业务，业务办理实现跨地域标准化，有效减轻了窗口部门压力，减轻了当事人诉累。

2. 满足差异化需求的"三通一平"服务体系

"三通一平"体系指"审务通""法官通""律师通"手机 App 和 12368

诉讼信息服务平台。四大平台分别针对社会公众、法官、律师开放不同功能，满足不同群体的差异化需求。其中，"律师通"是全国法院首个专供律师使用的移动服务平台；"法官通"是全国法院首个实现法官在家办案的移动服务平台；12368诉讼信息服务平台是全国法院首个"一对一"人工服务的电话呼叫中心。12368诉讼信息服务平台不仅服务社会公众，还具备分析当事人来信来电诉求功能，为加强司法作风建设提供数据支持（见表2）。

表2 广州法院的"三通一平"体系

名称	服务对象	载体	主要功能				
审务通	社会公众	手机App 微信服务号	审务公开、裁判文书、执行在线、诉讼中心、庭审直播、网上立案				
法官通	审判人员	手机App	办案类:我的案件、开庭安排、办案日志、合议平台、办案助手、送达助手、信访办理、视音频执法取证 办公类:通讯录、电子卷宗管理、工作日程、临时资料库 诉讼服务类:12368来电转办、材料收转、网上立案审批				
律师通	律师	手机App	法院公告、网上立案、网上阅卷、案件查询、裁判文书、执行查询、费用计算、法律法规、庭审直播、12368、电子送达、我的案件、开庭提醒、律师一卡通				
12368 诉讼信息 服务平台	社会公众	电话呼叫中心 门户网站 微信、短信	服务功能				
			受理 咨询、投诉	查询 案件进展	预约办事	联系 审判人员	接受 意见建议
			分析、监控功能				
			受理趋势 分析	受理来源 和分析	受理类别 分析	办理进展 监控	满意度 监控

智能诉讼服务中心、"三通一平"体系建成后，广州中院诉讼服务中心办事窗口日均处理事务量同比降低了46.6%，诉讼服务水平显著提升。

（三）服务司法公开，建立开放、共享、透明的阳光司法体系

在中国社会科学院2015年开展的司法透明度测评中，广州中院在全国81家被测评法院中排名首位。司法公开工作走在全国前列，其中一个原因就是信息化发挥了重要支撑作用。

1. 审判流程实现"扫一扫"流程全公开

广州中院是全国法院率先将公众云计算平台（腾讯公众云平台）、移动互联和大数据处理三项技术结合应用于司法公开信息化建设的法院。当事人除了可在广州审判网查阅经办法官及联系方式，立案、开庭时间等诉讼信息，下载相关诉讼材料，查阅案件卷宗外，还可以通过专属查询密码、立案通知书上的二维码，在"审务通"手机 App 查询案件流程信息。除被动接受查询外，系统还可对绑定了手机号码的当事人主动推送案件处理进展信息，实现审判流程信息"主动上门"。

2. 以裁判文书公开倒逼文书质量提升

按照"公开为常态、不公开为例外"的原则，广州法院早在 2004 年就开始通过广州审判网全面公布裁判文书。中国裁判文书网建成后，广州两级法院裁判文书公开量始终居于全国前列。除了确保裁判文书公开数量外，广州法院还注重文书公开的倒逼作用。其中及时公布未上网文书数量、原因的做法，被《中国司法透明度指数报告》评价为"裁判文书不上网数据公开取得突破"。

3. 建成"天平"执行联动查控网络系统

2016 年 6 月，符合广州法院执行工作实际的"天平"执行联动查控网络系统正式上线运行。该系统包括一个执行案件管理核心系统以及网络查控、远程监控、执行网等若干个子系统，建成后，可实现被执行人银行账户、车辆、工商、社保、征信等 14 类信息查控，最终实现执行工作的全面网络化、信息化。

4. 庭审网络直播平台实现"人人有直播、天天有直播、院院有直播"

2012 年 7 月，广州中院在国内率先推出全日制庭审直播模式，最早实现"天天有直播、人人有直播"；2014 年 9 月，广州法院庭审网络直播统一平台全面开通，84 个法庭可同时直播。截至 2016 年 11 月，全市法院完成 268 个法庭"三同步"（同步录音、同步录像、同步法庭记录）数字化改造，全市法院实现"院院有直播"。2014 年至 2016 年 11 月，直播案件达 11559 件。开庭公告通过广州审判网、广州法院庭审直播网、审务通、微信公众平台等途径发布，观看直播数量累计达 210 余万次。

（四）服务司法改革和管理，运用大数据提高决策科学性

2016 年初，广州中院正式建成服务全市法院的司法大数据中心（见表3）。2016 年 11 月，面向社会公众的司法数据公众服务中心进入测试阶段。司法大数据中心具备三类核心功能：一是对历史数据进行历时性分析，二是对当前审判执行数据进行实时监控，三是对未来趋势进行预测。三类功能相互支撑，通过广州法院决策支持系统（内网）、数据中心（内网）、司法数据公众服务中心（外网）多个载体发挥决策参考作用。

表 3　广州法院司法大数据中心主要功能

模块	自动更新频率	项目与功能							
实时动态	5 分钟	收结存动态				案件标的额动态		流程动态	
		历时趋势图	承办法院分布	案件类别分布	案件审级分布	日标的额分布	标的额趋势图	流程分布图	流程变化趋势
高级分析	每日	自动生成综合分析报告							
		审判综合分析	收结存趋势	新收案件趋势		标的趋势	结案趋势		抗诉案件分析
		自动生成专题分析报告							
		交通肇事案件专题分析		未成年犯罪案件专题分析		民间借贷案件专题分析		金融犯罪案件专题分析	
		自动生成流程分析报告							
		流程节点分析		审理天数分析		长期未结案件分析		超审限案件分析	结案方式分析
司法指数	每日	社会经济发展形势司法指数				社会治安形势司法指数			
异常监控	每日	案由偏离监控		案由连续变化监控		自然人涉案异常监控		法人涉案异常监控	
数据质量监控	—	清洗加工数据、通报数据质量							
司法数据公众服务中心	—	司法统计公报		收案、结案实时动态		经济形势、治安形势司法指数		案件案由实时数据	审判流程实时数据

备注：1. 以上功能均可按经办人、办理法院、诉讼程序提取数据。

2. 所有数据分析报告均由系统自动加工生成，无须人工介入。

3. 实时动态、高级分析、司法指数、异常监控、数据质量监控模块为内网模块，司法数据公众服务中心为外网模块。

1. 运用大数据优化司法资源配置

根据工作需要，大数据中心共设定了5大类128项数据评估指标，并建立了三个量化模型。一是审判质量效率量化评估模型。大数据中心利用案件信息数据，对审判质量效率进行全面、实时、客观的评价和分析，还可以根据评估结果进行案件反查，查找影响法官业绩的具体案件。二是法官业绩量化评估模型。大数据中心根据人事管理部门的考核要求，提取出业绩评价指标，并实时对法官个人工作绩效、部门绩效、专题考核绩效进行运算、统计、排名，对弱项指标予以监控、报警。三是司法统计模型。通过大数据中心，司法统计工作实现了从手工逐案统计向系统自动生成的跨越。除了传统的司法统计报表外，统计人员甚至可以自主选取分析项目，生成个性化报表，辅助领导决策。三类模型的综合运用使得大数据中心得以客观全面地勾勒出全市法院各类审判资源的配置现状和运行效率。例如，通过审判质效评估模型、法官业绩评估模型可以实时监控各部门审判资源的"投入产出比"，对于工作质效不高的部门，可以通过及时预警、调整审判人员配置等方式提高工作效率。

2. 运用大数据发布经济形势、治安形势司法指数

法院受理的各类案件数据是社会经济形势、社会治安形势的客观反映，数据的波动情况能够反映形势变化。基于这一考虑，广州法院创造性地于2016年11月起向社会发布经济形势、治安形势司法指数。其中社会经济形势司法指数涵盖民间借贷纠纷、金融纠纷、房地产纠纷、劳动纠纷等八类案件数据。社会治安形势司法指数涵盖严重刑事案件、"两抢一盗"案件、涉众型经济犯罪等七类案件数据。两项司法指数通过广州法院司法数据公众服务中心定期发布（见表4）。

3. 运用大数据强化司法政务管理

广州法院政务管理系统利用工作流引擎、智能表单、数据交换平台、两级法院信息共享交流平台、流程绩效分析平台、文件柜管理平台等基础支撑平台，开发出公文及案卷智能交换管理系统、新闻宣传管理系统、调研管理系统、代表委员联络服务系统、物资装备管理等31个具有广州法院特色的功能模块，形成与审判执行工作紧密结合的司法政务管理体系（见表5）。司法政务管理系统建成后，绝大部分行政管理工作均能通过系统申请、审批、

表4　广州法院司法大数据中心司法指数模块数据项目

社会经济形势司法指数							
一级数据项	民商事案件	民间借贷纠纷	金融纠纷	房地产纠纷	劳动纠纷	涉农纠纷	道路交通事故人身损害赔偿	知识产权纠纷
二级数据项	—	—	—	国有土地租赁纠纷 征地拆迁纠纷 建设工程施工纠纷 物业纠纷	劳务合同纠纷 劳动争议纠纷	农村离婚纠纷 土地承包纠纷	—	著作权 商标权 专利权 刑事、知识产权案件

社会治安形势司法指数							
一级数据项	一审刑事案件	严重刑事案件	两抢一盗案件	涉众型经济犯罪案件	黄赌毒案件	危害食品药品安全案件	危险驾驶案件
二级数据项	—	故意杀人案件 故意伤害案件 强奸案件	抢劫案件 抢夺案件 盗窃案件	集资诈骗案件 非法吸收公众存款案件 组织、领导传销案件	涉黄案件 赌博案件 涉毒案件	—	—

统计、公示，是全国首家实现全程网上办理来文、网上报送两级法院信息和调研、自动统计和计分考核的法院，流程审批、公文审阅等工作平均耗时从一周缩短到一天。后勤保障服务实现全部资源数字化监控。

表5　广州法院司法政务管理系统主要功能模块

主要模块	
名称	功能
公文及案卷智能交换管理	信件收发管理、文件收发管理、文件流转追踪
考试管理	自动组卷、成绩管理
调研管理	调研报告报送、打分、统计、考核
考勤休假管理	出入境管理模块：证照管理、因私出入境管理、因公出入境管理 请休假管理：请休假登记、请休假审批、请休假销假、考勤申诉
设备管理	使用情况监控、部件关联管理、计划发放管理、申请发放管理

续表

主要模块	
名称	功能
装备管理	两庭建设模块：法庭经费保障管理、法庭用房管理、基础设施建设管理 枪弹模块：枪支管理、弹药管理、枪支调拨管理、待用枪支监控、统计分析 服装模块：人员体征管理、服装换发管理、库存监控
图书管理	借阅模块：借阅、续借、催还、归还、上架、报失、捐赠、图书状态监控 采购模块：采购申请、采购审批
易耗品管理	入库管理、出库管理、库存盘点、物品消耗趋势分析统计
采购管理	采购计划、购置物品综合统计、办公耗材采购管理、小宗物品采购管理
固定资产管理	资产变动管理、资产领用管理、资产调拨管理、资产处置管理、资产状态监控
公务用车管理	车辆档案模块：报修记录、违章记录、用油记录、行程记录、费用支出记录 驾驶员档案模块：驾驶证信息、初次领证时间、违章记录 用车管理模块：车辆安排记录、车辆出入库记录、财务报销记录
其他模块	
个人事务、日程安排、会议管理、信息情报管理、督查督办管理、新闻管理、考核管理等	

三 智慧法院建设的保障机制

信息化建设具有涉及系统多、开发周期长、建设投入大、维护成本高等特点，完善的后端保障机制是智慧法院规划科学、有序建设的强有力后盾。广州法院建立了完善的建设保障机制。一是健全的管理机构和有效的社会化服务机制。广州法院把智慧法院建设作为"一把手工程"来抓，成立了以院长为组长的信息化建设工作领导小组，在办公室设立了自动化科，专门负责信息化的日常管理工作。为解决技术人员不足问题，2001年在全省范围内率先建立社会化服务机制，目前常驻广州中院的社会化服务机构技术人员达二十余人，干警对软件系统提出的新需求均能快速实现。二是成熟的系统引入和资源共享机制。一个业务系统建设从零起步，还需数年的开发和试运行。考虑到这个因素，在系统建设上优先考虑引入成熟系统。2000年底，广州中院把在其他中院应用了5年的审判流程管理系统进行移植，前后只用

2 个月的时间就在广州两级法院正式应用，大幅节省了前期开发费用。三是必要的经费保障和合理的分配使用。广州法院高度重视经费保障和使用管理，实行信息化建设项目专家设计、咨询制度。在硬件建设方面，首先考虑够用，再考虑适当超前，但不过于超前。在软件开发方面，先审判业务，后日常办公业务；先建立基础数据系统，后建立分析应用系统；先基层应用试点，后两级法院推广使用；优先考虑引入成熟系统，避免自主研发费用过大。四是完善的规划保障制度。为确保智慧法院建设的可持续性，广州法院2004 年以来先后制定五个"三年规划"。科学规划和制度设计避免了信息化建设在个别地方出现的项目轰轰烈烈启动、快速建设、隆重验收，然后无声搁置、数年后重新投入的现象。五是透明的招标过程和严格的项目审核验收制度。在项目实施方面，除严格按政府采购规定招标、审核验收外，实施专家设计、咨询制度，尤其是复杂项目，专家咨询贯穿设计、实施全过程；实施交叉评阅制度，在工程项目招标文书制作时，将招标文书草稿交由有意投标的公司提出商务和技术意见，有效防止招标文书偏向、造成不公；实施试运行后验收制度，项目验收在成功上线后再进行，避免技术性功能完成后就验收，造成仓促开发的系统不实用。

四　智慧法院建设面临的困难与展望

建设智慧法院，为推动广州法院科学发展提供了强大的动力和支持。在这个探索实践中，我们也发现一些制约建设成效的问题。一是法官的思想观念问题。有的法官习惯于传统手段办案，认为信息化建设是"花架子"，增加了工作负担。办案法官是第一手数据的录入者，如果法官不支持智慧法院建设，各类数据的录入准确性会受到很大影响。对于以大数据为支撑的智慧法院而言，案件信息不完整、不准确，无异于"釜底抽薪"，将影响大数据中心提供参考信息的准确性。二是对大数据的挖掘和利用深度问题。主要是基础数据质量有待提高，尤其是基础信息自动提取机制还有较大的改进空间，数据质量检查、稽查工作的力度还有待加大，通过数据信息预测案件趋

势的功能还有待发挥，距离形成整个法院尊重数据、利用数据的局面还有一定距离。三是人员保障问题。主要是技术开发人员往往缺乏足够的审判执行工作经验，对法官需求的理解不够深入，系统上线后，还需要投入较大人力进行系统调试、优化。

党的十八届五中全会提出，要实施"网络强国"战略、"互联网＋"行动计划、国家大数据战略。最高人民法院指出，人民法院的信息化建设是一场深刻的自我变革。下一步，广州法院将牢牢把握时代机遇，继续深化智慧法院建设。一是坚持以满足公众需求、法官需求为建设目标。广州法院的实践清楚地表明，公众需求、法官需求是推进智慧法院建设的内在动力。目前的广州智慧法院建设还存在重共性需求、轻个性需求的问题，接下来，要提高服务的针对性，对外区分当事人、律师、公众、专家学者等不同群体，对内区分审判人员、审判辅助人员等不同身份，提供个性化服务。二是转变思维方式，提高法官主动运用科技的能力水平。在过去的实践中，由于部分法官存在先入为主的"路径依赖"，认为信息技术始终没有个人经验可靠，电脑信息始终没有纸质信息可靠，智慧法院的应用推广始终存在一定压力。这个问题需要通过转变应用推广方式加以进一步解决。三是优化基础支撑，构建以开放共享为特点的大数据生态系统。智慧法院的开发建设涉及多个系统，不同系统之间开发进度不一，不可避免地存在"信息孤岛"现象。建成智慧法院，需要切实解决系统之间的协调问题，让整个智慧法院成为信息开放共享、数据互联互通、系统易用便捷的完整生态系统。四是加强人才培养，建设一支既懂技术又懂业务的信息化人才队伍。系统开发，关键在人。当下，广州法院已经培养起一支具有专业水平和技术实力的技术人员队伍，与社会化服务机构建立起相对稳定的合作关系。接下来，要进一步将懂审判业务的人员吸收进信息化建设队伍，弥补单纯以技术人员为主的不足，培养一支既懂技术又熟悉审判业务的工作队伍，提升智慧法院建设水平。

B.21
四川法院创新电子卷宗、
电子档案新模式调研报告

四川省高级人民法院 *

摘　要： 电子卷宗是法院在案件受理过程中，将纸质案卷材料制作成
特定格式的电子文档和相关电子数据；电子档案则是法院将
诉讼档案按照一定方法整理而成、已归档的电子卷宗以及与
之相适应的软件、参数和相关数据。四川法院在信息化整体
战略的助推下，以司法需求为导向，以网上同步办案、法律
文书全程覆盖和电子档案同步生成为基础，建立符合信息化
时代具有四川特色的电子卷宗、电子档案应用体系，促进信
息技术实现对内强审判、对外树公信的双向支撑协同，推动
法院信息化工作长远发展。

关键词： 电子卷宗　电子档案　法院信息化

随着信息技术的迅猛发展，无论是审判工作自身还是人民群众的司法需
求都呈现出新的特点、发生着深刻变化。传统的纸质卷宗在制作、查阅、保
存等方面已无法适应信息时代的快速度传递、高效率共享、大容量存储的新
要求。利用信息化手段推进诉讼卷宗和诉讼档案建设，是人民法院顺应司法
改革要求，提高工作效率，节约司法资源，方便人民群众参与诉讼，提升司

---

* 执笔人：冯炳南，四川省高级人民法院技术室信息中心主任；黄靖淞，四川省高级人民法院
技术室工作人员。

法服务质量的重要手段。近年来,随着司法公开的不断深入,法院的诉讼档案信息化工作发展迅速,电子卷宗和电子档案发挥着越来越重要的作用。它们不仅适用于电子网络传输,能够最大限度地实现资源共享,而且易于保管,方便检索,能够保存数字资料,给法院各方面工作都注入了新活力。但是,作为信息时代社会活动的伴生物,电子卷宗和电子档案产生时间短,技术还不完善,应用程度低,尚未充分体现出自身的价值。

为此,四川法院充分挖掘电子卷宗、电子档案的利用价值,把握人民群众的多元化司法需求,着力为法官和人民群众提供优质、高效、便捷的电子卷宗和电子档案服务。从全国范围来看,开展电子卷宗随案同步生成的法院为少数,而四川法院是全国法院较早开展此项工作的法院之一。早在2008年,四川法院就开始推行网上办案,由省高级人民法院统一规划网上办案审判体系的架构和目标,统一设计办案系统软件,统一确定审判流程和节点管理,统一数据接口和电子档案标准,确保全省上下目标统一、标准统一、软件统一,受理的案件全部网上运行和归档。经过近几年的建设,全省三级法院克服资金、技术上的困难,突破习惯、观念上的阻力,基本实现了"案件网上办、流程网上走、绩效网上考、监督网上管,线上线下和内外诉讼服务完全同步"的目标,基本做到了网络互联互通、应用全面覆盖、信息全部共享、数据深度融合、服务内外兼顾。

一 电子卷宗与电子档案系统建设与应用

(一)卷宗及档案的电子化

四川法院设计了以信息化为载体,以司法需求为导向,以网上同步办案、法律文书全程覆盖和电子卷宗同步生成为基础、具有四川特色的网上审判管理新体系。四川法院在深入调研的基础上,牢牢抓住办理过程三条主线即信息的及时录入、法律文书的全程覆盖和电子档案的同步生成,细化每一个流程节点,对办案的过程进行分解、重构和建模,利用信息化技术,把线下案件审执过程搬到线上。在案件审判执行过程中，要求从立案、分案、审执、结案、归档以及上诉申请再审阶段，全部过程在线上完成，案件在网上程序流转和实体审理过程与纸质流程完全一致。随案生成的电子卷宗记录下案件自立案到结案整个过程的所有处理信息和相关电子材料，做到"全程留痕"，储存在办案系统里，可形象地称为"过程卷"。

1. 诉讼文件在各个阶段的同步电子化

案件信息要求人工同步录入，证据材料同步扫描，法律文书同步生成全程覆盖，电子档案同步实时生成。所有案卷材料随办案进程网上同步录入、诉讼电子档案网上同步生成、办案流程信息网上流转和审批，上诉和申请再审案件的电子卷宗在上下级法院联网传输，实现诉讼卷宗的同步化、电子化，实现办案过程的可视化、透明化。

（1）立案阶段的同步电子化。各级法院的立案部门对受理的案件进行登记立案，负责填写立案信息表、立案审批表，及时录入立案阶段形成的如当事人提交的诉状、身份证明等案件材料和信息。在这个阶段，办案系统会自动提示收集立案信息，逾期未立案的，办案系统将自动冻结并记录。

（2）分案阶段的同步电子化。办案系统按照"循环分案为主、手工调案为辅"的原则，根据预设条件对案件进行自动分配，系统随机确定承办人，确有特殊原因需要调整的，由部门主要负责人进行调整，并在系统中写明理由；逾期调整的，须通过办案系统层报院领导审批。

（3）审理阶段的同步电子化。无论是开庭排期、申请中止、扣减或延长审限、执行查控、结案归档，还是制作审理报告、合议笔录、裁判文书等，均由办案人员在网上操作，裁判文书全程全域覆盖、院庭领导在网上审批，实现常规办案无纸化、办案过程全留痕；审理阶段新收诉讼材料由办案人员或指定书记员同步录入、扫描进电子卷宗，审委会研究案件网上在线讨论全程留痕；办案系统根据各节点操作自动进行赋权、锁定等行为。在科技法庭开庭或者听证的，在庭审或者听证结束后，由办案系统自动及时将庭审录音录像及笔录推送加载到电子卷宗里，做到同步生成，及时导入。

（4）结案阶段的同步电子化。系统自动控制结案条件并提示履行结案

手续，办案人员须及时在办案系统中填写结案审批表和结案信息卡，送请相关领导审批后方能结案。

在上诉和申诉、申请再审阶段，案件采取电子档案与纸质档案同时报送的方式，即移送到上级法院的上诉和申请再审案件，必须同时报送电子档案与纸质档案，并且二者内容必须完全一致。原审法院办案人员按要求在"上诉和申诉、申请再审案件管理系统"中录入相应信息，通过办案系统将电子档案上传至上级法院立案部门，上级法院立案部门参照案件档案移送标准，同时审查纸质档案和电子档案并作相应处理。

2. 法律文书的自动生成和全程覆盖

法律文书是法官处理审判事务的重要载体和表现形式，也是法官办案过程的真实体现。法律文书的自动生成全程覆盖、全程留痕，不但减轻了法官的工作量，提高了工作效率，还让法官办案过程清晰明了、阳光透明，对法官进行了静默式监督。

（1）预置法律文书模板。按照法律规定和最高法院的法律过程文书和裁判文书标准，为立案、审判、执行法官分类预置了上万份的文书模板，法官只需点击鼠标就能形成文书雏形，再填写必要的信息要素就能快速制作一份规范的法律文书。

（2）经录入信息自动生成常用法律文书。同时，法官在办案过程中录入的信息，通过技术手段自动集成到文书上面。立案法官只需录入立案基础信息，网上流转审批后即可自动生成立案卡片、案件受理通知书、应诉通知书、举证通知书、当事人权利义务告知书等常用法律文书。法律文书不仅信息自动填充，还能根据当事人个数生成相应份数。

（3）自动生成全程覆盖、全程留痕。在案件办理过程中，对文书全程网上审批流转程序，从庭审记录、合议庭意见到审判委员会讨论意见，再到法律文书的签批发放，每一关都对过程处理的痕迹全部保留，而且这些痕迹是无法更改的。通过运用庭审过程中的证据实时录入系统、庭审音视频和庭审笔录自动导入办案系统，审委会案件研究记录和决议实时生成、同步展示，方便委员查看、修订和签批。系统集成的文书自动校对排版系统，能有效提升法官制作的裁判文书质量，降低裁判文书出错风险；电子签章系统全省覆盖，为派出法庭和移动执法办案提供了方便，大大缩短了办案周期。

3. 规范管理归档环节，将电子卷宗转换为电子档案

在案件结案3个月内，立卷人（承办人或书记员）按照诉讼电子档案管理的规定和要求，调整"过程卷"里的材料目录、顺序、页码，整理、制作成一个"档案卷"，并按照纸质档案归档要求，从网上打印该案件需要归档的材料形成纸质卷宗，在经档案人员确认检查电子卷宗与纸质卷宗质量后，将电子卷宗和纸质卷宗同时提请归档，向档案管理部门移交归档的案卷。

（1）严格检查，"三套制"归档。档案人员按照接收归档要求，在半个月内对电子卷宗和纸质卷宗进行检查，将电子卷宗（档案卷）与纸质卷宗逐卷逐页核对，顺序、页码、内容完全一致，质量合格，则接收进室，档案人员一旦点击归档，电子卷宗就转为电子档案。归档成功后系统将自动向承办人发送一封某某案件档案已经归档的电子邮件。质量不合格，则退回并注明理由。此时，档案管理系统里归档保存有两套即"过程卷""档案卷"，库房里则保存与"档案卷"完全一致的纸质档案，即"三套制"归档。在"过程卷"中，其文件的存储有 Word 格式，如裁判文书、审理报告等，保存的目的主要为法院内部利用；"档案卷"要求所有文件是不可修改的图片格式，方便社会公众利用。

（2）自动监控，确保及时归档。为加强归档时限管理，四川法院特别引入流程节点控制。系统对结案和归档情况实行自动监控，对临近归档期限的案件进行预警，对逾期未提请结案或者归档的案件自动冻结。一旦某案件结案后一段时间未归档，档案系统将自动向承办人发出催收档案的电子邮件。如果案件结案后三个月超期未归档，系统会自动冻结该案，一旦案件因逾期归档被冻结，就只有领导审批，才能予以解冻。超时限记录还直接与审判质量评估相连接，与各庭室目标考核相挂钩。档案部门每季度以正式文件通报各部门归档情况，正是由于这些措施的严格执行，现在四川省高级人民法院杜绝了逾期归档现象，归档率保持在99.5%左右，最大限度地保障档案的安全。

（二）电子卷宗与电子档案的利用

自 2008 年推行电子档案以来，四川法院约 400 万件案件实现网上运行，并平均以每年 80 万件的速度递增，成为一个海量的四川法院诉讼档案信息数据库，在后续的办案环节、审判管理和司法服务工作中发挥了重要作用。

1. 在办案过程中的利用

办案过程中，前一阶段生成的信息和材料数据，在后续的办案过程中最大化利用。首先，在立案阶段录入的信息，会在后续办案过程文书中自动提取。其次，在案件合议庭阶段，合议庭成员在网上办案系统直接通过同步生成的电子卷宗在网上阅读案件材料，回看庭审信息等。再次，在审委会案件讨论阶段，审判委员会委员可提前在自己的审委会案件研究系统中了解案件审理情况，查看电子档案；在讨论时，委员也可同步查阅案件所有信息，如证据材料、笔录、审理报告，且讨论过程中笔录完全同步录入，在讨论结束即可签字确认。最后，在上诉申诉阶段，案件上诉过程由实体转为通过网络完成，原审法院办案人员按要求在"上诉和申诉、申请再审案件管理系统"中录入相应信息，通过办案系统将电子卷宗、档案上传至上级法院立案部门，上级法院直接通过上诉系统进行审查，对符合条件的案件进行立案登记并自动关联原审案件信息，大大缩短了案件上诉处理周期。

2. 在审判管理和监督中的利用

首先，在审判权与审判管理权规范运行中，院、庭领导和审判人员可依权限通过电子档案即时了解案件的审理情况和办理进展，对需要审核的案件直接通过网络进行审核，既合理界定了合议庭的审判权，又明确院、庭长审判管理权限。提高审判效率。依托四级联网，一些审判信息可直接通过网络进行异地传输。其次，在案件质量评查中，档案数据为审判质效评估提供了原始依据，依据电脑自动生成相关数据指标，改变了过去考评"凭印象"的老办法，确保了考评的客观性和真实性。由此，不仅可以在审理过程中对案件进行评查、抽查，而且通过电子卷宗，可评查到审理中或审结后的案件存在的瑕疵，杜绝事后查漏补缺。再次，促进经验交流，借由电子档案，个别法官的审判经验可转变为大家共同学习借鉴的经验。最后，在执行案件流程监督中，执行案件的整个过程完全公开、透明，院、庭领导直接了解执行案件办理过程，可及时了解处于查封、扣押、冻结等强制措施的案件情况。

3. 在监察监督体系中的利用

首先，在监察监督体系中，根据授权体系及严格的流程，对法官办案过程实现监督静默管理，不干预实体办案。院领导、庭领导根据相应的权限，可以反查到案件处理的每一份材料、每一个程序和每一份文书，有助于对案件的内部自查自纠和公正高效审理。既实现了监督指导有依据、权力有监督，管到位、不越权，又做到了对法官的监督，从而强化法官廉政意识。其次，在提前预警和处置方面，对于当事人上访或其他部门反映的案件，上级法院可提前通过网络直接调阅电子卷宗，查看案件的实际情况，查阅相关审批流程，把握案件办理的实际情况，便于采取有效措施及时预防事态扩大。再次，在案件交办和督察督办中，对于人大、政协或其他部门交办或督办的案件，办理部门可直接通过督办系统关联相关案件的电子档案，查阅案件办理过程和情况，并直接对该案件督办、催办。最后，在涉诉信访工作中，涉诉信访的多个案件自动关联汇集，在对涉诉信访案件审查过程中，充分利用电子档案逐案查看浏览各级法院相应案件的审理情况，有利于办案人员提高工作效率，还可对重信重访的当事人及时甄别。

4. 在综合管理中的利用

首先，在司法统计工作中，利用实时生成集中的全省审判数据，实现司法统计数据的在线生成，解决传统手工统计费时费力和数据来源准确性的问题，每一个统计数据都能反查到办案系统原始材料，追根溯源。其次，在管理、决策辅助中，实时生成的审判数据，能够为全省高级人民法院提供及时、准确的管理决策依据，大数据分析能够有效提升科学决策水平。最后，在档案工作中，电子档案使得管理更为便捷、优质和高效。它解决了纸质档案查阅难、易损耗的问题，缓解了查阅人手少、查阅需求高的压力。可借助系统轻松完成数据统计工作，电子卷宗、档案可方便全省高级人民法院法官的调阅，无须实地调阅纸质卷宗。

5. 在诉讼服务中的利用

档案数据利用不单是法院系统内部利用，也可为当事人提供便民服务，当事人可通过网络及时了解案件办理进展，及时掌握案件诉讼情况，还可以通过网络向案件当事人公布那些适宜公开的案件电子卷宗材料。同步办案为当事人和律师提供了实时互动办事平台，提高当事人和律师参与审判诉讼的便利程度，实现内网办案系统和互联网当事人服务平台信息的实时互动和处置，一体化满足申请立案、案件信息查询、递交材料等司法服务需求，既减轻群众诉累，也为律师履职提供最大便利，让群众足不出户就能享受方便快捷的司法服务。

从"内部透明"到"外部公开"，网上同步办案生产的"过程卷"真实地记录着案件从收案起所处的每一个流程状态的处理人、处理时间、承办部门及是否在规定的期限里完成相关流程的办理等信息。档案数据实现了整个审判过程的公开化、透明化、规范化和信息化，既为扁平化、精细化的审判管理提供了原始数据，也为审判工作的宏观、系统性纠偏奠定了基础。

（三）电子卷宗与电子档案的利用成效

网上同步办案，电子卷宗同步生成，所有办案痕迹得以全程记录，所有信息可以全程同步公开，透明运行方式得以实现静默式监管，为实现科学、全面、有效的现代化审判管理打下了坚实基础，也为未来法院向科技化、数据化、智慧化发展作了有益探索。

1. 实现全省人民法院数据共享和互联互通

由于四川三级法院统一使用一个应用平台，使用相同的软件，确保了全省各级法院的数据格式相同，减少了数据中间交换的环节，降低了数据共享和互联互通的工作难度，提高了全省高级人民法院审判数据的综合利用效能，实现了法院管理从经验性、模糊性管理向数字化、智能化管理的转变，促进各级法院对审判工作情况的及时、全面、动态、准确把握，作决策依据客观，抓落实高效有力。发展至今，四川省211个法院、850个人民法庭均实现了网络互联互通和档案大数据的共享。

2.实现流程管理在线静默监管

在办案系统设置办案时限明确的流程节点，对案件在审判、执行各个环节的运行情况进行动态跟踪、监控和管理。利用信息化对审判流程的主要节点进行实时自动管理，各节点自动提示、预警显示、催办督办和逾期冻结，一旦计算机系统自动检测到案件承办人在某个节点没有按照法定时限对案件进行审理，系统将对案件承办人、部门领导自动提醒；对未录入开庭信息、超审限、结案后未按期归档等实行冻结，未经领导审批不得解冻，从而强化法官程序意识，杜绝超审限案件，实现案件过程控制。研发运行审判业务条线管理系统，上级法院业务部门可经授权查看下级法院对口部门案件办理情况，随时跟踪督促指导。

3.促进质效评估考核科学智能

司法统计、绩效评估、大数据分析等数据实时自动生成，排除了人为干扰等因素，每一个数据都能反查到源头，确保数据真实可信。

4.提高了人民法院的工作效率

自 2015 年 5 月开始实施立案登记制至 2016 年 4 月底一年的时间里，四川法院登记立案 600862 件，同比上升 14.6%，案件数量呈爆炸式增长。电子卷宗和电子档案充分发挥了信息化优势，对内对外提供精准服务，提升办案工作效率，保障群众诉权，让法官和群众享受到信息化改革的成果，"案多人少""诉讼门槛高"等难题也迎刃而解。以一起普通的离婚纠纷案为例，该案需要在院机关制作受理案件通知书、应诉通知书、传票、判决书、调解书等法律文书，制作文书、领导审批、送达等将占用大量时间。使用电子卷宗后，可以迅速完成以上事项，通过"让信息多跑路"的方法，最大限度地减免法官和当事人的奔波劳累。四川省资中县人民法院公民人民法庭在使用电子卷宗和电子档案系统后，案件审理效率同比提高 18.3%，平均审理时间缩短 3 天，案件归档效率同比提高 53.5%，以调解形式结案的案件最快可在当日内就完成结案、评查和归档。

5.促进司法公正公信稳步提升

所有案件材料全部同步上网，案件所有操作环节都有实时、准确的网上

记载，各级领导和管理部门根据获得的授权权限在线查看案件的电子卷宗和档案数据，在法院内部实现了办案过程和结果透明公开，通过这种内部透明机制，有效地提高了办案效率和案件质量，既进行了有效监督和管理，又不影响办案效率。网上办案同步工作的推广，提高了法官办案能力和案件质效，促进了法官从传统封闭向科学开放的现代化转型，提高了法官的科技素养和互联网思维水平，客观上也促进了四川法院整体素质的提升。

6. 深化司法公开，提升司法服务效果

实时的办案过程和完善的线上线下服务体系，及时接收、处理和反馈当事人和律师从各个渠道提出的要求和材料，数据、音视频、图像等信息真实地记录法院开展审判的全过程，客观反映案件事实和证据情况，系统分案、程序不可逆转等程序设计，不仅让当事人和律师实时了解案件的办理过程，而且能够给予当事人和律师及时的反馈，化解当事人对案件审判处置的疑虑。同时，当事人可随时查询案件进程，了解案件在立案、分案、开庭、延长审理期限、上诉等各个阶段的具体信息，极大地促进了司法公正。全过程的透明让当事人能够客观评价法官办案过程的公开和公正度，将当事人判后的缠访和缠诉变为判前质疑，法院可以提前预警并事前化解，切实提升司法为民工作水平。

二 电子卷宗与电子档案应用的几点经验

依托信息化手段创新和加强审判管理，是人民法院立足国情、面对现实的一项生动创造，是一场全方位革命。四川法院在开展电子卷宗和电子档案建设工作中，将信息化与实际工作深度融合，有效促进了法院工作科学化水平的提高。四川法院取得了突出的成绩，其经验如下。

1. 转变观念、端正思路

观念的落后是最大的落后。转变观念、端正思路是实现以信息化推进卷宗档案工作的一个关键环节。卷宗档案信息化是法院现代化建设的重要标志，在建设过程中，每个干警都面临着传统观念的转变。各级领导必须占领

制高点，拓宽大视野，提高思想认识，增强紧迫感和责任感，认识到信息化对卷宗档案事业创新与发展的重要性，切实把电子卷宗和电子档案建设工作提到战略高度来思考。各位法院干警也要认清面临的挑战和机遇，加强工作责任感，树立现代化管理思想，不断加强相关专业知识的学习，努力用现代化管理手段去管理卷宗和档案。

2. 扬长避短、规避风险

用信息化思路推进卷宗档案工作，是对传统卷宗档案工作的扬弃。一方面，要坚持发扬档案学中的集中统一、安全完整、便于利用三大原则，另一方面，更要发挥信息化的资源共享、协同合作、经济环保、改革创新等技术理念。虽然电子卷宗和电子档案的利用有很多优点，但信息化带来便利的同时，也带来了诸如信息丢失、失真、泄密等安全问题。事实上，绝大部分信息安全事件均出自认识和管理上的漏洞，安全问题而造成的损失是巨大的和不可弥补的。因此，必须建立规范的档案安全管理体制，制订完善的信息安全应急预案，提高档案信息安全意识，健全信息安全责任制，从制度上和技术上规避安全风险。

3. 建章立规，规范管理

近年来，最高人民法院先后出台了《人民法院电子诉讼档案管理暂行办法》《关于全面推进人民法院电子卷宗随案同步生成和深度应用的指导意见》和《人民法院信息化标准》等文件，规范和指导了法院档案信息化建设的运行、管理和维护工作。四川法院也先后出台了《全省高级人民法院诉讼电子档案管理办法》《关于全省高级人民法院案件流程管理的规定（试行）》等一系列应用、管理方面的制度，将电子卷宗和电子档案建设工作纳入规范化、制度化、现代化管理，形成了综合防范、应用和管理等各个方面统一、安全、稳定、高效的网络及信息安全管理保障体系。

4. 科学设计、实用便捷

四川经济社会发展水平差异大，法官文化水平参差不齐，科学规划和设计能够普遍适用四川三级法院的应用系统是关键。一是突出统一性。省高级人民法院统一规划信息化体系的架构和目标，统一设计系统软件，统一确定

审判流程和节点管理，统一数据接口和电子档案标准，确保全省上下目标统一、标准统一、软件统一。二是突出实用简便性。系统从立案到结案的各环节自动流转，保证整个审判过程顺畅流通。最大限度减轻法官的信息录入量，最大化地为法官办案提供帮助，不断优化系统，应用界面设计坚持简单实用。三是突出适应性。将四川全省分为三州地区、灾后重建地区等五类片区，根据片区特点分别优化各级法院审判软件，尽可能地符合原有的流程和工作习惯。

5. 加大投入、夯实基础

档案信息化是一项大投入、长积累、晚见效的工作。四川法院始终坚持加强和完善法院信息化基础网络平台建设，提高网络系统支撑能力，优化网络性能，提高网络质量。加快网络安全保密建设，提高抵御安全风险水平。全面实施分保等保密工程，重点建设符合国家安全保密要求、满足法院档案信息化需要的安全保密平台。2016年，四川法院统一使用全新的法院信息管理系统，全新的电子卷宗、电子档案系统上线运行；诉讼档案电子化工作稳妥推进，2016年底将完成省高级人民法院所有库存档案的数字化，2017年底全省高级人民法院将完成库存档案数字化工作；向第三方公司购买电子档案服务，实现系统的快速建设、快速部署和快速应用。

6. 强化审管、全面推进

注重发挥审判管理工作的杠杆引领作用，通过审判信息、审判效率、审判质量、审判绩效和审判层级"五大管理"，倒逼各级法院推进电子卷宗和电子档案工作。审判信息管理方面，以加强网上同步办案规范性管理为主，科学设计办案流程必做节点，上一个网上办案节点不完成，将无法进行下一个节点的办案工作，同时研发流程和数据自动检测系统，提示流程异常、疑似数据失真、指标异常等问题，实现司法统计数据一键生成，并支持下挖相应卷宗。审判效率管理方面，以完善案件流程管理为主，流程节点系统自动监控、预警显示；严格管理审限变更，提高再次变更审限的审批层级，中止和扣减审限的案件均被系统自动锁定；专项研发长期未结案件管理等系统，加大管控和清理力度。审判质量管理方面，通过调阅电子卷宗，全面检查办案程序、审限变更、文书制作、档案资料等。审判绩效管理方面，省高级人民法院统一开发"案件质效评估系统"，置入法院、部门、法官的评估指标体系以及考核、参考指标体系，系统抽取相关数据即时自动计算质效。审判层级管理方面，健全系统修改权限审批和院、庭长分级授权制度，把审委会和院、庭长及合议庭（独任）的案件管理权限置入办案系统。

7. 注重应用，突出特色

信息化建设可持续发展的生命力，来源于应用解决法院工作问题的能力。四川法院坚持"以用促建、以用促管"，将电子卷宗和电子档案与审判业务、审判管理、领导决策、司法公开、司法服务、司法改革等法院实际工作相结合，以法官和人民群众的实际需求为导向，不断深化应用，并在应用中不断发现问题、解决问题，充分发挥信息化在法院工作中"第一生产力"的作用。根据不同情况制定适合本地的电子卷宗和电子档案发展战略，确保工作能够科学、合理、稳妥地开展。

三　存在的不足与未来展望

回顾四川法院电子卷宗和电子档案建设的历程，在取得巨大成绩的同时也受到一定的制约。整体上信息化程度还有待进一步提高，电子卷宗和电子档案中所蕴藏的丰富信息资源还没有得到充分挖掘和利用，提供的可用信息也不能完全满足法院和人民群众的需要，信息化解决方案还须进一步完善。

1. 理论层面较多，操作层面薄弱

虽然四川法院积极思考电子卷宗和电子档案的优点、好处和必要性，积极设计相关的信息化系统和体系，但目前仍然受到各方面因素的制约，信息化的理论构想多，但操作层面还不够，导致使用中会出现一些突发情况无法解决，反而降低了工作效率。

2. 信息孤岛现象依然存在

虽然公、检、法三部门都建有自己的电子卷宗和电子档案，但是从目前来看，三家单位的信息闭塞，条块分割，尚处于"各自为政"的状态，无

法实现电子卷宗和电子档案信息资源共享，资源缺乏有效整合。

3. 相关法制系统尚未建立

从目前来看，中国现行法律法规中涉及电子卷宗和电子档案的只有零星分散的几部，且对于其效力的表述也仅有只言片语。另外，诸如电子档案的加密保护管理技术、泄密责任认定等还未能规定到相关法律中。总而言之，当前我国的电子档案法律系统尚未建立，法律法规不健全，遇到问题"无法可依"。这导致了当前法院电子卷宗和电子档案在发挥法律凭证作用时仅能充当非正式的辅助工具，其法律效力远不及传统纸质档案。

人民法院卷宗档案信息化是人民法院审执工作的科技应用化程度、综合实力的集中反映，是提高工作效率的有效手段，是现代社会发展的必然趋势。虽然电子卷宗和电子档案建设还存在诸多瓶颈，要实现卷宗档案信息化任重而道远。未来，四川法院将不懈努力，克服困难，加快推进电子卷宗和电子档案建设，提高管理使用水平，为改革、发展、稳定提供更加优质高效的司法保障和法律服务。

第一，建立电子卷宗、电子档案信息共享平台。卷宗和档案的内容数字化、传递网络化、存储海量化、服务自动化、信息共享化是未来的发展趋势。四川法院将建立电子卷宗和电子档案信息共享平台，积极推进公检法数据的互联互通，实现真正意义上的资源共享；积极推进内部系统的共享利用，服务法院各项工作；向社会开放资源，向群众提供查询和使用服务，重点推进第三方平台二次利用功能，扩大社会运用范围。

第二，进一步深化司法服务效果。大力推进电子卷宗和电子档案与司法公开、网上诉讼服务、执行惩戒、征信等系统的融合，开发完善实时公开审判执行流程信息、实时公开卷宗档案内容信息、推送同案类判信息、快速征信惩戒等功能，让司法公开更加彻底、诉讼服务更高效、维护公正更有力。

第三，探索大数据环境下的电子卷宗和电子档案应用。目前，大数据的社会信息背景化分析已经成为当代社会工作和关注的焦点。四川法院将充分利用大数据电子信息库便捷化、高效率、持久性的信息数据库特点，借助高效率吸取信息、持续不断更新数据、模拟化数据链接等新兴数据存储处理技术，跳出卷宗档案管理、分类、归档、存储及简单的统计查询等传统管理思路，朝着资源汇聚、智能辅助、知识发现、数据挖掘等方向探索，尝试建立大数据时代的法院电子卷宗和电子档案使用管理新体系，满足法官及群众的多元化数据查询管理需求。

B.22
一个基层法院的电子卷宗实践

——以济南市市中区人民法院为样本

济南市市中区人民法院课题组*

摘　要： 随着信息技术在法院工作中的应用，卷宗的电子化目前已较为普遍。但直到今天，不少法院的电子卷宗仍只是与纸质卷宗双轨并行的归档方式创新，其对外服务功能与对内管理辅助功能远未挖掘出来。作为全国较早开发电子卷宗的基层法院，济南市市中区人民法院走了一条不寻常的路，始终坚持服务当事人、服务审判工作"两个服务"并重，12年之前便实现了电子卷宗随案同步生成、卷宗信息向当事人同步开放；6年之前又实现了当事人随时随地通过互联网查询自己正在审理执行中的案件的电子卷宗，同步跟踪法官的裁判活动。其电子卷宗建设与应用实践，为全国基层法院提供了可资借鉴的范例和样本。

关键词： 济南市市中区法院　电子卷宗　实践

21世纪初，电子卷宗作为一种新兴事物，开始在南方发达地区的一些法院出现。无论从当时的情况来看，还是从电子卷宗的现状来看，电子卷宗在功能上还是多囿于卷宗的电子化，其服务性和管理辅助作用远未发挥，

---

* 课题组负责人：冯媛，济南市市中区人民法院院长。课题组成员：刘建华、梁伟。执笔人：梁伟，济南市市中区人民法院研究室主任。

且在当时卷宗信息往往在结案后集中扫描、录入，不能实现随案同步生成。济南市市中区人民法院于 2004 年即建成并启用电子卷宗系统。自建设电子卷宗系统之初，市中区法院即坚持先进的理念和思路，始终采取有力措施，构建长效机制，确保了电子卷宗随案同步生成、所有电子化材料均通过密码向当事人全面同步开放，形成了卷宗双轨并存、监督内外并行、公开纵深推进的格局。2010 年，借助开发的全省首个在线集中服务平台——"网上法院"，市中区法院又把电子卷宗系统"搬"到了互联网上，诉讼参与人通过网络，随时随地同步在线查询诉讼执行进程中的卷宗信息，即时跟踪、监督审理执行活动。目前，该院电子卷宗系统存储了 2002 年以来所有诉讼、执行案件的电子卷宗 12 万件，当事人来院或远程自助查询卷宗 32 万人次。

一 建设篇：精心规划，科学设计，全力确保系统自身先进性

系统自身内在的先进性，是系统能否较好发挥作用的先决条件。在 2004 年济南市市中区法院联合技术公司开发电子卷宗系统时，南方一些法院其实已经有电子卷宗这一新生事物，但其作用主要是卷宗的电子化。市中区法院在深入调研的基础上，结合本院搭建信息化平台和实施规范化管理的实践需要，经过广泛论证，认为电子卷宗系统不能简单地定位为扫描和归档系统，而是要借助其本身的信息智能含量，力争在创新监督、推进公开甚至对接未来的司法改革方面，发挥更大的作用。为此，市中区法院提出在诉讼卷宗数字化过程中融入即时查询以及其他功能模块，以便将单一信息共享功能转变为集对内管理与对外服务为一体的综合应用系统。在这一目标指引下，经过半年多的开发、设计，市中区法院的电子卷宗系统于 2004 年 11 月正式运行。这一系统在以下方面具有先进性。

1. 卷宗材料可以即时录入、同步生成

该系统有别于电子归档系统，突出之处是集电子拍照、即时扫描、

数字传输、排序功能、自动存储等于一身，可以将诉讼执行进程中形成的所有材料，包括证据材料、庭审笔录、合议庭评议意见、诉讼文书等即时录入、同步转化为与纸质卷宗完全一致的电子卷宗。在扫描、录入的时间节点要求上，要求所有的诉讼材料一旦形成，必须要在3日内扫描、录入，以同步生成电子卷宗材料。严禁在结案后集中录入，确保即时扫描录入材料、同步生成电子卷宗，让当事人同步查询卷宗、监督裁判活动变得更有意义。

2. **系统设置要求全案录入、排斥选择**

在设计系统的时候，市中区法院将系统覆盖的应当进行扫描、录入、网上建档的案件类型最大化，包含了全部的民事、商事、刑事、行政、执行案件，也包含立保字案件、特别程序案件、公示催告程序案件、重审再审案件以及技术室负责的各类鉴定案件。也即所有案件类型都必须在材料形成后的3日内扫描、录入系统中，建立相应的电子卷宗档案。另外，市中区法院不仅要求对全部案件类型进行扫描、录入，也要求对诉讼进程中形成的所有材料进行扫描、录入，对不能进行扫描的实物证据，用留存实物照片的形式同步录入。将全部案件类型形成的全部材料扫描、录入，转化为电子卷宗，而不是选择性扫描、录入，这就为利用电子卷宗实施管理拓展了广阔空间。

3. **录入项目经过科学编排、避免无序**

对于种类繁多，需要扫描、录入的诉讼材料，如何让扫描录入人员第一时间快速准确地判断录入位置，确实是个问题，它不仅关系到录入的效率和质量，而且关系到整个电子卷宗系统的有效运行。对此，济南市市中区法院的解决办法是：针对不同案件类型可能遇到的诉讼材料，提前在系统内设计、标注好该材料应该录入的空间模块，并进行体系化编排，这样扫描、录入人员根据材料性质和内容，在扫描、录入时直接找到相应空间模块即可。同一个空间模块内，录入材料则自动排序。例如：民事案件系统中就设置了从立案审批表到上级法院判决书、调解书、裁定书等43个空间模块；刑事案件则设置了从起诉书正本到上诉案件移送函存根等46个空间模块。这些空间模块的建立，避免了无序录入。

4. 电子卷宗实行全时开放、同步查询

这是市中区法院电子卷宗系统与其他电子卷宗系统的最大区别。市中区法院将电子卷宗系统与审判管理系统相对接，并且在系统中设置"自动查询"功能，这样案件一经受理，在受案信息输入审判管理系统的同时，便自动生成一个与立案案号相对应的电子卷宗。来院起诉或应诉的当事人，会在相应的立案通知书或应诉通知书上被授予一个随机查询密码，根据该密码，当事人可以在市中区法院的审判楼大厅、立案大厅、派出法庭一体机和"司法公开信息港"中随时查阅正在诉讼执行进程中的电子卷宗，即时了解诉讼执行信息，跟踪审判执行活动。2014年后，除密码查询外，还为当事人升级了更为便捷的二维码查询功能。2010年，在法院的互联网门户网站——"网上法院"中设置了"卷宗查询"系统，诉讼参与人随时随地通过网络即能查询诉讼执行中的案件的卷宗信息，实现了卷宗信息的远程查询、异地查询和同步查询，受到当事人、诉讼代理人的普遍好评。

5. 功能设置实现内外兼顾、科学系统

电子卷宗系统开发设置时既考虑其对外的查询、监督作用，又注重其内部的服务和管理功能。不仅增加了同步查询功能模块，便于当事人查询，而且全面支持法官网上办案，通过文字和语音识别技术，支持电子卷宗文档化、数据化、结构化，辅助法官复用卷宗文字，智能辅助生成法律文书；支持合议庭内部卷宗流转，支持合议庭成员网上阅卷，电子卷宗文字可复制、内容可检索、卷宗可标记；支持审委会网上讨论案件，审委会委员在讨论过程中可随时查看案件电子卷宗详情，支持在电子卷宗上进行灵活批注；支持审判流程实体信息公开，与司法公开平台进行数据交换，及时为当事人、律师提供卷宗可公开信息的全面公开；支持电子卷宗归档，内容与纸质卷宗完全一致。这些功能设置，增强了电子卷宗系统的科学性。

二 推进篇：直面问题，破除阻力，
强力保障系统稳健运行

仅有系统自身的先进性，并不能保障它的运行无阻。相反，由于这一系统面向当事人无障碍全时开放，提供即时查询功能，这一系统在运行初期经历了十分艰难的推进过程，充斥着非常激烈的思想和意识碰撞。在长达一年左右的时间内，相当一部分干警不认可。阻力主要源于以下方面：一是因长期以来自立案至结案卷宗始终封闭于承办法官手中的状况被打破，被遮掩于其中的一些不规范操作将置于各方面监督之下，法官出于本能的自我保护，思想上有排斥；二是在基层法院案多人少矛盾突出的情况下，海量卷宗材料要在限定时间内录入系统，工作量陡增，法官牢骚不绝于耳；三是提供外网卷宗查询、保证信息安全面临技术难题，成为不赞成者的口实；四是系统运行初期由于没有经验，录入质量参差不齐，扣分较多，再加上部分当事人查询卷宗后不断将压力传导给法官，导致法官多有怨言。

为了消除思想上的阻力和提高电子诉讼卷宗形成的质量，市中区法院采取了以下强有力的措施。

1. 院长亲自挂帅，强力推进

市中区法院认识到，电子卷宗建设的难点不在于建设，而在于推广使用。在传统而强大的思维障碍和习惯定式面前，如何破除阻力，关键要靠领导的决心、坚持和担当。因此，电子卷宗系统运行初期，院长亲自担当统帅，先后主持召开了各个层面人员的座谈会，对这一系统亲自动员、亲自部署、亲自调度、亲自推进，表明不达目的誓不罢休的坚定态度，破除了一切消极对待、等待观望等思想阻力。院长从自身做起，要求所有人员对包括电子卷宗在内的信息技术熟练应用，不达标则"一票否决"。计算机和网络应用考核一律单人单机，被考核人员的操作过程通过大屏幕投影显示，公开透明，一目了然，杜绝任何人为操控。对考核结果实行"上挂一级责任连带"，其间受到处罚的人员就有31人次，其中，7名同志因三次考核仍未达标，受到下岗处理，下岗期间，停发一切办案补贴，直至达标为止。另有 2 名副院长和 8 名庭室负责人受到连带处罚。

2. 出台刚性措施，强制应用

系统运行初期，将落实电子卷宗系统情况直接作为对庭长能力的考核内容，并且规定电子诉讼卷宗扣分无上限。对庭室迟报扫描等情况按延期日期双倍扣分，并且庭长按 20% 承担连带责任。该院有一个庭，其他工作都不错，由于受到这一专项工作的连带，出现了季度考核得负分的情况。市中区法院宁可用这一项工作的不足，去否定其全部成绩，这样做的目的，为的就是给大家传递这样的信息：非做不可，不干不行。电子卷宗可以网上流转后，为强化应用，推动旧的阅卷习惯变革，进而推动大家对电子卷宗更广范围的认可和使用，市中区法院限制纸质卷宗借阅，规定内部人员借阅纸质卷宗的条件，除符合条件的外，一律实行网上阅卷，未经批准，档案室不得出借纸质卷宗。建立了电子卷宗即时监督制度，对录入情况和卷宗中发现的程序、实体等问题，不管是当事人提出的，还是评查人发现的，在及时处理、纠正的同时进行责任追究并公开通报，利用案例评析会等各种形式引导大家认识到有问题早发现的重要意义。对负责监督、纠错的审委会委员，责任心不到位的，一律进行处罚，通报批评。

3. 调整录入方式，减轻压力

针对部分法官提出的电子卷宗增加工作量的抱怨，市中区法院将电子卷宗录入明确定性为审判辅助工作，确定由各庭内勤法官助理承担，不给法官增压。立案、审理、执行各阶段的法官助理各负其责，分别负责本阶段诉讼材料的送录。成立专门的诉讼信息采编中心，配置高速扫描仪，聘用扫描录用人员，变最初的各庭分别录入为集中统一录入，各庭法官助理只需将诉讼材料在规定时间内送至采编中心，采编中心视情况可当即录入，材料随即取回，也可办理交接随后录入，再将诉讼材料送回。法官不再负责录入卷宗信息，业务庭室不再分散扫描卷宗，也就消除了原来因增加工作量而导致的抱怨。与此相对应，由于扫描、录入工作的集中化、专业化，扫描录入工作的质量和效率也比分散扫描时有较大幅度提升。

4. 采取多项措施，消除隐患

针对部分法官卷宗信息不安全的"口实"，为确保卷宗在"网上法院"的安全，市中区法院自购外网服务器，与通信公司签订专门合同，租用光纤专线和独立线路，并层层设立防火墙、UTP 联合防御系统，指定专人负责进行网络环境实时监测。在由内网向外网导入信息方式上，采用移动存储介质人工导入，防止网闸式联接造成数据丢失或泄密。在外网查询卷宗范围上，规定刑事案卷和不公开审理的案件卷宗，不提供查询，案件审执结后，相应信息即刻关闭外网查询。这些措施，确保了市中区法院自 2010 年将电子卷宗系统搬移到互联网上至今未发生信息泄露、系统感染病毒的情况，以事实消除了法官的担心和不赞成者的"口实"。

5. 建立三项机制，确保质量

一是录入文件交接核对机制。业务庭将案卷送交录入中心时，应填写"诉讼材料录入移交登记表"，录入中心接收材料时，要当面清点核对，确认材料数量无误后方可接受，并向移交人出具收据单。送录材料是否及时齐全，由采编中心根据材料形成时间认定登记，系统也会自动记录每一页材料的录入时间备查。二是录入瑕疵通报纠正机制。案件卷宗质量评查小组负责诉讼卷宗网络管理系统中电子卷宗评查质量的监督。案件卷宗质量评查小组对档案室检查完毕的诉讼卷宗网络管理系统中电子卷宗的检查采用抽查的方式，对各个审判业务面的电子卷宗按照抽查纸质卷宗的比例抽查诉讼卷宗网络管理系统中电子卷宗的相关信息，按照相关的管理规定进行检查，检查结果与纸质卷宗的检查结果一并纳入相关的管理规定进行处理。档案室对诉讼卷宗网络管理系统中电子卷宗的归档管理采用全面检查的方式，比照纸质卷宗和诉讼卷宗网络管理系统中电子卷宗的相关信息，按照相关的案件归档管理规定进行归档，归档结果与纸质卷宗的归档结果一并纳入相关的管理规定进行处理。档案室在接受纸质卷宗归档时，必须将纸质卷宗与电子卷宗逐卷核对，并对未在 3 日内录入、多录少录、录入顺序颠倒、文本缺失等情况进行逐月通报，严格扣分，并责令限期纠正，纠正前不准归档。至 2016 年底，已通报 132 期，扣分总计达到 16154 分。三是卷宗复查评查机制。由监察室组织相关人员每月对电子卷宗进行复查,发现问题及时纠正,并发布《卷宗复查评查通报》。截至 2016 年底,市中区法院已组织电子卷宗复查 127 期,扣分总计 423 分。

经过强有力的推进措施、反复的思想意识碰撞和有效的机制调节,最终破除了法官思想上的抵触情绪,扫除了电子卷宗系统运行中的最大障碍。这些年来,济南市市中区法院诉讼卷宗查询系统运转得一直比较好,及时录入材料、主动接受监督成为法官的普遍心理认同和行为自觉,与这些强有力的措施和有效的机制是分不开的。

三 应用篇:突出效果,用在多元,努力实现系统价值最大化

思想障碍破除后,扩大应用便成为市中区法院对电子诉讼卷宗系统的最大关注。市中区法院秉持电子诉讼卷宗"建设是基础、重点在应用"的理念,注重将其广泛应用于推进诉讼公开、加强审判管理工作的实践,努力实现系统价值最大化。在电子卷宗应用方面,这些年市中区法院的法官们有以下深刻的体会。

1. 电子卷宗提升了工作效率,节约了司法资源

这是任何电子诉讼卷宗都具备的最基本的功能。当事人及其代理律师可以根据相应的授权直接调阅、打印正在审理和已审结案件的电子诉讼卷宗,极大地节约了查卷、调卷时间,提高了工作效率,减轻了人民群众诉累,提升了人民法院诉讼服务水平。市中区法院法官借阅卷宗时,无须再到档案室借调纸质卷宗,而是根据各自的权限,直接通过本人的办公电脑随时调阅,整个过程只需数十秒,高效方便,同时还避免了借阅冲突。特别是专门开发的向上级法院报送上诉案卷的功能模块运行后,上级法院即可通过全省法院专网随时调阅相应案卷,基层法院无须再花费大量的人力物力报送案卷卷宗,也避免了调卷、阅卷中的证据材料丢失风险,极大地提高了工作效率,降低了司法成本。

2. 电子卷宗推动了诉讼公开，保障了知情权利

作为诉讼参与人，当事人对整个诉讼活动中的所有信息享有知情权。为了推进审判公开，市中区法院曾经采取了一系列措施，几乎穷尽了所有手段，如诉前告知、庭前引导、证据交换，甚至还进行判后释法等。但是，这些措施几乎都应用于诉前、庭前、判后等环节，当事人除参加开庭审理外，再难有机会进入诉讼过程中，当事人对实体处理结果相关的事实、证据的认定，还有在诉讼过程中所有的程序是否合法，产生的信息是否有误等，仅凭参与一两次庭审，其了解、把握的程度是远远不够的，更何况相当数量的案件，因当事人不到庭而缺席审理。电子卷宗系统将诉讼全过程形成的全部材料，包括调查笔录、庭审笔录、勘验笔录、鉴定结果等，全部录入其中。诉讼参与人可以随时来院或在线查阅诉讼执行进程中案件的卷宗信息，全面了解案件的进程和走向，即便缺席庭审程序的诉讼参与人，也可以借此了解审理情况，这样，在整个诉讼过程中，诉讼参与人均能够全面、即时了解案件信息，由此实现了司法的全面公开、深度公开、全程公开。山东某律师在感受了市中区法院提供的网上立案、网上查询这些便利的服务后，深有体会地说：“想当年，要调取一个卷宗，需要承办法官签字，领导同意，再到档案室找到专门负责的人调取，并且，需要复印的材料处处受限。现在，在市中区法院，这些障碍一切都不存在了，这就是阳光司法，把司法的每一个过程都展现给当事人，让所谓的‘暗箱操作’无处可藏！这样的阳光司法，便民、为民、取信于民！”

3. 电子卷宗转变了司法作风，促进了司法规范

最关心案件的审理进程和审理结果的，莫过于当事人自己。因此，当事人的监督，是最有力、最有效的监督。通过电子卷宗系统的即时查询功能，整个诉讼进程当事人可以了如指掌，原来封闭的、基本掌握在审判人员手中的审判权全部在当事人的即时监督之下运行，这对法官转变审判作风、规范司法行为、严格公正司法起到了非比寻常的约束、促进作用。市中区法院开通电子卷宗系统以来，当事人通过即时查询，在行使监督权方面的实例非常多，也非常鲜活。比如，原告立案后，刚开始几天往往会经常来法院或通过互联网查询案件的进展情况，看看有没有及时送达，对方有没有提答辩意见，有没有交证据材料等诉讼信息。有时一天来几趟，如果发现自己的起诉材料没有被录入扫描，或发现法官未在法律规定时间给对方送达材料，就会督促法官及时进行处理。这在客观上对法官提高工作效率、不违反程序、不拖延程序办案起到了很好的促进作用。再比如，开庭后、宣判前，诉讼参与人一般会花很大功夫查询、比对被即时录入电子卷宗的庭审笔录，这样，既能够监督自己的发言、辩论有无被遗漏、被改动，又能够预判裁判结果。电子卷宗系统运行以来，来自诉讼参与人的这种随时的、全程的监督，使法官重结果、重大体而轻过程、轻细节的问题得到了有效解决，促进了法官严谨细致、规范亲和的司法作风的养成。由于法官的裁判行为得到了有效规范，司法作风得以进一步端正，审判质量也获得了切实提升。多年来，在全市法院审判工作考核中，市中区法院的审判质量、效率、效果均名列前茅。

4. 电子卷宗改变了思维方式，重塑了职业理念

如果说办公自动化推进中出现的思想碰撞，还多是因传统与现代接轨引发的过渡性不适，那么信息化应用于电子卷宗，进而允许当事人对案件进展情况进行即时动态查询，则是对法官潜意识下长期形成的对审限、对审判进程的自我把握和控制权力的强力冲击。上述在信息技术应用中出现的冲突与交锋，伴随着该院整个电子卷宗推进的全过程，最初看似是司法方式的碰撞，看似是大家对种种改变的不适应，实际上是理念、意识转变的艰难，其应用的过程，就是和旧的传统思维方式斗争、告别的过程，这个过程是艰难的，有时甚至是痛苦的，但也是改革和发展所必经的。市中区法院经过了强有力的推进，电子卷宗成为转变旧的思维方式和维持新的思维方式的最有力武器，这是无论什么样的会议、座谈和思想政治工作都达不到的效果。市中区法院依托包括电子卷宗即时查询在内的信息化技术，将管理触角延伸至政务、审务、事务和管理中的所有环节，将法官的所有司法行为都纳入严格的制度规范体系，这样，久而久之，规矩—方圆意识在潜移默化中不断渗透，不但使法官遵守制度的自觉性增强，更为重要的是法官思维方式不断转变，由规则意识升华为职业意识，进而转化为职业习惯。这种思维方式和职业习

惯的养成，对于以司法责任制为核心的司法改革非常有帮助，相当于提前准备和检验了司法责任制这块"试验田"。另外，公开也强有力地促进了法官司法行为规范，形成了公正司法的内心自觉，使该院的法官形象、审判质量得到了切实提升，始终位于全市法院前列。

5. 电子卷宗深化了内部监督，创新了司法管理

在有一个法官就有一份审判权、审判权高度分散的情况下，如何进行掌控，加强审判管理，确保不出问题，曾是长期困扰法院管理的问题。电子诉讼卷宗开通运行之前，市中区法院对审判管理和监督采取了诸多措施，如案件评查、文书纠错、发改案件责任追究等，但所有措施基本上都是事后补救。领导多是通过听汇报来了解情况，审判监督部门多是在案件被发改后才启动审查程序，纪检监察部门通常是因为当事人有了反映才知道问题的存在。无论是哪一种途径发现的问题，往往发现的时候问题已经发生了，这时候即便再启动惩戒程序，也只能算是事后补救，结果大都不可逆转。电子卷宗系统的运行，使审判管理和监督出现了新的转机。这种转机，一是电子卷宗系统中特别设置的版本控制模块，可以保持录入诉讼信息的原貌，标注被替换、被删除的录入诉讼信息，由此客观上解决了纸质卷宗中证据有可能被取舍的问题，更加规范、更加严格了法官采信证据这一关键过程。二是除了当事人可以通过密码查询自己正在审理执行案件的电子卷宗，同步跟踪法官的裁判活动外，院长、分管院长、庭长和所有的业务管理部门工作人员，均可以通过授权在网上直接调取案件的相关信息，了解和掌握法官在审理和执行过程中有无违反规定的行为，由此实现了对案件的同步、适时监督，彻底打破了过去由承办人个人完全掌控实体审理的封闭状态，也改变了过去"了解案情靠问、发现问题再训"的局面。依托这个平台，市中区法院不断推进审判监督管理的深化，发挥审委会专职委员和审委会委员的作用，通过让他们抽查电子卷宗，形成监督审判活动的长效机制。专职委员、委员每个月根据案号随机抽查 10～15 个电子卷宗并负责跟踪至结案，这种背对背的监督，让每个法官对自己审理执行的每个案件都小心翼翼，因为法官们知道自己的案件随时可能要被监督，但又不清楚具体哪个案件被抽查监督。这样的监督方式，将监督的触角由事后移到了事前、事中，产生的作用和效果都是非比寻常的。例如，通过抽查电子卷宗，规范了送达回证签收不规范的问题。送达回证签收不规范的问题此前较为普遍，这些不规范的问题，在卷宗同步电子化并且可以抽查之前，是不容易发现的，因为诸多的问题在最后的纸质卷宗交付评查前都进行了补正。如今通过抽查电子卷宗，这些问题被同步发现，无处遁形，为此市中区法院制定了《进一步规范送达工作的相关意见》，使送达工作更加严谨。又如，通过抽查电子卷宗，市中区法院还发现了一些适用当事人庭外和解程序的案件，由于没有明确的时间限制，这些案件有的在中止程序长达半年、一年，审判人员以庭外和解理由进入中止程序后，长期不管不问，导致案件久拖不决。为了解决这一问题，法院制定了《进一步规范适用当事人庭外和解程序的规定》，严格了适用庭外和解程序的案件范围，明确了庭外和解的审批程序和和解的最长期限，由此解决了案件"合法"拖延的问题。以电子卷宗为依托，法院还进一步创新了管理方式，拓展了管理的主体和内容。例如，过去，审判管理主要靠院庭领导和职能部门完成，有限的管理资源和不断细化的管理项目之间形成了难以化解的矛盾。如今，法官们兼职组成四个审判管理小组，借助对正在审理执行中案件的电子卷宗即时抽查，形成了"人人既是被管理者，又是管理者"的互动共管局面。再如，当事人监督电子卷宗的过程，也是当事人参与管理的一种很好探索和有效模式，其本身也是电子卷宗即时查询系统的运行过程，在管理、规范方面凸显出很重要的衍生价值。

6. 电子卷宗推动了破旧创新，提升了科技含量

市中区法院把电子卷宗系统与2003年来一直坚持推行的"网上审委会"系统结合起来，针对承办人网上发布的审理报告可能存在主观性的问题，要求审委会委员审阅审理报告、研讨案情、发表意见时，不能仅以承办人提交的审理报告为准，而必须事先调阅该案的全部电子卷宗，从而全面掌握案情。审委会委员们通过调阅电子卷宗，以近乎亲历审判的认识，再对案件发表意见，由此提高了研究案件的针对性，提升了案件研究的质量，增强了审委会委员对存在问题案件定责的客观性。法院还要求执行人员在受理执

行案件后，不能仅凭一纸判决，必须及时调阅该案在诉讼阶段的电子卷宗，充分了解案件的基本情况，掌握当事人情况、诉讼阶段财产是否被查封、财产所处位置、归属等信息，从而增强执行工作的预见性，减少重复和无效劳动。同时规定，凡进入强制程序的案件，都要通过电子卷宗对裁判结果进行最后一次的审查，发现任何一点疑问都要及时提出来，确保不出问题。人民陪审员经授权，可在家中查阅自己陪审案件的电子卷宗，提高陪审质量。另外，法院还将电子卷宗系统与院长值班、接访制度结合起来，对当事人找值班院长反映的任何问题，值班院长都要即时调阅电子卷宗，审查案件审理进程中是否确实存在问题。对确实存在的问题，指令并监督审判人员立即纠正，给当事人满意的答复。这样，就将工作中的问题和当事人的不满及时化解、消除在萌芽状态、初始阶段，从而有效地避免了小错酿大，有效地预防、化解了当事人的上访问题。电子诉讼卷宗带来的这些管理上的创新，为智慧法院建设奠定了很重要的基础。

7. 电子卷宗顺应了民本潮流，增进了司法公信

法律是严肃的，但并不是绝对冷冰冰的。在现代司法中，既要让当事人感受到司法的权威，又要给予当事人更多的人文关怀，让当事人触摸司法的温暖。为此，市中区法院一方面坚持开展为期四年，分别致力于审判质效提升、素质能力提升、作风形象提升、人民满意度提升的"司法公信工程"，从审判、管理、服务、司法作风等各个方面强化公信力建设。包括电子卷宗系统在内的信息化系统，赋予当事人对案件的即时查询、全程知情权，有效拉近了当事人与法官、法院的距离，让当事人在诉讼中不再是被动的介入，而是主动的参与。电子诉讼卷宗即时查询系统，顺应了政务信息及时公开、保障公民知情权、增强法院判决公信力的要求，体现了法院职能向审判与服务并重方向的转变。当事人对整个诉讼过程进行实时监督，更能有效地消除对审判工作的误解，这对于诉讼之内当事人自觉增强对司法的信任，自觉服从裁判的结果；诉讼之外自觉遵法守纪，自觉参与法治进程都是十分重要的。这些年，市中区法院规范化管理日趋完善，当事人满意度逐步提高，法官司法形象不断提升，电子卷宗系统发挥了至关重要的作用。

四 建议篇：避绕弯路，借鉴经验，蓄力做好 系统的落地生根

考察济南市市中区法院的电子卷宗建设、推进历程和应用的理念和效果，推动电子卷宗同步生成应做好以下几方面工作。

1. 电子卷宗的开发，应当坚持务求实用原则

信息化建设是一项耗资较大的工程，无论是购设备、上网络，还是软件开发，抑或推广应用，都需要数额不菲的资金作基础。开发建设电子卷宗系统同样是这样。在电子卷宗系统建设中，市中区法院不贪大，不求洋，不摆花架子，不做表面文章，不搞花样，而是精打细算、深入论证，力求实实在在、看得见、摸得着的效果，力求确实能实现工作的创新。有实际效果的，就引进，就开发；没有实际效果的，坚决放弃低水平重复建设。对电子诉讼卷宗系统而言，尽管增加了扫描、排序等诸多环节，增加了工作负担，但是这样可以实现当事人对案件的即时监督，对于推进审判公开、确保审判质量十分重要，是值得的。因此坚定不移地推行，并制定了多个配套制度，加大了监督、检查力度，使这项工作得以顺利进行。实践证明，电子诉讼卷宗查询系统也受到了当事人的热情欢迎，推进了工作的开展。

2. 电子卷宗的推进，必须把握"不增加法官额外负担"和"便利工作"的基本点

电子卷宗的推进，本身是将法官的裁判权置于阳光监督之下，因此，法官本能地会抵触。在这种情况下，电子卷宗的组织推进者必须要充分考虑法官的心理感受，充分尊重法官的主体地位，尽可能地做好相关工作，给法官释放压力。市中区法院把电子卷宗工作由最初的由法官亲自录入、扫描，调整为将电子卷宗录入明确定性为审判辅助工作，确定由各庭内勤法官助理承担，不给法官增压。这样，便将法官从额外的工作压力中解放出来。在此基础上，市中区法院对电子卷宗功能进行不断完善，强化电子卷宗对法官的工作辅助作用，实现法官随时可调阅卷宗，回家撰写文书再也不用带着厚厚的

纸质卷宗，而是直接从网上调阅，既减少了麻烦，也避免了证据丢失；上下级法院卷宗流转也可以在网上进行，由此大大方便了法官工作。实践证明，这都是缓解法官压力，使法官最终乐意接受电子卷宗很重要的方面。

3. 电子卷宗的应用，必须始终坚持"一把手"工程

电子卷宗的推进过程，就是旧的思维理念、思维方式与新的思维理念、思维方式作斗争的过程。这个过程的思想阻力非常之大。突破传统而强大的思想障碍，必须实施"一把手"工程，由一把手亲自抓，亲自管，亲自做总指挥、总调度，而且要抓在始终，管在平时。实践证明，只要强势突破，强力推进，不灰心，不后退，不动摇，而且一把手亲自带头，院领导亲自带头，从严从难从我做起，始终走在前面，做出表率，电子卷宗的推广和应用就不难。

4. 电子卷宗的生命，在于以即时监督为主的多重价值

市中区法院的实践说明，电子卷宗必须要以即时监督为主，绝对不能以结案后的电子归档为主，否则，电子卷宗就失去了任何的监督意义。为此，电子卷宗的生成过程，必须要辅以适时的扫描，也即所有审判执行过程中形成的材料，最迟转化成电子材料不能超过 3 日。除了要拓展应用电子卷宗即时监督这一主体功能外，还要创造性地应用电子卷宗，使其发挥出更大的衍生价值，如，将电子卷宗与智能审判系统结合，辅助生成法律文书；将电子卷宗与网上审委会系统结合，审委会委员研讨案件时同步调阅卷宗，增加研讨案件的亲历性；将电子卷宗与审判流程实体信息公开系统结合，与司法公开平台进行数据交换，及时为当事人、律师提供卷宗可公开信息的全面公开。只有这样，才能使电子卷宗在智慧法院建设中发挥核心技术支撑作用。

B.23

2016年中国法院信息化大事记

一月

2016年1月1日，人民法院专网网站正式上线，打通了全国不同地区、不同层级法院之间的信息交流渠道。

2016年1月28日，河北省宁晋县人民法院开庭审理的一起交通肇事案，开启河北省刑事庭审三方远程视频的新模式。

2016年1月，成都法院打造线上线下"和合智解"调解平台，在线解决矛盾纠纷，降低人民群众参与诉讼的成本。

二月

2016年2月23日，最高人民法院党组研究通过《人民法院信息化建设五年发展规划（2016~2020）》，确定顶层设计、系统建设、保障体系、应用成效等四个方面55项重点建设任务，提出在2017年底总体建成人民法院信息化3.0版，2020年底实现人民法院信息化3.0版在全国的深化完善。

三月

2016年3月13日，第十二届全国人民代表大会第四次会议在人民大会堂举行第三次全体会议，听取最高人民法院工作报告，报告提出要继续深化

司法公开，加快建设"智慧法院"。

2016年3月18日，全国地方法院人事信息系统培训班在国家法官学院举办。最高人民法院政治部以本次培训为契机，加强法院人事信息的软硬件建设，全面提升全国法院人事信息管理信息化水平。

2016年3月31日，最高人民法院"法信——中国法律应用数字网络服务平台"正式上线，充分利用信息化手段汇聚法律知识资源和智力成果，满足法官在办案过程中对法律、案例、专业知识的精准化需求。

四月

2016年4月12日，《中国法院信息化第三方评估报告》在京举行发布会，作为全国首部关于法院信息化的第三方评估报告，从落实司法为民、推动司法公开、规范司法权运行、提升司法能力、服务国家治理等方面对中国法院信息化发展状况进行了第三方评估。

2016年4月14日，人民法院信息化工作推进会在成都召开，研究部署司法统计并轨、司法大数据分析、电子卷宗随案同步生成和深度应用等重点工作。

2016年4月25日，人民法院信息化培训班在国家法官学院举行，宣传贯彻《人民法院信息化建设五年发展规划（2016～2020）》，学习国家电子政务建设有关精神，交流法院信息化建设经验。

2016年4月29日，通过无线加密传输技术，利用便携式数字法庭设备，三沙群岛法院的庭审实况被成功传回法院专网。

五月

2016年5月1日，北京法院"智汇云"平台开通上线，整合司法审判、司法人事、司法行政、共享数据等多类数据资源，实现一体化网上办公办案。

2016年5月4日，中国—中东欧国家最高法院院长会议在苏州开幕，国家主席习近平向会议致贺信，与会的各国最高法院院长和大法官围绕"全球信息化时代的司法"主题进行了深入研讨。

七月

2016年7月5日，河北省高级人民法院自主研发的"智审1.0"审判辅助系统在全省178个基层法院上线。

2016年7月，四川成都法院建设"法检"信息共享平台，实现法院、检察院在刑事、民事抗诉等案件中电子卷宗材料的适时对接、互联共享。

2016年7月，福建省高级人民法院自主研发的网络司法评估平台上线运行，实现全省法院执行标的物评估全过程的网上公开运行。

2016年7月15日，最高人民法院信息化建设工作领导小组召开2016年第二次全体会议，审议通过《人民法院信息化标准》和《关于全面推进人民法院电子卷宗随案同步生成和深度应用的指导意见》等文件。

2016年7月19日，"2016·新常态下电子政务建设经验交流大会"在昆明举行，全国13家法院的14个信息化应用案例获得"互联网＋诉讼服务"专项成果，被《中国电子政务年鉴（2015）》收录。

2016年7月，最高人民法院信息中心牵头申报的国家重点研发计划"公共安全风险防控与应急技术装备"重点专项2016年度"多元智能化诉讼服务及审判执行关键技术研究"项目立项，人民法院科技创新工作首次得到科技部重大科技专项支持。

2016年7月27日，中共中央办公厅、国务院办公厅印发《国家信息化发展战略纲要》，将建设"智慧法院"列入国家信息化发展战略。

2016年7月28日，国务院印发《"十三五"国家科技创新规划》，提出未来五年国家科技创新的指导思想、总体要求、战略任务和改革举措，明确提出支持"智慧法院"建设，推行电子诉讼，建设完善公正司法信息化工程。

八月

2016 年 8 月 1 日，"全国企业破产重整案件信息网"开通，通过"破产案件全覆盖、利益主体全覆盖、法律流程全覆盖"，将债权人、债务人企业、市场投资者、其他利害关系人以及人民法院紧密联系在一起，既可以实现企业破产程序的高效便捷启动，又有利于落实破产案件各环节正当法律程序，实现依法公平保护。

2016 年 8 月 1 日，贵州省法检互联系统在全省启用。

2016 年 8 月 11 日，最高人民法院印发《关于全面推进人民法院电子卷宗随案同步生成和深度应用的指导意见》，推动电子卷宗随案同步生成工作，要求在全面支持法官网上办案等 10 个方面深化电子卷宗应用。印发《人民法院信息化标准》，包括数据管理、业务应用、基础设施等 30 余项标准。

2016 年 8 月 31 日，最高人民法院在京召开裁判文书公开专家研讨会，围绕裁判文书公开推动司法能力提升、裁判文书公开与司法大数据、裁判文书公开与个人信息保护、裁判文书公开工作的深化与完善四个主题展开。最高人民法院将坚持问题导向推进司法公开，进一步提升裁判文书公开工作水平。

九月

2016 年 9 月 7 日，全国海事法院派出法庭暨信息化建设工作会议在大连召开。会议要求全面加强海事法院信息化建设，确保《人民法院信息化建设五年发展规划（2016～2020）》的全面贯彻落实，尽快建成中国海事诉讼服务平台，为海事诉讼当事人提供更加优质高效的司法服务。努力率先将海事法院建设成为"智慧法院"，切实推进海事审判体系和审判能力现代化。

2016 年 9 月，安徽省高级人民法院和司法厅建成覆盖全省、跨界融合、方便快捷的减刑假释网上办案平台。

2016 年 9 月 15 日，《人民法院信息安全保障总体方案》正式发布，用于指导全国法院信息系统安全保障体系建设。

2016 年 9 月 22 日，最高人民法院在安徽合肥召开司法大数据专题分析研讨会，研究食品安全、金融诈骗等典型案例大数据专题分析报告设计开发工作。

2016 年 9 月 27 日，"中国庭审公开网"开通，成为司法公开第四大平台。

2016 年 9 月 30 日，司法案例研究院揭牌暨"中国司法案例网"开通活动在国家法官学院举行。研究院将运用"互联网＋"思维，充分依靠大数据、云计算等信息化手段，以改革创新精神，开创司法案例研究工作新局面。

十月

2016 年 10 月 24 日，人民法院信息系统实现全国 3520 个法院、9277 个人民法庭和 39 个海事法庭专网全覆盖。

2016 年 10 月 24 日，人民法院信息系统实现全国 3520 个法院、9277 个人民法庭和海事法庭专网全覆盖。

2016 年 10 月 25 日，"2016·政府网站精品栏目建设和管理经验交流大会"在山西太原举办。全国法院 7 个项目、10 个个人获评网上办事类、信息公开类精品栏目及网站最佳管理者、网站最佳实践者。

2016 年 10 月 26 日，全国法院涉诉信访信息化建设培训班在国家法官学院舟曲民族法官培训基地开班。会议要求各级法院要以信息化手段畅通参与涉诉信访工作渠道，不断拓展为民服务空间。

十一月

2016 年 11 月 5 日，十二届全国人大常委会第二十四次会议举行第三次

全体会议，听取了《最高人民法院关于深化司法公开、促进司法公正情况的报告》。报告指出，人民法院系统将进一步提高对司法公开的认识，继续推进司法公开平台建设，完善司法公开的制度机制，强化对司法公开的人财物保障，加快司法公开成果应用，以公开倒逼提升队伍素质。

2016 年 11 月 10 日，天平司法大数据有限公司成立。该公司由人民法院信息技术服务中心和中国电子科技集团公司等单位共同成立，将整合优势资源、创新管理运行机制，加强司法大数据研究、推进"智慧法院"建设。

2016 年 11 月 15 日，人民法院执行案件流程信息管理系统在全国推广完成，实现全国执行案件在网上办理，按照流程节点进行管控。

11 月 15 日，上海法院建立"执行大数据综合管理平台"，实现执行协调指挥、监督管理和决策分析。

2016 年 11 月 17 日，第三届世界互联网大会智慧法院暨网络法治论坛在乌镇召开，来自全球 9 个国家的最高法院院长、大法官，有关国际组织负责人齐聚一堂，就法院信息化建设、网络法治等议题进行深入探讨。与会各国通过《乌镇共识》，就加强法院信息化建设和网络法治达成一致意见。

2016 年 11 月 22 日，最高人民法院数字图书馆上线。该数字图书馆定位于中国法律大数据集成与服务平台、中国法治社会建设支持平台以及中华法律文化传播平台，将成为世界上容量最大的中文法律数字图书馆。

2016 年 11 月，山东法院智能辅助审判系统在全省 176 家法院正式上线试运行。

十二月

2016 年 12 月 10 日，"智慧审判苏州模式"验收会在苏州市中级人民法院举行。经过最高人民法院以及专家组评议，以庭审语音识别系统和电子卷宗为核心的智慧审判体系通过验收。

2016 年 12 月，浙江省高级人民法院构建了信用画像系统，对当事人数据信息进行多维度分析，全方位评价当事人信用。

2016 年 12 月 14 日，最高人民法院"阳光司法让公正看得见"——"智慧法院"系列公众开放日活动首站在北京市高级人民法院举行，全国人大代表、北京市人大代表、北京市政协委员、北京法院特邀监督员、社区居民、在京大学生、媒体记者等 130 余人现场体验"智慧法院"带来的诉讼便利。

2016 年 12 月 30 日，全国法院司法统计与人民法院大数据管理和服务数据并轨，实现司法统计报表的全自动生成。

Abstract

The *Five-Year Plan for Informatization Construction of People's Courts of China* (2016 – 2020), adopted by the Supreme People's Court in February 2016, has established 55 key objectives of informatization of Chinese courts with respect to top-level design, system construction, safeguarding mechanisms and effects of application. Taking these objectives as criteria, the *Blue Book on the Rule of Law: The Annual Report on the Informatization of Chinese Courts No.* 1 (2017) summarizes and analyzes the results of construction of People's Courts Informatization System 3.0 and the development of "smart court" by Chinese courts throughout the country in 2016 from the perspectives of the convenience of services, the intelligence of trial, the efficiency of enforcement, the scientificity of management, the normalization of openness, and the precision of decision-making.

These reports assess the informatization of Chinese courts in the three dimensions of servicing the enforcement of judgment, servicing lawyers and parties, and servicing the general public and summarizes the progresses made by China in the informatization of courts in whole country in areas of informatization of trial management, promotion of judicial transparency and solution of difficult problems in the enforcement of judgments through informatization, and the application of judicial big data. It also introduces the progresses made and experiences gained by local courts in the construction of informatization system and in the promotion through informatization of high-quality and efficient court trial, litigation service, and application of judicial big data.

Keywords: Informatization of Courts; Smart Court; Sunshine Court; Big Data

Contents

I General Report

Abstract: Informatization of courts is an important way of promoting people-oriented administration of justice, judicial fairness, judicial openness, and judicial democracy, an important content of modernization of the trial system, as well as a crucial guarantee for realizing the goal of enabling people to truly feel fairness and justice in judicial proceedings. In 2016, the construction of "intelligent courts" had been incorporated into China's national informatization development strategy and achievements had been made in this field by people's courts at various levels through explorative and innovative practices: the full coverage by the special network of people's courts had laid a solid foundation for the on-line handling of all court affairs; judicial openness and the construction of litigation service platform had expedited the full-process openness of trial and execution elements in accordance with law; preliminary results had been achieved in providing intelligent services to judges, participants in proceedings, the general public and government organs; as a result of informatization, the work of people's courts had showed such tendencies and characteristics as convenient service, intelligent trial, high enforcement efficiency, normalized openness, scientific management, and accurate decision-making, and a solid foundation had been laid for completing the construction of the intelligent court system by the year 2017. Although China has achieved some positive results in the informatization of courts at various levels,

there are still big gaps between the levels of informatization of courts in different areas and between the overall level of informatization of courts and the people's increasing judicial demand. Therefore, further reforms and improvements are urgently needed.

Keywords: Informatization of Courts; Judicial Big Data; Smart Court; "Internet +"

Ⅱ Special Reports

B. 2 Development and Trend of Informatization of Administration of Trials by China's Courts System

Innovation Project Team on Indices of
Rule of Law, CASS Law Institute / 034

Abstract: Informatization of administration of trials is an important part of informatization of courts and a key to upholding social justice and meeting people's judicial demands in the new era. In recent years, Chinese courts have done a lot of work in the informatization of trial administration, including advancing the disclosure of information about trial administration, increasing the convenience of trial services, strengthening the control over trial processes and links, supervising judicial power, and promoting the construction of a clean and honest government through informatization of trials. During the period of "Twelfth Five-year Plan", the construction of Informatization of People's Courts 2.0, with connectivity as its main feature, had been basically completed. Informatization of trial administration plays an important role in improving the quality of trial, raising the intelligence level of trial administration, servicing the trial of cases, and promoting scientific and precise administration of courts, thereby contributing to the realization of people-oriented administration of justice and judicial fairness. However, with the deepening of informatization, Chinese courts still need to make further efforts with respect to the serviceability, comprehensiveness, applicability, shareability and balance of the informatization of trial administration, so as to achieve the objectives of the construction of Informatization of People's Courts 3. 0.

Keywords: Informatization of Courts; Trial Administration; Process Management; Trial Assistance

B. 3 Broaden the Scope and Depth of an Open Judiciary through Informatization

Innovation Project Team on Indices of Rule of Law,
CASS Law Institute / 054

Abstract: The application and development of informatization of courts has comprehensively improved the judicial transparency of Chinese courts, realized the online disclosure of trial information, social sharing of adjudicative documents, active push of process information, remote viewing of court trial, and transparency of enforcement information. Despite the above achievements, China is still faced with some bottlenecks in realizing judicial openness. With the continuous optimization of the application of informatization, Chinese courts need to make breakthroughs in such areas as intensive construction of platforms of openness, free online access to court announcements, and construction of judicial big data for the benefit of the people.

Keywords: Informatization of Courts; Judicial Openness; Big Data

B. 4 The Role Played by Informatization in the "Basic Solution of Difficult Problems in the Enforcement of Judgment"

Innovation Project Team on Indices of Rule
of Law, CASS Law Institute / 069

Abstract: In recent years, Chinese courts have attached great importance to

the close integration of informatization and enforcement work, established an enforcement command system with "connectivity between four different levels of court" as its main feature, and promoted the "basic solution of difficult problems in the enforcement of judgments" through informatization. Through informatization, Chinese courts have established a comprehensive and powerful online enforcement check and control system, which has greatly enhanced the ability of courts to check and control persons and properties subject to enforcement, developed and applied in the whole country a unified system of management of the process and links of enforcement, standardized the exercise of enforcement power, continuously improved the enforcement cooperation mechanism through data connection with relevant departments, thereby strengthened the enforcement of judgment and contributed to the "basic solution of difficult problems in the enforcement of judgments".

Keywords: Courts; Enforcement; Informatization; Basic Solution of Difficulties in Enforcement of Judgments

B. 5 The Judicial Big Data: Construction, Application and Prospect

Innovation Project Team on Indices of Rule of Law,

CASS Law Institute / 088

Abstract: Big data has a profound impact on the administration of court trials. In the construction of judicial big data system, China has realized the collection of data through creation of digital platforms, integration of data through improvement of information system, and analysis of data through optimization of judicial statistical system. In terms of application, judicial big data can assist the enforcement of judgments and provide basis for judicial administration and support for decision-making by leaders. In the future, China should further promote the integration of judicial big data and improve the accuracy and safety of judicial big data.

Keywords: Informationzation of Courts; Judicial; Big Data; Administration of Trials

Ⅲ Informatization of Local Courts

B. 6   Investigation Report on the Informatization of Courts in
Jiangsu Province: Close Integration of
Administration of Trials and Informatization

Liu Xuan / 101

Abstract: In order to meet the need of the development of informatization under the new situation and effectively solve the prominent conflict between staff shortage and heavy caseload, the people's courts in Jiangsu Province have based themselves on the construction of smart court, closely integrated the administration of trials and informatization construction, and endeavored to raise the level of administration of trials through informatization and promote various aspects of court work through scientific administration of trials. This report introduces the development of informatization of courts in Jiangsu Province, analyzes the characteristics and featured projects implemented in the process of integration of administration of trials and the development of informatization, and puts forward suggestions on the targeted long-term development plan in light of the existing problems in the development of informatization.

Keywords: Administration of Trials; Informatization of Courts; Smart Courts

B. 7   Investigation Report on the Construction of
Smart Court in Shandong Province

Li Ruifu, Jiang Bing / 114

Abstract: Construction of online, transparent and intelligent "smart courts" is the main feature of People's Courts Informatization System 3.0, as well as the key to the realization of the objectives of serving the people, serving the

法治蓝皮书

enforcement of judgments, and serving judicial administration. Through the change of thinking, the people's courts of Shandong Province have fully realized the historical and realistic necessity of constructing smart courts, carried out in-depth analysis of the current situation, become problem – and demand-oriented, innovatively applied big data to carry out experimentations and explorations, and achieved important results in the fields of easy access to justice, enforcement of judgments, and judicial administration. Currently there is still a big gap between aggregate supply of and aggregate demand for smart courts in judicial practice. The transformation of ideas is the key to the construction of smart courts.

Keywords: Smart Court; Big Data; Innovation; Informatization

B. 8　Development and Application of Smart Trial System 1. 0 by People's Courts in Hebei Province

Li Jianli / 128

Abstract: Smart Trial System 1. 0 has been designed and developed on the basis of full utilization of the existing informatized resources of the courts without increasing the intensity of judges' work, and under the guidance of systematic and scientific ideas, with a view to improving of the quality and efficiency of judges' work and using objective data to guide the trial and the decision-making of courts. The system has greatly improved the quality and efficiency of the work of the courts at grassroots level by realizing the following functions: use of electronic case files, generation of litigation documents, feedback of case information, search for correlative cases, pushing of similar cases, and analysis of judicial big data.

Keywords: Smart Trial System; Electronic Case File; Informatization of Courts

B. 9 Realizing the Leap-Frog Development of

Informatization of Courts in Underdeveloped Areas:

Investigation Report on the Construction and Application of

Informatization System by Courts in Qinghai Province

Qiao Jian, Yao Kun / 141

Abstract: In recent years, the people's courts in Qinghai Province, in accordance with the strategic arrangement of the Supreme People's Court for informatization work, have strengthened the top-level design, adhered to the principle of attaching equal importance to the construction and application of informatization system and the principle of "unified leadership, unified planning, unified standard, and unified construction", paid special attention to giving full play to late-starter's advantages, highlighted the construction of "one database, two centers, and three platforms" and grasping of the two key links of "online handling of cases" and "online office work", vigorously promoted the integration of different systems, pushed forward the continuous development of informatization work, thereby taken new steps in the leap-frog development of informatization of courts in underdeveloped areas.

Keywords: Underdeveloped Areas; Informatization of Courts; Development

B. 10 Report on the Characteristics of Informatization of Courts

in Ethnic Minority Areas in Xinjiang Autonomous Region

Xinjiang Uygur Autonomous Region Higher People's Court / 155

Abstract: In the Internet Plus era, big data has also penetrated into judicial life. The construction of "smart courts" is aimed at ensuring the fairness and high efficiency of administration of justice, improving judicial credibility, promoting the modernization of trial system and trial ability through the application of such

technologies as the Internet, cloud computing, big data, and artificial intelligence, and realizing the highly intelligent operation and administration of people's courts. In Xinjiang, a western autonomous region where people of ethnic minorities live in compact communities, an intelligent information system should not only provide judges of ethnic minorities with strong assistance in their handling of cases, but also provide the masses of people of ethnic minorities with highly efficient and convenient channels of judicial openness and litigation services, which requires more than just technical support. The people's courts in Xinjiang Autonomous Region have opened up a new road to informatization construction with ethnic characteristics by being problem – and demand-oriented, adhering to propulsion at high position, and putting service first.

Keywords: Xinjiang; Informatization of Courts; Ethnic Minorities

Ⅳ   Improving the Quality and Efficiency of Administration of Justice through Informatization

B. 11   Report on the Application of "Internet Plus Judicial Enforcement System": Taking the "Eagle-Eye Check and Control Network" of the Court of Shenzhen City as a Sample   *Hu Zhiguang, Wang Fang* / 173

Abstract: Informatization of enforcement check and control system plays a key role in overcoming the difficulties in enforcement of judgments. Under the guidance of this idea, the People's Court of Shenzhen City has established the first information platform for the check and control of case-related property in the country. After five years of improvement and development, the platform has broken the original target frame of overcoming difficulties in enforcement of judgments by developing more innovative functions of social governance participation and, as such, has gradually become an important component of the "smart city". This report gives a detailed introduction to the background, operational mode, and main functions of the "Eagle-Eye Check and Control Network System", which serves as an information platform for the enforcement check and control work, and summarizes the operation of this platform in the five years since its establishment, with a view to providing useful experience for the popularization of check and control information platform in the whole country.

Keywords: Judicial Check and Control; "Internet Plus"; Judicial Collaboration; Eagle-Eye Check and Control Network

B. 12   Investigation Report on the Development of a Judicial
Documents Service Platform by Courts in Jiangxi Province

Kuang Hua, Xu Huijuan,
Yang Chonghua and Luo Zhenggen / 195

Abstract: "Difficulties in the service of judicial documents" is a problem that has been plaguing Chinese courts for a long period of time. The People's Court of Hi-tech Development Zone of Nanchang City, Jiangxi Province has solved this problem by independently developing a judicial documents service platform through the utilization of informatization technologies. By optimizing and reconstructing this platform, the Higher People's Court of Jiangxi Province has realized the whole-process management of the service of judicial documents, the full-coverage of methods of service, the traceability of documents in the whole process of service, and the diversification of relevant services. This report introduces the platform-based innovative mode of service of judicial documents by combining theory with practice and focusing on integrated management and outsourcing of auxiliary trial services, and looks at the future development in this field.

Keywords: Service of Judicial Documents; Informatization; Auxiliary Trial Service

法治蓝皮书

B. 13 Report on the Implementation of the System of Online
Handling of Cases Jointly by Courts and Judicial
Administrative Organs in Anhui Province

Liu Hua, Zhang Xinlong / 209

Abstract: People's courts and judicial administrative organs each perform their independent judicial functions within the scope of their respective scope of competence, with clear division of work and close cooperation between them. In order to comprehensively raise the case handling efficiency and strengthen the business collaboration between different systems, the Higher People's Court of Anhui Province has actively explored the ways of carrying out extensive cooperation with the Provincial Department of Justice in the fields of data sharing, cross-boundary integration, the on-line handling of cases of commutation of sentences and parole through special network or the Internet, and the establishment of linkage between lawyer's service platform and judicial administrative system, thereby realizing in an all-round way the joint online handling of cases by courts and judicial administrative organs, which has achieved good results in judicial practice.

Keywords: Joint Handling of Cases; Cross-Boundary Integration; The Internet

B. 14 Analysis of the Effects of the Operation of Online
E-commerce Tribunal of the People's Court
of Zhejiang Province *Zhejiang Higher People's Court* / 220

Abstract: The Online E-commerce Tribunal of the People's Court of Zhejiang Province, by making full use of the online e-commerce evidence and giving full play to the advantages of online mediation and adjudication—which are convenient and speedy and not subjected to time, space and geographical restrictions, has realized "the online solution of online disputes", thereby not only facilitated the resolution of disputes by Parties who are familiar with the Internet, greatly saved the litigation cost of the Parties, and embodied the principle of convenient litigation, but also enabled the court to handle cases in a timely manner, promoted the cross-border and cross-administrative division development of e-commerce and judicial practice, standardized e-commerce transaction, and upheld the legal order and good-faith environment of e-commerce.

Keywords: E-commerce; Online Tribunal; Informatization of Courts

B. 15 Report on the Application of Electronic Case Filing and Speech Recognition Technologies in Smart Trials by the People's Court of Suzhou City

Research Team of Suzhou Intermediate People's Court / 239

Abstract: In the process of constructing the System of Informatization of People's Court 3. 0, The Intermediate People's Court of Suzhou City, by taking the principle of servicing the handling of cases, facilitating litigation, optimizing the administration of trials, and raising the quality and efficiency of trial as its starting point, has developed an initial plan for improving the efficiency of and standardizing the court trial. The plan, which takes the synchronized generation and in-depth application of electronic case file as the basis, the integration of sending and receiving center of litigation materials and the area of centralized collection of litigation information as the breakthrough, and speech recognition and cloud box technologies as the main driving force, represents an important step forward towards the construction of the smart trial system in China.

Keywords: Electronic Case File; Speech Recognition; Receiving and Sending Center

法治蓝皮书

V Promoting Litigation Services through Informatization

B. 16 Construction of "12368 Litigation Service Platform"

by Shanghai Courts   *Yang Min*, *Luo Jianhao* / 253

Abstract: This report gives a detailed introduction to the background, guiding ideology, content and process of the construction of "12368 Litigation Service Platform" by the people's courts in Shanghai, the eight basic functions and twelve expanded functions of the platform, as well as the work mechanism and main features of the platform. By applying the method of big data analysis, the report summarizes the applicative efficacy of the platform from ten different aspects, analyzes the existing problems in the platform with respect to on-site operational mechanism, background safeguard, administrative coordination, and technical support, and puts forward suggestions on the upgrading of the platform from the perspectives of idea, technology, function and administration.

Keywords: 12368 Litigation Service Platform; Operational Mechanism
Result of Construction

B. 17 Investigation Report on the Construction of New-Type

Litigation Service Platform through the Application

of Internet Plus by the People's Court of Quanzhou City

Research Team of Quanzhou Intermediate People's Court / 275

Abstract: The People's Court of Quanzhou City, by taking judicial cooperation as the main thread and information technologies as the support, has reconstructed the work process of litigation service and explored the transformation of litigation service from a unilateral court service to a multilateral collaborative service and from a unitary offline or online service to an integrated online and offline service, thereby braking the traditional pattern of litigation service limited by geographical location and target group, realizing cross-department, cross-region, and cross-level collaborative service and administration, and enabling each citizen to enjoy indiscriminate litigation service at the people's court nearest to his or her home.

Keywords: Cross Regional; Informatization; Litigation Service

B. 18   The Exploring Practice of Jilin Courts from Electronic to Smart Ones   *Jilin Higher People's Court* / 287

Abstract: Against the background of advancing in an all – round way the national strategy of ruling the country by law, the realization of "zero – distance" communication, real-time interaction, and barrier-free sharing in judicial services has become the people's new expectation and demand of the judicial work in the new era. The people's courts of Jilin Province, in the process of developing electronic court system, have taken the construction of Informatization of People's Court 3. 0 and the meeting of the people's demands for judicial and litigation services as their central tasks, advanced the construction of smart court in an all-round way, been continuously bringing the people new experiences of judicial fairness, actively explored new approaches to improving litigation in the Internet plus environment, strived to provide the people with efficient and convenient litigation services, thereby truly enabled the "administration of justice in sunshine" to take roots in people's heart and become a new direction of development for people's court in the new era.

Keywords: Electronic Court; Smart Court; Artificial Intelligence

法治蓝皮书

Ⅵ Promoting Application of Judicial Big Data through Informatization

B. 19 Big Data Research on the Unification Carried out

by Beijing Courts of Adjudication Criteria

She Guiqing, *Ye Xin* / 299

Abstract: The people's courts in Beijing Municipality, by relying on the unified database of trial information of the courts at three different levels in the municipality, integrating various databases on judicial adjudication, judicial personnel management, judicial administration, and shared data, applying such new technologies as big data, cloud computing, and artificial intelligence, and taking unified application of law and provision of adjudicative guidance as the objectives, have carried out explorations on the construction of a big data research platform for the unification of adjudication criteria, realized the provision of whole-process, omni-bearing, and integrated adjudicative knowledge assistance and case reasoning services, and transformed supervision after adjudication into case-handling guidance before adjudication, and the adjudication based solely on experience into adjudication based on the combination of experience and data verification, thereby effectively realizing the principle of " identical adjudications for identical cases ", unifying the adjudicative criteria, and providing strong technological support for the enhancement of judicial authority and credibility.

Keywords: Unified Adjudication Criteria; Big Data Research; Informatization of Courts

Abstract: In recent years, the Intermediate People's Court of Guangzhou City has adhered to the problem-oriented approach, firmly established the "internet plus" and "big data" thinking, vigorously advanced the construction of "smart court", developed an intelligent case-handling assistance system to strengthen the enforcement of judgments, built a service-oriented multimedia litigation service platform to realize the principle of people-oriented administration of justice, established an open, sharing and transparent "sunshine judicial system" to realize judicial openness, and applied big data technologies to increase the scientificity of decision making and promote judicial reform. In doing so, it has achieved remarkable results: an intelligent judicial system supported by Internet plus technologies and driven by big data has been basically established in Guangzhou City.

Keywords: Smart Court; "Internet Plus"; Big Data; Informatization of Courts

Abstract: Electronic case files are the electronic files and relevant electronic

法治蓝皮书

data in specific format created by a court in the handling of a case through the digitalization of paper case files, whereas electronic case files sorted out by the court in a specific way. Propelled by the overall strategy of informatization and taking judicial need as orientation and synchronized online handling of cases, whole-process coverage of judicial documents, and synchronized generation of electronic files as the bases, the people's courts of Sichuan Province have established an electronic case file and electronic archive application system, thereby strengthening the trial work, enhancing judicial credibility, and promoting the long-term development of the informatization of courts.

Keywords: Electronic Case File; Electronic Archive; Informatization of Court

B. 22 The Practice of Digitalization of Case Filing by Grassroots People's Courts: Taking the People's Court of Shizhong District of Jinan City as a Sample

Research Team of the People's Court of Shizhong District of Jinan City / 344

Abstract: With the increasingly widespread application of information technologies in the court work, the digitalization of case file has now become a relatively common practice in China. Nevertheless, many courts in China today still adopt the double-track mode of co-existence of paper and electronic case files, which is far from able to give full play to court archive's internal function of assisting the handling of cases by judges and its external function of providing services to parties to a lawsuit. The People's Court of Shizhong District of Jinan City, as one of the first grassroots courts in the country to develop electronic case file system, has taken on an unusual road: by attaching equal importance to serving the parties and serving the trial work, it realized synchronized generation of electronic case files—which are open to the parties to the case in a synchronized way—in the process of handling of the case, as early as twelve years ago. Six years ago, it also enabled parties to a case to look at the electronic files of the case and follow the judge's trial activity on the Internet anywhere anytime. The practice of establishment and application of electronic case file system by the People's Court of Shizhong District of Jinan City has provided a valuable model and example for the development of electronic case file system by grassroots courts throughout the country.

Keywords: The People's Court of Shizhong District of Jinan City; Electronic Case File; Practice

❖ 皮书起源 ❖

"皮书"起源于十七、十八世纪的英国，主要指官方或社会组织正式发表的重要文件或报告，多以"白皮书"命名。在中国，"皮书"这一概念被社会广泛接受，并被成功运作、发展成为一种全新的出版形态，则源于中国社会科学院社会科学文献出版社。

❖ 皮书定义 ❖

皮书是对中国与世界发展状况和热点问题进行年度监测，以专业的角度、专家的视野和实证研究方法，针对某一领域或区域现状与发展态势展开分析和预测，具备原创性、实证性、专业性、连续性、前沿性、时效性等特点的公开出版物，由一系列权威研究报告组成。

❖ 皮书作者 ❖

皮书系列的作者以中国社会科学院、著名高校、地方社会科学院的研究人员为主，多为国内一流研究机构的权威专家学者，他们的看法和观点代表了学界对中国与世界的现实和未来最高水平的解读与分析。

❖ 皮书荣誉 ❖

皮书系列已成为社会科学文献出版社的著名图书品牌和中国社会科学院的知名学术品牌。2016年，皮书系列正式列入"十三五"国家重点出版规划项目；2012~2016年，重点皮书列入中国社会科学院承担的国家哲学社会科学创新工程项目；2017年，55种院外皮书使用"中国社会科学院创新工程学术出版项目"标识。

中国皮书网

发布皮书研创资讯，传播皮书精彩内容
引领皮书出版潮流，打造皮书服务平台

栏目设置

关于皮书：何谓皮书、皮书分类、皮书大事记、皮书荣誉、
　　　　　皮书出版第一人、皮书编辑部

最新资讯：通知公告、新闻动态、媒体聚焦、网站专题、视频直播、下载专区

皮书研创：皮书规范、皮书选题、皮书出版、皮书研究、研创团队

皮书评奖评价：指标体系、皮书评价、皮书评奖

互动专区：皮书说、皮书智库、皮书微博、数据库微博

所获荣誉

2008年、2011年，中国皮书网均在全
国新闻出版业网站荣誉评选中获得"最具商
业价值网站"称号；

2012年，获得"出版业网站百强"称号。

网库合一

2014年，中国皮书网与皮书数据库端
口合一，实现资源共享。更多详情请登录
www.pishu.cn。

权威报告·热点资讯·特色资源

皮书数据库
ANNUAL REPORT(YEARBOOK)
DATABASE

当代中国与世界发展高端智库平台

所获荣誉

- 2016年，入选"国家'十三五'电子出版物出版规划骨干工程"
- 2015年，荣获"搜索中国正能量 点赞2015""创新中国科技创新奖"
- 2013年，荣获"中国出版政府奖·网络出版物奖"提名奖
- 连续多年荣获中国数字出版博览会"数字出版·优秀品牌"奖

成为会员

通过网址www.pishu.com.cn或使用手机扫描二维码进入皮书数据库网站，进行手机号码验证或邮箱验证即可成为皮书数据库会员（建议通过手机号码快速验证注册）。

会员福利

- 使用手机号码首次注册会员可直接获得100元体验金，不需充值即可购买和查看数据库内容（仅限使用手机号码快速注册）。
- 已注册用户购书后可免费获赠100元皮书数据库充值卡。刮开充值卡涂层获取充值密码，登录并进入"会员中心"—"在线充值"—"充值卡充值"，充值成功后即可购买和查看数据库内容。

社会科学文献出版社 皮书系列
SOCIAL SCIENCES ACADEMIC PRESS (CHINA)

卡号：4354764376268838
密码：

数据库服务热线：400-008-6695
数据库服务QQ：2475522410
数据库服务邮箱：database@ssap.cn
图书销售热线：010-59367070/7028
图书服务QQ：1265056568
图书服务邮箱：duzhe@ssap.cn

S 子库介绍
ub-Database Introduction

中国经济发展数据库

涵盖宏观经济、农业经济、工业经济、产业经济、财政金融、交通旅游、商业贸易、劳动经济、企业经济、房地产经济、城市经济、区域经济等领域，为用户实时了解经济运行态势、把握经济发展规律、洞察经济形势、做出经济决策提供参考和依据。

中国社会发展数据库

全面整合国内外有关中国社会发展的统计数据、深度分析报告、专家解读和热点资讯构建而成的专业学术数据库。涉及宗教、社会、人口、政治、外交、法律、文化、教育、体育、文学艺术、医药卫生、资源环境等多个领域。

中国行业发展数据库

以中国国民经济行业分类为依据，跟踪分析国民经济各行业市场运行状况和政策导向，提供行业发展最前沿的资讯，为用户投资、从业及各种经济决策提供理论基础和实践指导。内容涵盖农业，能源与矿产业，交通运输业，制造业，金融业，房地产业，租赁和商务服务业，科学研究，环境和公共设施管理，居民服务业，教育，卫生和社会保障，文化、体育和娱乐业等100余个行业。

中国区域发展数据库

对特定区域内的经济、社会、文化、法治、资源环境等领域的现状与发展情况进行分析和预测。涵盖中部、西部、东北、西北等地区，长三角、珠三角、黄三角、京津冀、环渤海、合肥经济圈、长株潭城市群、关中一天水经济区、海峡经济区等区域经济体和城市圈，北京、上海、浙江、河南、陕西等34个省份及中国台湾地区。

中国文化传媒数据库

包括文化事业、文化产业、宗教、群众文化、图书馆事业、博物馆事业、档案事业、语言文字、文学、历史地理、新闻传播、广播电视、出版事业、艺术、电影、娱乐等多个子库。

世界经济与国际关系数据库

以皮书系列中涉及世界经济与国际关系的研究成果为基础，全面整合国内外有关世界经济与国际关系的统计数据、深度分析报告、专家解读和热点资讯构建而成的专业学术数据库。包括世界经济、国际政治、世界文化与科技、全球性问题、国际组织与国际法、区域研究等多个子库。

法 律 声 明

　　"皮书系列"（含蓝皮书、绿皮书、黄皮书）之品牌由社会科学文献出版社最早使用并持续至今，现已被中国图书市场所熟知。"皮书系列"的 LOGO（🖊）与"经济蓝皮书""社会蓝皮书"均已在中华人民共和国国家工商行政管理总局商标局登记注册。"皮书系列"图书的注册商标专用权及封面设计、版式设计的著作权均为社会科学文献出版社所有。未经社会科学文献出版社书面授权许可，任何使用与"皮书系列"图书注册商标、封面设计、版式设计相同或者近似的文字、图形或其组合的行为均系侵权行为。

　　经作者授权，本书的专有出版权及信息网络传播权为社会科学文献出版社享有。未经社会科学文献出版社书面授权许可，任何就本书内容的复制、发行或以数字形式进行网络传播的行为均系侵权行为。

　　社会科学文献出版社将通过法律途径追究上述侵权行为的法律责任，维护自身合法权益。

　　欢迎社会各界人士对侵犯社会科学文献出版社上述权利的侵权行为进行举报。电话：010 - 59367121，电子邮箱：fawubu@ ssap. cn。

社会科学文献出版社